抗日战争时期晋察冀边区
中国共产党乡村党组织形态研究

刘树芳 著

中国言实出版社

图书在版编目（CIP）数据

抗日战争时期晋察冀边区中国共产党乡村党组织形态研究 / 刘树芳著. -- 北京：中国言实出版社, 2021.2
ISBN 978-7-5171-3749-8

Ⅰ. ①抗…　Ⅱ. ①刘…　Ⅲ. ①中国共产党－晋察冀抗日根据地－农村－基层组织－党的建设－研究
Ⅳ. ①D267.2

中国版本图书馆 CIP 数据核字（2021）第 012584 号

出 版 人　王昕朋
责任编辑　郭江妮
责任校对　张建福

出版发行　中国言实出版社
地　址：北京市朝阳区北苑路 180 号加利大厦 5 号楼 105 室
邮　编：100101
编辑部：北京市海淀区花园路 6 号院 B 座 6 层
邮　编：100088
电　话：64924853（总编室）　64924716（发行部）
网　址：www.zgyscbs.cn
E-mail：zgyscbs@263.net

经　销　新华书店
印　刷　三河市悦鑫印务有限公司
版　次　2022 年 1 月第 1 版　2022 年 1 月第 1 次印刷
规　格　787 毫米×1092 毫米　1/16　16.75 印张
字　数　351 千字
定　价　59.00 元　**ISBN**　978-7-5171-3749-8

序

百年来，中国共产党领导中国人民取得新民主主义革命和社会主义革命、建设的不断胜利，显示出中国共产党组织建设内在历史逻辑的严整性。晋察冀边区作为抗日战争时期中国共产党领导边区人民建立的第一块敌后抗日根据地，是坚持全国持久抗战的坚强堡垒和统一战线的模范区，而晋察冀根据地和根据地的抗日民族统一战线建立、巩固、发展等，都离不开有人民群众广泛支持和拥护的中国共产党。

近年来，虽然抗日战争时期晋察冀边区的研究已取得相当丰富的成果，但是对边区中共党组织的研究，除了一些在传统革命史叙事模式之下的重视党组织机构沿革和人事变动的“区域”组织史外，对边区党组织内部的运行实态，尤其是乡村基层党组织的实态研究，迄今未见有成果发表。

鉴于此，与以往边区党的组织史研究侧重组织沿革和制度条文而忽视党组织的内部实际运作不同，本书在掌握既有的研究成果的基础上，将研究重点转向了边区中共党组织的实践和内部实际运行层面。通过爬梳边区基层各级党组织的有关档案资料，运用历史学，借鉴社会学和政治学的理论与方法，重点探讨晋察冀边区乡村党组织的规模、党员群体、干部群体、党群关系等的实际状况，以及乡村党组织与乡村社会的互动关系，以深入揭示抗日战争时期晋察冀边区作为全国敌后抗日根据地的模范、新民主主义革命的实验场和新中国的雏形的内在历史发展逻辑，并从中概括出边区中共乡村党组织领导军民进行抗日斗争和边区建设的经验、教训，为新时代中国乡村党组织建设和乡村社会治理提供一些有益的历史借鉴。

本书共分导论、主体和结论三部分，其中主体部分凡五章，每章间存在相互交织、互相联系和相互影响的关系。第一章介绍了抗日战争前晋察冀边区所在的乡村环境，并追溯了抗战前党组织的运行状况。第二章考察了抗日战争时期在边区乡村党组织的重构中党员组织规模的扩大及其存在的问题，以及为解决这些问题而进行的党组织的调整和巩固。第三章从乡村党员的社会构成、身份构成和支部教育方面，分析了党员群体的基本状况，这显示出边区党组织确立了以乡村农民为主体的社会基础，但这并不必然建基在对党组织所期望的党员素质和乡村农民现实利益的满足上。第四章以乡村干部群体为对象，从乡村干部群体的社会成分、任用与流动、纪律执行和工作效能的角度，探讨了乡村干部群体的基本形态，分析了党组织的干部政策和路线在实践中矛盾、调整及其对各项工作的影响。第五章从党组织构建党群关系出发，围绕乡村动员和政权改造及其建立乡村宗教统一战线工作，深入揭示了党群密切关系的形成及其内部存在的矛盾、冲突、调适、协商的复杂纠葛，从而揭示出乡村党组织不断发展壮大，最终奠定了以后赢得抗战乃至新民主主义革命胜利的社会基础。本书在上述探讨中，没有回避当时中共乡村党组织遇到的各种问题，而是力图通过实证分析，揭示并总结其在当时艰难环境中获取的经验、教训。

本书认为，抗日战争时期晋察冀边区乡村党组织在建党、建政、经济、军事等方面的具体实践，尤其是在这些实践中乡村党组织的内外运行网络，深刻影响着未来该区域党组织的建设，并在一定程度上形塑着新中国成立后国家的政治架构。此阶段晋察冀边区中共党组织汲取了此前南方革命和西北革命斗争的经验和教训，在新的实践中不断探索、进取，从而使边区党组织在执政实践上奠定了人民共和国重要的政治基础。

著　者

目　　录

导　论

自1921年中国共产党诞生以来，已走过百年奋斗历程，中外学者对中共辉煌历史的研究是历久弥新的课题。毛泽东说过："中国产生了共产党，这是开天辟地的大事变。"[①]中国共产党与近代出现的其他政党不同，这是一个"完全新式的、以马克思主义为行动指南的、统一的和唯一的中国工人阶级的政党"[②]。由于受苏俄（苏联）革命道路和建党模式的影响，中共党组织具有鲜明的阶级性和高度的组织、纪律性。同时，中共作为一个具有强烈意识形态和强大社会动员能力的现代政党，一方面，在长期革命实践中，中共基层党组织深刻形塑着中国社会。中共基层党组织可能在某一时期或地域未必如其高层所希冀的那样成为"战斗堡垒"，并发挥其先锋模范作用，但就其基层组织形态而言，在吸纳党员、执行纪律、政治学习、宣传动员等行动中都集中体现出了中共的组织形式和信仰追求。另一方面，在身处极端复杂革命环境时，中共基层党组织的革命实践与其秉持的马列主义革命理想之间的距离，有时也需要切实地去面对。

"作始也简，将毕也巨。"中国共产党及其领导的新民主主义革命深刻影响着20世纪中国和世界历史的走向。在中共党内外学者长期的关注和努力下，中共党史、中国革命史研究已取得丰硕成果。然而，通览已取得的成果，我们会发现：关于中共组织演变的通论性、概述性、重要人物和重大事件的著作较多，而对党组织的时段性、地域性的研究很少；对组织机构、组织制度论述的多，而对其组织机制的形成和实际运作的考察少；对中共高层、中层组织结构和演变的总结多，而对基层党组织状况和形态的关注少。就目前看，既有的研究对中共基层党组织本身尤其是乡村党组织的研究，还显得很薄弱。鉴于此，本文以抗日战争时期[③]晋察冀边区（或称"根据地"，有的文献也称"解放区"）为考察对象，以中共党组织在革命和抗战中形成的历史档案和已出版的史料为主体，以中共乡村党组织和制度机制的形成、运作形态为重点，对全面抗战时期中共乡村党组织形态进行深入探讨，进而揭示中共与乡村社会间复杂、多变的互动关系及其中的经验和教训，以推进中共组织史研究进一步深入，这也可为当前乡村党组织建设和社会建

① 毛泽东．毛泽东选集[M]．北京：人民出版社，1991：1514．

② 中共中央党史研究室．中国共产党简史[M]．北京：中共党史出版社，2001：12．

③ 目前学术界对抗日战争研究时间断限为1931年到1945年。本文选取1937年到1945年为时段，集中考察晋察冀边区由开创到抗战胜利的历史进程。为方便论述起见，上述时限或前推，或后延，以体现历史发展的关联性。至于中共领导的晋察冀边区在抗战胜利后的历史，限于时间和精力，留待以后进一步探讨。

设，提供一些借鉴。

一、选题缘起

“如果不把党的历史搞清楚，不把党在历史上所走的路搞清楚，便不能把事情办得更好。这当然不是说要把历史上每一件事统统搞清楚了才可以办事，而是要把党的路线政策的历史发展搞清楚。这对研究今天的路线政策，加强党内教育，推进各方面的工作，都是必要的。”①毛泽东的上述论断，对从历史经验中汲取营养，来解决今天国家建设中所遇到的诸多问题提供了一条捷径。在中共革命实践历程中，尤其是抗日战争时期，“是中国共产党领导的中国新民主主义革命中，继大革命和土地革命战争后的第三阶段”，“抗战结束时，在全国人民中，谁都承认共产党和国民党是国内的两大政治力量了。中国共产党在全国社会政治生活中所占的比重和抗日战争前相比已经大大增加了。”②那么，中共何以从偏居西北一隅，力量相对微弱，经过抗日战争的发展，最终足以与执政的国民党相抗衡，并最终取得决战的胜利呢？其中有哪些值得我们借鉴的经验教训？问题的答案恐怕只能在中共领导的革命与战争的动态过程中寻找，而“将动态问题置于它们与体系结构的关系中，以及过程与要将其维持下去所必需的功能性前提之间的关系中来加以研究，这就为判断一桩发现的一般意义，以及系统地弄清它与其他问题和事实之间的相互关联，提供了一个参照系”。③

基于上述思考，本文选取抗日战争时期作为中共建立的第一个敌后抗日根据地、全国抗战的堡垒——晋察冀边区——中共乡村党组织形态，进行研究，从党组织自身及其与武装、政权、群众组织等之间的相互变化关系中具体考察中共乡村组织，是有一定意义的。

晋察冀边区是抗日战争时期中国共产党领导边区人民建立的第一块敌后根据地，是坚持全国持久抗战的坚强堡垒，也是全国抗战和统一战线的模范区。在抗日战争时期，“那里实行了坚持抗战的民族主义，那里实行了民主自由的民权主义，那里也开始实行了改良民生的民生主义，总之一句话，那里实行了互相联结不可分离的三民主义”。④抗战时期，中共乡村党组织在满足战时需要的军事、政治、经济等动员中发挥了无可替代的作用，这些活动促使边区乡村社会发生了相应的巨大变化，乡村党组织也经历了其历史上的辉煌阶段和斗争最残酷的年代。

---

① 毛泽东．如何研究中共党史[M]//毛泽东．毛泽东文集：第二卷．北京：人民出版社，1993：1．

② 胡绳．中国共产党的七十年[M]．中共党史出版社，1991：208-209．

③ 【美】帕森斯（Parsons．T．）．社会行动的结构[M]．张德明，夏翼南，译．北京：译林出版社，2003：9．

④ 毛泽东．晋察冀边区是华北抗战的堡垒（1939 年 3 月 2 日）[M]．11．中国人民解放军历史资料丛书编审委员会编．八路军・文献．北京：解放军出版社，1994：308-309．

晋察冀边区早期乡村党组织是李大钊亲手缔造的。1921 年 7 月中国共产党成立后，就在北京设立了中共北京地委，一年后改为中共北京区执行委员会，直属中央，负责领导北方地区的建党工作。[①]

在 1927 年国民大革命失败前，“党的基础大部分建筑在知识分子、小资产阶级上面，没有广大的工农同志作中坚，只是一些上层的工作没有切实推动下层同志参加党的工作，和群众运动的工作，这自然是全国的党过去一致的错误，但是直隶尤甚”。晋察冀所在的北方地区“在客观环境上，虽然到处有领导工农起来斗争的可能，但因主观上组织散漫与机会主义的存留很少有斗争的运动起来”。就党员来看，“同志与群众政治投机的心理非常浓厚，改组后经过很严励【厉】的矫正，可说有相当的成绩，而新的投机心理又复萌芽。这种现象完全由于不懂得新的政策，以为工农暴动立即可以夺取政权，稍一失败即表现消极。”[②]而且，晋察冀区域中共高级领导机构历经多次改组、被破坏，尽管乡村党组织一度领导群众发动过多次暴动、组建过地方红色政权，但是一旦上级机构遭到破坏，就“不能顺利工作”，使工作陷入停顿。尤其严重的是，“各地特支非常幼稚，无工作方法和能力，因之农村支部有许多不能开会，无支部作用，不能领导群众斗争”，甚至“有些地方有同志（党员）而无组织，有组织而未与党发生关系者”。在大革命失败后，晋察冀区域一度出现党员数量锐减，即使党的基础大多是工人的基层组织，但由于政局不好，他们非常害怕，不敢与党接头，再有“自守常（李大钊）死后，对于政治军事工作因为无人能担任，所以成效甚少”，[③]“党不能领导革命势力与南方平衡发展”。[④]

“九一八”事变后，随着国内国际形势变化，以及党组织内部调整，各地才逐步恢复了过去失掉联系的党组织。在一些地方，如：唐山、直南（河北省南部）的组织有了很大发展。此后，党的干部在实际工作中不断总结经验和教训，并采用新的工作方式，党内同志的积极性、自动性、创造性才得到提高。[⑤]

到抗战爆发后，晋察冀中共乡村党组织才得到迅猛发展。那么，抗战爆发后，晋察冀地区的中共党组织在由以往重视城市党组织到重视健全乡村党组织的转变过程中，面对革命情绪并不高，并有“投机心理”的广大乡村农民，如何发展党员？来自乡村组织散漫的农民党员，在党的高度组织纪律性的约束下，其行动和

① 黄小同．中共中央北方局：综合卷[M]．北京：中共党史出版社，2002：1.

② 顺直省委关于组织问题给中央的报告：1927-12-12[B]．石家庄：石家庄市档案馆馆藏档案（以下简称“石档”）（卷宗 1-1-1-1）.

③ 盛智僧关于党务工作报告——组织问题、军事政治工作、农民和民校运动．1927-6-26[B]．石档（卷宗 1-1-1-2）.

④ 中央致顺直省委并转全体同志信：1928[B]．石家庄：石档（卷宗 1-1-2-2）.

⑤ 关于华北的形势与党的任务决议．1935 年，石家庄：石档（卷宗 1-1-13-1）.

表现又将怎样？在塑造典型和模范及乡村动员中，既是组织者又是动员对象的乡村农民党员，在党组织和个人利益之间如何取舍？怎样行动？诸如此类的问题，激发着研究者的激情。

1938 年 1 月宣布建立的晋察冀边区，是中共抗战期间建立的最大、最巩固的敌后根据地，连日军都哀叹其是不能摧毁的堡垒。中共在此建党、建军和从事的政治、经济等活动中积累的经验、教训，被迅速推及其他根据地。因此，抗战期间中共在此的革命实践及形成的制度等，对此后中国革命的发展进程是起决定性作用的。

值得提出的是，抗战期间尤其是边区建立初期，中共在晋察冀乡村“由上而下，由外而内”大量发展党员，恢复、建立乡村党组织，到 1939 年时，边区的地、县、区党委均已建立起来，农村支部已达边区农村的 52%，67%的行政村都有党的组织，边区党员也猛增至 20 余万人。其中仅冀中区就有党员 9 万人左右，为 1938 年 4 月冀中区第一次党代表大会时 8000 余名党员的 11 倍。①为适应战争的需要，此时党组织提出“一切工作在于村”“一切工作属于支部，使支部成为党在乡村和工厂作坊中的坚强堡垒，使支部成为团结一切群众的核心”的口号和任务②。正因为乡村党组织在晋察冀边区各项工作中占据中心位置，所以深入探讨乡村党的组织结构、工作效能、上下级关系及党组织与武装、政权、群众组织间的互动关系、党组织的运行状况等，有利于揭示中共力量迅速壮大，并最终取得胜利的复杂原因、进程及经验、教训。

抗日战争时期，由于敌我力量的消长，边区地域范围处在不断的变动中。当然，这是随着战争发展起伏有巨大变化的建构、重构的革命进程。③“边区”经常发生扩大或缩小的变化，在留下的文献等记录中的“巩固区”“接敌区”“游击区”等反映了战争的残酷和斗争的尖锐。这种状况是研究根据地史不可回避的难题，但是客观上有利于研究者通过复杂多变的政治、经济、军事形势，考察其对中共乡村党组织形态的影响。

二、学术史回顾

（一）关于中共组织史的研究

中国共产党是一个重视并善于总结经验、教训的政党，在早期革命中党组织

---

① 刘澜涛．晋察冀边区党组织在战斗中成长壮大[M]．//中央档案馆．根据地史料丛书・文献选编．北京：中共党史资料出版社，1989：27．

② 刘锡五．巩固党的任务在华北[J]．党的生活．1939（1）：1．

③ 刘树芳．革命区系研究：中共革命史研究的新路径[J]．信阳师范学院学报（哲学社会科学版），2012（4）：130-136．

就开始了自身历史的研究。大革命时期，蔡和森、瞿秋白、李立三、恽代英、张闻天等老一辈革命家就在总结革命实践的基础上，就中共党史、组织史的研究目的、研究对象、研究内容，以及早期历史等进行过探讨和总结。①

抗日战争时期，中共中央利用1941年到1943年条件艰苦而局势相对较稳的时机成立高级干部学习组，组织高级干部研究马、恩、列、斯思想的方法论与中共20年的奋斗历史。1942年3月毛泽东发表了《如何研究中共党史》②的报告，就研究党史的方法、党史的阶段划分、原则、意义等进行了论述，为党史和党的组织史研究指明了方向。毛泽东还亲自主持《六大以来——党内秘密文件》的编写工作，该书对中共六大到1941年11月党的会议记录、决议、通告、声明、指示、电报和主要领导人的文章、信件等进行了汇总。同时，胡乔木等负责编订了《六大以前——党的历史材料》，该书于1942年10月出版。另外，到根据地访问、考察的国外许多记者、外交官、学者等发表、出版的许多著述③也对中共及领导的抗战进行了介绍和评论，这对研究中共组织史具有一定的史料价值。

新中国成立后，中共成为执政党，中共组织史研究取得巨大进展。但在很长时间内，学界把党员、党组织研究列入“党建”和“党史”领域。从20世纪50年代始，国内开始大量搜集中共组织史资料，而真正系统地进行组织史研究却很晚。据有限考察，新中国成立后二十年间涉及中共组织史的代表作有：胡乔木的《中国共产党的三十年》④、胡华的《中国新民主主义革命史（初稿）》⑤、何干之的《中国现代革命史》⑥等。《中国共产党的三十年》作为20世纪五六十年代党史研究的扛鼎之作，系统阐述和评价了中共成立后30年中所经历的“五

① 中央档案馆．中共党史报告选编[M]．北京：中共党史出版社，1982．其中蔡和森的《中国共产党史的发展（提纲）》《党的机会主义史》、瞿秋白的《社会主义运动在中国》《中国共产党历史概论》、李立三的《党史报告》、张闻天的《中国革命基本问题》等是早期中共党史研究的代表。

② 毛泽东．如何研究中共党史[J]．党史研究，1980（1）：1-7．

③ 代表有：斯诺夫人尼姆·威尔斯的《续西行漫记》；托马斯·阿瑟·比森的《毛泽东就南京政府所作剖析》（《美亚》1937年第1期）；安娜·路易斯·斯特朗的《人类的五分之一》；埃文斯·福代斯·卡尔逊的《中国军队》《中国的双星》；史沫特莱的《中国的战歌》《中国在反攻》；斯诺的《为亚洲而战》等。

④ 胡乔木．中国共产党的三十年[M]．北京：人民出版社，1951．该书最初发表在《人民日报》上，后经毛泽东提议，出版单行本。该书是为了给学习《毛泽东选集》提供历史背景材料，其最大的特点是按照《毛泽东选集》的分期法，以毛泽东的革命活动为全书核心。该书确定了国内党史的框架和研究方向，成为中共党史的范本。详见：田子渝、曾成贵．八十年来中共党史研究[M]．武汉：湖北人民出版社，2001：12．

⑤ 胡华．中国新民主主义革命史（初稿）．北京：人民出版社，1950．

⑥ 何干之．中国现代革命史（上、下）．北京：高等教育出版社，1957、1958．

四运动”、大革命、十年内战、抗日战争、解放战争和新中国成立初几乎所有的重大历史事件和理论问题，并指出了中共30年史是经过艰难曲折，克服各种错误和缺点而取得胜利的历史。此书重印达38次，不但在全国掀起了学习党史高潮，而且使中共党史研究水平得到了提高。同时，中央档案馆裴桐、赵朴等在中国人民大学档案专业讲课基础上，于1957年编写了《党的组织史讲课提纲》，介绍了自中共成立到七届二中全会中共的组织发展史。此后，随着国内政治生活“左倾”化，中共组织史研究受到干扰。

1978年后，学术界开始“拨乱反正”，中共组织史研究呈现繁荣景象。国内大批组织史著作和资料集问世，国外许多有关中共组织史的书籍也被译介到国内。同时，中共组织史研究学会、组织纷纷成立，它们召开各种学术会议，还创办了《中共党史研究》《国外中共党史研究动态》《党史通讯》等学术刊物。正是在这些学会、组织、刊物等的推动下，中共组织史资料建设迅猛发展，为后续组织史研究打下了良好基础。1980年12月，中共中央党史资料征集委员会在北京召开会议，总结了征集委员会成立以来的主要工作；报告了中共党史研究会和中共党史人物研究会的活动，会议要求党史研究应坚持实事求是和历史唯物主义原则；决定在各省、市、自治区都成立党史资料征集委员会，地、县成立党史资料征集小组，具体负责党史资料征集工作。[①]在这些机构统一领导下，中共组织史方面资料征集与研究成果蔚为大观。应《党史研究》邀约，为回答“有关中国共产党组织史方面的一些急需解决的问题”，[②]赵朴自1981年《党史研究》第2期开始陆续发表了中国共产党组织史资料，并与学界开展讨论，澄清了许多以往组织史研究中存在的史实错讹、方法、理论问题。1984年12月，全国第三次党史资料征集工作会议正式提出编撰中国共产党组织史的任务，开始在全国范围内进行此项工作。会后组成了以冯文彬为组长的中央编撰领导小组和中央编辑组，在多次召开全国编撰会议的基础上，各省、自治区、直辖市组织部门，在和党史征集部门、档案部门、中央国家机关各部委、解放军总政治部、中华全国总工会、共青团中央等团体的共同努力下，由“中央、省、地、县四级负责”编写各地和部门的组织史。到1999年，“中国共产党组织史资料”丛书出版3067部（不含港澳台地区），从而厘清了自建党以来80年间，从中央到基层的党组织以及政权、军事、统战、群团组织的发展历史，各级、各种组织的来龙去脉及人事变迁；澄清了党组织发展中许多重大疑难问题和某些长期有争议的问题。这套“中国共产党组织史资料”丛书，收录了从1921年到1997年中共各历史时期的重要资料，共13卷，19册。丛书“各章之下，一般以本章

① 中共中央党史资料征集委员会十二月工作会议纪要[J]．党史资料通讯，1981（1）：1-7．
② 赵朴．中国共产党组织史资料（一）[J]．党史研究，1981（2）：65．

所收编的不同组织系统、建制单位、本级组织不同届次、阶段或其领导机构、各种机构等分别设节”，“节下或不设节的章下设目，分别收编具体组织机构，其下一般为两部分：第一部分为该组织机构沿革的文字叙述，第二部分为该组织机构及领导成员”。[①]在收集资料的基础上，各省、市、县等还编写出版了各自的“中共组织史”。同时，中央档案馆和地方档案馆还出版了各类“革命历史文件集”。[②]个人著述，有王键英编写的《中国共产党组织史资料汇编》等组织史论著[③]。正如上述所言，此时的这些组织史出版物大多是“机构沿革”和“成员名录”。

当然，对中共组织史进行真正学术研究的著作，首推赵生晖的《中国共产党组织史纲要》[④]。该书在赵朴的文章的基础上，论述了中共六大前中共组织史，并对六大后直到 1982 年十二大召开之间中共组织路线、组织建设的历史进行论述，总结了中共革命的经验和教训。但是，该书重制度，轻实践，重上层，轻下层，仍沿袭了以往机构沿革史和组织路线斗争史的研究路径，粗线条勾勒了中共组织史概貌。曹润芳、潘宪英的《中国共产党机关发展史》也在 20 世纪 80 年代出版，该书通过考察党的组织机构和工作机关的沿革、演变以及领导成员的更迭，总结了党组织机构在各个时期的发展特点。这些著作都以中共党史为线索，以马克思主义理论为指导，史论结合，探索了中国共产党组织发展的一些基本规律。[⑤]上述一系列著述的出版，使深入研究中共组织史成为可能。

20 世纪 90 年代后，随着社会史，尤其是区域社会史的发展，以及大量国外译著的问世，学界开始摆脱以往宏观、制度层面的研究范式，主张“以社会史为基础深化党史研究”，“利用中国近现代史研究成果，从社会生活诸方面进行分析，找出形成某个重大历史现象的复杂的综合的原因，并描述其产生的影响在社会生活领域的反映”。[⑥]此后，中共组织史研究开始发生转向，逐步摆脱以往阶级斗争史范式的束缚，在照顾整体、制度运行等的同时，更加关注实践层面及其效果，以此研究路径撰写的“新党史”“新革命史”专著、论文开始出现。影响较

① 中共中央组织部，党史研究室，中央档案馆．中国共产党组织史资料[M]．北京：中共党史出版社，2000：前言、凡例．

② 代表：中央档案馆．中共中央文件选集[M]．北京：中共中央党校出版社，1991．这类著述收录了中共各个历史时期大量的决议、通告、指示、信函、报告、总结等，为研究组织史提供了丰富资料。然而这往往使研究者面对这些史料时，易于忽视产生这些文献的具体背景和动态进程。

③ 王键英．中国共产党组织史资料汇编[M]．北京：红旗出版社，1983；中国共产党组织史大事纪实[M]．广州：广东人民出版社，2003 年，等．

④ 赵生晖．中国共产党组织史纲要[M]．合肥：安徽人民出版社，1987．

⑤ 黄大熹．中国共产党组织结构发展路径的历史考察[M]．天津：天津人民出版社，2004：序言．

⑥ 张静如．以社会史为基础深化党史研究[J]．历史研究，1991（1）：89-92．

大者，国内为北京大学历史系王奇生教授的学术成果[①]；国外对中共党史和组织史也开始发生转向，由“西方中心论”，转而提倡“中国中心观”，主张挖掘中国本土材料，用多学科视角，[②]来研究中共组织史，有影响的代表是日本庆应大学东亚研究所的高桥伸夫教授。

特别应指出的是，高桥伸夫运用社会学、文化人类学等理论与方法，对中共华中地区革命根据地（如鄂豫皖、闽西等）党组织与农民的互动关系进行了重新审视，将1920年代末到20世纪30年代早期中共乡村党组织建设、乡村革命动员、乡村武装斗争等展示出与以往研究截然不同的图景。如：中共党组织在乡村吸纳党员、执行党的纪律和党员信仰等方面与党中央的要求存在很大距离。他认为中共上层意志在基层实际工作中理应“通过严密组织确实地传达到组织末梢”，但由于交通、通讯落后等原因，实现这一意图往往是很困难的。同时，根据地乡村农民党员行为与以往研究所揭示的“为革命英勇献身”不同，许多党员是因生活困难、被欺骗，甚至是被迫入党的，这导致党员质量下降；许多党员并不了解党的奋斗目标，更不知道革命的意义，所以在与国民党的斗争中往往不能起“模范”作用；红军到达乡村时也并不受欢迎；农民参军积极性不高，且红军中经常有大批士兵、干部携带武器等逃跑，他们回到家庭和乡村反而受到欢迎；中共地方农民武装动员也存在困难，地方自卫队多倾向于保家卫村，对参加红军和配合红军作战很消极；典型红色区域88%的乡村严格要求青年男子加入红军，但征兵区域绝没有扩散到乡镇之外。因此，乡村农民对中共党组织的疏离、矛盾，导致乡村党组织陷于松散状态，缺乏凝聚力，对于党的政策在执行中往往与上级组织讨价还价，甚至变样。这种对党组织运作实态的社会学考察，无疑更能揭示中共组织发展进程中真实的细部和复杂的面相。这些将考察范围限定在特定的地区和特定时段的研究，也有助于避免研究浮于表层、难于深入的境况。当然，其研究结论也存在很多值得商榷的地方。[③]此外，日本蒲丰彦的《地域史中的广东农民运动》等也提出了许多新见解，并主张采用多角度研究中共党组织。上述的研究路径，

---

① 其专著主要有：革命与反革命：社会文化视野下的民国政治[M]．北京：社会科学文献出版社，2010；党员、党权与党争：1924－1949年中国国民党的组织形态（修订增补本）[M]．北京：华文出版社，2010．论文有：论国民党改组后的社会构成与基层组织．近代史研究[J]，2000（2）；党政关系：国民党党治在地方层级的运作（1927－1937）[J]．中国社会科学，2001（3）中国社会科学（英文版），2002春季号；党员、党组织与乡村社会：广东的中共地下党（1927-1932）．近代史研究，2002（5）．战时国民党党员与基层党组织[J]．抗日战争研究，2003（4）．

② 肖军．美国中美关系史研究模式评析[J]．国外中共党史研究动态，1996（1）：18-23．

③ 李里峰．革命政党与乡村社会——抗战时期中国共产党的组织形态研究[M]．南京：江苏人民出版社，2011：13．参见：【日】高桥伸夫．党と农民：中国农民革命の再检讨[M]．东京：研文出版，2006．对高桥论著的评论：【日】梅村卓．高桥伸夫著〈党と农民：中国农民革命の再检讨〉[J]．亚洲研究·书评，东京：研文出版，2008（2）：99-103．

无疑与中国此前大多数中共组织史研究有别。

无独有偶，王奇生教授在研究广东中共地下党组织时的结论与高桥伸夫的相近。王奇生的研究显示：1927 至 1932 年间广东中共地下党“组织松弛涣散、支部有名无实，党员缺乏训练，入党、脱党随意；中央旨意难以贯彻到党的组织末梢；经济困窘，交通和情报传递迟缓，基层党组织在白色恐怖下的生存和应变能力脆弱。参加革命的农民多数是盲目的。一大批农民是在不知党和革命为何物，亦不明党的主义和政策的情况下被卷入革命队伍，或是出于生存需要才投身革命行列。党在力图改造农民的同时，农民也在改造和利用当地党组织。①

王奇生和高桥伸夫教授将研究对象都集中在抗战前的中共基层党组织，黄大熹 2003 年的博士论文《中国共产党组织结构发展路径的历史考察》的研究时段则进行了展拓，他对三个历史时期（1921—1949 年、1949—1978 年、1978—2002 年）的党组织形态、党的制度、党的内部结构关系、党员个体等几个方面的组织结构发展概况做了较为系统的梳理，并从中分析了其特点与成因，以及它们对党本身的发展所产生的影响。②李里峰的《革命政党与乡村社会——抗战时期中国共产党的组织形态研究》，将关注重点从党组织的制度层面转向了实践层面、运作层面，作者以山东抗日根据地为中心，以各级党内文件为基本资料，综合运用历史学、政治学、社会学的理论和方法，将抗战时期中国共产党与乡村社会之间的关系令人信服地揭示了出来，是一部党史研究领域别开生面的力作。③其研究结论与高桥伸夫、王奇生的相近，即抗战时期的中国共产党存在着大量严重的问题和弊端，而且其严重程度甚至有时达到令人难以想象、难以置信的程度，他还指出中共“在坚持革命理想与满足现实需要之间，如何保持必要的平衡”是难以消解的困境。李秉奎的《太行抗日根据地中共农村党组织研究》，以八路军总部所在的太行根据地作为研究对象，“以丰富的当地原始档案、县地方志、回忆资料和当时报刊为主要依据，广泛参考国内外学者已有成果”，“没有回避太行根据地建党过程中遇到的种种矛盾和困难”，“通过上下结合的方法，不仅重视中共领导层及制度层面，而且更多关照中共基层组织乃至具体党员”，“考察中共党组织与乡村社会相遇的‘接点’所发生的问题”，证明了在中共中央领导下，太行根据地党组织经受住了实践的考验，取得了巨大成功，而这种成功的得来是十分不易的”。④

---

① 王奇生．党员、党组织与乡村社会——广东的中共地下党（1927—1932）[J]．近代史研究，2002（5）：1．

② 黄大熹．中国共产党组织结构发展路径的历史考察[D]．长沙：湖南师范大学历史系，2003．

③ 蔡少卿．“序”[M]//李里峰：革命政党与乡村社会——抗战时期中国共产党的组织形态研究．南京：江苏人民出版社，2011：1-2．

④ 李秉奎．太行抗日根据地中共农村党组织研究[M]．北京：中共党史出版社，2011：2、29．

从总体上来说，上述论文和著作，在资料运用和研究视角上比已往有了更大突破，其展现的中共组织史研究视角、方法、分析路径，无疑对本文具有很好的借鉴意义。

（二）关于抗战时期晋察冀边区党组织的研究

在抗日战争时期，已有许多出版物对晋察冀边区党组织进行过介绍，而国内真正在学术意义上进行研究要晚很多。

目前所见的聂荣臻编著的《抗日模范根据地晋察冀边区》①介绍了晋察冀边区初创时期中共领导的武装斗争、乡村建设和党组织建设状况，在当时引起了国内外的广泛关注，扩大了中国共产党和其领导的八路军的影响。民主人士李公朴在历时 6 个多月，对边区 15 个县、500 多个村进行考察的基础上，于 1940 年出版了《华北敌后——晋察冀》，从军事、政治、经济、文化、教育、民众运动等方面系统地描述了中共领导下的这一模范抗日根据地，宣传了中共的抗战和建政事迹。1946 年，阳光出版社出版的周而复的《晋察冀行》，较深入全面地介绍了晋察冀边区乡村党组织领导的政治、军事、经济斗争。1944 年 9 月，延安出版的《中国敌后解放区概况》②，也专章介绍了边区的地域概况、根据地创建、根据地政治经济建设、武装斗争等，系统反映了中共在乡村的组织和动员状况。上述出版物有助于研究者了解当时晋察冀边区概貌，有些记载对研究边区党组织建设具有很高的史料价值。然而，这些记述基本上还不属于严格意义上的中共边区组织史学术研究。

新中国成立后，一些亲历晋察冀边区抗日斗争的工作者，又整理出版了一批回忆性质的文章和著作。较早的论文有：1951 年 7 月 3 日，《人民日报》刊登了曾文经的《共产党人在抗日战争中的一个伟大的创造——追记冀中平原的地道战》；刘松涛的关于乡村教育回忆的文章《华北抗日根据地农民教育工作的几点经验》（《人民教育》，1952 年 7 月号，第 21—24 页）、《华北抗日根据地用革命办法办学的几点经验》（《人民教育》，1951 年第 4 卷第 2 期，第 27—30 页）总结了抗战时期晋察冀乡村革命教育的经验并以之为依据进行当时教育斗争；祖德明发表了《忆抗战时期晋察冀边区农业战线上的艰苦斗争》（《农业科学通讯》，1959 年第 19 期）。这些回忆性的文章集中于中共在边区进行的军事、教育、生产等方面。此外，魏宏运的《抗日战争时期革命根据地的民主选举》（《历史教学》，1953 年第 9 期）介绍了中共在晋察冀根据地的民主选举制度及实行情况；乃和的《抗日战争时期中国共产党领导下的解放区》（《历史教学》，1965 年第 8 期）、马辉的《人民战争威力无穷——河北省民兵在抗日战争中的伟大作用》（《河北日报》，1965

① 聂荣臻．抗日模范根据地晋察冀边区[M]．八路军军政杂志社，1939（12）．

② 后编入《中国现代史资料丛刊》．详见：抗日战争时期解放区概况[M]．北京：人民出版社，1953：3-14．

年 8 月 25 日）等文章探讨了抗战时期党的民主政策、根据地建设和民兵组织的作用。这一阶段的专著《冀中抗日战争简史》①记录了冀中人民抗日斗争，强调了中共领导下的人民群众的历史作用；《冀中解放区漫记》（播呐著，作家出版社，1949 年版）、《从延安到冀中》（冀中抗日根据地的主要创建者孟庆山讲述，铁珊整理，河北人民出版社，1958 年版）、《冀中一日》（百花文艺出版社，1963 年版）等，都对抗战时期边区中共的方针、政策及乡村动员进行了初步整理和研究，这是有关晋察冀边区乡村党组织研究的起步阶段。

十一届三中全会后，学界对抗战时期晋察冀边区史研究异常活跃，成果颇丰，对边区中共组织史研究也多有涉猎。根据研究者的学术关注点和生长点，可以把相关研究的发展分为三个阶段。

第一阶段，从十一届三中全会到 20 世纪 90 年代。此阶段在大量整理档案史料的基础上，对边区中共组织史的研究不断深入。档案整理方面，涉及晋察冀乡村中共党组织建设的有：晋察冀人民抗日斗争史编辑部编写、1981 年后在内部出版的《晋察冀人民抗日斗争史参考资料》共 15 册，这是晋察冀各主要区域的抗日斗争的史料汇编；1987 年天津人民出版社出版的《冀热辽人民抗日斗争（文献、回忆录）》（3 辑）、中国妇女出版社的《晋察冀边区妇女抗日斗争史料》（1989 年 5 月出版）、河北教育出版社的《晋察冀教育资料选编》（1990 年 12 月出版）等从不同侧面对晋察冀乡村党组织有所涉猎。其中 1983 年 7 月由河北人民出版社出版，河北省社科院历史所、省档案馆等 5 个单位编辑的《晋察冀抗日根据地史料选编》（上、下册），以编年体例收录了抗战期间中共大量文件资料，这是新中国成立以来关于晋察冀抗日根据地的第一部较为系统的综合性文献资料书，书中包括了许多晋察冀乡村中共党组织珍贵文献。1984 年 4 月，魏宏运主编的《晋察冀边区财政经济史资料选编》由南开大学出版社出版，全书分为 4 册，涵括大量抗战时期的中共晋察冀乡村经济政策和统计资料，对研究晋察冀乡村党组织领导的财政经济斗争具有重要参考价值。1991 年，中共党史资料出版社出版了《晋察冀抗日根据地》史料丛书（3 册），这套丛书包括文献选编、大事记、回忆录选编，是一部较有权威的有关晋察冀抗日根据地档案的文献资料书。此外，一些史学工作者还主持、协助曾在晋察冀斗争过的革命家撰写回忆录、结集文集。例如：1984 年解放军出版社出版了《聂荣臻回忆录》、吕正操的《冀中回忆录》；1985 年解放军文艺出版社出版了杨成武的回忆录《敌后抗战》；1984 年人民出版社出版了《李大钊文集》，等等。这些书中都有章节介绍晋察冀乡村中共党组织活动。此时，还重新印刷了彭真的《关于晋察冀边区党的工作和具体政策报告》等。

上述档案资料、回忆录、文集等的整理出版，为研究晋察冀乡村中共党组织

① 中国人民解放军河北军区政治部．冀中抗日战争简史[M]．石家庄：河北人民出版社，1958．

提供了丰富的史料。在此基础上，大量的研究论文和专著在20世纪80年代面世。

相关学术论文很丰硕。①中共党组织和基层政权是相互影响、融合乃至转换互动的关系，两者之间的互动关系展示了中共党组织的生态。谢忠厚、居之芬的《民主建设的一个创举——略论1940年晋察冀边区民主大选》（载《河北学刊》1982年第1期）、宋克仁的《晋察冀边区的民主建设》（载《山西革命根据地》1988年第2期）、谢忠厚的《晋察冀边区抗日民主政权的创建和特点》（载《河北学刊》1992年第2期）、杜丽荣的《晋察冀边区的民主宪政运动及其历史启示》（载《社会科学论坛》1995年第4期）等文章，深入研究了中共党组织在乡村领导的民主运动。②财政经济是战时党组织的核心工作之一，是战争进行的物质基础。傅尚文的《抗战时期晋察冀边区财政经济工作发展的几个阶段》（载《河北大学学报》1983年第4期）、张洪祥的《略论晋察冀初创时期的财政建设》（载《南开学报》1983年第5期）、魏宏运的《论华北抗日根据地的合理负担政策》（载《历史教学》1985年第11期）、刘宏的《抗战时期晋察冀边区的劳动互助》（载《河北学刊》1992年第3期）、魏宏运的《论华北抗日根据地繁荣经济的道路》（载《光明日报》1984年8月15日）等，从不同侧面对中共领导的晋察冀乡村财经进行了探讨。③在晋察冀乡村，中共党组织建立了一整套文化体系。李寅的《晋察冀抗日根据地的小学教育》（载《首都博物馆丛刊》1993年第8期）、蔡子谔的《简论晋察冀群众文艺运动的特征》（载《河北师范大学学报》1987年第3期）、谢忠厚的《抗日战争时期晋察冀边区的知识分子政策》（载《河北学刊》1984年第5期）论述了边区党的教育、文艺独特性和知识分子政策。

此时，最有代表性的著作是谢忠厚、肖银成主编的《晋察冀抗日根据地史》，作者以革命史叙事方式全面、系统地阐述了根据地在军事、政治、经济、文化等各方面的政策措施和主要成就，总结了根据地党的建设、统一战线、民主建政、发展经济和繁荣科技文化事业的经验，深刻反映了中国抗战胜利的基本规律。

国内学术界在此阶段，由于受传统革命斗争史学的影响，大多从上层建筑和生产关系的角度进行研究。这些作为新时期史学奠基时期的作品，其研究涉及面广，在恢复传统史学方法研究方面等做了许多有益工作，并开始注意跨学科研究，但也产生了许多研究歧义。

第二阶段，从20世纪90年代到20世纪末，这是研究的深化阶段。

20世纪90年代受区域社会史直接影响，中共组织史研究出现了新的研究趋向，突出表现在研究视角的转换。学界开始把党组织放到乡村大背景中，进行“自上而下”和“自下而上”的综合研究。其代表性著作主要体现在两个方面。①理论方面：张静的《基层政权：乡村制度诸问题》（浙江人民出版社，1995年），以政治社会学和法律社会学的视角，讨论乡村中共主导下社会权力分布、角色性质及其与国家政治的关系，并用此解释乡村冲突的结构来源和政治后果。②具体研究的代表：北京军区战史编写组编的《晋察冀暨华北军区武装力量发展史》系统介绍了晋察冀边区创立、党组织建设及党领导下的各级武装力量的发展进程，突出了党的领导、武装斗争和根据地建设的密切关系。美国的弗里曼等的《中国乡村，社会主义国家》则探讨了中国共产党在战争时期及革命胜利后在华北农村社会所进行的一系列改革，不仅分析了这些改革在不同时期对农村社会、农民的影响，以及对战争及国家建设的作用，还分析了这些改革与传统文化的关系。

第三阶段，21 世纪以来研究的新进展。进入 21 世纪，国内外学界对晋察冀边区史的研究异彩纷呈，并从学术理论、方法、视角，以及研究领域进一步拓宽了中共组织史的研究视角。截至 2011 年，涉及边区中共组织史研究的相关学术论文已有 20 余篇，国内学术专著 10 余部。其中，谢忠厚等的《新民主主义社会的雏形——彭真关于晋察冀抗日根据地建设的思想与实践》（人民出版社，2002 年版）认为中共在晋察冀的建设是中国新民主主义社会的雏形。罗朝晖的《富农与新富农——20 世纪前半期华北乡村社会变迁的主角》，以华北地区富农与新富农阶层的产生、发展与变动为主线，探讨了在中共乡村富农政策影响下，富农阶层的经营规模、经济行为、权力场域、社会流动及其历史命运；张思的《近代华北村落共同体的变迁——农耕结合习惯的历史人类学考察》，考察了近代华北农村在农耕生产上的各种结合关系，特别是抗战时期边区极为流行的搭套、合具、换工、帮忙、役畜借用等农耕结合习惯，并尝试通过对这些农耕习惯的“近代特征”的阐释，来说明处在变迁中的华北农村社会的时代性质。

此时，国内又出现了一些论述晋察冀乡村中共党组织的学术论文。主要有：张新法的《中共华北地方组织在创建抗日根据地中的地位与作用初探》，该文指出了晋察冀边区研究中“忽视或轻视地方党组织的存在与作用的问题”[①]；朱江、李玉玲《晋察冀抗日根据地党政组织建设特点及启示》一文认为，党组织是边区组织系统中的领导与核心，根据地的组织建设具有开创性、示范性、民主化、法制化、注重基层等特点[②]；梁丽辉《抗战时期晋察冀边区村政权的演变》[③]在回顾晋察冀旧政权基础上，指出中共通过对基层政权的改造，普遍建立起代表大多数人利益的民主村政权。

同期，国外对抗战时期晋察冀边区的研究，在抗战时期曾在边区考察、工作

① 张新法．中共华北地方组织在创建抗日根据地中的地位与作用初探[J]．抗日战争研究，2001（3）：1-14.

② 朱江，李玉玲．晋察冀抗日根据地党政组织建设特点及启示[J]．唐山学院学报，2006（1）：7-8.

③ 梁丽辉．抗战时期晋察冀边区村政权的演变[J]．延安大学学报（社会科学版），2009（6）：48-51.

的学者、记者、官员记录的基础上，其研究视角更开阔，研究方法和模式及关注点与国内的也有很大不同，引起了国内学者的关注。

海外学者对晋察冀乡村党组织研究也十分引人注目。其中新华出版社出版的“外国人看中国抗战”丛书影响最大。《华北前线》[①]、《新西行漫记》[②]、《中国未完成的革命》[③]等，真实而详细地记述了海外学者亲身经历、听闻的关于边区中共与军民的战斗、生产和民主生活，成为西方人了解抗战时期中国共产党的一个窗口。达格芬·嘉图的《走向战争——华北的战争、社会变革和中国共产党（1937—1945）》，[④]更加全面地分析了抗日战争时期中国共产党领导下的抗日根据地的经济、政治政策，阐述了这些政策所导致的农村社会经济、政治的深远变化，探讨了党的经济、政治政策与抗战军事任务的有机联系，这对进一步研究晋察冀乡村党组织具有很重要的启示意义。

20 世纪 90 年代后，国外在以往研究的基础上，开始反思其研究中存在的问题，研究方法开始转换。美国学者柯文的《在中国发现历史——中国中心观在美国的兴起》反思了美国、中国研究，提出开展区域性与地方历史的研究，并主张按中国社会不同阶层，运用历史学以外诸学科中已形成的理论、方法与技巧，并力求把它们和历史分析结合起来研究。[⑤]在此路径之下，杜赞奇的《文化、权力与国家》从历史和社会学的角度，叙述和分析了 20 世纪前半期中国现代化进程中，国家政权建设对华北乡村社会权力结构的影响，揭示出国家政权的内卷化与中国革命的关系，提出了现代化建设如何与传统文化权力网络整合的问题。该书结论部分认为共产党政权的建立标志着国家政权“内卷化”扩张的终结，并把中共获得政权的原因归结为“共产党能够了解民间疾苦”。[⑥]

时至今日，晋察冀乡村中共党组织主导的乡村变迁研究在国外许多国家成为热点。其中包林的《两种革命：1934—1945 年间华北山西的乡村建设与合作化运动》、内山雅生的《20 世纪华北农村社会经济研究》、三谷孝编的《中国农村变革：家族·村落·国家》等都对晋察冀乡村中共党组织主导下的乡村变迁进行过探讨。

总体而言，改革开放后国内学者们的研究虽然对晋察冀乡村中共党组织多有涉及，然而除个别论文外，大多集中在中共晋察冀革命或乡村政权、经济、军事

---

① [英]詹姆斯·贝特兰．华北前线[M]．林淡秋，等译．北京：新华出版社，1986．

② [英]班威廉·克兰尔．新西行漫记[M]．斐然，何文介，译．北京：新华出版社，1988．

③ [波兰]伊斯雷尔·爱波斯坦．中国未完成的革命[M]．陈瑶华，谢念非，译．北京：新华出版社，1987．

④ [瑞典]达格芬·嘉图．走向革命——华北的战争、社会变革和中国共产党 1937—1945[M]．杨建立，朱永红，译．北京：中共党史资料出版社，1987．

⑤ [美]柯文．在中国发现历史——中国中心观在美国的兴起[M]．林同奇，译．北京：中华书局，1989：8-9．

⑥ [美]杜赞奇．文化、权利与国家[M]．王福明，译．南京：江苏人民出版社，2010：212-213．

变迁等领域，对晋察冀乡村中共党组织作为主导抗战时期晋察冀革命、战争、乡村社会变迁的这些关键因素还缺乏系统研究。而如果不系统研究晋察冀乡村中共党组织运行，是很难解释晋察冀边区战争与革命等诸问题的，毕竟中共革命的成功，是中国共产党领导的成功；而中国共产党成功的领导，在很大程度上体现在基层党组织效能的发挥上，在诸如乡村动员、组织及对乡村社会的革命性改造中，中共基层党组织都是具体的组织者、实施者，是主体性因素。国外学者用“他者”的眼光，观察、分析晋察冀边区中共革命，尽管有许多真知灼见，但往往由于脱离中国“本土”因而产生了一些歧义。鉴于此，本书以中国共产党基层党组织为历史行动者，以中共对乡村革命改造为历史路径，系统考察中共乡村党组织本身的运行及其与乡村社会之间的复杂互动关系及其历史逻辑和理论逻辑，进而揭示出中共基层党组织的运行生态，具有历史和现实价值。

三、主要研究方法与研究视角

（一）主要研究方法

1．历史文献研究法

中共组织史研究，是中共党史研究的重要领域。党组织史研究有其特殊性，一方面担负着“资政育人”的重要功能；另一方面作为知识领域、学术领域，本身具有其特定的价值和文化学术功能。换个角度讲，中共党史研究宜有两套规范和话语，一是适用于发挥意识形态功能的规范、话语；二是适用于知识研究的学术规范、话语，[①]中共组织史亦然。因此，作为中共党史研究的一个分支，中共组织史研究在发挥“资政育人”功能的同时，更应遵循史学研究的规范，这样才能促进其成长。胡乔木在《中国共产党的七十年》的“题记”中强调：“客观的历史是怎么样，写出来的历史也必须是怎么样”，强调应写“严谨切实的历史”，而不应是“某种宣传品”。[②]历史学家胡绳在阐述历史研究的目的时，也曾强调历史研究必须揭示历史发展过程的复杂性和曲折性。他认为，在历史研究中，只有“把本质隐藏在其内的历史现象的复杂性和曲折性如实地展现出来”，才能说对“历史的科学研究就做得比较充分了”。[③]中共组织史本是一幅生动多彩的画面，而以往模式化、简单化的著作遮蔽了其真实的历史图景，而要还原历史真相，最佳的方法就是对历史文献的掌握、运用及进行科学解读。因为丰富而可靠的历史文献资料是进行史学研究的基础，只有在对文献史料的整理、分析的基础上得出的结论才是真实可信的。当然，使用史料时，研究者也经常陷入两难境地，一方

---

① 杨凤城．关于中共党史研究的规范与方法[J]．中国人民大学学报．2001（3）：20-23．

② 龚育之．关于抗日战争史的研究[J]．中共党史研究．1995（6）：7-11．

③ 侯且岸．鲜明的史观，犀利的笔锋[J]．中共党史研究．1995（3）：16．

面是对史料的辨别；另一方面是对史料的解读。解决这些问题的方法是研究者只有尽可能地融入当时、当地的历史“现场”，“弄清楚所研究问题发生的一定的时间和空间，把问题当作一定历史条件下的历史过程去研究”，[①]才能解决问题。

就本研究来说，晋察冀边区中共组织史档案甚丰，既有党中央和边区党委的文件、通知、指示等，更有县、区等各级党组织的总结、报告、统计。由于这些档案是静态的，所以如果恢复其真实的“场景”，会有很大的难度。本文倡导“上下结合”研究，也有克服这一难度的考量。从中共上级对下级的领导来看，其指示、文件等是上级的意图；而下级党组织的总结、报告等在战时环境下是对上级要求和自身困难需要上级帮助解决而形成的，其真实性很明显。正如范力沛所说：“主要依赖从未打算公开的党内文件。……无论其假定的听众是谁，公开的材料总是强调胜利远远超过困难和失败，……。党内的材料则是出自一种完全不同的看法，更加详细和具体，不仅关注胜利，而且关注正在遭遇的问题、尚未解决的困难以及错误。它们用农民自己的土语生动地报道了基层对党的政策的反映”。[②]而且，这些“中共内部材料都出自中共干部之手，（他们）大多是不出名或不知名的干部，它们很少关注全国范围的党的争议和辩论。他们对党和农民在农民利益问题上的分歧很敏感，详细具体地描述、分析了农民的态度并艰难地调节这些分歧。有时这些材料在行文和意识形态内容上都很粗糙，但对我们而言，这恰恰增强了其历史价值”。[③]笔者所掌握的档案、文献中确实存在语句不通，或方言、土语满篇的情况，加之抗战时期乡村党的干部知识水平普遍偏低，更有许多错字、别字等，但这些档案、文献表达的意思却是明白无误的，这也真正体现了这些档案真实、生动、贴近历史事实的一面。当然，在利用这些档案、文献时，还是需要花费很大力气进行考订的。正如章学诚先生所说，作史须有“史德”，从大处着眼，不在于个别字句之间，而在于“部次条别，疏通伦类，考其得失之故”[④]。在运用史料，尤其是档案资料时，笔者坚持两个抓手：一是“外形”的考证，即区别史料的真伪、错讹。因为许多档案在记录时，有其特定的形成环境，有可能带有档案主人的主观态度，或是对事件的曲解，这就需要在研究中进行考订。二是史料“内部”的考证，即澄清和合理评估史料的实际价值。例如：许多政策、指示等文件发出后，有没有实施？或者实施后有多大效果？诸如此类的问题，都需要在研究中详加考订、辨审。

---

① 毛泽东．如何研究中共党史[J]．党史研究．1980（1）：1-7．

② Lyman P．Van Slyke．“Foreword”[M]//，Yung-fa Chen．*Making Revolution：The Communist Movement in Eastern and Central China，1937-1945．Berkeley and Los Angels：University of California Press，1986．*

③ Yung-fa Chen：*Making Revolution：The Communist Movement in Eastern and Central China，1937-1945．Berkeley and Los Angels：University of California Press，1986．*

④ 章学诚．校雠通义：卷一．王重民，通解．上海：上海古籍出版社，1987．

2. 比较研究法

史学研究中的比较，“目的是对其间的共同性和差异性以及趋同性和趋异性的发展进程进行考察”。[①]中共组织史是研究中国共产党运用马克思列宁主义领导中国革命和建设党组织的历史进程及其规律的科学，它与中国特殊国情紧密相连。正如列宁对东方民族的共产党人所说：“你们面临着一个全世界共产主义者所没有遇到过的任务……必须看到农民是主要的群众，要反对的不是资本而是中世纪残余，要根据这种情况来运用一般的共产主义理论和共产主义措施。”[②]奉行列宁主义为建党原则的中国共产党，在抗战时期是依靠乡村得到发展壮大，并最终取得革命胜利的。因此，对其研究时除了以乡村党组织为核心内容外，还要将其置入乡村的经济、政治、文化和社会中去研究，只有这样才能展现党组织形态，以克服以往模式化、简单化的弊端。研究过程中，应充分运用历史比较研究法，因为从某种意义来看，比较是史学研究的基础，有比较才会有问题，才会有问题意识，才能够拓宽研究视野。这就要求研究者既要注意对国外材料与国内材料进行对比研究，还应注意晋察冀边区区域内和区域外的比较研究。当然，在中共、国民党、日军这样的两党、三股势力综合比较研究中，更易于弄清事实真相，从而全面展现中共乡村党组织复杂、多变的历史实态。因此，在宽视域、比较研究中重现中共乡村党组织的真实面相，是笔者在史料收集和研究中孜孜以求的目标。

（二）研究视角

1960 年美国著名中国史学者马克·赛尔登尝试“从最基层到地域、民族和全球的视角，又从国际体系到根据地、县、村庄和家庭的微观世界考察社会变革。从而使得从人类的角度研究政治和进步——它们的产生和变革、它们对经济和社会的影响的方式曾被国家和世界研究排除在外——成为可能”。并且，作者还指出：“这种方法特别适合于战争时期”根据地研究。[③]这是西方第一次较客观的对战时根据地进行的研究，形成了随后对从 20 世纪 20 年代起的整个抗战和国共第二次内战时期中国共产主义运动的研究，并且（以地方和地域研究方式）直至今天。这种研究视角摆脱了以往对抗日根据地研究的预设，开始重视根据地“实际发生了什么？”这一命题。然而，赛尔登等尽管“把视线扩及更广阔的范围内，但其关注的中心仍然是共产党‘为何’以及‘怎样’取得胜利的”。对此，美国学者黄宗智批评道：

① [德]哈特穆特·凯博．历史比较研究导论[M]．赵中进，译．北京：北京大学出版社，2009：5．
② 中共中央马克思恩格斯列宁斯大林编译局．列宁全集（第 30 卷）[M]．北京：人民出版社，1987：138．
③ [美]马克·赛尔登．革命中的中国：延安道路[M]．魏晓明，冯崇义，译．北京：社会科学文献出版社，2002：6．

“尽管讨论了道德与话语”，但赛尔登“与大多数他们评论过的学者一样，首先关注的是客观的现实，而不是表达的现实；在结构层面，是社会—经济的和制度的背景，而不是象征性领域或话语的形态；在主体层面，是行动和事件，而不是思想和态度”。所以，黄宗智主张“把注意力集中于客观结构和表达结构的相互关系上，以及客观行动和表达性心态的相互关联上”来研究中共革命。①

沿着上述思路，20 世纪 90 年代以来对中共组织史的研究发生了巨大转向。研究者不再过分关注制度、成就，而是指向党组织面对的种种“问题、错误或失败”，更加注意中共在基层的运行状况、制度运作，尤其关注作为布尔什维克式的党，中共的社会动员与控制、乡村社会心态、党员入党动机、中共意识形态在基层的变异，等等。这些新的研究成果为本书提供了明确的研究视角，即将研究重点放在战时乡村背景下的中共基层党组织具体运行形态上。

晋察冀边区中共乡村党组织有着自身特殊的发展规律，是处在“敌寇严重压迫之下”，且“总是遭受最严重的战局和最频繁的战争”，“党过去是个小党”，在抗战期间得到迅猛发展，肩负着“健全扩大各种群众组织”“保证财政经济动员”“改善群众生活”“健全政权”②等一系列高难度的任务，而这些任务的完成无不与乡村传统势力打交道。若不考虑这些客观存在，仅仅就“组织”而研究“组织”，就很难说是科学的研究。而且在晋察冀边区中共乡村党员群体中，农民党员居大多数，所以只有从农村社会角度来理解中共政策，考察党组织与所处环境的关系，考察党在乡村社会的存在、发展条件，尤其以“自下而上”的眼光来注视，以农民的立场来思考，从农民党员的日常、调适、顺从、响应到参与，以及乡村现实如何改变或缩小了党组织对政策选择的范围，才更有利于理解农民长期以来为保护自己的利益和对抗统治秩序所做的一切。这种分析问题的方法，即是（政治）组织—社会研究。这种方法“是坚持唯物史观，以历史学为本位的综合运用政治学、社会学、人类学的理论方法”，“关注政治文化、政治行为、大众政治价值观与政治心理”而进行的“社会整体”研究。③显然，就政党而言，这种方法是在社会整体中的政党与社会互动关系研究。至于中共档案文件，更是知识分子用文字书写的，它们在很大程度上也是为官员创作的，不可能完全揭示党组织实态，因为来自中共高层和边区高层的见解与更大的关于阶级的社会经验以及典型的阶级斗争、民族斗争语境联系在一起，除了能了解其意图外，需要真正了

---

① [美]黄宗智．中国革命中的农村阶级斗争——从土改到文革时期的表达性现实与客观性现实[M]．北京：商务印书馆，2003：66-95．英文原载于 *Modern China*，1955，21（1）：105-143．

② 中国共产党晋察冀边区第二次代表大会告全边区同胞书[M]//．河北省社会科学院历史研究所，河北省档案馆，等．晋察冀抗日根据地史料选编（上）．石家庄：河北人民出版社，1983：169-172．

③ 徐永志．中共近现代政治社会史论[M]．北京：中央民族大学出版社，2009：3-14．

解那些来自下层党组织的日常形式、日常行动，这样才能实现乡村对阶级意识和革命意识形态的理解。[①]因此，运用地方档案和相关的日记、回忆录、口述史等资料，将“自上而下”与“自下而上”相结合进行研究，才是探寻中共乡村党组织运行形态的较好途径。

四、文献说明

晋察冀边区，作为抗日战争时期中国共产党和八路军创建的第一个敌后抗日根据地和全国模范抗日根据地，是中共夺取抗战最后胜利和人民解放战争胜利的“坚强堡垒”。从地域范围来看，晋察冀边区主要包括山西省的东北部、察哈尔省的西南部、热河省的南部和河北省的大部分地区。[②]在初创时期，面积约 10 万平方公里，人口 1000 余万，统辖着 36 个不完整的县政权。经过 8 年浴血奋战，到抗日战争胜利时，边区政府已拥有 2 个省政府，4 个行政公署，20 个专区，8 个市，163 个县，27 旗的抗日民主政权，人口达 2500 多万。[③]抗战时期边区党组织的档案主要集中于河北省、山西省档案馆，北京市和辽宁省档案馆及相关市县档案馆也有存件。这些散布的档案保存方式，以及如当事人个人记录等不得借阅，部分档案使个人从事跨省研究增加了很大难度。

为解决研究困难，本文主要利用河北省档案馆保存的党内文件和部分县档案馆保存的档案，并非常关注县及县以下各级党组织的决定、报告、总结、统计等。尽管“当事人”形成这些文献时，由于时间紧迫或文字水平有限等原因，在后人看起来语句不流畅，还存在许多错别字，纸面涂抹严重，纸张质量也不一，有的数据计算有明显错误，但这些文献档案内容丰富，且可信度很高。当然，在运用时也对相关资料进行了印证，以防止出现误读。此外，为从总体上把握晋察冀边区乡村党组织形态，笔者还利用了一些已经出版的档案、资料。主要有：①中央档案馆编的《中共中央文件选集》[④]，其中收录了中共中央在 1936 至 1945 年间有关党、政、军、群等工作的指示、决议、领导人论著等。该文件集在内容上选择中央一级或中央领导人著述。这些历史文件的出版，有利于把握抗战时期中共中

---

① 郭于华．“弱者的武器”与“隐藏的文本”：研究农民反抗的底层视角[J]．读书，2002（7）：11-18.

② 山西省，简称“晋”；察哈尔省，简称“察”，建于 1912 年，1952 年察哈尔省建制撤销，并入河北、山西 2 省以及北京市；热河省，简称“热”，位于目前河北省、辽宁省和内蒙古自治区交界地带，1914 年 2 月划出，1955 年 7 月 30 日撤销；河北省，简称“冀”，明清时期称“直隶”，辖今北京、天津两市、河北省大部和河南、山东的小部地区，1928 年改省名为河北省。

③ 张洪祥．晋察冀杭日根据地行政区域沿革[J]．党史研究，1983（3）：76.

④ 中央档案馆．中共中央文件选集[M]．北京：中共中央党校出版社，1991.

央一级宏观层面的意图和策略。②《中共中央北方局》资料丛书编审委员会编的《中共中央北方局》[①]，分综合卷、文献选编（北方区委时期、土地革命战争时期、抗日战争时期）和大事记，共5卷。中共北方局始建于1924年12月，1945年8月撤销，是中共为了加强对北方地区革命斗争领导而建立的中央派出领导机构。其辖区虽经多次变动，但基本包括了晋察冀等地区。[②]丛书“重点反映北方局及其前身的历史活动，其次反映所属组织的重要历史活动，及中共中央对北方局和北方地区各级党组织的领导情况”。[③]③《晋察冀抗日根据地史料选编》，[④]分上、下册，主要收录了中共中央晋察冀分局及其下级党组织的决议、指示、报告、总结等，较全面地体现了抗战时期晋察冀边区党组织各项活动的概况。④《抗日战争时期晋察冀边区财政经济史资料选编》[⑤]分为总论、农业、工商合作、财政金融几个部分，共4编，每编1册，收录了涉及抗战时期晋察冀边区概况、财政经济工作报告、财政经济工作总结等大量的历史文献。这些档案、材料的综合运用，有助于实现“上下结合”，研究抗战时期晋察冀乡村党组织的形态。

在报刊材料方面，本文主要利用《晋察冀日报》《晋察冀画报》和《新华日报》（华北版）等。前两份报刊是晋察冀分局创立的宣传喉舌，后一份报纸是中共北方局主办的机关报。作为中共晋察冀中央局的机关报，《晋察冀日报》伴随着晋察冀边区根据地一起发展壮大，见证了根据地的创建、巩固和发展。《晋察冀日报》内容丰富多彩，既有国际新闻、国内新闻，又有副刊《老百姓》，还有漫画、顺口溜、诗歌等，为了解当时根据地广大军民抗战、党和八路军政策及根据地战况提供了丰富资料。《晋察冀画报》以晋察冀军区政治部名义出版，用真实的图片和评论记录了抗战中后期晋察冀党、政、军、群的重大活动。《新华日报》（华北版）既是中共中央北方局的机关报，也是党在敌后区域创办的第一张铅印的大型日报。其主要栏目有：社论、要闻、华北新闻、敌后方通讯、华北战况、战地通讯、华北捷报、华中通讯、华东通讯、半月军事动态、领导人文章，等等。该报也提供了一些晋察冀边区的主要史料。

此外，本书还利用了一些公开出版的，曾在晋察冀边区工作、生活、考察的“当事人”的传记、文集、回忆录和时论性著述。这些“当事人”主要有：党的

---

①《中共中央北方局》资料丛书编审委员会．中共中央北方局[M]．北京：中共党史出版社，2002．

②《中共中央北方局》资料丛书编审委员会．中共中央北方局历史综述//中共中央北方局·综合卷[M]．北京：中共党史出版社，2002：1．

③《中共中央北方局》资料丛书编审委员会．中共中央北方局．北京：中共党史出版社，2002：编辑说明2．

④ 河北省社会科学院历史研究所，河北省档案馆．晋察冀抗日根据地史料选编[M]．石家庄：河北人民出版社，1983．

⑤ 魏宏运．抗日战争时期晋察冀边区财政经济史资料选编[M]．天津：南开大学出版社，1984．

领导人刘少奇、周恩来、彭真、聂荣臻、吕正操、李运昌等，党外人士李公朴、周而复等，外国人士班威廉夫妇、林迈可夫妇等。还有一些 20 世纪 80 年代以来出版的地方史志。这些资料为研究节省了大量时间，也提供了深入“历史场景”的桥梁。

值得说明的是，本书在研究中还查阅了少量国民党档案、日伪档案，以便相互比较考证，求得结论的真实可靠。

五、相关概念的界说

“边区”（也称“根据地”或“解放区”）是民主革命时期中国共产党领导的在几省之间建立的革命根据地的通称。革命根据地的建立和发展，经历了第二次国内革命战争时期和抗日战争时期两个阶段。其实质是农村武装割据，是中共在敌强我弱的形势下，在几省或地区交界的地区建立的战略基地。毛泽东认为根据地存在必须具备下列基本条件：①有很好的群众；②有很好的党；③有相当力量的红军；④有便利于作战的地势；⑤有足够给养的经济力。[①]抗战时期，彭德怀也曾指出，“在某些地区有了革命的武装、革命的政权、革命的群众组织、革命的政党——共产党，这四种组织在一定地区能够公开合法地存在，各自执行自己的职权，这样的地区，就叫作革命根据地。”[②]杨尚昆也解释说：“根据地是一块大的或小的区域，在这区域上，我们的抗日武装作为它进行战争的依靠，依靠它消耗、驱逐和消灭敌人，这是一方面；另一方面依靠它保存、发展和壮大自己，凡是能起这种作用的都叫根据地。”他进而把敌后华北根据地分为三种：“我党我军及进步势力占优势的根据地”“我党我军与友党友军势力平衡的根据地”和“我党我军处于劣势的根据地”。[③]

本书所涉及的晋察冀边区，是抗日战争时期八路军聂荣臻部在华北的晋、察、冀、热、辽几省交界建立的华北第一块敌后抗日根据地。1938 年 1 月为适应华北抗战需要，在中共努力下，在阜平召开“晋察冀边区军政民代表大会”，成立了边区最高行政机关——晋察冀边区行政委员会”，[④]其最初下辖晋东北（五台、盂县等 13 县）、冀西（阜平、平山、井陉等 13 县）、冀中（藁城、无极、安平、肃

---

① 中共中央毛泽东选集出版社委员会．毛泽东选集：第 1 卷[M]．北京：人民出版社，1991：59．也可参见：顾龙生．毛泽东经济思想大辞典[M]．沈阳：辽宁人民出版社，1993：71-72．

② 彭德怀．在太行区军队营级、地方党县级以上干部会议上的报告[M]//山西省档案馆．太行党史资料汇编：5 卷．太原：山西人民出版社，2000：891．

③ 杨尚昆．论华北抗日根据地的建立与巩固[M]//魏宏运．抗日战争时期晋察冀边区财政经济史资料选编・总论．天津：南开大学出版社，1984：103-105．

④ 最初为“晋察冀边区临时行政委员会”，1938 年 1 月底得到国民政府行政院批准，正式用此名。

宁等 17 县），共 40 多个县，1939 年后，发展到平西（北京时称“北平”），边区发展到 67 个县（含联合县政府和县佐公署），形成了 536 个区公所的完整的政权系统。1940 年底，边区范围扩展到 90 几个县，区域分布于河北、山西、察哈尔、热河四省境内，面积约十数万平方公里，人口在 1200 万左右。①此后，由于日伪等的“扫荡”“蚕食”等，边区范围有所变动，但在 1943 年后，随着世界反法西斯战争形势好转和晋察冀军民的局部反攻，边区范围不断得到巩固和发展。到 1945 年 4 月，边区共辖 124 个县、4 个市，冀晋区 26 个县 1 个市，冀察区 29 县，冀中区 44 个县 3 个市，冀热辽区 25 个县。至日本投降时，晋察冀边区控制了察哈尔、热河两省全部，河北省大部和山西、辽宁两省各一部。②

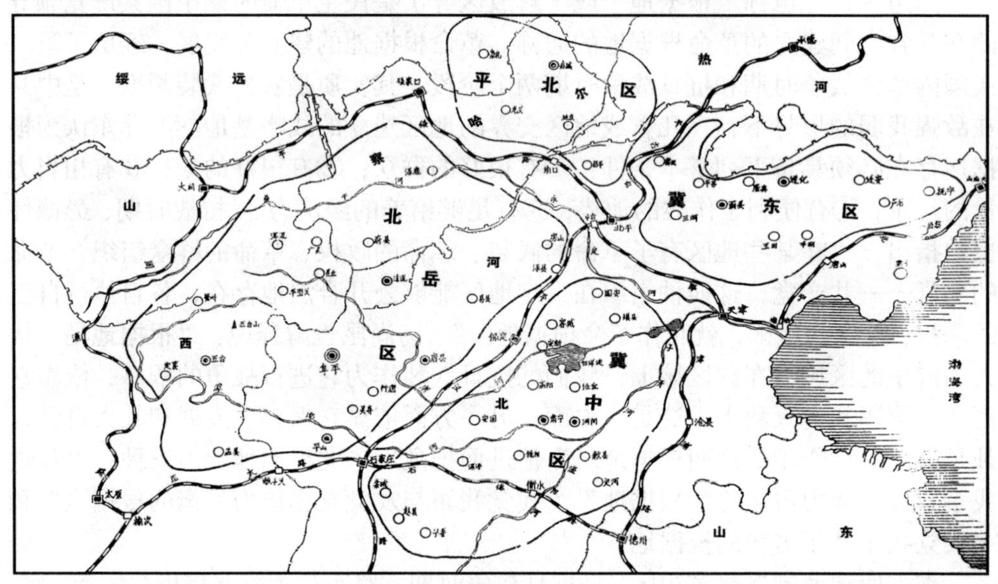

图 0-1　晋察冀边区行政区　1943 年

资料来源：中央档案馆．晋察冀抗日根据地（第一册）·文献选编（上）．北京：中共党史资料出版社，1988：附图．说明：本图按现代汉语对原图中的简化汉字进行了规范。

晋察冀边区的建立，“是汉口中央政府所准许成立的。它的领导权是交付与中国共产党。”“在那里政治组织与每一县的各种救亡团体，都有密切的联系”，“武装的人民约有 50 万，这些队伍的给养，完全由人民负担”，“民众运动也积极的发展起来”，“共产党现在百分之百的应了它应尽的任务”。③因而，从历史

① 河北省社会科学院历史研究所，河北省档案馆，等．晋察冀抗日根据地史料选编：上册[M]．石家庄：河北人民出版社，1983：485-487．

② 同①下册：566-570．

③ [美]Haldore Hanson．晋察冀边区政府情况[J]．民族生命．1938（5）：7-8．

事实来看，晋察冀边区各项工作都由中国共产党主导。按照列宁主义党建理论，“党之所以强有力，不仅在于自己党员的数量，而首先在于自己党员的质量”，那么，晋察冀边区为应付残酷的斗争需要，既要求大量发展党员，又要控制党员质量，乡村党组织如何在这一矛盾中求得平衡，以充分发挥党组织作用？面对严峻的斗争形势，边区创建初期中共采取“由上而下”的方式建立党组织，“待许多支部建立后，再成立正式县委”[①]。而“支部是党的基本组织。党的一切政策、主张、口号，都必须依靠支部才能深入到群众中去，才能实现”。[②]乡村党组织在基层组织尚不完备的情况下必须肩负极端沉重的任务，那么，基层组织是如何应对的？组织内的反映如何？这些是研究晋察冀边区党组织形态的核心问题。

基于上述考量，本书之所以选择晋察冀乡村党组织形态作为研究对象，就是因为只有通过考察乡村党组织形态，才能揭示中共度过的生存危机，以及在抗日战争时期党组织迅速壮大并最终赢得胜利的复杂动态过程。葛兰西（意大利）在《狱中札记》中指出，马克思主义政党的任务是组织工人群众和其他劳动者，对绝大多数无产阶级群众和中间阶级行使领导权。一个马克思主义的党必须解决 4 个基本问题：①党的意识形态；②党组织的形式和内容；③在联系群众方面所起的作用；④党的战略、策略。[③]因此，研究晋察冀边区中共乡村党组织形态，既应研究党组织的结构形式和行为方式，也要研究党组织意识形态与乡村观念的冲突、碰撞，党在基层动员中与群众及群众组织的关系，党的战略、策略在基层实践中“过滤”的具体状况等。

需要指出的是，晋察冀边区于 1938 年 1 月正式建立，到 1948 年 5 月，随着解放战争的发展，为“更加有利于革命战争向南发展和华北解放区集中力量进行生产节约支前起见”，中共中央决定将晋察冀边区与晋冀鲁豫边区合并，组成华北联合行政委员会，原建制撤销。[④]本文只选取八年抗战期间，即 1937 年到 1945 年作为研究时段，主要有两方面的考虑：其一，八年抗战时期是晋察冀中共乡村党组织恢复、发展的关键期，党组织经历血与火的洗礼后，其组织形态基本完备。其二，由于研究时间有限，尽管进行跨时段研究是笔者一直追求的目标，但是限于精力和资料准备，这一理想只能留待后续进行研究了。当然，在写作中，为了体现历史的延续性，在时间上还是有所延展。

---

① 刘少奇．为发动华北广大群众的救国抗日运动而斗争[M]//中共中央北方局·抗日战争时期卷．北京：中共党史出版社，2002：61．

② 杨尚昆．华北党建设的几个问题[J]．共产党人月刊．1939（5）：38．

③ 张宏儒．二十世纪世界各国大事全书[M]．北京：北京出版社，1993：1016．

④ 中共中央军委关于改变华北、中原解放区的组织、管辖地及人选的决定[M]//中央档案馆，河北省社会科学院．晋察冀解放区历史文献选编．北京：中国档案出版社，1998：417-418．也可见：中共中央文件选集（1948 年）[M]．北京：中共中央党校出版社，1987：151-153．

还需要指出的是，本书使用的原始档案由于形成过程中的各种原因，断句、标点多有混乱。为方便读者起见，本文在采用时一概按现代汉语的规范进行统一。对于错别字，在文中以〔 〕中注明；对于需要补充或补充说明之处，用( )表示；缺失或不清楚之处以△表示。这些恕不在文中再一一注明。

第一章 乡村环境与抗战前的党组织实态

晋察冀边区的中共乡村党组织与全国其他地区的一样。在抗战爆发前，“党的基础大部分建筑在知识分子、小资产阶级上面，没有广大的工农同志作中坚，只是一些上层的工作，没有切实推动下层同志参加党的工作和群众运动的工作”。“整个儿的党还在散漫的状态中，不惟没有发展并且爽快地说还不成一个真正的组织，只有东一群西一群党员而已”，[①]“各地之特支非常幼稚，无工作方法和能力，因之农村支部有许多不能开会，无支部作用，不能领到〔导〕群众斗争”。[②]在这样的基础上，中共却令人惊异地在抗战爆发后很短的时间内迅猛壮大，成为晋察冀地区最大的政党力量，并将组织冷漠、革命态度消极，追求眼前蝇头小利的农民迅疾组织起来，使其中积极分子入党，加入到中共主导的革命行列中来，从而在极端险恶的环境下，实现了战略展开，并完成了一系列的社会变迁，最终建立了相对稳固的根据地。就从这一点来看，作为依靠基层党员和组织进行革命动员和社会力量整合的政党，如何实现了党的基层组织网络和传统社会的契合？其生存、发展的环境和依靠的原有力量、基础如何？这不仅制约着抗战初期党的重建，而且也深刻影响着未来中共力量的壮大，并与中共的革命理想和具体实践紧密相关。

革命是 20 世纪以来晋察冀乡村变迁的外在动力，而革命能否真正发动和革命后能否巩固革命的成果，关键在于乡村民众是否积极参与。从某种意义上说，得乡村者，得天下。问题是，广大乡村具有恒久的保守传统，如何能发动乡村力量参与革命是其关键。一般而言，革命的发动有两种可能：一是旧的社会结构内部运行破坏性力量导致旧社会出现崩塌；二是外部势力的侵入，导致原有社会结构不能维持。如果上述两种情况结合在一起，且新的社会政治力量不能被原有社会结构同化，在这种情况下，革命便极易发生。20 世纪初的晋察冀乡村是农牧社会，在这种生产方式下，受天行变化影响巨大，或丰稔或饥馑，全在自然环境以及由之形成的社会环境。这成为当地社会系统演化的决定性限制条件和选择力量，亦对中共乡村组织生存与发展有重大影响，在一些特殊地区、特殊时段甚至起着决定性作用。

---

① 顺直省委关于组织问题给中央的报告[B]．石家庄：石档（卷宗 1-1-1-2）．

② 盛智僧．关于党务工作报告——组织问题、军事政治工作、农民和民校运动[B]．石家庄：石档（卷宗 1-1-1-3）．

第一节　抗战前的乡村环境

> 无水多开渠，
> 无渠多造井；
> 造井防天旱，
> 气瞎龙王眼。
> ——晋·五台民歌

任何政党的存续都与其所处的特定环境紧密相关。抗日战争时期，中共领导的晋察冀边区包括晋东北、冀西（石太铁路以北）、冀中、冀东、（北）平西、（北）平北地区及察哈尔省全部、热河省大部，后发展至热河省全部和辽宁省西部地区。[①]“这里是恒山、五台山、燕山山脉的连接地带，西与汾河流域相接，东为广袤无垠的冀中平原，同蒲、平汉、津浦铁路纵贯南北，正太、平绥铁路横穿东西。区内大的河流、泊淀有：滹沱河、沙河、唐河、拒马河、子牙河、猪龙河、大清河、桑干河、潮白河、滦河和白洋淀、文安洼等”。[②]在这一广阔的区域内，“敌人占有着边区乃至内部的大小城市，我则拥有乡村。但敌人所拥有的基本上还只是点线，或用点线组成的网和一些小的面，而我则拥有着广大的由乡村组成的面，拥有着广大的物产和广大的人民及其田园。”[③]全面抗战爆发后，中共就是在这样的环境下，开始了乡村建党和恢复党组织的新历程。

一、自然环境

如上文所述，晋察冀边区，北倚燕山、恒山山脉，自居庸关以北，经察哈尔、绥远而连蒙古大漠；东滨渤海；中则有北运河、永定河、大清河、子牙河、南运河等五大河，襟带交错，潴汇而为海河，为千里沃野的黄河冲积平原；西自太行山而西，秦晋与为唇齿，自属河朔之尾闾。其于东北，则榆关一线，为辽东之襟喉，沧海千顷，亦一苇而可航。津沽海舶，溯南无远。铁轨四达，关隘不复

① 中共中央组织部，中共中央党史研究室，等．中国共产党组织史资料：第三卷（上）[M]．北京：中共党史出版社，2000：153．

② 北京军区战史编写组．晋察冀暨华北军区武装力量发展史[M]．北京：军事科学出版社，1996：13．

③ 彭真．关于晋察冀边区党的工作和具体政策报告[M]．北京：中共中央党校出版社，1981：5．

为阻，为整个中国之本干也。[①]因而，晋察冀乡村受此种自然地理的影响，北部为游牧区，中南部为游牧、农业区。地处农业和游牧带交汇带，历史上是农业民族和游牧民族争夺生存条件的重要区域。区域内，主要河流春秋两季都可通行帆船等；冬季结冰，可横渡牛车、马车；夏季河流泛滥，形成交通上的障碍。[②]这一区域的乡村社会生产、社会关系、社会结构等都受其自然条件的影响。

在此区域的中南部是中国最大的冲积、风蚀而成的黄土区，黄土富含钾、镁、磷、铁等元素，利于植物生长。[③]作为中国古老发达的农业区之一，这里盛产玉米、高粱、麦、豆、棉花、粟及蔬菜等。区域北部以丘陵高原为主，由于地势高，属于中温带半干旱气候区；西部为山西黄土高原和山地结合地带，海拔在1000~2000 米之间，内多山、峡谷，山间盆地及黄土台便于农耕，山地宜林、牧，是农耕、畜牧文明交汇区。[④]此区煤、铁等矿产资源丰富；区域沿海地带盛产鱼盐。整个区域位于北纬 32℃~46℃之间，由于纬度高，“冬严寒而夏酷热，气温相差甚为激烈，加以地近蒙古沙漠，冬季西北寒风历时殊长。至于雨量，因冬季西北风盛行，极为干燥，夏季东南风代起，亦因被秦岭所阻，雨量远较华南为少”，[⑤]且年降水量和分布极不均衡，因之水、旱、霜等自然灾害多发，乡村生活受其影响很大，对抗战时期中共乡村党组织建设和各项事业发展也曾产生巨大影响，有时甚至威胁着人的生存。

在晋察冀边区建立初期，中共主要控制冀晋交界山地区域，这里“到处可以居高临下，攻击敌人；且各山脉之间易于联络，随时可以威胁和袭击保定、北平等各大城市”。“这些山地区域，恰恰有利于我们的作战，而不利于敌人机械化的部队。”因而，战时边区政府和晋察冀军区都在此区域设立。然而，这些山地也制约着边区发展。“山地难于居住；河沟太多，道路过少；山不厚而长，使回旋的范围狭小；人口稀疏，土地贫瘠”，又处在平绥、平汉、同蒲、正太四大铁路干线之间。这样的地理条件，一方面可随时威胁日伪交通，另一方面“随时有受敌人侵袭的可能；警戒工作比较困难”。[⑥]

尽管山区有利于根据地的建立，但是山区根据地的巩固有赖于党把影响扩大

---

① 相衡方．所谓华北之历史地理观[J]．公余，1937（2）：21．

② 李梦龄．冀中区的客观环境[M]//魏宏运．抗日战争时期晋察冀边区财政经济史资料选编：第一编．天津：南开大学出版社，1984：158-159．

③ 邓海容．华北的黄土[J]．方志月刊．1935（3）：21-27．关于黄土的形成，可参见：马溶之．中国黄土之生成[J]．地质评论．1944（1-6）：207-224．文章系统分析了黄土成因、分布、性能等。

④ 李孝聪．中国区域历史地理[M]．北京：北京大学出版社，2004：160-197．

⑤ 何德明．华北地理一瞥[J]．浙江青年，1937（5）：43-44．

⑥ 晋察冀边区抗日根据地是怎样创造起来的[M]//魏宏运：抗日战争时期晋察冀边区财政经济史资料选编：第一编．天津：南开大学出版社，1984：54．

到相当广阔的土地肥沃、人口稠密的平原地区，以便保证能提供重要的和必需的农产品，并给急剧发展的正规军和游击队补充大量的兵员。根据 1941 年日本报纸的报道：在中共控制的冀西地区，不少于60%的谷物来自“外面”，且供应仍不充分。[①]因此，党努力把军事上比较强大的山区根据地和经济上比较发达的平原游击根据地联系起来，同时也加强它们之间的政治联系。然而，区域内通讯受地理条件限制，亦很落后。杰克·贝尔等描述道：一段 20 英里的旅程，骑着政府的骡马要从日升走到日落，打电话到相同距离远的地方去需要一周时间……它给根据地之间的联系和党的上下级之间的联络带来了许多障碍。[②]此外，冀中区处在津浦、平汉、北宁三条铁路之间，面积 6 万平方公里左右，土地肥沃，物产丰富；又因靠近北平、天津、保定各大城市，近代以来农业、手工业、工商业，尤其是棉纺织业发达。[③]因此，山地与平原的互补关系，在抗战时期使晋察冀边区各部分之间，形成了相互掩护、相互配合的紧密关系。“它不仅依靠北岳（冀晋区）来支持平原，挺进东北，而且可以直接地西与晋绥（同蒲路为界）我军，南与太行、冀南（德石与正太两铁路为界）我军，东南方面与山东我军取得配合与互相支援。”[④]

二、社会环境

抗战爆发前，晋察冀边区所在的华北人口达 8000 万，占全国人口的 1/6 以上。除察哈尔省人口密度较低，为 7 人/平方公里外，华北人口密度 80 人/平方公里，超过全国人口密度 1 倍以上，仅次于江苏省。其中，冀省每平方公里为 211 人，晋为 69 人。[⑤]且人口大多集中于平原，而山区相对较少。马克思曾说：“人口数量和人口密度是社会内部分工的物质前提”，[⑥]因此，这种人口分布的特点在很大程度上反映了华北乡村社会经济政治不平衡的状况。

在经济方面，抗战爆发前，晋察冀边区西部的冀晋区人口密度和人民富力也极不一致，耕地面积、农业产量悬殊至巨。有些地区商品经济比较发展（如：平

① 日本防卫厅战史室．华北治安战：上[M]．天津市政协编译组，译．天津：天津人民出版社，1982：141．

② [瑞典]达格芬·嘉图．走向革命——华北的战争、社会变革和中国共产党（1937—1945）[M]．杨建立，朱永红，译．北京：中共党史资料出版社，1987：34．

③ 吕正操．冀中的抗战形势[M]//魏宏运．抗日战争时期晋察冀边区财政经济史资料选编：第一编．天津：南开大学出版社，1984：160-161．

④ 孙元范．百炼成钢的晋察冀边区[M]//晋察冀人民抗日斗争史编辑部．晋察冀介绍（内部资料）．1982：43．

⑤ 何德明．华北地理一瞥[J]．浙江青年．1937（5）：43-44．

⑥ 中共中央马恩列斯著作编译局．马克思恩格斯全集：23[M]．北京：人民出版社，1972：391．

山、望定、易县、寿阳等），有些地区自然经济占着优势，乡村富农经济比较发展。即使较富裕的县内部差距也很大，束鹿县辛集镇周围十里富农很多，贫雇农占2/3以上；十里地以外，无地主、富农，多是贫农、中农，生活极苦。[①]土地占用上，接近平汉线和平原地带，地主占有土地 10.47%，富农占 26.95%，这些地区人民的文化政治水平较高。在自然经济占优势的山区，一切均落后，涞水三坡区甚至还保有老人制，人们至民国 17 年（1928 年）还不知有民国，仍以宣统年号记事。[②]尤其是民国以降，天灾、匪患、兵灾接连不断。1928 年国民党北来以后，经济破产的现象急剧。各铁路列车被奉军携去数千列，铁路工人大批失业，唐山煤矿裁减工人，一部分停止工作；各地因兵灾、水旱难民遍野，饿死者数万人，出关谋生者数十万，当兵为匪者不可数计。农村经济完全破产，土地集中的现象日益剧烈；商业也日渐凋零，北京在最近2月内商店倒闭至1500余家之多，其未倒闭者则裁减店员，缩小营业，天津商店多迁入租界以避免捐税与兵匪骚扰，小商店倒闭亦有所闻，张家口唐山商人亦因捐税过重（唐山商店以前每月担负 2 角现增至每月 12 元）而破产倒闭者更是普遍的现象，顺直全省经济破产的趋势，真是岌岌不可终日。尤其是河北中部各县，土地集中在少数地主手中，民众大部分少地或无地，近年来，中小地主渐渐没落，土地更加集中，地主感觉由本人雇工种不大合算，因而把所有土地租出，交租大部用货币，比例在产值的 50% 以上。高利贷利息多是三分，甚至更高，而且借钱先交利。[③]同时国民党各派军阀在奉张出京以后，冯（玉祥）、阎（锡山）、蒋（介石）、李（宗仁）先后北来，均欲取得利益，尤以冯阎间的冲突为最，各方正在作武装冲突的准备；这一行将暴发的新军阀战争，将给顺直民众以更大的蹂躏与痛苦。[④]另据晋察冀边区政府对巩固区 35 村统计，在 1937 年抗战开始时，地主占总户数的 2.42%，占人口的 3.61%，占全部土地的 16.43%；富农占总户数的 5.91%，占人口的 8.45%，占土地的 21.93%，；中农占总户数的 35.42%，占人口的 40.57%，占土地的 41.61%；贫农占总户数的 40.47%，占人口的 35.71%，占土地的 17.92%；小手工业者、小商人等，占总户数的 0.72%，占人口的 0.17%，占土地的 0.26%。在决定乡村生产的畜力、人力占有上，乡村上层也占有很大优势，详见表 1-1。

该表显示，地主、富农主要以雇佣劳力为主，且在畜力占有上有很大优势，尤其是生产力最强的牲畜（主要是骡马）掌握在其手中，而生产力弱的驴则在中农以下阶层手中。抗战前，晋察冀边区所在区域在夏季河水经常泛滥，水灾之下

① 河北束鹿县委报告——本地情形与工作情形[B]．石家庄：石档（卷宗 1-1-8-16）．

② 抗战前边区的经济状况与阶级关系[M]//魏宏运．抗日战争时期晋察冀边区财政经济史资料选编：第二编．天津：南开大学出版社，1984：1-2．

③ 直中特委工作报告：1932-8-15[B]．石家庄：石档（卷宗 1-1-3-8）．

④ 顺直目前政治任务的决议案：1928-6[B]．石档（卷宗 1-1-3-6）.

的部分农民迫于生计，被迫出卖土地，而地主、商人等则趁机贱价收买土地，造成土地集中现象严重。失去土地或地少的农民只能租种土地，地租一般在 50%以上，有的达到 70%以上。地租一般是实物地租，在平汉线附近及大河沿岸也多货币地租。此外，晋东北等地还有“打伙计”、帮忙等力役地租。同时，除乡村地租之外，还有额外的“加一租斗”“小租”“黑租”“房租”等。地主遇到意外损失时，佃户一般要分摊损失。在山沟、小道地区，这往往导致许多农户“拔锅锁门子”。此外，还有隐形的租佃“伴种”“伴牛”等。例如，陈庄樊××，花 45 元钱买三个小牛伴出去，卖得 600 元，他分利 200 元。[①]加上乡村高利贷、苛捐杂税等，据国民政府实业部中央农业实验所的报告，到 1933 年农村田产中，自耕农占 45%，佃农占 32%，半自耕农占 23%，并且自民国以来，佃农逐渐增加，自耕农逐渐减少，半自耕农则无任何变动。[②]这显示出，抗战前晋察冀区域乡村经济，尤其是农民和小生产者处在迅速衰败中。

表 1-1　抗战前（1937）各阶层劳力、畜力百分比分配表

阶层		人力		畜力		
		自己的	雇的	骡马	牛	驴
地主	巩固区	1.66	15.55	18.90	4.87	1.94
	游击区	0.61	9.96	5.91	1.65	9.51
	无人区	0.45	1.13	30.43	13.65	0.04
	老爱护村	1.22	2.54	2.74		5.29
富农	巩固区	5.82	54.92	29.92	17.61	12.25
	游击区	9.64	74.85	44.37	17.08	15.57
	无人区	10.03	90.91	21.74	9.15	0.38
	老爱护村	6.11	85.25	24.67	15.00	18.11
中农	巩固区	41.68	21.83	42.41	53.44	55.70
	游击区	41.23	12.10	38.82	53.69	49.01
	无人区	36.25	7.95	25.07	55.91	0.47
	老爱护村	34.73	9.67	49.29	63.50	55.10
雇农	巩固区	6.85				
	游击区	4.14				
	无人区	8.14				
	老爱护村	1.72				
贫农	巩固区	38.49	2.69	5.67	21.88	28.57
	游击区	39.04	0.72	9.61	26.72	24.03
	无人区	35.05		17.39	27.29	0.08
	老爱护村	48.54	2.54	16.44	21.50	19.25

① 抗战前边区的经济状况与阶级关系[M]//魏宏运．抗日战争时期晋察冀边区财政经济史资料选编：第二编．天津：南开大学出版社，1984：1-14．

② 李景汉．中国农村土地与农业经营问题[J]．东方杂志．1936（1）：148．

资料来源：魏宏运．抗日战争时期晋察冀边区财政经济史资料选编：第二编[M]．天津：南开大学出版社，1984：表 5-9．说明：抗战前并无四种地区存在，为统计方便和便于比较故分四种地区；抗战前离村人口未统计在内。

晋察冀边区所属区域是北方重要农业区，但由于气候、地形等因素，农业多属旱作农业。在历史上，灌溉系统决定着该地村落和人们的生存，因而水利兴修成为乡村社会的重要公共事业，治河、修渠也成为为官施治、稳定地方的重要举措。20 世纪 20 年代后，晋察冀区域灌溉工程中，凿井是人们关注的热点之一。阎锡山为稳定自己在山西的统治，在 1924 年制定凿井办法，设立凿井事务所，统筹凿井事务。[①]河北省也在 1930 年颁布凿井办法，规定凡适于凿井村庄在百户以上者每年至少凿井四眼，百户以下者每年至少凿井二眼。并规定各县长每年分四期呈报，加以督促。[②]。河北定县自民国九年（1920 年）华北发生空前旱灾后，农民大凿其井，不特饮料全恃井水，且实行普遍掘井灌田，因此农作物产量大增，农民大致都能饱食暖衣，全县总计有井约 60 000 口，平均每村 100 余口，普通每井可灌田二三十亩，有井之水田，较无井之旱田，农产量约多一倍。[③]然而，20 世纪 30 年代后，局势动荡，“苛捐杂税日益增加”，“物价飞涨民不聊生”，“交通破坏工商停顿”，“征车辆骡马农业破产”，“加紧括地皮以供军需”，“阻碍河工制造水灾”，“永定河南三段决口，迄今将近一年……可是当局将公款挪充军费，完全不顾河北省数百万民众的生死问题”。“大城县子牙河西堤，挖掘战壕，现在降到汛期，尚未开始填平。目下征兵草马，购粮秣，脂膏竭尽无或缺误，实无力再自筹平壕巨款”。[④]在民穷财尽的情况下，晋察冀地区水利事业陷于停滞，农村经济受到巨大打击。

在政治上，自 1928 年南京国民政府控制华北，各派军阀势力在此区域连年发动争夺战争，“每到军阀混战发生，乡下即形成无政府状态，散兵流窜到处抢劫，土匪流氓也趁火打劫”，[⑤]给当地造成极大破坏。1928 年后，国民政府制定法律政策，力图使所有乡村社会与政府间保持明确的隶属关系。国民政府在此区域采取了山西军阀阎锡山的“村治”模式，各地设区、建乡。按照国民政府的行政体制设计，“乡”“镇”是乡村最高自治组织，乡镇之下“闾”（25 户）、“邻”（5 户）制，邻举 1 人入闾办事，闾举 1 人组成乡公会。[⑥]同时，国民党仿

① 晋省新订凿井办法[J]．中外经济周刊．1924（83）：45-46．
② 河北省各县凿井暂行办法[J]．河北省政府公报．1930（745）：24-25．
③ 陶葆楷．凿井[J]．清华周刊．1933（10）：1012-1013．
④ 军阀混战下的顺直民生[B]．石档（卷宗 1-1-5-3）．也可见：北方红旗．1930（14）．
⑤ 李梦龄．冀中军区的简单介绍[J]．晋察冀人民抗日斗争史编辑部．晋察冀介绍（内部资料），1982：77．
⑥ [美]杜赞奇．文化、权利与国家[M]．王福明，译．南京：江苏人民出版社，2010：43．

照俄共的基层“支部”设立区分部，区分部之上设县党部或市党部。这两套基层组织，若按法理形态良好运作，必将使社会各个阶层，各个领域，如身使背，如臂使指，步调一致，国民党的组织实力不可估量。[①]但 20 世纪前半期，时事已易，下层文人乡绅衰亡，土豪劣绅等恶势力充斥，国民党强行将其势力向乡村扩张，而农村党员凤毛麟角，且上级没派遣和培养合格干部去基层，而是不加甄别的将原有的基层保甲长披上党员外衣，这为乡村土豪劣绅提供了一个纵横驰骋的舞台和天地。因此，随着国民党权力下移，基层区、乡长由于职位低，不能吸引人才，社会精英普遍上移，以至于连合格称职的县长人选都不易罗致，导致各地土劣揽权成为普遍现象。这无疑阻碍了南京政权向基层社会的深入和扩张，导致国民党在乡村阶级的对立和冲突中，没有哪个阶级真正认同或感觉到国民党确实代表了他们的利益，使其缺乏一个可靠的社会阶级基础和基本民众，对基层势力也日益无法驾驭与控制。[②]以河北为例，“在直中国民党虽然没有深入农村，但是他们和豪绅地主土豪的勾结已完全。直中各县都有民团，最低的县也有三四百名，多的至一千五六百人，器械完备。农村制度则一村有村长，村上则区，一区有区长，这些都在豪绅操纵之下”。[③]河北饶阳有下面的情形，更显示了乡绅的状态：

×××村豪绅×××仗财欺压群众无所不至。在去年有次他为了青苗会铁亏就执行诈财。一天他看着一个贫农——一家五、六人，十六、七亩地，完全指（望）他一人吃饭——由田间割草回家，劣绅早已看清，乘其不注意时，在田间弄了两个棒子（玉米）放在道上，自己和他的走狗躲进道边地里，等他走来。贫农走来见道上放有两棒子，顺手拾起说：“谁家的孩子吃了乱扔，把棒子放在道里？”一面说一面就放在筐内，前走劣绅忽走出说：“我检查你的筐子，你偷了东西了，得罚你 60 元钱，不交送城里法办。”一乡人没有不怕他的，都说：“你交 60 元吧，不然进城 120 也不够呀！在城他有人有财有势力……”贫农无法，自己只得吃药自杀了。[④]

到 20 世纪 30 年代后期，华北基层社会处于严重失序中，乡村赋税日重，政

① 王奇生．党员、党权与党争——1924—1949 年中国国民党的组织形态[M]．上海：上海书店出版社，2009：41-42．

② 周积明，宋德金．中国社会史论（下卷）[M]．武汉：湖北教育出版社，2001：573-590．

③ 直中特委工作情形报告书——形势分析、组织情况统计表、矿区工作：1934-1-5[B]．石家庄：石档（卷宗 1-1-12-6）。直中位于河北省中部，包括行唐、曲阳、灵寿、阜平、新乐、正定、井陉、赞皇、束鹿、元氏、栾城、高邑、藁城、赵县、无极、获鹿等县。

④ 保属（小吏）报告——目前农村形势及党团的工作[B]．石家庄：石档（卷宗 1-1-9-7）．

府权威失坠，地方势力膨胀。国民党政体设计、政党力量尽管在华北喧嚣一时，但到抗战时开始迅速瓦解。

此外，“教育盛衰，视地方之贫富。地方富庶，则教育兴盛，人才焕发；地方贫瘠者，反之。此古今所通也”。[①]全面抗战爆发前，晋察冀地区教育事业发展很不平衡。晋东北、冀西、平西、平北山地贫瘠，交通闭塞，经济文化落后。仅冀西文盲就有43万多人；“山西五台，一村有一个识字的人，便象〔像〕是有了一位圣人”。[②]冀中、冀东地区交通发达，接近工商业及文化中心城市，文化教育较发达。[③]然而，冀中乡村农民80%以上仍是文盲，比较富裕的家庭子女在私塾或教会学校，或读《三字经》《百家姓》等，或接受教会教育。而且，女子读书的更是凤毛麟角。[④]因此，抗战爆发后，中共在乡村发展党员时，面对大量文盲或半文盲的农民，如果既要保证党员数量，又要达到具有高度政治觉悟和文化素质的质量要求，这无疑是一很棘手的问题。

“九一八”事变后，日军为“转移世界目光，忘却并吞满洲之事实，又可使我政府忙于应付华北，不得不放弃东三省”，[⑤]以实现其“大陆政策”，开始对华北进行进一步侵略。1933年“榆关事变”后，日军开始进入华北，迫使国民政府签订《塘沽协定》，这一协定使国民党政府事实上承认了伪“满洲国”，放弃了长城以北，使平津置于日军的直接监视之下，又将冀东划为“非武装区”。此后，日军在冀东组建了所谓的“冀东防共自治政府”傀儡政权；在北平组织了以黄郛为首的“国民党北平政整会”等，华北开始沦亡。同时，由于国民党的“不抵抗政策”，华北国民党地方实力派山西的阎锡山、绥远的傅作义、河北的于学忠等都开始与日军联系或勾结。同时，日军不断向华北增兵，修筑军事设施，到处收编国民党的地方“保安队”、土匪、杂牌军等。在经济上，仅1934年日本向华北倾销的商品，就比1930年增加了4倍，整个华北市场为日货垄断。加上20世纪30年代以来的灾荒，农村破产达到惊人的状态。[⑥]日军的侵略使华北民族危机日趋严重。

1935年日军制造“华北事变”，国民政府又与日本签订《何梅协定》《秦土协定》。随后，国民政府与日妥协，成立“冀察政务委员会”，使河北、察哈尔

---

① 井陉县．井陉县志（第八编）．铅印本，民国23年．

② 李公朴．华北敌后—晋察冀[M]．北京：三联书店，1979：125．

③ 河北省老区建设促进会．晋察冀抗日根据地（征求意见稿）[M]．1993：105．

④ 中共河北省委党史研究室，冀中人民抗日斗争史资料研究会．冀中抗日政权工作七项五年总结[M]．北京：中共党史出版社，1994：192-208．

⑤ 时事述评[J]．尚志周刊．1932（24）：36-37．

⑥ 中共河北省委．目前华北政治形势与创造新苏区的决议：1933-6-23[B]．石家庄：石档（卷宗1-1-9-7）．

两省置于日本实际控制之下。日军的侵略，激起中国人民的反抗，中共领导的“一二·九”运动，极大地鼓舞了中国人民的抗日热情，促进了民族觉醒。全国的民众和舆论的力量开始胁逼蒋介石抗日，国民党党内和军队内部要求“停止内战，停止进攻红军或停止剿匪”，进行抗日。[①]在1935年中共瓦窑堡会议后，中共北方局开始团结各阶层人民，为建立抗日民族统一战线进行斗争，为抗战时中共组织发展打下了政治基础。

第二节　抗战前的中共组织状况

晋察冀地区早期中共党组织是中共创始人李大钊亲手缔造的。1920 年 10 月，李大钊在北京成立中共早期组织，为此区域的革命运动的开展奠定了组织基础。此后，虽然历经国民大革命和土地革命战争，晋察冀地区党组织发展有起伏，但大批党员在血雨腥风中经受了锻炼，“革命的火种一直没有熄灭”，为抗战开始后党组织发展打下了坚实的干部和组织基础。

一、基层组织建立和发展概况

1921 年中共成立后，李大钊负责领导北方建党和革命运动。李大钊首先在知识分子和工人群众中发展党员，而后派学生党员和工人党员等逐步在乡村开办农民和工人夜校，在农民和乡村工人中发展党员，建立党的组织，领导革命斗争。到 1922 年 6 月，北京地区党员发展到 20 人，并建立了中共北京区执行委员会等组织。1924 年 3 月，在北京、天津、唐山、太原建立了地方委员会（相当于市委），党员发展到 75 人。到 1926 年 7 月，中共北方区执行委员会(领导北京、天津、河北、山西、察哈尔、热河、吉林及绥远的党务)党员达 2069 人，并建立北京、天津、保定、张家口、唐山、热河、绥远、包头、石家庄、太原、大同共 12 个地方委员会等党组织。到 1927 年 2 月，中共北方区党员发展到 2696 人以上，党员分布在河北、山西、察哈尔等省 70 多个县市，地方支部也达到 184 个。[②]尤其在 1924 年到 1927 年国共合作时期，中共党组织以国民党的名义去创办或参

① 中共中央书记处给胡服（刘少奇）的信[M]//《中共中央北方局》资料丛书编审委员会．中共中央北方局：土地革命战争时期卷．北京：中共党史出版社．2002：802．

② 1927 年北方区各地支部及党员数量统计表，1927 年 2 月 19 日[M]//《中共中央北方局》资料丛书编审委员会．中共中央北方局：北方区委时期卷．北京：中共党史出版社，2002：431-434．

加各种人民组织，中共党组织得到了很大的发展。例如：1925年11月[①]山西中共成立特别支部，“紧接着又在榆次、定襄、平定、崞县等地先后建立起党的组织”。[②]到1927年1月，党员“数量将及一千人”，“全省的工农运动都在我们领导之下”。北方国民党17个区党部，共51个执行委员，中共党员占了37个。区党部中共党员占优势，区分部亦可知。北京地区中共党员也由300余人发展到千余人，且“任凭政局怎样的反动，但革命的政党都有长足的进步”。[③]随着中共组织的发展，其组织系统架构也初步建立起来，在“省委之下为市委，县党部、市党部之下为区，市区之下为支部，县区之下为地方，地方之下为支部，天津党部报告，县区之下无地方，仅有支部。[④]

1927年南方国民党“清党”后，北方军阀也大肆屠杀共产党人，此时晋察冀完全处在“反赤势力高压之下，北方革命势力出现严重分化。不仅反动军阀扫杀革命势力，知识分子亦建立了赤的与反赤的方面。北方完全为白色恐怖空气所笼罩，不止公开的群众运动不得举行，即秘密的宣传、组织工作亦痛遭打击”。[⑤]在李大钊牺牲后，晋察冀地区党的领导核心遭到破坏，党组织发展陷于停滞，北方革命陷于低潮。为加强领导，1927年5月中共在武汉召开第五次代表大会，会议决定取消区、地委建制，各地成立省、市、县委。1927年5月19日中共中央常委会第六次会议决定成立中共顺直省委，领导京、津、河北、山西、察哈尔、热河、绥远等地党组织。直到1929年，党的领导机构经过三次改组，基本解决了顺直党内的组织问题，党组织又有新的发展。1929年党员发展到1513名，形成了北平、唐山等5个中心市委，及津南特委和县委，特支42个。河北全省产业工人支部15个，党员155人；国民党军队中的中共秘密党员230余人，有29个支部；新设立的内蒙古特支下有赤峰、朝阳、建平支部；同时恢复山西党组织，太原建立4个支部，阳泉、运城成立了特支。尽管此时党内信息传递和各地联系等仍存在许多问题，但是组织的恢复，推动了北方革命的复兴。

20世纪30年代党内出现三次“左”倾错误，这给晋察冀地区中共组织发展和北

---

① 1927年3月19日山西太原组织部工作报告中有“十四年（1925年）十月前，党在太原只有几个同学，而且对于党一点都不认识，也无何等组织。十月间，北京党校同学毕业回太原之后才开始建立起党的组织。并建立地委。”所以山西中共党组织建立时间应为1925年10月。

② 中共山西省委党史研究室．晋察冀革命根据地晋东北大事纪：综述[M]．太原：山西人民出版社，1991：2.

③ 北京地方革命运动工作报告[M]//《中共中央北方局》资料丛书编审委员会．中共中央北方局：北方区委时期卷．北京：中共党史出版社，2002：410-430.

④ 临时省委组织纠纷问题报告[M]//《中共中央北方局》资料丛书编审委员会．中共中央北方局：北方区委时期卷．北京：中共党史出版社，2002：471.

⑤ 同②410-430.

方革命带来巨大破坏。例如，1930 年贺昌主持顺直省委期间，贯彻“立三路线”，不顾北方白色恐怖严重和革命力量及群众条件现实，进行冒险革命，在“争取北方一省、数省革命的首先胜利”的策略指导下，发动暴动、罢工，结果迅速失败，党组织遭到严重摧残，仅天津党员数量就由 200 多人减少到不足 50 人，北平党员也由 500 多人减至不足百人，唐山党组织几乎全部被破坏。1931 年“九一八”事变后，中共中央要求“必须在党的组织上有几倍几十倍的增加”，“每一个同志至少介绍一个同志入党”，“要集中火力坚决干（发展党员）”，[①]以求千百倍的发展党。而与此目标相反，河北省的中共党员在 1932 年 7 月时还有 3025 人，但年底却骤减至 1592 人。

1933 年，日军侵占山海关，蚕食冀东，进攻热河，华北民族危机日趋严重。冯玉祥、吉鸿昌（中共党员）组建察哈尔民众抗日同盟军进行抗日斗争，但由于“左”的思想指导，导致同盟军分裂，加上日蒋联合进攻，致使察哈尔抗战失败，所在地区党组织再遭破坏，被捕干部达到数百人。与此同时，河北省党内贯彻王明组织路线，大批干部遭到“残酷斗争”和“无情打击”，更加削弱了晋察冀区域中共的力量。[②]1935 年后，随着“华北事变”的发生，中日民族矛盾上升为社会的主要矛盾，尤其是中共领导的“一二·九”运动，推动了晋察冀抗日运动的发展。1935 年 4 月 10 日河北省委做出的《关于华北形势与党的任务决议》提出：“尽可能造成全民族的反帝统一战线，来聚集和联合一切可能的，虽然是不可靠的动摇的力量，其目的是与共同的敌人日本帝国主义及其走狗斗争”，并针对新的形势，提出了领导和发动抗日斗争的具体任务。[③]这使中共赢得了各阶层群众拥护，党的力量得到发展，但由于长期的关门主义路线残余的影响，阻碍着党的发展。1936 年刘少奇作为中共中央代表到达天津，开始对晋察冀的党组织进行进行调整，他先后撰写了《关于白区职工运动工作的提纲》《公开工作与秘密工作的原则及其联系》《肃清关门主义与冒险主义》《民族统一战线的基本原则》《领导权问题是统一战线的中心问题》等文章，纠正以往工作中的“左”倾思想，确定了新的工作方法，对华北中共党组织在新的抗日形势下，发展党组织，培养抗日骨干，产生了重大影响。据有限考察，在 1936 年后，晋察冀许多地区党组织有了不同程度发展，如山西党组织有：太原市委、定襄中心县委、平遥区委、阳泉矿区委、运城区委、临汾支部、祁县县委、寿阳支部和其他 9 个团体内

---

① 中央为征收党员的“十月革命号召”致河北省委信//中共中央组织部，党史研究室，中央档案馆. 中国共产党组织史资料：文献选编（上）. 北京：中共党史出版社，2000：432-435.

② 中共中央北方局历史综述[M]//《中共中央北方局》资料丛书编审委员会. 中共中央北方局：综合卷. 北京：中共党史出版社，2002：4-11.

③ 中共河北省委关于华北形势与任务的决议（节选）[M]//《中共中央北方局》资料丛书编审委员会. 中共中央北方局：土地革命战争时期卷. 北京：中共党史出版社，2002：761-769.

的支部。其中仅定襄县委1937年4月下属支部就发展到17个，党员80余名。[①]

从1927年到1937年，负责领导晋察冀地区党组织的中共最高地方领导机构，经过10次改组或调整，9次更换书记，仅河北省委领导机构就11次组建临时省委，6次重建省委，13次更换省委书记。[②]尽管经过如此多的波动，但是党组织顽强地生存了下来。这一方面表明了中共在晋察冀所处的环境之险恶，也显示了中共党组织坚强的生命力。抗战爆发后，历经血雨腥风考验的中共党组织及其党员迎来了发展的新阶段。

二、党员群体及其构成

拥有相当数量党员，尤其是高质量的党员，是一个革命政党富有战斗力的基本指标。中共自建党以来，始终强调党员要有“铁的纪律”、在无产阶级属性下“对党的绝对信仰”，并以此作为建党之基。然而，在晋察冀地区建党的过程中，党员的阶级成分、入党条件、党员人数、年龄、性别、职业、文化水平，尤其是对党的意识和对党的认同，随着革命形势发展有很大变化，呈现出不断变动和复杂的形态。从20世纪20年代到20世纪40年代领导晋察冀区域党组织的中共中央北方局及其代理机构的文件，以及其各地党组织的总结报告等历史文献中，我们可以清晰地看出，中共党组织对党员的要求在不断变化。大致来说，抗战前晋察冀中共党员群体及其构成演变，可以分为以下三个阶段。

从1921年建党到1925年中共“四大”，中共逐步由在城市知识分子中发展党员、建立组织，开始强调注意发展工农党员，尤其是产业工人党员。这种趋势随着北方斗争的发展，在此后的各个革命时期不断强化。1921年7月中共“一大”通过的“党纲”明确规定，党的根本政治目的是进行社会革命，中共承认无产阶级专政，把工农劳动者和士兵组织起来，推翻资本家阶级的政权，并支援工人阶级，直到社会的阶级区分消除为止。对党员的要求是：“凡承认本党纲领和政策，并愿成为忠实的人，经党员一人介绍，不分性别、国籍，均可接收为党员”。“在加入我们队伍之前，必须与企图反对本党纲领的党派和集团断绝一切联系”，还规定“候补党员必须接受其所在地的委员会的考察，期限至少为两个月。考察期满后，经多数党员同意，始得被接收入党”。同时，党可派党员到其他地区工作。[③]而从会后党员发展看，到1922年“二大”时，党员发展到195

---

① 中共中央组织部，党史研究室，中央档案馆．中国共产党组织史资料：土地革命战争时期[M]．北京：中共党史出版社，2000：1900.

② 中共中央组织部，党史研究室，中央档案馆．中国共产党组织史资料：土地革命战争时期[M]．北京：中共党史出版社，2000：1794.

③ 中共中央组织部，党史研究室，中央档案馆．中国共产党组织史资料：文献选编（上）[M]．北京：中共党史出版社，2000：1-2.

人。北京地区20人，党员绝大部分是知识分子；全国女性党员4人，都在上海，工人仅21人。

1922 年召开“二大”时，党的领导人还要求“多收工人党员，务求居全数一半以上”。[①]在“二大”通过的《中国共产党章程》中，按照列宁主义建党原则，把党权置于党员之上，确定党权集中和少数绝对服从多数原则，党员被置于党的各级组织系统之内，并制定对党员执行纪律的严厉条款，尤其规定“言论行动有违本党宣言章程及大会各执行委员会之议决案；无故连续二次不到会；欠缴党费三个月；无故连续四个星期不为本党服务；泄露本党秘密”等，其中任何一项都可作为开除党员党籍的理由。新的章程规定了党员入党的严格手续，“但工人只需地方执行委员会承认，报告区及中央执行委员会即为党员”，这与其他阶级、阶层有很大区别。[②]这种高度强调发展工人党员的趋向，与由知识分子建立的党之间的矛盾，使发展知识分子党员成为以后党内斗争和健全党的焦点，也导致在某些时期许多悲剧的发生。1923 年中共“三大”通过的章程，除坚持以往内容外，规定党员入党时，须正式入党半年以上之党员二人介绍，经小组会议之通过，地方委员会之审查，区委员会之批准，始得为本党候补党员。候补期劳动者三个月，非劳动者六个月，但地方委员会得酌量情形伸缩之。[③]严格的入党条件和严酷的生存环境，使得“大会后党员增加不过百人”，新发展的地方也极为有限。[④]

1924 年 1 月，国民党“一大”召开，国共第一次正式合作，给晋察冀中共党组织以发展机遇。与南方所处“顺境”不同，北方处在北洋军阀的统治之下，虽然其对社会控制力有限，中共有较大的生存和活动空间，[⑤]但仍是困难重重。在国民党“一大”后，中共党员分赴各地发展组织，“在南方是开展合法工作，在北方则进行秘密工作”。当时，北洋政府慑于国民党与日俱增的影响，开始对其采取镇压手段。此时，中共把主要精力投放到城市，“在大产业的工人里扩大我们

---

① 中共中央执行委员会书记陈独秀给共产国际的报告．中共中央组织部，党史研究室，中央档案馆．中国共产党组织史资料：文献选编（上）[M]．北京：中共党史出版社，2000：6-10．

② 中国共产党章程(1922 年 7 月中国共产党第二次全国代表大会通过)[M]//中共中央组织部，党史研究室，中央档案馆．中国共产党组织史资料：文献选编(上)．北京：中共党史出版社，2000：14-17．

③ 中国共产党第一次修正章程[M]//中共中央组织部，党史研究室，中央档案馆．中国共产党组织史资料：文献选编（上）．北京：中共党史出版社，2000：21．

④ 中局报告（1923 年 11 月中共第三届第一次中央执行委员会通过）[M]//中共中央组织部，党史研究室，中央档案馆．中国共产党组织史资料：文献选编（上）．北京：中共党史出版社，2000：30．

⑤ 王奇生．党员、党组织与乡村社会：广东的中共地下党(1927—1932 年)[J]．近代史研究，2002（5）：3．

的党，是现时的根本职任之一”[①]作为目标，从而使乡村党组织发展明显不足。到1924 年 5 月，北京区委在北京、天津、唐山、保定、山西、热河等地发展党员共75 人，工人占 1/4，余皆学生。[②]这种党员构成，一方面说明中共革命重心在城市，农村工作进展不大；另一方面往往造成党组织与团之间、党组织与党员发展对象，以及党组织在干部抽调时的纷争。对于乡村党组织的缺失，党的领导人认为：“一方因为大多数同志都住在城圈内，离农村太远；一方因为同志想不出作运动的好的方法。”[③]为了实现党员的迅速增加，1924 年 5 月的中共扩大执行委员会通过《S. Y.工作与 C. P.关系议决案》来调整党团关系。该决议指出：“S. Y. 的工作和党的工作未能分开”，“第三次党之大会以前未规定候补党员制度，各地方委员会对于倾向本党或办事有能力而意志尚未坚定者，虽年长亦只令加入 S. Y. ，以为候补察看地步，遂使 S. Y. 组织不明显”，“S. Y. 之中有许多成年团员，遂不得不令 S. Y. 担任党的工作”。其结果，“一方面因为工作相同，是 S. Y. 日渐党化”，另“一方面因为 S. Y. 容纳多数成年分子，缺乏青年情绪，不能代表青年本身利益，因此与青年群众隔离”。所以，该决议规定 S. Y. 吸收 20 岁以内青年，下届全国大会年龄至多不得过 25 岁。超过 S. Y. 法定年龄的团员，于三个月内尽量加入 C. P.，退出 S. Y.。同时规定在干部方面实现互派代表。这一决议使得党团关系得到了调整，也使部分青年党员有可能到农村开展工作。

以 1925 年中共“四大”通过的《对于组织问题之决议案》为起点，晋察冀地区党员发展进入第二阶段。该决议认为“组织问题为吾党生存和发展之一个最重要的问题”，因此，“引导工业无产阶级中的先进分子、革命的小手工业者和知识分子，以至于乡村经济中有政治觉悟的农民参加革命，实为吾党目前之最重要的责任”。为了扩大党员数量，应特别注意唐山、天津等这些“纯粹工业工人的数量很多”的工业区及大都市，应在这些地方发展党的组织。并明确规定：“党的基本组织，应是以产业和机关为单位的支部组织，至于在小手工业者和商业的办事人中，不能以机关为单位组织支部时，则可以地域为标准”。并在新的党章中规定“各农村各工厂各铁路各矿山各兵营各学校等机关及其附近，凡有党员三人以上均得成立一支部”。对于失业工人可免缴党费。[④]随后，9 月中共中央扩

① 党内组织及宣传教育问题议决案[M]//中共中央组织部，党史研究室，中央档案馆．中国共产党组织史资料：文献选编（上）．北京：中共党史出版社，2000：39.

② 京区报告[M]//《中共中央北方局》资料丛书编审委员会．中共中央北方局：北方区委时期卷．北京：中共党史出版社，2002：50.

③ 北京地方青年农工运动报告[M]//《中共中央北方局》资料丛书编审委员会．中共中央北方局：北方区委时期卷．北京：中共党史出版社，2002：106.

④ 对于组织问题之决议案[M]//中共中央组织部，党史研究室，中央档案馆．中国共产党组织史资料：文献选编（上）．北京：中共党史出版社，2000：50-57.

大执行委员会通过的《组织问题议决案》更明确规定："大产业工人，本是天然的共产党员，只要他有阶级觉悟及忠于革命，便可加入，不必更有其他条件"。而一般的工人、农民候补期一月，知识分子三个月。[①]这充分说明在吸纳党员的对象方面，中共更注重无产阶级身份。1927年5月，大革命面临失败危机，中共"五大"一方面继续"四大"的组织路线，同时强调在扩大党员数量时，"应尽力使党的基础建立在产业支部上面，并使所有大工厂铁路码头等都有我们的以支部为基础的组织"。对于党团关系，注意到"过去C. Y. 与C. P. 的关系不甚密切与完好"，"党没有注意（与）团的工作斗争以帮助，甚有些放（妨）害团的工作"，"今后党因（应）处处积极指导团的工作，精神物质以与团的帮助"。[②]会后召开的政治局会议通过的党章修正案规定："劳动者无候补期，非劳动者候补期三个月"，区分了党员身份的畛域。在入党年龄方面规定："须在十八岁以上，凡年龄在二十岁以内而愿入党者，必须经过青年团"。对党员的警告、党内公开警告、停止职务、留党察看、开除党籍的处罚形式，做了明确区分。[③]

1926年初，为加强中共党组织力量，团中央决定分批将23岁以上青年团员转为共产党员，各地党组织迅速扩大。到年底，全国党员发展到18526人以上，北方党员人数亦达2000多人。其中，工人出身的占63.7%，知识分子及其他占33.8%，而农民党员仅占2.4%。[④]期间，尽管党的领导人始终认为，农民是中国国民运动最大的动力，并要把党的支部分布于乡村，以"全农民利益"为号召，教育农民发展其阶级意识，来发动农民革命。[⑤]而事实上，党组织更强调党员的阶级成分，尤其是产业工人身份。正是由于这样的工作重心，导致在大革命失败后，晋察冀党组织处在城市的组织遭到严重破坏，而乡村农民很难发动的两难境地。再加上过去顺直党的基础大部分建筑在知识分子、小资产阶级基础之上，没有广大的工农同志作中坚，只是一些上层的工作，没有切实推动下层同志参加党的工作和群众运动的工作，这自然是过去党在全国各地犯的一致错误，只是直隶尤甚。因此，在国共合作分裂后，

① 京区报告[M]//《中共中央北方局》资料丛书编审委员会．中共中央北方局：北方区委时期卷．北京：中共党史出版社，2002：67.

② 对于共产主义青年团工作决议案[M]//中共中央组织部，党史研究室，中央档案馆．中国共产党组织史资料：文献选编（上）．北京：中共党史出版社，2000：126.

③ 中共共产党第三次修正章程决案（1927年6月1日中央政治局会议议决案）[M]//中共中央组织部，党史研究室，中央档案馆．中国共产党组织史资料：文献选编（上）．北京：中共党史出版社，2000：127-135.

④ 中央政治局报告（1926年12月5日）[M]//《中共中央北方局》资料丛书编审委员会．中共中央北方局：北方区委时期卷．北京：中共党史出版社，2002：390-391.

⑤ 中共共产党第一次中央执行委员会文件[M]//《中共中央北方局》资料丛书编审委员会．中共中央北方局：北方区委时期卷．北京：中共党史出版社，2000：36.

一部分知识分子、小资产阶级分子就开始动摇，有的直接离开组织而避逃，[①]由此使晋察冀地区革命失去了坚强的领导核心。

当然，具有较高文化修养的知识分子在向没有多少文化知识，甚至“大字不识一个”的农民宣传、鼓动革命，是有很多优势的。一方面，他们易于接受中共革命理论，具有革命激情；另一方面，他们作为“文化人”，在知识缺乏的乡村，能得到普遍尊重。然而，这些知识分子在深入乡村、鼓动革命、发展党组织的过程中，很难走出读书人的圈子，他们多在乡村知识群体中发展党员。在大革命失败初期，中共在晋察冀乡村发展农民党员共分津浦、京东、保北、保南和直南五大区域，每个区都建立了中心县委，并附带发展其他县委。党组织尽管发展了许多农民党员，但是这些同志对党虽忠实而无认识。[②]例如，河北正定县在 20 世纪 20 年代迭遭军阀战祸，乡村中各种矛盾尖锐，1926 年有党员 40 多人，多次发动学生运动和农民运动，在当地产生巨大影响。然而到 1928 年，在正定有 5 年历史的中共基层组织，因过去大部分是在第七中学和知识分子中发展党，进行内部开会讲学式的训练，未重视对群众的组织宣传斗争工作，没有建立较好的基础，党的组织基础亦未建立在贫农和工人群众之上。[③]同样，山西省于 1925 年建立党组织，到 1927 年 1 月时党员发展已近 1000 人，“数量上虽有猛烈的发展，但质量太差；自地方至小组都缺乏指导训练能力；支部组织不健全；理论宣传非常缺乏，鼓动也不实际，不能深入群众；工农运动尚没有基础”。[④]

面对上述困境，在 1927 年 7 月大革命全面失败后，南方革命力量向乡村转移，开始建立农村根据地。形成鲜明对照的是，北方中共党组织虽然受到中央指导，要求加强乡村工作，晋察冀党组织也确曾在乡村多次发动武装暴动，并主张开展乡村游击战，但是由于乡村党组织力量薄弱，农民党员在乡村革命中作用有限，因而没能建立较巩固的乡村革命根据地，晋察冀区域革命局面没有得到大的改观。中共面对白色恐怖，在 1927 年“八七”会议上和会后，对党员阶级成分的要求更加突出，强调建设“布尔什维克式”的党，认为革命失败的主要原因，“不仅表现在党在组织上乃〔不〕能领导广大工农群众奋斗，而且党员的本身在有些地方，当反动势力比较严重的时候，便公开脱离党以至为敌人当侦探”，所以一部分小资产阶级“在政治上不坚定，不彻底，不坚决的态度，不善于组织的习性，以及其他种种非无产阶级的小资产阶级革命者所持有的习性、习气、成见、幻想……”都应根除，“将

① 顺直省委关于组织问题给中央的报告：1927-12-12[B]．石家庄：石档（卷宗 1-1-1-1）．

② 中央特派员韩连会、陈潭秋、刘少奇抵直后第一次谈话记录：1928-12-11[B]．石家庄：石档（卷宗 1-1-2-1）．

③ 河北正定县委目前工作方针：1928-3[B]．石家庄：石档（卷宗 1-1-2-6）．

④ 太原地方政治报告（1927 年 1 月）[M]//《中共中央北方局》资料丛书编审委员会．中共中央北方局：北方区委时期卷．北京：中共党史出版社，2002：409．

工农分子的新干部替换非无产阶级的知识分子之干部”，在乡村“完全要靠党在乡村之中有扩〔广〕大的支部组织，网络全境”，尤其是必须多吸收新的乡村贫农分子扩大党的力量。[①]中共中央要求党的基层组织系统中，县委须有工人、贫农分子三分之一，常委中必须有贫农分子。乡村区委中的执委中，贫农分子要过半数。乡村支部书记及干事尽可能由贫农分子担任。乡村党组织建设及乡村贫农阶级被放到空前的工作高度上。[②]

乡村支部的发展多半从斗争中来，因而发展易，丧失也易。一种斗争发动起来，常常有大批的农民要求入党。农民入党后，由于支部生活不能如工厂、作坊支部那样经常进行，党的训练也就不能深切地落实到农民党员身上，所以一旦斗争失败，或指导机关换了人，常常会导致党员成群地丧失，或是与党暂时断了关系。新的斗争到来时，丧失的或是断了关系的党员又会成群地恢复党籍。这样的流动和难以严密的组织在乡村中普遍存在，所以必须坚固组织，才能以坚强的无产阶级意识来影响农村。[③]1928 年初，中共中央通告更提出：“六个月增加二万新党员，其中须有百分之六十的工人，百分之三十的农民”，并将发展党员的任务按区域分解，要求顺直省委发展 1500 名，山西 400 名，三特区（察哈尔、绥远、热河）200 名。[④]这样在短期内大量发展党员，就很难保证党员质量。同时，为了加强对革命的领导，实现发展党员的目标，对党团关系也进行了新调整，规定“各级团部应服从当地党部的指导”，“对于政治问题的意见与主张，一经党决定之后即应遵照执行”，但团也要保持其组织上的独立性。[⑤]

1928 年，中共在莫斯科召开“六大”，在共产国际指导下，大会将“党的无产阶级化”作为组织工作的核心任务；会议还决定实行“干部工人化”，在加强乡村组织时，避免成为农民党的危险；大会通过的新党章，对党员的入党资

---

① 最近组织问题的重要任务议决案(1927 年 11 月 14 日)[M]//中共中央组织部，党史研究室，中央档案馆．中国共产党组织史资料：文献选编（上）．北京：中共党史出版社，2000：145-150.

② 中央通告第十七号——关于党的组织工作（1927 年 12 月 1 日）[M]//中共中央组织部，党史研究室，中央档案馆．中国共产党组织史资料：文献选编（上）．北京：中共党史出版社，2000：151-156.

③ 策略与组织——中央致广东省委信（1928 年 1 月底）[M]//中共中央组织部，党史研究室，中央档案馆．中国共产党组织史资料：文献选编（上）．北京：中共党史出版社，2000：167-170.

④ 中央通告第三十一号（1928 年 1 月 16 日）[M]//中共中央组织部、党史研究室、中央档案馆．中国共产党组织史资料：文献选编（上）．北京：中共党史出版社，2000：158-161.

⑤ 中共中央、青年团中央关于党团关系通告第二号(1928 年 1 月 21 日)[M]//中共中央组织部，党史研究室、中央档案馆．中国共产党组织史资料：文献选编（上）．北京：中共党史出版社，2000：161-162.

格、入党手续、党员迁移、违纪党员处理作了更加严格的规定。[①]会后，中共中央发出第七号通告，强调高度重视支部建设。通告指出，支部是党的政治达到群众的枢纽，支部生活是无产阶级党的基础；要努力提高党员的政治水平；实现党员的职业化和党的产业化；反对党内极端民主化倾向，加强党的民主集中制。并以上述要求改造党的组织和党员。[②]会后，中共派出著名领导人蔡和森、王荷波、贺昌、阮啸仙、陈潭秋、周恩来、刘少奇、彭真等先后到晋察冀主持领导工作，他们多次改组晋察冀党的领导机构、健全乡村的中共基层组织，这对晋察冀党组织建设起了积极作用。

1927 年大革命失败后，南方国共斗争日趋残酷，而“北方民众久在奉系军阀蹂躏之下，没有直接感受国民党的压迫、剥削与残酷的屠杀，养成对国民军、国民党深厚的幻想。本党的新政策又未能普遍的〔地〕深入到一般党员群众中去，顺直群众在这种幻想之下，一切组织与斗争均须待国民军北伐的到来再图发展，本党在这种影响之下，亦未免放弃了独立政治宣传以及群众的组织斗争工作，甚至国民军北来时，本党少数党员及一部分群众有欢迎国民党的事实”。尽管中共党组织力图改变这种状况，“但因群众组织还没有基础，政治意识仍极幼稚，斗争经验亦极缺乏，党在群众中领导的力量极为薄弱”，加上“政策的错误，使一切工作无出路而陷于趔趄动摇的状态”。[③]顺直党的组织不但没有走向布尔什维克的方向，反而有日渐削弱的趋势，尤其在国民党、国民军来到北方以后，表现得更加明显。这种趋势的发展，使顺直党组织及北方革命前途呈现莫大的危机。尤其是，“同志中党的观念薄弱，同志中个人的感情结合有时超过了党的组织，且不断的〔地〕闹些无价、无意识的个人意气；甚至有许多代表落后群众的思想；多数党部年余来没有征收过党费，甚至用金钱去收买同志及工作，致同志经济观念十分不正确；党的纪律几至完全不能执行；党与团的关系不好；党员不能职业化，在党内领生活费的太多”。[④]上述问题严重影响着党组织的发展。在中共“六大”之后，顺直省委开始大力改组党组织，并且“顺直有农运的区域异常不普遍，尤其是各大城镇及各铁路附近没有工作，是顺直农运一个发展的阻碍，在这些重要区域党必须极力设法发展工作，这些区域的工作发展，可以影响全省的农运，各重要城镇的市委及铁路党部，必须派熟悉农民情形的得力同志担负农

① 中国共产党党章（1927 年 7 月 10 日通过）[M]//中共中央组织部，党史研究室，中央档案馆．中国共产党组织史资料：文献选编（上）．北京：中共党史出版社，2000：211-220．

② 中央通告第七号——关于党的组织（1928 年 10 月 17 日）[M]//中共中央组织部，党史研究室，中央档案馆．中国共产党组织史资料：文献选编（上）．北京：中共党史出版社，2000：228-237．

③ 顺直目前政治任务的决议案：1928-6[B]．石家庄：石档（卷宗 1-1-3-6）．

④ 顺直省委党务问题决议案：1928-6[B]．石家庄：石档（卷宗 1-1-3-9）．

运工作，发展农民组织，建立党的农民支部，领导农民斗争，使与工人运动发生亲密的联络，接受工人的领导”，[①]使得乡村党组织建设局面得到很大改观。

1931 年以后，日本不断增强在华北的军事力量，并加强经济控制，准备占领整个黄河以北的中国领土，使华北的民族危机、区域社会内部矛盾不断激化。为了应对新的民族斗争和阶级斗争形势，1933 年中共中央提出“建立全民族反帝统一战线”的口号，并派孔原为中央驻北方全权代表，加强了对晋察冀党组织的领导。期间，尽管察哈尔民众抗日同盟军收复察北重镇多伦，极大振奋了晋察冀人民抗日的热情，但是由于北方党组织继续执行中央“左”的路线，鼓动工人罢工、农村暴动、国民党士兵哗变等，如高蠡农民暴动、灵寿县慈峪暴动、正定五县联合暴动、曲阳水泉暴动等先后失败，使党组织多次遭到破坏。1934 年初，晋察冀党内以李铁夫为代表的干部对王明“左”倾路线提出批评，被打成“右”倾的“铁夫路线”。李铁夫本人和支持他的大批干部党员遭到残酷斗争、无情打击，许多干部、党员被撤销职务或开除党籍，这极大地削弱了晋察冀的党组织。晋察冀中共党内路线斗争直到 1936 年刘少奇主持工作后才予以纠正。[②]

1935 年，随着日本对华北侵略加剧，“团聚组织全民族一切抗日、反汉奸的力量，来进行胜利的抗日、反汉奸的民族革命战争”，[③]成为中共党组织的斗争目标。为了顺应形势发展，中共开始进行组织路线、方针的调整。同年底，在中共中央政治局会议（也称瓦窑堡会议）上通过的《关于目前政治形势与党的的任务决议》中指出：“为完成中国共产党在伟大历史时期所负担的神圣任务，必须在组织上扩大与巩固党，在新的大革命中，共产党需要数十万至数百万能战斗的党员，才能率领中国革命进入彻底的胜利”。“因此一切愿意为着共产党的主张而奋斗的人，不问他们的阶级出身如何，都可以加入共产党”，“农民分子与小资产阶级出身的智识分子，常常在党内占大多数，但这丝毫也不减低中国共产党的布尔什维克的地位”，中共“必须同党内发展组织中的关门主义倾向做斗争。能否为党所提出的主张而坚决奋斗，是吸收新党员的主要标准。社会成分是应该注意到的，但不是主要的标准。应该使党变为一个共产主义的熔炉”。“党不惧怕某些投机分子的侵入”，“党不惧怕非无产阶级党员政治水平的不一致”。党还“必须大数量的培养干部”，“中央号召全党及其干部为坚决执行党的策略路线而斗争。把统一战线运用到全国去”，“把党变成伟大的群众党，把土地革命与民族革命结合起来，把国内战争与民

① 顺直省委农民运动决议案：1928-12[B]．石家庄：石档（卷宗 1-1-3-15）.

②《中共中央北方局》资料丛书编审委员会．中共中央北方局·土地革命战争时期[M]．北京：中共党史出版社，2002：20-22．

③ 华北的政治形势与党的任务——给各级党部的一封指示信：石家庄：石档（卷宗 1-1-4-7）.

族战争结合起来”。[①]显然，中共开始以政治表现、具体行为为标准，而不再突出阶级成分来吸纳党员，这是中共组织建设的一个新转折。依照这次会议精神，中共中央北方局发出《华北的政治形势与党的任务——给各级党部的一封指示信》，要求各级党组织按照民族统一战线的策略去工作和斗争，并开始改造基层组织。这使得晋察冀党组织和党员群体进入第三个发展阶段。

1936年春，刘少奇（化名胡服）到达天津，开始领导晋察冀党组织建设，使中共基层组织建设进入一个大发展、大进步阶段。为指导晋察冀等地下党的建设，1936年刘少奇发表《肃清关门主义与冒险主义》《关于白区职工运动的提纲》《肃清空谈的领导作风》《领导权问题是民族统一战线的中心问题》[②]等系列文章，指出：在新的抗日形势下，许多干部和同志还不善于在实际工作中去运用联合战线策略，对于组织联合战线的实际工作还不够积极与热心，关门主义、冒险主义与空谈的观点和工作方式，成为一切工作中的主要障碍。要求各级党组织应根据中央新的策略精神，来改造各地党的全部工作，克服各地党组织工作中的错误。在城市中要准备长期的秘密工作，准备与聚集党的力量，准备在中国抗日战争爆发后搅扰与破坏日本的军事后方，做好和加强秘密工作；尽可能利用一切完全灰色公开的群众组织与机关，如黄色工会、学术研究团体、文化教育体育组织、旧式的同乡会、宗教团体等，去团结群众与接近群众，并对这些组织中的活动分子进行训练。在乡村中，准备广泛的抗日反汉奸的游击战争，反对条件不成熟的暴动，“在某些地方如果我们的组织成熟，但在这些地方如果不是有特别好的地形、好的群众条件、好的坚强而有经验的领导，不应轻易地、单独的在这些地方发动游击战争，而应该保存这些地方的力量。在这些乡村，除开〔了〕党的秘密工作依照城市方式，应特别着重在农民中进行反日宣传，利用联庄会、哥老会、劝戒烟酒会、白莲教、红枪会、天门会、义和团、合作社、土匪团体等，党员要加入进去，设法取得他们的领袖地位，宣传与鼓励他们抗日，特别重要的是我们必须设法取得民团、保安队、警察等武装队伍的领导。就是汉奸的军队，我们也必须加入进去工作。在原来有农民协会、救国会等组织的地方，应尽量发展这些组织。从领导农民争取切身利益的斗争中引导农民到民族革命战线上来。在上层统一战线工作中，要改变“某某大学的教职员没有一个好的”“某某团体是汉奸的组织”等成见，对各地方的政府官吏、学校和团体的领袖致送热烈的抗日希望，获得其同情、赞助，至少不压迫救国运动。在党的组织上，必须尽量发展党员，吸收在救国运动中一切表现积极的分子进党内来。在领导机关与领导同志

---

① 关于目前政治形势与党的的任务决议（中国共产党中央政治局一九三五年十二月二十五日通过）. http://xjtunews.xjtu.edu.cn/jiandang90/dszl/2011-06-19/1308445581d32749.html.

②《中共中央北方局》资料丛书编审委员会. 中共中央北方局·土地革命战争时期[M]. 北京：中共党史出版社，2002：791-819.

中，必须切实改变领导机关与领导同志对下级机关同志的态度，不要随便指某人为机会主义，随便打击同志。要建立同志中相互尊敬、团结和亲爱的关系。必须提高我们每一个同志和干部虚心学习的精神。[①]

上述理论与路线的改变，使晋察冀党组织迅速得以发展。1936 年北京市委下有四个区委，区委下有支部，大的支部有一二百人。[②]6 月间又重新组建山西工委，恢复了太原国民师范党支部，有党员十多人。而后恢复定襄、五台党支部，有党员 11 人，平遥中学党支部有党员六七人。1936 年 11 月间，牺盟会开办军政训练班、村政协助员训练班、民训队牺盟特派员训练班，在军政训练班 12 个连中五、七、八、十二、流亡连成立秘密党支部，有党员百余名，未成立支部的也建立了党小组或个别关系。一批党员在训练结束后以合法身份到山西各县恢复发展党组织。[③]到 1937 年 5 月时，山西工委下属太原市委、定襄中心县委和平遥、运城、阳泉区委，以及祁县县委、临汾支部、寿阳支部、榆社工委、盂县西烟镇支部、平定支部等党组织，党员 360 人。河北省委经过组织调整，到 1937 年 5 月时，有京东、冀热边、保属、直中等 7 个特委，3 个市委，6 个中心县委，14 个县委，2 个分委，6 个工委及若干县党组织。到“七七事变”前，北方局领导的党员发展到 5000 人左右。正如中共中央书记处给北方局及河北省委的指示信中指出：“我们认为北方党的工作，自胡服（刘少奇）同志到后，有了基本转变。”“这些转变，是已奠定胜利的基础，开展着灿烂的伟大前途。”[④]

三、农民、党与地方社会

“中国革命通常被认为是历史上最伟大的农民革命，甚至被认为是农民革命的原型。的确，如果没有农民武装和如此众多农民的支持，中国共产党人就不可能取得政权。然而，很简单，如果没有共产党人，农民也绝不可能孕育出革命思想。”[⑤]这道出了农民与党的共生关系。党组织与农民及所处的地方社会关系紧密而复杂，一方面乡村党组织多由知识分子创立，在发展党员时经历了由先发展知识分子，再到重点发展产业工人，后到乡村农民的过程；另一方面，在 1927

---

① 中共中央北方局．华北政治形势与党的任务：1936-8-31[B]．石档（卷宗 1-1-13）．

② 李葆华．1936 年 4 月至 12 月中共北平市委的组织简况[M]//《中共中央北方局》资料丛书编审委员会．中共中央北方局：土地革命战争时期．北京：中共党史出版社，2002：1036-1037．

③ 李宝森．1936 年重建山西工委的回忆[M]//《中共中央北方局》资料丛书编审委员会．中共中央北方局：土地革命战争时期．北京：中共党史出版社，2000：1039-1041．

④ 王乃德．瓦窑堡会议后华北各地党组织的恢复和发展[M]//《中共中央北方局》资料丛书编审委员会．中共中央北方局：土地革命战争时期．北京：中共党史出版社，2002：1328-1339．

⑤ [美]费正清费，费维恺．剑桥中华民国史（下卷）[M]．刘敬坤，译．北京：社会科学出版社，1993：309．

年大革命失败后，党组织开始在乡村大力发展农民党员时，也不得不面对既要保持党的工人阶级先进性，又要发展带有散漫、保守、追求蝇头小利的农民党员。而且，在险恶的环境下，加上交通的阻隔，长期的“左”倾路线，秘密工作方法的缺失等，导致乡村党组织工作与上级的要求存在巨大差距。对各级党组织文件的考察显示，上级对晋察冀乡村党组织工作很长时期都不满意，因此党组织被上级多次改组，党员重新登记，而且上级党组织不断派巡视员到基层督促工作，要求支部扩大党的政治宣传、加紧对农民党员进行政治教育、纠正同志间忽视组织的观念、严厉要求各级干部组织、洗刷消极怠工分子，发展农村支部，并注意贫苦农民的成分。①各地党组织在经历了“总暴动”一系列失败后，也开始重视农民“日常”的斗争，如抗税、抗租、帮打官司、请愿等形式的斗争，并利用农民的传统组织网络，在积极分子中发展党员，扩大党的组织，由小团体过渡到群众的政党，切实执行民主集中制，“造成真正布尔什维克的党”。②后来，刘少奇在总结其经验和教训时说，在“大革命失败以后，党在乡村中的基本工作方针（这里不说城市）应该是有两个：第一个，是在主观客观条件也已具备的地区——实行革命的进攻，建立革命的武装与政权（如果不违背战略方针及全国性的革命发展的话），苏维埃红军游击区即是如此。第二个，是在主观条件或客观条件还没有或不可能准备进攻的地区——就应坚决的巧妙的实行退却，利用一切改良的可能、合法的办法，以便保存后备军与党的组织，准备与聚集革命的力量，建立公开工作与秘密工作的联系，等待新的革命的来潮。当时的错误就在于只有第一个方针，而没有第二个方针，即在主观客观条件均不具备的地区，也采取革命进攻的方针。因此，使许多后备军与党的组织可以保存的没有保存，可以准备好的没有准备好。③或者说，“当时除部分的乡村（苏区）有了革命的高潮外，一般乡村中还没有离开低潮。在国民党统治最巩固的江浙，华北许多地方，一般农民还没有决心去同国民党政权进行武装斗争，只有公开的合法的斗争才能发动广大农民群众，引导他们到革命的战场上来”。④由公开的武装暴动到重视合法斗争；由“要干就大干”（暴动或游击战争，杀豪绅等）、没有群众工作到深入农民中着力宣传、发动，健全乡村支部，并紧紧围绕社会矛盾的变化，适时调整工作重点，晋察冀乡村党组织在抗战前的发展受到极大影响。

通过对乡村党组织的考察，可以发现抗战前党组织在乡村发展中呈现出以下

---

① 顺直省委第二期工作计划：1928-3-9[B]．石家庄：石档（卷宗 1-1-3-4）．

② 顺直目前政治任务的决议案：1928-6[B]．石家庄：石档（卷宗 1-1-3-6）．

③ 刘少奇．答薛暮桥同志[M]//中共党史资料：第四辑．北京：中共党史文献资料出版社，1982：1-2．

④ 薛暮桥．关于中国农村经济研究会及内战时期白区工作问题[M]//中共党史研究：第四辑．北京：中共党史文献资料出版社，1982：10．

几个特征：

第一，就党员的发展对象看，党员群体的个人社会成分，尤其是党员的阶级成分，要求愈来愈严格。中共从其成立伊始，一直努力保持自己的工人阶级先锋队角色，发展工人理应成为其重点。然而，从晋察冀乡村党组织的发展实际来看，情况要复杂得多。各地乡村党组织多由知识分子建党，发展对象多经历初期发展知识分子，再到发展工人，后重点发展乡村农民党员的过程。由于乡村党组织多由回乡知识分子建立，且乡村中称得上是真正意义的工人人数极少，尽管知识分子在文盲、半文盲充斥的乡村社会有着天然优势，然而初期出于乡村环境和安全等考虑，只能借助于自己的交往圈去发展党员，因此党员多是知识分子，后在上级多次强调党员工农阶级“成分”之下，状况才有所改变。

从晋察冀中共党组织工作文件来看，乡村党员阶级成分大致可以从 1928 年南京国民政府控制晋察冀、顺直省委第二次改组为分水岭，前期以知识分子、农民为主体，此后工人成分有所增加。而且，随着党员发展倾向于工农，尽管党组织历经多次破坏，党员数量短期内有所减少（见表 1-2），但其发动的武装暴动、分粮吃大户、政治宣传等，使中共党组织和影响在乡村不断扩大。

表 1-2　河北省中共党员数量统计表（1927.8—1932.7）

年月	1927.8	1927.12	1928.2	1929.10	1929.11	1930.2	1930.4	1932.1	1932.3	1932.6	1930.7
数量	2000	1204	1060	1513	1300	1401	2834	1094	1866	2100	3025

资料来源：中共中央组织部，党史研究室，中央档案馆．中国共产党组织史资料：文献选编（下）[M]．北京：中共党史出版社，2000：1884．

1924 年，北方区委统计的 75 名党员中，工人占四分之一强，余皆学生。另据 1927 年底统计的顺直地区[①]的 665 名党员的组成状况看：农民占 38.7%，知识分子占 27.1%，工人至多占 26.8%，这里不含未统计的乡村。[②]下面几个县更能说明问题。正定在 1924 年秋在城内第七中学学生中建立党组织，党的主要任务是领导学生运动。1925 年随着组织力量的扩大，又在城内解放街、西兆通、赵村、吴兴、韩通、高家营、新城铺、北豆村 8 个村（街）建立党支部。不久正式建立中共正定地方委员会，管辖正定、井陉、平山、灵寿、行唐、元氏、赞皇、晋县、无极、栾城、安平、饶阳、深泽等 14 个县的党组织。[③]1926 年，党员算起

① 大致相当于今天的河北和天津、北京两省一市的区域，清代在此设立直隶省和顺天府，此后人们就用“顺直”来称呼这一带地区，上世纪 1927 年 6 月后，中共曾于此建立“顺直省委”。

② 顺直省委关于组织问题给中央的报告：1927-12-12[B]．石家庄：石档（卷宗 1-1-1）．

③ 河北省正定县委组织部，办公室．正定县 1924 年至 1949 年历史沿革概述（初稿）[M]．油

来虽共有 40 多人了，然而党员多为学生和教师，“对外城内一点也影响不到人民，在乡入不了农民群众”。1928年正定党员发展到140多人。1929年大批领导人被捕，党组织遭到破坏，党的基层组织仍坚持斗争。到 1932 年时，党组织扩大到 43 个支部，党员 400 多名。此后，由于在“左”倾路线指导下发动多次暴动，使党组织遭到很大破坏。[①]元氏县在 1926 年建立党组织，开始先在教育界的知识分子中间建立了党的组织，人数很少。后来逐渐在城内贫苦知识分子中发展党员，建立学校支部，同时建立党的外围组织，如互济会、读书会等，党的活动多限于宣传和个别发展党员，对农村影响不大。到 1928 年时，全县党员约 20 人。国民大革命失败后，政府对城市知识分子非常注意，于是党的组织不断受到破坏，环境日益恶化，党的方针和工作方式有了新的改变，除把原有组织巩固起来外，开始增加工农成分党员，先后在赵村、褚庄、北岩等村发展了党组织，建立了农村支部。1930年党团员发展到100人左右。1932年县委遭到破坏，下层组织未遭到破坏，党员仍保持关系。由于叛徒出卖，党的领导人被捕，1935 年到 1936 年两年间停止了党的活动。[②]建屏县（今属平山县）建党开始时，先从初小教员中发展党员，主要骨干是平山两班乡村师范中的教员，初小教员占了很大的数量。1931 年大力深入农村中发展，村庄有天井、王岸等 19 个，自 1934 年建立支部后，党支部很快掌握了村政权。当时发展对象是武士会和各种迷信组织，如先天道，其中主要是贫雇农。主要活动是宣传，领导分粮和吃大户。[③]藁城党组织是通过革命知识分子马玉堂在城南刘村建立的。1931 年，30 余村建立党组织，共发展党员 300 多个，开始领导群众进行斗争，从斗争中发展、壮大。1934 年发展到 1800 多个党员，1935 年发展到 2200 多名。此后虽然顺直特委被破坏，党组织失去与上级联系，党员仍继续坚持斗争。抗战时期党组织得到更大发展，详见表 1-3。[④]

山西党组织，于 1924 年由学生党员在太原建立。1926 年 2 月发展学生 80 多个，6 月后增加到 117 人。1927 年 3 月党员数量发展到 420 余人，其中，工人占 50%，学生占 35%，士兵占 10%，妇女占 2%，其他占 3%。同时，这里的“阶级斗争剧烈起来，现在我们的组织已普遍到各乡村去了”。[⑤]

印本．石家庄：石家庄档案馆藏书，1958．

① 正定地方五月份报告（1926 年 6 月 5 日）[M]//《中共中央北方局》资料丛书编审委员会．中共中央北方局：北方区委时期．北京：中共党史出版社，2002：306-307．

② 中共元氏县委办公室．1926 年至 1949 年元氏县党的历史沿革概述（初稿）．油印稿．石家庄：石家庄市档案馆藏书，1958．

③ 中共建屏县委办公室．建屏县党史材料．油印本．石家庄：石家庄档案馆藏书，1951．

④ 中共藁城县委办公室．中共藁城党斗争简史．油印本．石家庄：石家庄档案馆藏书，1951．

⑤ 山西太原组织部工作报告（1927 年 3 月 19 日）[M]//《中共中央北方局》资料丛书编审委员会．中共中央北方局：北方区委时期．北京：中共党史出版社，2002：435-439．

表 1-3　中共藁城党组织发展统计数目表

时间	1926 年	1931 年	1934 年	1935 年	1939 年	1943 年	1945 年
数目	不详	300	1800	2200	20 000	4800	5000
成分	雇农	贫农	中农	富农	地主	其他	
数目	134	5444	3844	22		255	
文化程度	文盲	半文盲	初小	高小	初中	高中	大学
数目	6257	1069	1738	497	134	3	1

资料来源：中共藁城县委办公室．中共藁城党斗争简史[M]．油印本．1951：附表．

中共在乡村大量发展党员，乡村党组织扩大，一方面可以借助农民党员进行革命动员，另一面部分农民党员的农民意识也给革命带来一系列问题，从而使得在发展农民党员的同时，提高农民党员质量成为乡村党组织严峻的任务。

第二，中共是一个有着严明纪律和强烈革命意识的政党，为保持党的无产阶级革命性，下级要绝对服从上级，党组织对党员纪律、工作等要求极严。然而从晋察冀乡村党组织来看，在执行党的纪律、发展党员条件、掌握党员的入党动机，以及党员的工作态度、支部生活等方面存在着各种各样的问题，这与中共上级机关的标准和要求有着巨大差距。

抗战前，晋察冀中共党组织始终处在秘密状态之下，严明的纪律是党在险恶的环境下生存的首要条件之一。而事实情况是，党员的入党、退党很随意，高级领导干部叛党更是频繁，这也说明革命发展既要大量发展党员，同时又要保证党员质量之间的矛盾深深困扰着中共党组织。在 1927 年大革命失败前，是晋察冀乡村中共党组织发展较平稳，在李大钊等领导人牺牲后，晋察冀党组织长期陷入组织混乱状态。许多党员丢掉无神论信仰，当时在正定、保南一带有一道门，入道门者甚多，因其会条贴在门口，兵士便不敢入室骚扰，于是党员加入道门者甚多。党要求党员为革命要勇于献身，而顺直省委及其下级市委、县委许多主要领导人被捕后多人叛党，甚至带人在街上抓捕党员。在上下级关系上，京东党员认为顺直省委“包办”“不民主”，于是要求中央解散省委。在上下级发生纠纷时，党员有三种情况：一种是盲目的只是跟着走；一种是由于个人利益——产生恐慌不得不听从；还有些“同志对党忠实而无认识”。尤为严重的是，在“左”倾严重时，对党内持反对意见者过分执行纪律，党员“对党的指导机关稍有怀疑与批评，便是违犯了纪律，即予惩罚开除，使许多积极的同志——尤其是工人同志因此脱党。以后省委甚至拿钱收买旧同志回党，党员到支部会，都要津贴他的工钱，以致影响同志中发生工作便要钱，不拿钱便不做工作，甚至假造报告骗钱，没有钱便叛党。”[①]就基层组织来说，支部担负着征收党费、训练及发展新党员的任务，党的一切政策都经过支部的讨论才能贯彻到每一个同志，从而在一般群众中发生作用。同时，群众中一切问题都能经过支部的领导而变为群众的争斗，并报告上级党部，支部实际承担着成为党的耳目及领导群众斗争和一切同志生活的中心。[②]然而“直隶各地之特支非常幼稚”，“农村支部有许多不能开会，无支部作用，不能领导群众斗争”，尤其教育工作的缺乏是普遍现象，使同志的观点日益落后，较落后的群众还要落后。此外，多数党支部没有征收过党费，有些地方存在有同志而无组织，有组织而未与党发生关系者。[③]

一般来说，无论是一个政党或一场运动，都是由参与者的利益驱动、组织能力、社会动员能力、社会运动发展的阻碍和推动力量、政治机会或威胁、运动群体所具有的力量决定的。[④]党组织存在的上述严重问题，使党的纪律几至完全不能执行，党的基层组织不但不能成为工农的领导者，甚至连“尾巴”都够不上，导致晋察冀乡村及北中国革命产生莫大危机，这样怎能领导革命？[⑤]

为健全中共基层组织，保证组织的纯洁和党员质量，中共顺直省委采取了一系列措施。

第一，对党员重新进行登记。以1928年6月后进行的登记为例，中共顺直省委规定，党员重新登记的资格是：①服从党的政策、章程和决议案；②缴纳党费；③能够在党的指挥之下积极忠实担任一种党的工作；④对国民党、国民军没有幻想，并能积极反对国民党、国民军。登记由区委执行，各县委或市委监督指挥。重新登记时，必须召集支部干部或支部积极党员的会议，由县委或区委报告后，对各党员进行精确的审查，决定应否予以登记，然后提交到区委，由区委决定去留，或交县委或市委批准。对过去犯过错误的党员，登记时可予处分。在登记后召集党员开会，详细向党员解释登记的意义，解释党的新政策和布尔什维克党一般的原则，并将过去党及党员的错误进行严格的讨论和批评，使党员均能了解一般的“党义”和党的政策与自己在党中所负的责任，并在各种训练、讨论和批评中观察同志的思想和倾向，以此提高党员的工作决心和勇气，使党员走到积极工作与斗争的生活中，开始布尔什维克化。[⑥]经重新登记，晋察冀地区基层党组织得到恢复、发展。到1929年10月时，党员发展到1513名，党组织不仅得

---

① 中央致顺直省委并转全体同志信[B]. 石家庄：石档（卷宗 1-1-2-2）.

② 顺直省委党务问题决议案[B]. 石家庄：石档（卷宗 1-1-3-9）.

③ 盛智僧关于党务工作报告——组织问题、军事政治工作、农民和民校运动[B]. 石家庄：石档（卷宗 1-1-3）.

④ 赵鼎新. 社会与政治运动讲义[M]. 北京：社会科学文献出版社，2012：189-194.

⑤ 顺直省委通告第 6 号——关于农运回顾[B]. 石家庄：石档（卷宗 1-1-3-2）.

⑥ 顺直省委通告第 3 号——关于党员重新登记问题[B]. 石家庄：石档（卷宗 1-1-3-11）.

到巩固，还新设中共内蒙古特支，恢复了太原、榆次、河东地区的组织。

第二，改组党的领导机构，纠正工作路线、方式等错误，建立、健全领导机制。为解决顺直党内的问题，中共中央仅在 1928 年就对顺直省委进行了 3 次改组。1928 年初的第 1 次改组着重解决省委的盲动主义及脱离党员群众的工作方式，从而改变了“因为痛恨过去指导机关不肯回党，或免〔勉〕强回党而不愿积极工作，或一工作又发现指导机关新的不满，因而丧气灰心”的局面。这次改组，要求知识分子应尽可能做下层工农运动的工作，增加一批工农党员进入各级领导机构，特别强调了民主集中制，大力恢复农村支部，初步理顺了党内上下级之间的关系。然而也出现了否认过去工作、缺乏对工运和农运具体实际的斗争策略、轻视知识分子等错误。会后保南等地就因不满此次改组，成立“保南省委”，各地出现“以打杀为一切工作的中心”暴动，顺直党在组织上再次出现危机。1928 年 6 月，国民党占领河北、京津地区，北方局势动荡，中共中央特派员陈潭秋经过调查，发现顺直党内的严重问题，立即报告中央。1928 年 7 月顺直省委进行了第 2 次改组，确定了顺直党的政治任务和工作方针，着力纠正党内的极端民主化倾向。但会后，新省委工作软弱，引起京东 4 县党组织不满，省委无法开展工作。省委决定停止省委职权和京东党的活动，加深了上下级的对立。1928 年 12 月，周恩来受中央委托到顺直进行第 3 次改组，从思想上统一认识，分析问题产生根源，号召全体同志特别是干部同志深入群众，从工作、斗争中提高党员的政治水平，加强中央对于顺直和顺直省委的指导。随后顺直省委又制定了一系列的制度，如党的文件转发和报告制度、巡视员巡视制度、日常工作制度、设立交通制度等。①这次改组增强了顺直党的团结，使党内问题得到根本解决。

第三，健全乡村党支部。大革命失败后，中共由半公开的组织走入“地下”，党组织发生很大变动，许多不适宜秘密活动的党员脱离了组织，党员自首与叛变现象严重，党员人数锐减。顺直省委认为党组织之所以减员，一是因为党员成分不纯，许多投机分子混入党内，而农民党员数量虽多，但乡村组织不严密，指导机关掌握在非无产阶级化的知识分子手中，政变后他们多害怕、逃跑，这是主要原因。二是党员不明白在支部领导之下“参加斗争、到会缴费、讨论党内的政策和本身工作、读党报、散宣传品、吸收同志才量〔是〕为党工作的根本条件，所以支部生活根本没有，也是助成党员自首与叛变的主要原因之一”。此外，“白色恐怖、国民党威胁利诱、叛变党员线索的牵引等等，是其客观原因”。因此，党组织一方面要求党员严守纪律，被捕后不管有无证据，“唯一的

① 中共顺直省委通告第十二号——关于中心工作及改进各级关系问题[M]//《中共中央北方局》资料丛书编审委员会．中共中央北方局：北方区委时期．北京：中共党史出版社，2002：207-209．

忠实于责任，便是不吐出任何党务，不承认任何关联，不指出任何同志”；另一方面要求党员深入农村中去做工作，在斗争中“坚强阶级意识和对革命的信念”，努力发展工人同志，以增加无产阶级成分，大力创造支部生活，通过支部加强对党员的训练指导，“加强党员阶级意识”，“坚强他们对于革命的信念”，在工作中尤其注意秘密制度。[①]在农村，交通十分不便，各村情形不同，如果县委或区委每星期到支部指导工作，在时间和环境上都不允许，“只有支部自己有独立的工作计划和能推动同志工作，党的工作才可以好”，否则“县委无计划的瞎跑一气，跑到一个村能见到一个支部书记就心满意足了，在工作上不生丝毫作用”。[②]况且在抗战前，各级党组织常感工作人才太缺乏，有许多很好的工作条件，地方的工作做不起来，巡视员也找不到，[③]所以健全支部成了党的中心任务。由于1930年前晋察冀党的工作重心是领导工人运动，尽管也注意发动乡村斗争，但是只是出于对工人运动的配合，所以党组织的乡村工作非常薄弱。在20世纪30年代，随着日军侵华加剧，中共政策发生变化，开始逐步重视乡村党组织建设，以发动人口占多数的农民抗日。然而，当时乡村支部极不健全，“往往隔一月半月才开一次会，一开会报告讨论就完事，真正有政治生活、能够反映群众生活、做群众核心、领导群众斗争的支部简直少得很”，而且许多党员是“拿起簿子到农村中去签名，无论男女一律欢迎，多多益善，×县两三星期竟发展七百到八百新同志，导致有党员而无群众组织”。[④]到1932年6月，河北省委领导下的党组织中党员虽然发展到2100人，农民占79%，全省支部130多个，但是除了30多个工人、学校支部外，其余全是混合支部和农村支部，真正有工作成绩的很少，有自主精神的更少。各级党部对于支部工作的领导仍存在极大问题。为改变乡村工作状况，晋察冀各级党组织开始抽调干部任支部巡视员，主持支部改选，提拔工作积极党员主持支部工作，以推动乡村革命的发展。

第四，重视乡村革命宣传，在乡村斗争中教育和发展党员。中共是在“苏俄”帮助下建立，并作为共产国际一个支部接受其领导。这样虽然可以缩短建党历程，借鉴“苏俄”建党经验；但是也会受苏俄和共产国际的制约，以致影响中共革命路线与中国革命实际的结合，这点在晋察冀中共党组织建设中表现得十分突出。尽管中共多重视发展城市产业工人入党，但是晋察冀地区党组织中农民党员一直占有多数。例如，河北全省1929年产业支部15个，产业工人党员155人，

① 顺直省委通告第19号——关于党员自首与叛变：1929-2-28[B]．石家庄：河北省档案馆馆藏档案（以下简称“河北档”）（卷宗1-1-4-3）．

② 红斌．目前顺直党在农村的几件中心工作：1929-10[B]．石家庄：石档（卷宗1-1-4-3）．

③ 顺直省委秘书处泽民同志给中央信——关于顺直工作情形：1929-11-30[B]．石家庄：石档（卷宗1-1-4-20）．

④ 晓山．巡视河北的报告：1932-6-25[B]．石家庄：石档（卷宗1-1-7-11）．

只占全省 1344 人的 10%多一点，而农民党员占了 70%，其他成分的党员只有不足 20%。晋察冀党的领导人认为，“中国农民，尤其是顺直受多少旧礼教、旧习惯、封建文化和社会组织的束缚，养成了一种不可破的服从、忠义观念，所以在农村的斗争才一开始时期，多半是些机会主义的斗争方法——起诉、请愿，容许调停等”，乡村农民的“政治意识低落，阶级观念又不明显”。[①]因此，提高乡村党组织和党员质量，鼓动乡村阶级斗争，愈益受到重视。而党组织对乡村农民进行初期革命动员时，经常拿些“经济恐怖、政治危机、出路、挣扎、自然、必然、总而言之、大概必须、灭亡高潮、恐怖统治、阶级、布尔什维克、法西斯蒂、光荣、生产过剩、大战争等等名词与字眼来用，就是学生和知识分子干部，对于上面的字皮或有一二了解，更谈不到其他”。比如：一次一个巡视员问几个支部干部“经济恐怖、政治危机和布尔什维克”怎么讲，一个真懂的也没有。所以在面对文化水平本就不高或基本是文盲的农民时，本就不知道共产党是何组织，又不知道“苏维埃”是何物，“拿这些书上听说的些生字眼，不用说幼稚的小学生，就是那些农民亦早已入了梦乡了，不睡的自然是心急如火，‘这是说的什么，怎么还不完呢？我还着急回哩’”。所以在开党的会议时，有时针对“先有革命，还是先有白色恐怖”之类的问题热烈讨论一夜，还没有结论，因为环境与时间问题，不得不宣布下次再继续讨论；要么就是开会前先将议程写出，“第一项就是一个政治问题了，大家提出一大堆来，不用全解决。就是一个问题像狗打架式〔似〕的来讨论，一个也没有结论，时常到十几个钟头（农村环境比城市差一点），临散会时大家都是：你呀！我呀！唉！的，好些工作没有解决。这在支部会上怎么答复同志呢？一次、二次、三次，工作是没有进展的，口头上说的都是改造组织、发动斗争、领导群众、发展组织，而只是空话，因为在开会期内的与会议事日程上，就没有讨论这项工作的时间了，这样的现象老发生”，导致“农民每次听到的不外这些个，都听厌了，实在不乐意再去听了，不是不去，就是说：‘××你去！听了回来告诉我，下次我去告诉你’，不然是说：‘天又热又黑，又蚊子咬，可是时候一长，不是你睡就是我打盹的没精神’。这是各地流行的极普遍的现象”。还有在农村发展党员，常见的两种形式：“一种是感情式的，就是你我（关系）不错，你在了（入党了）你还不知道我吗？我托你给说说给我补上一个名吧！”，这样就入了党。另一种方式是“迫于穷的不得已，知道中共是为穷人谋幸福的，一心想加入党组织，是什么也不怕的。在初入党时，干部就问他：‘怕死不？不怕死才能加入的’。这样的人在入党前对党组织期望很高，但加入党组织后，看到党内现状，必然灰心和失望。由于这两种方式的发

---

① 红斌．目前顺直党在农村的几件中心工作：1929-10[B]．石家庄：石档（卷宗 1-1-4-3）．

展，党便成了△△的组织”。[①]上述现象显然达不到中共在乡村动员的要求。

无独有偶，美国学者裴宜理在研究淮北地区农民的革命时发现，中共干部第一次进入淮北地区，面对当地独特的自然、社会环境，以及社会结构决定的具有集体暴力方面训练有素的农民时，在宣传发动革命时收效并不大，农民的传统生存策略阻碍着中共对群众的发动。直到抗战爆发后，中共在淮北引进农民斗争新形式和新内容，满足当地农民的实际需求，运用灵活的统一战线政策和诸如兴修水利之类的方法后，才打破当地的传统社会组织，消除农民为保护自身权利而采用的“掠夺性策略”和“防卫性策略”的影响，并在改造乡村的过程中调整农民对环境资源的争夺，使农民产生信任感和集体感。正是依靠这样的群众发动方式，中共最终实现了自己的目标。[②]裴宜理运用社会生态学方法，为研究农民传统反抗和中共革命之间的历史关联提供了一个新视角，尤其是他重视地方背景对农民暴力斗争的影响。他认为农民在特定环境下，为占有有限资源以谋得生存，往往采用两种策略：一种是掠夺性策略，即以当地其他人为代价，采取偷窃、走私、绑架或有组织械斗等方式非法攫取资源；另一种是防卫性策略，即面对强盗式的抢劫而保护个人财产。而中共根据革命形势的需要，灵活利用农民的这两种策略，从而实现了自己的目标。[③]晋察冀乡村党组织在抗战前，也遇到过发动乡村革命类似的困境，但中共乡村党组织逐步总结经验和教训，不断探索乡村动员策略，这为抗战到来后迅速在乡村站稳脚跟打下了初步工作基础。

① 保属（小更）报告——目前的农村形势及党团的工作[B]．石家庄：石档（卷宗 1-1-9-8）．

② [美]裴宜理．华北的叛乱者与革命者[M]．池子华，刘平，译．北京：商务印书馆，2007：209-271．

③ [美]裴宜理．《华北的叛乱者与革命者》[M]．池子华，刘平，译．北京：商务印书馆，2007：271．

第二章　战争与党：中共乡村党组织重构

全面抗日战争爆发前，晋察冀乡村党组织和乡村工作基础薄弱，这必然影响中共在乡村的战争动员。鉴于当时国民党基层政权瓦解、日军又集中主力打击国民党正规军而无暇顾及华北新占领区的统治这种短暂的有利条件，晋察冀党组织在中共中央“大量发展党员”的号召下，出现了前所未有的大发展。在随后的严酷战争环境下，新建立的基层组织在处理党政、党群关系时面临许多新情况。因此，在 1938 年相持阶段到来后，中共如何处理“大量发展党员”时遗留的老问题和新出现的问题，成为影响根据地建设和发展的关键。

第一节　不断变动的晋察冀边区

如前文所述，晋察冀边区是八路军聂荣臻部联合晋察冀地方党组织创建。由于处在敌后环境中，其所属地区在日伪的残酷进攻下，随着抗战形势变化而处在不断的变化中。

1937 年 11 月 8 日太原失守后，以国民党军队为主体的华北正规初期抗战结束。按照毛泽东指示：“全力布置恒山、五台山、管涔三大山脉之游击战争，而重点于五台山脉”，“该处应设置军政委员会一类的领导机关，应选择能独立领导党政军各方面之干部，应立即开始普遍的组织地方支部及群众组织”，①八路军总部进行了华北抗战的部署，决定以“平绥（铁路）以南、同蒲（铁路）以东、正太（铁路）以北、平汉（铁路）以西为晋察冀军区，以聂荣臻为军区司令员兼政委”，②负责以五台山区为中心的晋察冀交界地区的战略展开工作，并着手创立抗日根据地。1937 年 11 月 7 日，在接到八路军总部的指示③后，聂荣臻在山西五台县河东村建立晋察冀军区领导机关，下辖杨成武独立团、刘云彪的独立营及一

---

① 毛泽东对恒山、五台等地工作布置的指示[M]//河北省社会科学院历史研究所,河北省档案馆,等.晋察冀抗日根据地史料选编（上）.石家庄:河北人民出版社,1983:46.

② 朱德、彭德怀、任弼时关于冀察晋绥军事部署的报告[M]//河北省社会科学院历史研究所，河北省档案馆.等.晋察冀抗日根据地史料选编（上）.石家庄:河北人民出版社，1983:49.

③ 朱德、彭德怀、任弼时关于公布晋察冀军区及其所辖部队的指示[M]//河北省社会科学院历史研究所,河北省档案馆,等.晋察冀抗日根据地史料选编（上）.石家庄:河北人民出版社,1983:54.

一五师特务团所留之营、自卫军、义勇军、决死队等，计约 3000 人，成为创立边区的基干力量。

晋察冀军区的成立，使晋察冀交界地区八路军各部有了统一的领导，趁日军后方空虚，八路军各部在地方党组织和群众的配合下，迅速开辟出大片根据地。到 1937 年 12 月时，晋察冀军区所属四个军分区已据有晋察冀交界的广阔地区。第一军分区杨成武部连续收复了涞源、广灵、灵邱、蔚县、阳原、浑源、易县等，并开始向平西和平绥路、平汉路北段进击，打开了边区北部的抗日局面；第二军区赵尔陆所属各部，以五台、定襄和繁峙为中心，活动于晋东北；第三军分区王平各部以冀西的阜平、曲阳、唐县、完县和满城为中心，组织起当地的抗日义勇军和游击队，使晋察冀边区的腹地逐步稳定下来；第四军分区以正太铁路以北的井陉、获鹿、正定、平定、盂县、寿阳等地农村为中心组织游击队，打开了边区南部的抗日局面。四个军分区所属地区仅限于平汉、正太、同蒲、平绥四条铁路之间的山西东北部、察哈尔南部和河北西部地区，故此部分地区称晋察冀边区。[①]

与此同时，国民党南撤的原东北军 53 军 130 师 691 团，在吕正操领导下，在赵县梅花镇回师北上，同地方武装一起开辟了以藁城、无极、深泽、安平、饶阳、安国、博野、蠡县、高阳、安新、雄县、肃宁、河间、任丘、大城、文安、新镇为中心的冀中根据地，这些根据地成为晋察冀边区的重要组成部分。

1938 年 1 月，晋察冀边区行政委员会成立后不久，晋东北、冀西、冀中分别建立了政治主任公署和相应的党组织系统。同年秋，三个政治主任公署改为行政督察专员公署。其所辖地域简列如下：晋东北辖五台、盂县、繁峙、代县、定襄、忻县、平定、寿阳、灵邱、广灵、浑源、应县、阳高 13 个县；冀西管辖蔚县、涞源、易县、满城、徐水（西）、阜平、曲阳、完县、行唐、定县（北）、望都、平山、灵寿、井陉、行唐、新乐（西），共 16 个县；冀中辖深县、饶阳、武强、肃宁、河间、献县、沧县、青县、交河、安平、蠡县、博野、安国、正定（县佐）、深泽、无极、新乐（县佐）、定县（南）、任丘、大城、文安、新镇、霸县、永清、安次、高阳、清苑、雄县、容城、新城、固安、安新、新安、徐水（东），共 35 县，详见图 2-1。

1938 年 6 月，八路军第四纵队（邓华、宋时轮支队）在地方游击队配合下，为打开通向冀东的走廊，在平西平绥、平汉铁路间逐步开辟了以房山、涿县、涞水、良乡（今属北京房山区）、昌平、宛平（今属北京丰台区）为中心的平西根据地，并以此为支点，不断向平北和冀东发展。1939 年春，边区设立平西专

① 河北省晋察冀边区教育史编委会.晋察冀边区教育资料选编（续）[M].北京:北京师范大学出版社,1991：749.

区，辖涞（水）涿（县）、房良、宛平、宣涿怀四个联合县和涞涿办事处。

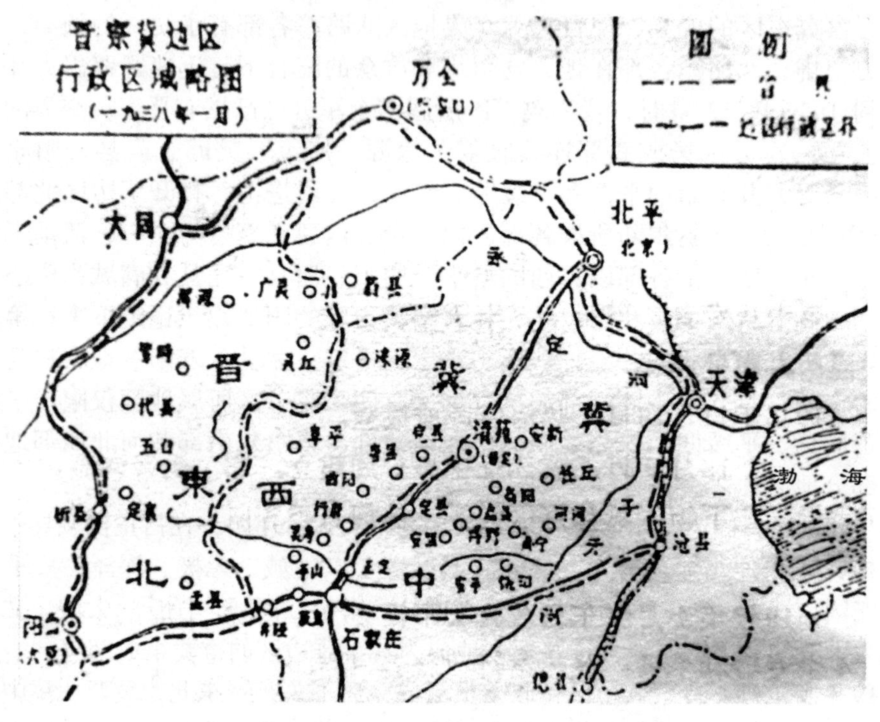

图 2-1　晋察冀边区初创时期地域（1938 年 1 月）

资料来源：王谦　晋察冀边区教育资料选编：教育方针政策分册[M]．石家庄:河北教育出版社，1990：附图．

到 1939 年底时，晋察冀边区已建立了包括两个政治主任公署（冀中、冀西）、9 个专员公署、67 个县政权（包括联合县和县佐公署①）和 536 个区公所的完整政权系统，并成立了边区冀东办事处。1940 年，为加强对边区各地领导，边区各地统一了行政区划，地委、军分区原顺序不变。1940 年年底，边区（包括游击区）的范围扩展到 90 多个县（见图 2-2）。冀中与冀西以平汉路隔开，设行政主任公署，下设四个专属。冀西、晋东北为边区政府所在地，只设专员公署。冀西有三个专属；晋东北、雁北各有一个专属；平西、平北、大清河北、冀东各设一个专属。各专属所辖之县（含联合县、县佐公署）如下：

① 为适应残酷的抗日斗争需要，在日军占领县城和集镇的相邻若干县，为便于党组织隐蔽活动和小股武装有较大回旋余地，坚持对敌斗争，中共党组织打破原有各县的界限，建立联合县；在被日伪占领铁路、公路线、分割为两部分的县内，面积较大部分一般设立县政府，较小部分设立县佐公署。

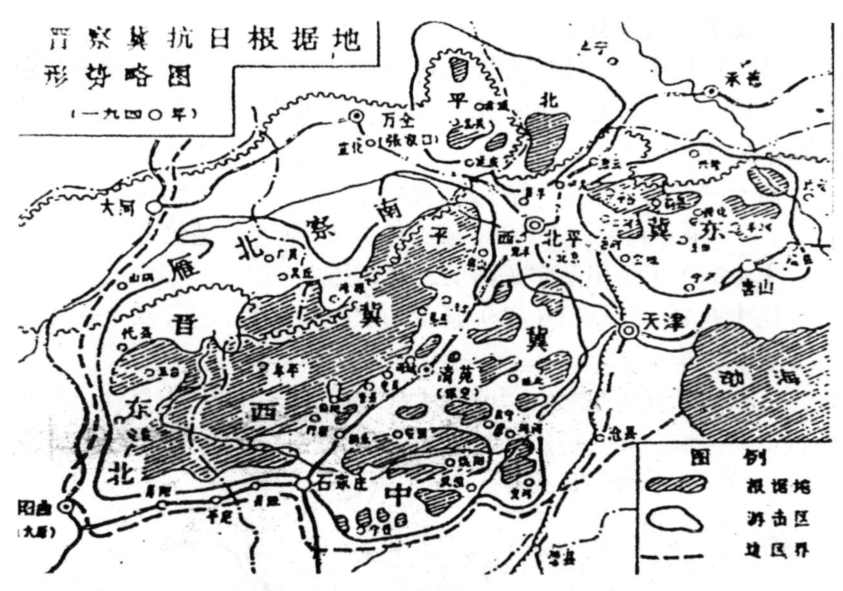

图 2-2　1940 年底晋察冀边区地域

资料来源：王谦　晋察冀边区教育资料选编：教育方针政策分册[M]．石家庄:河北教育出版社，1990：附图

晋东北：属一专属，辖五台、盂（县）平（定）、寿阳、榆次、阳曲、忻县、定襄、崞县、代县，共 9 县。

雁北：属二专属，辖灵邱、广灵、浑源、应（县）山（阴）、繁峙，共 5 县。

冀西：包括三、四、五专属。三专属辖满城、徐水、定兴、易县、龙华、涞源，共 6 县；四专属辖阜平、曲阳、唐县、完县、望都、定北，共 6 县；五专属辖平山、灵寿、行唐、正定、建屏、井陉、平定，共 7 县。

平西：属六专属，中共第十一地委。辖昌（平）宛（平）、房（山）涞（水）涿（县）、涞水、宣（化）涿（鹿）怀（来）、蔚县，共 5 县。

冀中：包括七、八、九、十专属。七专属辖藁城、藁（城）正（定）获（鹿）、赵（县）藁（城）栾（城）、晋县、束（鹿）北、深（县）南、束（鹿）冀（县）、宁晋，共 8 县；八专属辖新乐、藁（城）无（极）、深（泽）（无）极、晋（县）北、深（县）北、安平、安国、定县，共 8 县；九专属辖饶阳、武强、交河、献（县）交（河）、献县、建国、河间、任（丘）河（间）、青县、大城、文（安）新（镇），共 11 县；十专属辖任丘、肃宁、博野、蠡县、高阳、清苑、之光[①]、

① 为纪念冀中区党组织领导人、抗日烈士李之光和便于抗日，1941 年中共将清苑县以张保公路为界划为两县，路东称之光县，路西仍称清苑县。1944 年，两县再次合并，初称之光县，次年改称清苑县。

安（新）新（安），共8县。

大清河北：包括十一、十二专属。十一专属辖雄县、新城、固安、霸县、永清、安次、新镇、静海，共8县；十二专属原拟划出七专属的束鹿、晋县一带建立，但事后未建立。

冀东：属十三专属，辖平（谷）兴（隆）密（云）、蓟（县）宝（坻）三（河）、遵（化）玉（田）丰（润）、迁（安）遵（化）兴（隆）、遵化、丰（润）滦（县）迁（安）、丰（润）玉（田）宁（河），共7县。

平北：属十四专属，辖昌（平）延（庆）、龙（关）延（庆）怀（来）、龙（关）赤（城）、丰（宁）滦（平）密（云），共4县。

下图2-3所示边区区域是在“百团大战”后，日军开始报复性“扫荡”“蚕食”前边区最大区域，此时边区人口已达1200万左右。

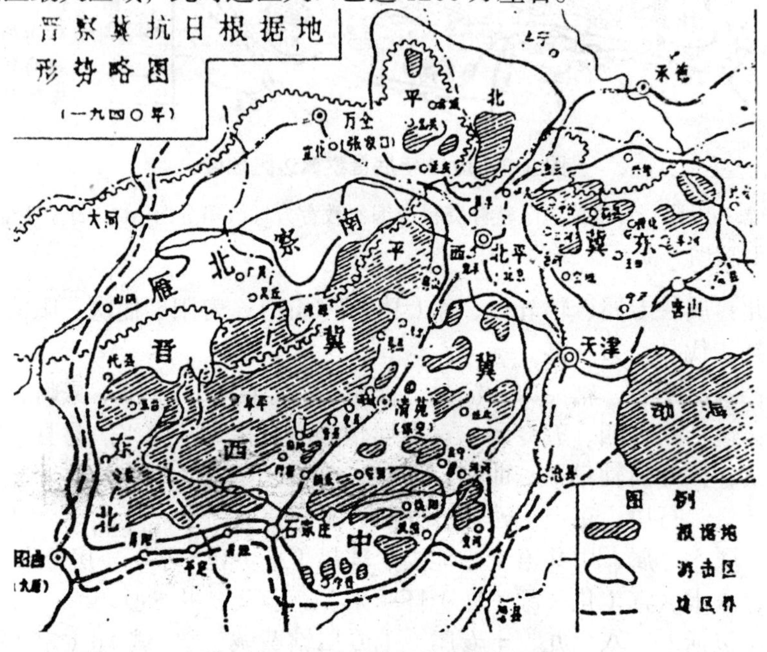

图2-3　1940年底晋察冀边区地域

资料来源：王谦主编：《晋察冀边区教育资料选编（教育方针政策分册）》，石家庄：河北教育出版社，1990年，“附图”。

1941年，国际、国内形势发生了巨大变化。德意法西斯将战火烧遍欧洲，日本也于年底发动太平洋战争。日本为将中国变为其进行太平洋战争的基地，改变了侵华方针。一方面日本加紧对国民党诱降，同时集中兵力围攻中共领导的敌后抗日根据地。“百团大战”后，日军指出“对华北应有再认识”，从华中等地抽调兵力，将过去对晋察冀边区“扫荡”的“治安肃正”改为“治安强化运动”，进行集政治、经济、军事、文化为一体的“总力战”。国民党在也趁机掀起了反共高潮，不断在边区制造反共摩擦，边区遇到了前所未有的困难。

冀中在日军“蚕食”和“大扫荡”下，到1942年4月时，根据地大大缩小，面积和人口减少了 2/3，冀中八路军主力被迫撤出冀中，根据地变为游击根据地。北岳、平西基本区也减少 60%以上。

1941 年，日军加强了对冀东的“扫荡”，采取“集家并村”、制造“无人区”、增设据点炮楼、挖沟筑路、再建大乡、健全保甲制等野蛮手段和政策剿共，日伪还日夜包围．冀东各地村庄，普遍进行“清乡”。同时，日军还以少量兵力配合伪军不分昼夜出击，发现目标即以主力追踪，使抗日军民在平原地带难以立足，迫使抗日主力部队和地方武装均转移到山地。日军还经常搜素山地，冀东进入了抗战极为艰苦阶段。①到1941年春时，冀东方才形成大块的游击根据地。1942 年 2 月，为适应冀东斗争的需要，冀热察区党委撤销，冀东党分委改称冀东地委，由中共中央（晋察冀）北方分局直接领导，在军民努力下冀中又建立了五个联合县政权，从而形成 10 个联合县、人口近200 万的根据地。

1943 年秋冬，敌伪“大扫荡”被粉碎后，边区军民开始局部反攻。北岳区恢复到 1940 年时的局面，下辖 47 县（含 4 个联合县）。平北和冀东根据地迅速扩大。1943 年 7 月，冀东地委改为冀热边特委，冀东专署改建为冀热边行署，下辖 5 个专署、20 个县级政权。到 1943 年底时，边区有 1 个行署（冀热边）、16 个专署（北岳区 6 个，冀中 5 个，冀热边 5 个）、1 个办事处（平北），共 112 个县（含联合县、县佐），人口 1800 万。

1944 年 9 月，边区行政委员会决定在边区设 4 个行署。冀晋区行署辖二、三、四、五专署（二专署在晋东北，三专署在雁北，四、五专署在冀西）；冀察区行署辖一、十一、十二、十三专署（一专署在冀西，十一专属在平西，十二专署在平北，十三专署在察南）；冀中区行署辖六、七、八、九、十共 5 个专署(原七、八、九、十、十一专属该设）；冀热辽区行署，辖十四、十五、十六、十七、十八专署（由冀热边行署之一、二、三、四、五专署改设）。同时，中共晋察冀分局下设冀晋、冀察、冀中、冀热辽 4 个区党委。

到抗战胜利前，晋察冀边区共辖 124 个县、4 个市，其中冀晋区 26 个县、1 个市，冀察区 29 个县，冀中区 44 个县、3 个市，冀热辽区 25 个县，如图 2-4 所示。

① 中共中央北方分局冀热边考察团考察报告[R]//晋察冀人民抗日斗争史编委会冀热辽分会编辑室．冀热辽报告：内部资料 1983：13-14.

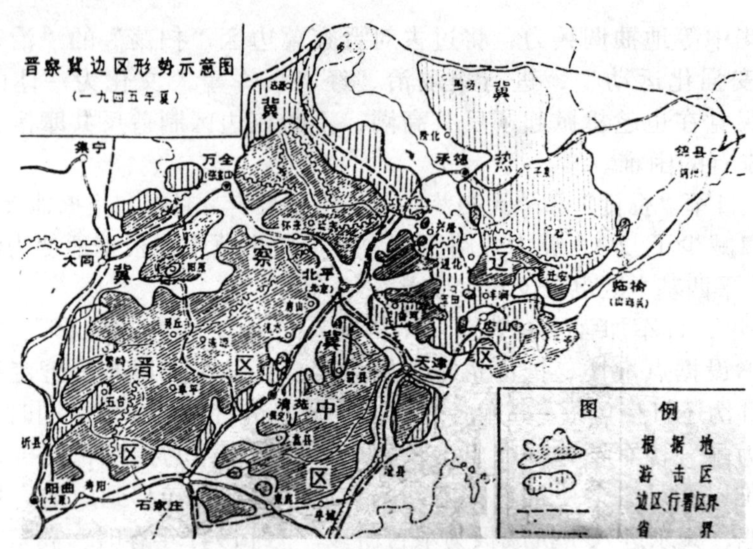

图 2-4　1945 年夏晋察冀边区区域图

资料来源：王谦.晋察冀边区教育资料选编：教育方针政策分册[M]. 石家庄：河北教育出版社 1990：附图.

第二节　党组织的大发展

1937 年 7 月，“卢沟桥”事变后，日军按照其“速战速决”的作战计划，在华北沿着各铁路线迅速南下、西进，华北铁路沿线的主要城市及交通要道附近城镇被日军占领，国民党以往的行政组织及其武装部队迅速瓦解。华北地方“县政府和保安队、民团、警察等，或被摧毁，或逃跑投降。然而日本新的统治，汉奸政权——治安维持委员会尚未稳定。广大农村中，日军和汉奸势力尚无法顾及。”①这样的形势为长期处于白色恐怖下的晋察冀中共乡村党组织的重建和发展提供了契机。

一、党组织的发展与重建

晋察冀党组织的大发展是在抗战初期。抗战爆发时，晋察冀边区乡村党组织仍处于混乱和散漫状态，基础很薄弱。正如上文所述，尽管远在抗战五六年甚至 10 余年前，在边区的冀西各县曾先后有过党的组织，但比较薄弱，在察南以及晋东北抗战前的中共党组织力量也很微弱。虽然冀西党组织在 20 世纪 30 年代发动过完县五

① 关于战区抗日政权组织与地方工作的建议[B]. 石家庄：石档（卷宗 1-1-14-1）.

里岗起义、阜平苏维埃斗争、行唐团山、灵寿慈峪和 1934 年平山起义，但都先后失败，各县党组织在起义失败后，大部地方党员与上级失去联系。[①]因此，抗战初期平汉路以西地区与上级有联系的党组织只有平山、定襄、五台、东冶、完县、易县、涞源、定县等地；阜平、灵寿、行唐等县只有部分党员仍坚持活动。虽然冀中有党、团员 800 余人，党员数量最多的平山县有党员 400 余人，但有确切组织关系、切实坚持工作的只有几十人。[②]冀东地区如“迁遵兴（旧遵化县）四区 1927 年即有了党组织，到抗战前继续发展到 5 个支部。又该县一区尚有抗战的 6 个老党员。迁青平县的一、二区，现有五六个村支部，有一些老党员（这些是分散的，没有支部的组织）。抗战前，这些地方的党员虽少，但一般的在质量上是好的”。[③]这些党组织“以前的基础与斗争的锻炼是与今天工作的开展有着密切的联系”。

在抗战初期，面对在日军打击下出现的华北地方权利真空，抓住时机，迅速创立地方抗日武装，建立新的或改造旧的地方政府使之适应抗战需要，以动员一切力量进行抗战，成为亟需解决的问题。而解决上述问题的中心一环，就是在日军占据市镇的形势下去大力发展乡村党组织，并以乡村党组织为核心实现乡村抗战力量的整合，动员一切人力、物力、财力进行战争。为加强晋察冀地区党的建设与领导，1937 年 9 月中共北方局决定由李葆华、王平、刘秀峰组建晋察冀省委[④]，要求各地党组织“无论在已失或未失的地区，都要在一切工作中大大发展党的组织，成立各地方党部，吸收在抗日斗争中的积极工农分子及经过锻炼的知识分子入党，并在各县成立党的工作委员会，负责建立全县各乡村党的支部”。[⑤]在夺取平型关战斗胜利后，八路军聂荣臻部到达晋西北五台地区，毛泽东指示要全力布置以五台山脉为中心的恒山、五台、管岑三大山脉的游击战争，指出山西地方党在着重发展党组织同时，“应立即开始普遍的组织地方支部及群众组织”。[⑥]9 月 25 日，毛泽东在给周恩来及华北党的领导人的电报中强调：

---

① 赵振声.抗战两年中边区党的发展与巩固.河北省社会科学院历史研究所,河北省档案馆,等.晋察冀抗日根据地史料选编（上）[M].石家庄:河北人民出版社,1983:136.

② 谢忠厚,肖银成.晋察冀抗日根据地史[M].北京:改革出版社,1992:69.

③ 中共中央北方分局冀热边考察团考察报告[R]//晋察冀人民抗日斗争史编委会冀热辽分会编辑室．冀热辽报告[R].内部发行.1983:28.

④ 1938 年 10 月改称中共晋察冀边区党委。1939 年 1 月，中共中央北方分局（简称北方分局）成立后，中共晋察冀边区党委改为中共晋察冀区党委，并与冀中和冀热察两个区党委隶属北方分局领导。1941 年 1 月中共晋察冀区党委改称中共北岳区党委，仍属晋察冀分局领导。1943 年 8 月后，中共中央北方分局改称中共中央晋察冀分局，1945 年 8 月中共中央决定撤销中共中央晋察冀分局，成立中共晋察冀中央局，其所属各区党委不变。

⑤ 关于战区抗日政权组织与地方工作的建议[B]．石家庄：石档（卷宗 1-1-14-1）．

⑥ 毛泽东对恒山、五台等地工作布置的指示（1937 年 9 月 24 日）[M]//河北省社会科学院历史研究所，河北省档案馆，等．晋察冀抗日根据地史料选编（上）．石家庄：河北人民出版社，1983：46．

“华北正规战失败我们不负责任，但游击战争如失败，我们须负严重的责任”，他命令华北党组织注全力于游击战争，借着红军（八路军）抗战声威，发动全华北党组织动员群众，普遍建立游击队，坚持广泛有力的游击战争。为此，红军（八路军）应给予一切可能的助力。①为推动晋察冀建党工作，1937 年 10 月 27 日，周恩来、刘少奇电令晋察冀省委和八路军各部，“八路军的政治工作人员，要切实建立各地方党部，各地方党部工作人员与八路军在游击区活动时，以共产党面目在群众中出现，不要使群众只看见八路军不见党”。共产党员要完全按照党的主张领导、发动群众，在可能时，要有公开代表在群众中活动，表明党的态度，宣传党的主张，号召群众起来斗争。②到 1938 年 6 月初，晋察冀边区（平汉路以西）党员发展到 10 460 人③，其中 90%以上是抗战爆发后新发展的。④正如晋察冀党的领导人之一杨尚昆所言：“党员数目是以十万计算了，党员比华北八路军要多了。如本区在开展工作前不到数十人，纵然在发展中有些错误，但现在党已是群众性的党了。有些地方也有若干建树了，党在华北各地已起了领导作用。以北局（中共北方局）领导下的数目说，即已超过了中国[共]党有史以来的数目。据此，无论扩大在军队、游击队，在建设根据地，在政权工作，在群众工作上都有它的成就。这一些都是由于八路军同志的帮助和地方党过去留下的骨干的努力”。⑤这样，经过部队党与地方党的共同努力，晋察冀地区党的基础重新恢复与建立了起来，⑥这为中共在晋察冀实施战略展开提供了重要条件。

抗战初期，在八路军地方工作队和地方党组织的共同努力下，一方面在斗争中培养、吸收积极分子入党，在没有党组织的“白点”地区着手建立组织；另一方面积极恢复战前失掉联系的党组织及党员关系，从而使晋察冀地区逐步形成了晋察冀省委—特委—县委—区委—支部较完善的组织系统，党员数量剧增。到 1938 年 5 月时，边区党员已达 1 万余人。以冀晋四分区为例，“卢沟桥事变”前有党员 860 人，1937 年底党员发展至 2119 人，到 1938 年达 5947 人。在短短 1

---

① 毛泽东关于整个华北工作应以游击战争为唯一方向的指示（1937 年 9 月 25 日）[M]//河北省社会科学院历史研究所,河北省档案馆,等.晋察冀抗日根据地史料选编（上）.石家庄:河北人出版社,1983:47.

② 周恩来、胡服电示(1937 年 11 月 7 日)[B]．石家庄：石档（卷宗 1-1-14-2）．亦可参见:河北省社会科学院历史研究所,河北省档案馆,等.晋察冀抗日根据地史料选编（上）[M]//石家庄:河北人民出版社,1983:51-52．

③ 阜平县 6 区和 5 分区数字缺。

④ 谢忠厚,肖银成.晋察冀抗日根据地史[M].北京:改革出版社,1992:70.

⑤ 杨尚昆.目前的政治形势与统一战线中的策略问题（1940 年 4 月 16 日）在黎城会议上的报告（中共中央北方局）[R]//抗战以来选集（第二集）上册石家庄：石档（卷宗 1-1-15-2）．

⑥ 赵振声.抗战两年中边区党的发展与巩固．河北省社会科学院历史研究所,河北省档案馆,等.晋察冀抗日根据地史料选编（上）[M].石家庄:河北人民出版社,1983:136-137.

年多的时间，冀晋区党员数量就增长了近7倍，见表2-1。

表2-1 抗战初期晋察冀边区冀晋四分区党员入党统计表

属地 年份	平山	灵寿	行唐	井陉	正定	建屏	平定	地委直属	合计
事变前	416	249	124	29	4	26	4	8	860
1937	956	373	600	35	24	11	67	60	2119 *
1938	2882	1214	1304	197	79	58	158	47	5947 *

资料来源：冀晋四地委.冀晋第四分区党组织统计表[B].石家庄:河北档(卷宗117-1-38-5)改制.

表中带*号的数据计算有误：2119名实为2126名；5947名实为5939名。另一份统计显示：抗战前入党的为876人；1937年入党 2067人；1938年入党5106人。这一误差可能与团、工系统机关党员未统计在内和计算错误有关。尽管如此，这也显示了抗战初期党员人数的迅速增加。

随着党员人数的大发展，基层组织机构也得到重建和发展，根据地内“各地方都普遍建立了党的组织”，“在各群众团体和政权机关中，也都建立了党的领导，团结了很大数量的群众在我周围，一般群众知道了共产党是什么，党的政治影响扩大了、提高了”。[①]冀晋区中心县阜平县，1934年4月由于叛徒出卖，多名县特别支部党员被捕，党的活动陷于停滞。1937年前，全县党员257人。直到1937年9月，八路军一一五师政治部和晋察冀临时省委来到，党组织才恢复和发展，“一批地下党员才与党组织接上关系，并从优秀的工农群众和知识分子中新吸收了一些同志入党。到1937年底，该县党员迅速发展到1480人，一部分乡村逐步恢复和建立了支部，各区先后组成6个区委，在此基础上1938年2月建立县委”。1938年上半年，该县基本完成了组织恢复工作，还发展了一大批党员。1938年年底，全县党员猛增至4144人，各区乡普遍建立了党支部，并健全了各区区委。[②]行唐县于1932年建党后，曾于1933年发动团山(村)暴动，失败后党组织遭到破坏。1937年秋季，中共地方党员马清早等组织行唐县动员委员会，开始领导当地抗日斗争，发展党员，到1939年时党员发展到3289名。“卢沟桥事变”后，中共冀南一分区特委李立等在藁城县开展工作，在县、村成立战争战

① 黄敬.地方党五个月工作总结与今后工作方针（1938年4月）[M]//河北省社会科学院历史研究所,河北省档案馆,等.晋察冀抗日根据地史料选编（上）.石家庄:河北人民出版社，1983:124-125.

② 中共阜平县委组织史征编办公室.中国共产党河北省阜平县组织史资料（上报本）[M].油印本,1986:3-4.

地总动员委员会，群众组织进行抗日斗争。由于此地国民党和大刀会等势力较大，中共建立的政权和组织并不稳固，直到八路军正规部队到达后才彻底摧毁这些势力。1938 年秋，归冀中区领导，党员发展到 600 多名，到 1939 年时全县新党员已达 2 万人左右。①，1937 年八路军独立支队特派员李立到正定县城与原县委联系，恢复了正定地方支部，当时有联系的党员 20 多名。1938 年成立正（定）新（乐）联合县，并建立了农、工、青、妇、文五大群众团体，在斗争中吸纳新党员，党组织扩大，正定每区就有党员 100 多名。②

总之，经过抗日战争以来 20 个月的艰苦斗争，到 1939 年时，晋察冀边区的基层党组织发展已相当普遍，但地区分布不平衡。其中，河北阜平、平山两县组织较为完善，完县、唐县发展形势较好，易（县）、满（城）、徐（水）等县也有较大发展。而晋东北党员数量仍较少，但在 15 县建立了县区村三级党组织。③平汉路，以西加上晋东北，党员约有 5 万人。冀中党员也发展到 3 万人，平西有 1000 人，冀东有 300 余人。④

经 1937 年和 1938 年上半年两个阶段的斗争，部队中党员数量也大有发展。在 1937 年下半年在部队开展党的工作时，党员数量只占 13%，由于只注意扩大部队，许多部队无党员或党员很少，党的组织机构、生活及党员教育和纪律很差。在 1937 年 12 月晋察冀党委组织会议后，经过党组织初步整顿，党的组织工作得到改进。1938 年 4 月，部队党员数量有了很大发展，党员人数占部队总人数的 28%以上，且党组织的会议制度、党员组织生活、党员和支部作用、党员纪律都有很大进步，使“党的工作打下了相当基础，保证了党（对军队）的领导”。经过两年的发展，到 1939 年 8 月时部队中的党员达 3 万人。⑤

在恢复和发展党的基层组织关键时刻，1938 年 3 月中央政治局召开会议，决议在分析中国抗日战争形势基础上认为：“我们党今天在数量上还远不能适应抗战事业的需要。因此，要求全党同志把发展党员看作日常工作中的一种最基本工作”。鉴于党员的社会成分中农民、雇农和手工业工人占多数，所以发展时应注重吸收“先进的工人和先进的知识分子入党”。同时，为适应抗战需要，要建立和健全地方党的独立工作能力，并高度重视党员质量，在加强党员教育工作的同

---

① 藁城县委办公室.藁城县抗日战争时期和解放战争时期历史沿革概述（初稿）[M].油印本,1958.

② 中共正定县委办公室.正定县党的斗争简史[M].油印本,1958:无页码.

③ 中共山西省委党史研究室.晋察冀革命根据地晋东北大事纪[M].太原:中共党史出版社,1991.

④ 晋察冀军区司令部.晋察冀边区概况报告（1939 年 8 月）[M]//张侠.晋察冀概况．内部资料,1982:22.

⑤ 舒同.几个月来部队工作的总结与今后工作方针（1938 年 4 月）[M]//河北省社会科学院历史研究所,河北省档案馆,等.晋察冀抗日根据地史料选编（上）[M].石家庄:河北人民出版社,1983:145-149.

时，“无情打击”那些投降和抱悲观失望情绪的“机会主义分子”“思想堕落和行为腐化分子”，直至将其驱逐出党；还要严防日寇汉奸及反动分子对党组织的破坏。①随着华北抗战形势日益严峻，中共中央认为，为了彻底战胜日本帝国主义，强大的党的组织是必要的。因此指出，在许多重要的地区，尚未有党的组织，或非常弱小，为担负起抗战任务，应“大量的十百倍的发展党员，成为党目前迫切与严重的任务”，并做出《关于大量发展党员的决议》。决议要求，要打破把注意力局限在恢复与审查旧关系和旧线索的狭窄圈子内的“关门主义”，并纠正工作中忽视党的发展的倾向，要大胆在工人、雇农、青年学生、知识分子等在抗战时出现的新的积极分子中发展党员，“特别注意在战区在前线上大量的吸收新党员，建立强大的党的组织”。在后方无党的组织的地区，“应有计划的与迅速的去重新建立与发展党的组织”。为适应大量发展党员的需要，决议还规定党员候补期缩短，简化入党手续。②1938 年 4 月 20 日，毛泽东等就巩固、扩大晋察冀根据地做出指示，要求根据地“在巩固的现有基础上去继续发展”，强调巩固党的组织和党内的团结与统一，提高铁的纪律，加强党内原则教育，提高党与主要干部在群众中的威信。③4 月 21 日，中央在就冀中等平原地区游击战的指示中要求发展党员、建立党的各级组织。④此后，晋察冀边区基层党组织进入了大发展阶段。到 1938 年 6 月时，晋察冀省委所属冀晋区党员由“七七事变”前的 1000 人发展到 10 460 人；⑤冀中省委党员发展到 1.2 万人，且多数县恢复了中共县委组织。到 1939 年时冀中党员发展到 9 万多名；⑥冀东地方党组织也有很大发展。

由于晋察冀根据地是在日军后方开辟的，没有后方作为依托，地方党组织发展中遇到的困难是后人难以想象的。在战争严酷的环境下，短期内大量吸纳党员、扩大党组织的动员能力，同时又要求保证党组织和党员质量是难度很大的工作，也是难以做到的。因此，出现乡村党员数量迅猛发展，但是质的提高不及量的发展；党组织“一般来说也不很健全，因此党的工作推动力也表现的比较薄弱”；“乡村党组织发展历史太短，过去基础薄弱，斗争经验不足，不了解党的新的策略路线，尤其是对党的统一战线了解不够，更不能以之运用于具体环境。因此就发生了许多缺点、错误。随着根据地发展，巩固党的组织、健全各级领导

① 陈绍禹（王明）.目前的抗战形势与如何继续抗战和争取抗战胜利（1938 年 3 月 11 日）[M]//中央档案馆.中共中央文件选集:第 11 册[M].北京:中共中央党校出版社,1991:459-461.

② 中央档案馆.中共中央文件选集:第 11 册[M].北京:中共中央党校出版社,1991:466-468.

③ 中央档案馆.中共中央文件选集:第 11 册[M].北京:中共中央党校出版社,1991:502-504.

④ 中央档案馆.中共中央文件选集:第 11 册[M].北京:中共中央党校出版社,1991:505-506.

⑤ 中共中央组织部,中共中央党史研究室,等.中国共产党组织史资料:第三卷（上）[M].北京:中共党史出版社,2000:442.

⑥ 同①488-489.

机关，尤其是乡村支部，成为中共乡村党组织的最主要任务之一”。[①]

二、新党员的吸纳

从党组织效能角度考察，一个政党要发挥其作用，关键在于高质量的党员和运行良好的基层组织系统。中共作为一个以列宁主义为建党原则的革命政党，在吸纳新党员时应严格遵循组织条件和程序，且中共中央也一直强调地方应严格执行党员入党条件和组织纪律。然而，在抗战初期，晋察冀处在严峻政治、经济、军事、社会形势下，地方党组织在发展党员时，并非想象中的理想状态，多数地区在对中央要求发展党员时应执行严格标准方面大打折扣。

根据晋察冀边区高级领导人及各地区、县的工作报告，我们可以看到乡村党组织发展党员时方式多种多样，这些方式在使乡村党组织迅速发展的同时，也使乡村党的工作出现了许多严重问题。

（一）以乡村传统的人际关系网络为基础，用情感式关系发展党员

人际交往及其关系是社会生活的一个重要方面，在各种社会中，社会成员在自身周围组成了人际关系网络。借助人际关系网络，人们延伸和拓展了自身的能力，诸如亲缘关系、地缘关系、业缘关系等网络。虽然近代以来这些关系有所松动、变化，但这些关系在农村仍占据主导地位。[②]晋察冀乡村党员为完成上级大量发展党员的要求，必然要利用这些传统关系网络，尤其是环境险恶的情况下，发展这些在日常交往中具有一定感情基础的“熟人”，可以提供一些安全保障。正如勒庞在分析人们政治行为时说的，“人们的政治认知受多种逻辑的支配，不但有理性逻辑，而且还有情感逻辑等”。在大变革时期，这些逻辑往往被抬得很高，实际情感逻辑是行为的真正动力。而情感又具有加速度，一旦在外力尤其是在精英的推动下，往往会难以控制。[③]所以，以情感为基础来发展党员，在初期确实能发挥很大的作用，然而随之而来的问题也是不可避免的。例如：建屏县五区神堂关村只有胡、梁两大姓，其他姓有两户。1937年，梁基安介绍了邻居和亲戚4个人入党，成立党小组。1938 年，又发展了 2 人入党，该村建立了党支部。在1939 年大量发展党员过程中，该村共发展党员 17 名。党员梁枢发展了其弟梁相；梁凤岐发展了其弟梁凤隆；胡明星发展了其妻崔改月和弟弟胡名清及弟媳白虎妮等。[④]建屏四区木口村，1937 年，区委范敏德介绍刘春增、刘春生、齐仇入党，建

① 黄敬.地方党五个月工作总结与今后工作方针（1938 年 4 月）.河北省社会科学院历史研究所,河北省档案馆,等.晋察冀抗日根据地史料选编（上）[M].石家庄:河北人民出版社,1983:128-139.

② 乔志强.中国近代社会史[M].北京:人民出版社,1992:331-360.

③ [法]古斯塔夫·勒庞.革命心理学[M].佟德志,刘训练,译.长春:吉林人民出版社,2004:17.

④ 建屏五区区委．建屏县五区神堂关支部调查材料：1947-4-20[B]．石家庄：河北平山县档案

立支部。1938 年，三人介绍自己的邻居 6 人入党，1939 年又在亲戚中发展 7 名党员。[①]从建屏全县看，抗战前有党员 307 名，除一、二区个别村有党的组织外，五、六、七区等都没有。在抗战爆发后到 1938 年，各区才都建立起党的组织。由于采取包括上述方式等发展党员，在抗战初的 3 年党员发展最快，1937 年发展 1047 名，1938 年发展 2275 名，1939 年发展 2250 名。此后，1940 至 1943 年发展缓慢，7 个区 4 年中共发展 2391 名，与 1939 年 1 年发展党员的数量相差不多，有的区一年只发展二三十个党员。[②]在平山县，“1934 年就有了党的组织，基础好的是八区。抗战（爆发）后，八路到来后组织有了很大发展，参加（共产党）的动机，有的是为了抗日，有的为了亲戚的面子……”[③]在发展方式上，基础好的地方，一个同志发展一个；没有基础的地方，组织突击队到那地区开辟组织，用公开征求入党方式吸收党员。这些方式的运用使建屏县党员在抗战初期迅速发展到战前的 9 倍以上。[④]冀东的迁遵兴、迁青平、平三密、蓟宝三等地，在发展党员时“是找我们常住的房东去进行介绍（那时不少的同志住在有钱人的家中，所以这样发展了些坏分子）”。[⑤]显然，人作为一切社会关系的总和，对党的认同只是一方面，除此之外，对家庭、朋友、邻里等的信赖和喜爱，成为党组织在险恶环境下发展党员较容易选择的方式。建屏县二区某村，19 个党员（女 3 名），赵国维在家介绍其弟入党，同年发展了 12 名，以后又发展 5 名。该村党员赵姓有 17 名，完全是关系近的“当家子”，以后才有王姓 2 名，支部完全由赵姓把持，支部成了“赵家集团”，几个老党员成了聋子，耳朵不起作用。[⑥]显然，以这样的社会网络发展党员冒着极大的风险，往往出现“介绍人离开阶级立场、党的组织原则，介绍自己的朋友，或自己认识的人”，导致“老头只发展老头，理由是青年嘴上无毛，办事不牢；青年就只发展青年，看不起老头。甚至有的把发展党员认为是收徒弟，谁收的多谁就有势力，谁就可以一切做主，形成家长式领导”，“一个人入党即代表全家人报名者是常见之事”。[⑦]可见，在短期内完成大量发展党员任务时，在感情与发展党员的标准之间取得平衡有时是难以把握的。

馆（卷宗 1-1-10）.

① 建屏五区区委.建屏四区木口村支部工作调查[B]. 石家庄：河北平山县档案馆（卷宗 1-1-14）.

② 建屏县委.1946 年组织工作总结：1946-12-18[B]. 石家庄：河北平山县档案馆（卷宗 1-1-8）.

③ 平山县委.平山县组织工作考察报告：1944-4[B]. 石家庄：河北平山县档案馆（卷宗 1-1-4-1-1）.

④ 平山县温塘镇组织工作工作调查报告[B]. 石家庄：河北平山县档案馆（卷宗 1-1-4-2）.

⑤ 中共中央北方分局冀热边考察团考察报告[R]//晋察冀人民抗日斗争史编委会冀热辽分会编辑室.冀热辽报告.内部资料,1983:31-32.

⑥ 平山县委.整理农村支部的典型报告[B].石家庄：河北档（卷宗 520-1-649-2）.

⑦ 林铁.论边区党的建设问题——献给伟大的中共 19 周年纪念.石家庄：石档（卷宗 1-1-17-3）. 也可见:战线 • 纪念特刊，1940.

（二）利用乡村活动、培训班等教育机构集体记名，或在其中选择积极分子发展入党

抗战初期，为迅速在八路军到达的地区建立党组织的基础，地方党组织采取了大刀阔斧、大规模发展党员的方针，许多党的工作干部，跟随八路军及地方游击队在所到之处，就迅速开展建党工作，或恢复抗战前党的关系，使乡村党组织发展迅猛。在此过程中，上级一般都给下级组织规定了具体发展党员的指标，为能在短期内完成上级交给的大量发展党员的任务，地方党组织在发展党员过程中往往利用乡村集市等聚会场所进行宣传，或进行战争动员时“把群众中最活动积极与群众有密切联系、群众所真正信赖的分子，召集起来，大批大批的开训练班，在里边大量的、个别的发展党员。把党员个别加以初步训练，再派回原地区工作并发展党”。[①]1938 年，冀热察党委为大量培养和发展党员干部，迅速打开局面，区党委首先举办党校短训班，时间为 1 至 3 个月，以后平西地委及县委也都举办了定期或不定期的训练班。在培训时，从非党新干部中发现积极分子，指定专人培养，回到原单位进一步考察后发展为党员。采用这种办法，3 个月的时间党员就发展到 500 人左右。[②]在大量发展党员的过程中，为完成上级交给的任务，“××县一个党员一夜之间发展 50 个新党员；一个党的工作人员一天发展 10 个 20 个是常事；×区委一天发展 3 个党员还受严重批评，认为太慢了”；[③]“孟县两个月的时间，创造建立了 1200 人的新组织。平山小管区，一礼拜之内发展到 500 余新同志”。[④]在这样的形势下，基层党的组织为了迅速完成任务，基础党员“有三分钟发展 5 个党员的，有骑着驴子‘跑’党员的，有的打锣号召入党的，什么奇形怪状都有”。[⑤]

（三）利用群众组织、集会等号召、选拔积极分子入党员

在抗战初期，在上级要求大量发展党员的形势下，基层党员干部为迅速完成上级发展党员的任务，往往降低党员入党条件，利用乡村各种组织和集会的时机，进行宣传、鼓动，成批、扎堆的发展党员。如“××县××村 50 个人一次入党”[⑥]；行唐县还出现在街上摆着桌子写名册的事情。[①]在平西根据地，“一般的

① 彭真.关于晋察冀边区党的工作和具体政策报告[M].北京:中共中央党校出版社,1981:140.

② 马辉之.回忆冀热察抗日根据地建立的前后[J]//河北省社会科学院历史研究所,《河北学刊》编辑部.晋察冀抗日根据地史料专辑.内部资料,石家庄:河北学刊杂志社,1985:125.

③ 论边区党的建设问题——献给伟大的中共 19 周年纪念[B]．石家庄：石档（卷宗 1-1-17-3）．也可见：战线・纪念特刊，1940．

④ 抗战一周年四分区党的工作报告与总结[M]//中共河北省委党史研究室．北岳抗日根据地（上）．北京：中共党史出版社，1999：115．

⑤ 杨尚昆．根据地建设中的几个问题（1940 年 10 月 3 日在北方局高干会上的报告）[B]．石家庄：石档（卷宗 1-1-15-2）．

⑥ 论边区党的建设问题——献给伟大的中共 19 周年纪念[B]．石家庄：石档(卷宗 1-1-17-3)。

填表即算加入。入党条件很低，大部分是以拥护八路军与积极抗日为条件”。[②]冀东地区则是把报国会、民族光复会[③]等成员集体转为党员，并将之改为支部。[④]由于降低了党员入党标准，又没有严格的入党程序，而是只要抗日或拥护八路军即可入党，这样导致许多人“入了党还不知道自己是党员；或知是党员，不知是什么党的也有”。[⑤]还有“某一处，全村农民因参加过暴动，即被该地党部认为全数都是党员而予以组织关系”。[⑥]

（四）用胁迫、欺骗、利诱等手段或挨户记名登记方式使人们入党

在大量发展党员的过程中，许多支部及党员降低入党条件，在组织上不说是入党，而是说加入抗日团体或是八路军同情会、穷人党等，这样使入党者不知是入了党，而认为是入了牺盟会或者农会。甚至出现在发展过程中，不严格遵守入党手续，审查批准不认真，大量拉夫入党，有些不经批准就过起了组织生活。[⑦]还有的以户为单位进行记名入党。在平山八区×村，“全村 30 户，每户登记一名党员，老头子当负责人，会也不开，工作也不能推行，党组织改造时考察干部、淘汰投机富农分子及为了少交公粮入党的落后分子后，该村合格党员仅剩 3 人”。[⑧]冀东“在初期（发展党员）各县一般的都很简单，绝大多数只经过一次谈话，如对方同意参加，便可介绍入党。在谈话内容上，一般只提到抗战，不当亡国奴，提高有秘密组织，你们是否愿意参加。有的谈话说：参加了党将来会有好处，有地位。甚至在介绍党员时谈，参加了党，犯了错误不活埋”。[⑨]

抗战初期，尽管中共在晋察冀大量发展党员过程中存在许多问题，但是这与当时的战争形势有关。日军为了迅速灭亡中国，集中兵力打击国民党，沿着铁路、公

也可见：战线·纪念特刊，1940.

① 彭真．关于晋察冀边区党的工作和具体政策报告[M]．北京：中共中央党校出版社，1981：142.

② 中共张家口地委党史办公室．张家口地区党史资料选编：第二集．油印本，1951年.

③ 中共在冀东地区建立的乡村抗日组织。

④ 中共中央北方分局冀热边考察团考察报告[R]//晋察冀人民抗日斗争史编委会冀热辽分会编辑室．冀热辽报告．内部资料，1983：33.

⑤ 彭真．关于晋察冀边区党的工作和具体政策报告[M]．北京：中共中央党校，1981：142-143.

⑥《晋察冀抗日根据地》史料丛书编审委员会，中央档案馆．晋察冀抗日根据地：第一册[M]．北京：中共党史资料出版社，1989：137.

⑦ 论边区党的建设问题——献给伟大的中共 19 周年纪念[B]．石家庄：石档（卷宗1-1-17-3）．也可见：战线·纪念特刊，1940.

⑧ 平山县委．平山县组织工作考察报告：1944-4[B]．石家庄：河北平山县档案馆（卷宗1-1-4-1-1）．

⑨ 中共中央北方分局冀热边考察团考察报告[R]//晋察冀人民抗日斗争史编委会冀热辽分会编辑室．冀热辽报告．内部资料．1983：33-34.

路迅速南下，在华北地区日军只占据交通线和重要的城镇等点和线，而在敌占各重要点线之间空隙很大。在这些地区，国民党政权已瓦解，多数地区出现地方权力真空，这为开展游击战争提供了客观上的有利条件。这样的有利条件稍纵即逝，如果不能迅速组织群众并开创抗日根据地，有利机会会迅速滑过。因此，“革命形势和摆在党的面前的紧迫任务，不允许我们象〔像〕白色恐怖下作秘密工作那样，慢慢的〔地〕一点一滴的〔地〕去开辟，必须在短期间，雷厉风行，大刀阔斧地把武装及根据地各方面的工作开辟起来，打开一个局面”。若在需要大量党员进行乡村动员时，对入党实行“关门主义”，畏首畏尾、顾忌多端，“那样广大的地区，那样多的群众，以自己如此少的干部和党员，如何能迅速打开局面？”当然也“即不会有巩固的根据地”。①在党组织大发展过程中，的确存在着上述严重问题，尤其是没有严格的入党条件，这使得一定数量的“敌探奸细、阶级异己分子、投机分子和落后分子”②被拉入党内，这与中共追求严密组织和铁的纪律的要求不相符。随着形势的发展，加强党内组织建设、整顿和巩固组织也就成了亟需解决的问题。

第三节　党组织的巩固与发展

抗战时期，中共晋察冀乡村党组织的发展经历了五个阶段。1937 年 9 月到 1938 年 4 月召开的晋察冀边区第一次党代表大会，是边区党大量与迅速发展时期；1938 年 4 月到 1939 年 1 月召开的中共北方分局党代表大会是边区党组织由发展走上巩固并开始建立党的各种制度的时期；1939 年 1 月到 1939 年 10 月召开的晋察冀分局青山会议是边区党组织继续巩固与健全各种制度的时期；1939 年 10 月到 1942 年“整风运动”前是边区党组织全面巩固时期；1942 年“整风运动”到1945年8月抗战胜利是边区党组织恢复与新发展时期。晋察冀边区中共乡村党组织在经历了五个阶段发展后，使“边区党在某种程度上说，他〔它〕已是边区群众性的、布尔什维克化的党了，他〔它〕是党中央领导下的大的、强有力的地方党之一，他〔它〕还在继续努力争取成为党中央领导下巩固的模范党部。

① 彭真．关于晋察冀边区党的工作和具体政策报告[M]．北京：中共中央党校，1981：133-143．

② 边区党组织将其定义为：（1）敌探奸细——被敌人利用在我内部活动者敌之特务份子及国民党混入组织者；（2）阶级异己分子——替资产阶级效力，给他们谋利益，损害无产阶级利益，地主富农混入党内者；（3）落后分子——贪生怕死、自动脱党者，脱离群众者，不够条件挂名党员，死不进步不起作用者；（4）投机分子——仗党欺人者，仗党庇护自己利益者，被敌（各种敌人）威胁叛党者，动摇逃跑叛变者，贪小利取巧者，贪污腐化堕落者。见：易春玲．在四地委组织工作会议上的报告：1941．7-1942．3[B]．石家庄：河北档（卷宗 81-1-1-1）．

因此在他〔它〕的发展与巩固的过程中是有其极宝贵和丰富的经验的”。[①]

1937 年 9 月底，八路军进入晋察冀地区，利用当时国民党军队南撤、日军立足未稳的有利条件，采取“大刀阔斧的，大规模发展党的方针。由部队党和地方党共同努力，派出党的工作干部，随八路军及地方游击队到所到之处，迅速开展了党的组织及恢复党的关系（抗战前与上级失掉关系的）。在很快的期间内，打下了党的广泛基础，获得了党的发展的伟大成绩”。党员人数从不足 3000 人迅速发展到 17 万人，“使边区很迅速长成了群众性的强有力的大的地方党部”。在大量发展党员过程中，地方党员干部并没有坚持《中央关于大量发展党员的决议》中对党员候补期、党员资格及手续等要求，许多地方只追求数量而忽略了党员的质量，导致在党员发展中发生“好些缺点和错误”。例如，由于当时八路军占优势，党已实际控制了一些基层政权，这使一些投机分子混入党内，想达到升官发财的目的；有些干部党员发展党员时降低条件，只把是否拥护八路、是否抗日作为入党标准；有的党部对入党人员审查批准不认真、不负责任，支部和区委个人随意批准党员入党；有的因私废公，没有阶级立场和组织原则，只介绍自己的亲朋好友等入党，导致产生了“家庭党”“朋友党”。有的与此相反，采取关门主义，还有地下党的作风，不大量发展党员，总是“抱残守缺”的“看堆”“守库房”，所领导的地区一个县还只有很少的几个党员，迄今什么任务都不能按期完成。[②]

从工作角度来看，党员数量的大量增加在某种程度上确实有利于工作的开展。然而，数量庞大的党员队伍能否发挥其核心和模范作用，与党员质量高低密切相关。一味追求数量，大量发展缺乏阶级觉悟和革命精神的党员，而忽视党员队伍的纯洁，也必然使党失去在严酷环境下的生存能力。

晋察冀中共乡村党组织的迅猛发展，使中共领导的抗日根据地不断发展，严重威胁着日寇的前线供给和后方统治，正如日军所哀叹的：“皇军威力未曾达到的山西北部及连结太行山脉的山岳地带，乃共军巢穴，其影响至今及于华北全区。因此，必须彻底扫除，以绝后患”。[③]从 1938 年初“讨伐”山西五台开始，到武汉会战后日军改变侵华方针，日军以主要兵力进攻中共领导的敌后抗日根据地，华北最大的抗日根据地——晋察冀边区，遭到日军疯狂的“扫荡”。

在日军“扫荡”的同时，晋察冀中共的发展直接影响到国民党对中共政策的转变。阎锡山看到：“共产党已侵入山西全境……搞不清哪些地方的由共产党支配的。”他认为中共号召抗日，并非为爱国而抗日，乃是为中共而抗日，因而予

---

① 林铁．论边区党的建设问题——献给伟大的中共 19 周年纪念[B]．石家庄：石档（卷宗 1-1-17-3）．也可见：战线·纪念特刊，1940.

② 林铁．从组织上巩固党的几个问题：1943-8[B]．石家庄：河北档（卷宗 69-1-78-3）．

③ 日本防卫厅战史室．华北治安战[M]．天津市政协编译组，译．天津：天津人民出版社，1982：80.

以反对。[①]阎锡山还不断指使部下进攻八路军，制造与中共的摩擦。国民党中央在日军的诱降下，汪精卫集团公开投敌叛国，蒋介石集团也开始消极抗日，积极反共。在1938年12月，蒋介石要求中共并入国民党，并直接对周恩来、王明、博古等中共代表团成员表示，必须取消共产党，共产党不在国民党内发展不行，因为民众也是国民党的，如果共产党在民众中发展，冲突也不可避免。在这样的方针指导下，1939年1月22日召开的国民党五届五中全会上，国民党通过了“防共、限共、溶共、反共”的行动方针，指令各地国民党部队不断制造反共事端，坚持取消冀南甚至冀中行政公署，加紧限制八路军发展，使八路军与各地系统部队关系恶化。同时，“各方顽固分子特别是暗藏的日寇奸细，便乘机加紧对八路军的摩擦排挤与破坏，某些过去比较同情分子亦与我为防区及政权问题发生摩擦”。[②]

面对严峻的斗争形势，为克服晋察冀党组织发展过程中只重数量，忽视质量，使得“个别的投机分子、自首分子的混入，没能及时洗刷，新入党的党员没有给以应有的教育，党的某些组织制度未能建立，因此没有使党更加巩固”。[③]加上日军“用大力‘扫荡’八路军（华北15个师团）现又企图进攻陕北，作为促进国民党降日反共之步骤”的阴谋，整顿晋察冀边区各级党组织成为巩固、扩大边区和推动华北抗战的关键。

一、组织初步调整与巩固

1937年12月晋察冀军区政治工作会议就提起各地要注意纠正上述不良现象，但未引起各地党组织的重视。1938年2月晋察冀省委又提出一些初步办法，指示各地进行党组织的整顿，但效果并不明显。1938年3月，日军第一次围攻边区，突入边区首府阜平。在战争的严峻考验中，各地党组织中存在的问题大量暴露出来，各地党组织感到了巩固党组织的重要性。为解决党的建设等重大问题，1938年4月，在五台金刚库召开的边区第一次党代表大会（以下简称“四月会议”），提出了彻底纠正党在发展中的一切缺点和错误的方针，把巩固党、严密党作为组织工作的中心任务，从而标志着晋察冀边区党组织进入了由抗战初期的大发展转向党组织的巩固和健全制度时期。

晋察冀边区第一次党代表会议制定了整顿党组织的一系列措施，具体如下：

第一，健全党的领导机关及其领导网络，建立党内各种制度。边区党组织虽

---

① 同②94.

② 中央关于我党对国民党防共限共对策的指示（1939年1月23日）[M]//中央档案馆．中共中央文件选集：12．北京：中共中央党校出版社，1991：12.

③ 赵振声．抗战两年中边区党的发展与巩固（1939年6月20日）[M]//河北省社会科学院历史研究所，河北省档案馆，等．晋察冀抗日根据地史料选编（上）．石家庄：河北人民出版社，1983：136-137.

然在会前已开始建立各项制度，但很不完备。会议要求各级党组织建立报告制度、定期召开会议和检查工作制度、党员组织关系转移制度、吸纳党员和开除党员制度、党的经济制度，对党员恢复党籍与重新入党也做了相关规定。

第二，党员一律重新登记。忠实于党组织，并积极为党工作的确定为正式党员；对党组织认识差，而工作积极的工农党员，确定其为候补期，督促其提高进步；重新审查恢复关系的党员，把混入党内的投机分子、异己分子、奸细等清洗出去；审查方式坚持自上而下逐级审查，省委审查县委，特委审查区委，县委审查到主要支部，区委审查小组长，支部审查每名党员。对某些县、区负责人是叛徒和自首分子的情况，各级党组织适当重新配备干部。另外，各级党组织要配备精干的组织干部。

第三，为加强党员的马列主义教育，开办党内训练班，逐级对党员干部进行培训。为此，还规定了党员教育的基本教材。

“四月会议”后，边区各地党组织按照会议精神和要求进行了组织整顿，党组织的各种制度在其间也先后建立起来。在组织整顿过程中，一些来历不清、投机、叛变、自首分子被洗刷出党，党员队伍进一步纯洁，“边区党是进一步的〔地〕严密与巩固了”。[①]但个别地方在整顿党组织过程中又发生了不负责任和盲目洗刷的现象。例如，××县1800名党员中，洗刷后只剩506个，这引起区党委的重点关注，在重新审查后保留党员900人。有的县为了巩固党组织，停止发展党员和不敢发展党员。这些现象在一些党组织内部引起不安、恐慌和混乱等。还有的基层党组织对“四月会议”精神了解不够，仍然在发展党员时不慎重，私下解决恢复组织关系问题，使一些投机分子不断混进党内；在干部使用上，不慎重、不细心考察，在党的领导机关内还隐藏着个别投机分子和异己分子。例如，××县一个曾反对党、抗战开始后还杀过两名党员的人还在县委机关任秘书；××县一个大地主出身的党员担任县委书记，借党为自己谋利益。[②]显然，“四月会议”后，党的组织还不够巩固与严密。

二、组织的进一步调整

在边区党组织整理过程中，日军的不断围攻客观上是边区党组织巩固程度的“试金石”。正是在边区反围攻战争中，尽管各级党组织领导的游击队、政权、群众组织等发挥了巨大作用，粉碎了日军的围攻，但在斗争中也暴露出党的基层

---

① 林铁．论边区党的建设问题——献给伟大的中共十九周年纪念[J]//战线・中国共产党十九周年纪念特刊，1940．

② 林铁．论边区党的建设问题——献给伟大的中共十九周年纪念[J]//战线・中国共产党十九周年纪念特刊，1940．

组织存在更多问题。例如，抗战以来相对安定环境下滋生的太平观念及党组织在领导方式、组织形式和作风上对于战时环境的不适应，导致许多地方党组织垮台等。为解决此类问题，进一步巩固基层党组织，1938年6月晋察冀省委召开了组织工作会议，使边区党组织建设进入了第二阶段。

在此次组织会议上，中共晋察冀省委组织部长赵振声（李葆华）作了《组织工作报告》，全面总结了党组织巩固和发展的经验与教训。他在报告中指出，在健全党的领导上有了很大进步；在严密组织上，党员发展手续开始健全，但有些地方忽视了发展或发展速度迟滞，恢复党员数字巨大，但很少提到省委审查，虽然党员重新进行了登记，但上级不深入基层，有的不负责任地洗刷，如行唐县洗刷 1500 多人，导致区委和支部向省委控告县委，且党员无产阶级成分比例数太小，尤其是党组织在地区发展上极不平衡；在公开工作与秘密工作的运用方面有了较大改善，但个别县份仍有问题；反官僚主义、贪污腐化和自由主义及拉夫式发展党员倾向有了很大改进；党员教育及党群关系仍须进一步加强。因此，他提出在基础薄弱的地区应该发展一倍以上的党员，并加强党的无产阶级成分；进一步加强支部建设，来促进村区政权的民主建设；党员教育尤其是省委党校及特委、县委短期轮训班应进一步加强。[①]晋察冀省委书记彭真进行了会议总结发言，强调了基层党员干部的工作作风，对地方党组织工作计划中存在的知识分子干部脱离实际、空谈及落实中的自由主义进行了严厉批评，要求上下级严格分工，克服包办主义，建立集体领导体制，在工作中培养、训练有独立工作能力的干部。彭真还就敌占区党的工作、抗日工作与改善群众生活，尤其是群众动员、党员洗刷和大量吸纳个人、贫农入党，保证党员质量提出要求。为解决部分县党员发展不平衡问题，彭真要求完县、唐县在群众基础好、地位重要的地方扩大党的组织，在斗争中发展一倍到两倍的党员；山西也应大量发展党员，但要避免拉夫式地发展党员，应有计划地吸收工农和经过斗争锻炼的知识青年入党，坚持严格程序并及时对新党员进行教育。另外还要求各地精简机构，县委通常保持 3 至 5 人，大县党员多时，可增设秘书（不一定是委员）及委员人数；区委应不脱离生产，以便进行基层工作。另外，针对奸细给边区带来的危害，决定由自卫队负责，支部负责计划和领导，大力开展除奸工作。[②]

总之，边区党的“六月组织会议”，为党组织建设指明了方向，有力地推动了党组织的健康发展，为各地领导抗日各项斗争提供了坚强的组织保证。

---

① 李葆华．在中共晋察冀省委组织工作会议上的报告（1938 年 6 月）[R]//河北省社会科学院历史研究所，河北省档案馆，等．晋察冀抗日根据地史料选编（上）．石家庄：河北人民出版社，1983：167-171．

② 彭真．在晋察冀省委组织工作会议上的结论[R]//《晋察冀抗日根据地》编审委员会，中央档案馆．晋察冀抗日根据地：文献选编（上）．北京：中共党史资料出版社，1988：172-176．

1938 年秋季到来后，晋察冀边区抗日形势迅速恶化。日本华北驻屯军司令杉山元根据“中攻武汉、南取广州、北围五台”的作战方针，调集日军 5 万余人，分 25 路向边区腹地五台、阜平、涞源大举进攻，企图彻底摧毁晋察冀边区；11 月，日军又集中优势兵力，以鲸吞式围剿方式，开始对冀中根据地连续 5 次发起大规模围攻。在日军围攻边区的同时，蒋介石为削弱华北中共抗日力量，决定成立河北省政府，任命鹿仲麟、张荫梧等为委员，“冀察战区”鹿仲麟总司令兼任省政府主席。12 月，在蒋介石授意下，河北民军总指挥张荫梧配合日寇大举围攻冀中根据地，在安国县龙王庄活埋共产党员宋振恒等多人，制造了严重的国共摩擦事件。

为打破日伪的进攻，中共中央指示晋察冀边区在坚持抗战中进一步巩固与扩大边区，以便将来作为进攻日寇的最好前进阵地。按照中共中央的要求，边区党组织一方面领导军民进行对日伪的反围剿斗争，1938 年 7 月又领导了冀东抗日大起义，8 月时八路军第四纵队与冀东抗日联军在遵化县铁厂村胜利会师，为开辟冀热察根据地打下了初步基础。1938 年 11 月底，晋察冀军民经过几个月的艰苦战斗，粉碎了日军 25 路围攻。在这样的形势下，为加强晋察冀边区党的领导，1939 年 1 月中共中央对晋察冀边区党组织进行调整，撤销晋察冀省委，设立中共中央晋察冀分局（即中共中央北方分局，简称“北方分局”），彭真为书记。下设晋察冀边区党委（即以后的北岳区党委）、冀中区党委、冀热察区党委。党的领导机构的调整，使边区三大战略区之间的斗争得以紧密配合，为巩固和扩大边区发挥了巨大作用。

1939 年 1 月，边区党组织在平山县蛟潭庄的苍蝇沟村召开党代表会议，学习贯彻中共六届六中全会精神，宣布北方分局成立。会议针对在反日寇围攻中晋东北许多县、区党的工作瓦解的严重问题，总结了工作经验与教训。大会接受了彭真传达的中共中央六届六中全会决议，讨论了聂荣臻作的《十四个月抗战的经验与总结》报告。会议讨论了相持阶段到来后的国内外形势，党员同志们认识到了晋察冀边区在华北抗战中的核心地位及面临的复杂的党组织、军事、政治、经济、文化等问题，肯定了冀中、冀东游击战的成绩，指出了晋察冀边区今后环境的变化和党的任务，确定了党的“巩固中发展，发展中巩固，中心是巩固”方针。会议要求各地党的组织要普遍地更加巩固与深入，顽强克服党组织的不平衡现象，把党的组织改进得更加灵活，并能运用自如，进一步健全区村组织，尤其是健全和巩固支部，使支部真正成为群众的领导核心，成为坚持抗战的强固堡垒；使各级党组织在领导上更加适应战争环境的变化，无论在任何艰苦条件下必须保持上下级的密切联系；各地要认真建立起应有的秘密工作，公开工作和秘密工作的适当配合；确定在集体领导下如何适当分配力量和个人负责的分散工作，各级机关能到下级去具体帮助战争的领导；各级党组织和党员要在千变万化的战争中保持及时有效、雷厉风行的工作作风。[①]

日军围攻晋察冀边区基本区失败后，又调整部署将攻击重点指向冀中根据地，妄图迅速肃清平原地区的中共抗日力量，然后再肃清山地。1938 年 11 月到 1939 年 4 月，日军调集兵力对冀中平原根据地进行了 5 次残酷的分区扫荡。冀中军民在中共中央和冀中区党委领导下，经过 5 个多月艰苦的战斗粉碎了日军的企图，巩固了冀中抗日根据地，然而又面临与国民党日益严重的摩擦。冀中在抗日、反顽斗争中暴露出工作中“左”和“右”的错误倾向，且偏右多于偏左。为此北方分局要求冀中全党将战争中暴露出来的投机分子和隐藏在党内的异己分子清洗出去。在随后的党员鉴定和干部提拔中高度重视党员的斗争历史和政治坚定性；党的发展基本面向工农劳苦群众，但并不丝毫放松吸收革命的知识分子入党；在党内普遍与深入地开展了阶级教育，使党员了解“三民主义”、共产主义的一致性和矛盾性，认识抗日民族战争与阶级斗争的相互关系；纠正了党内的事务主义、政治空谈与手工业工作作风，更多地注意研究问题，把握策略路线与实际的灵活运用，各级领导进行科学分工、集体领导，严密工作计划和检查制度。[②]这些使冀中区加强了基层党组织的巩固工作，从而为反扫荡斗争提供了坚实的组织基础。

1939 年 9 月，在日伪秋季“扫荡”前夕，为总结过去工作的经验和教训，为即将到来的反扫荡斗争做准备，晋察冀边区召开了第二次党代表大会。大会对全国及边区的形势进行了分析，提出坚持统一战线、反对妥协投降的方针；及时总结了边区半年来巩固党组织的工作及党对政权的帮助、领导，并总结了边区群众运动、游击区工作的经验和教训，制定了“更广泛深入普遍的〔地〕动员、组织、武装广大的群众，使之积极参加抗战，同时，应该更加亲密边区的各个抗日党派、阶级的团结合作，以巩固扩大边区统一战线，支持政权，巩固群众基础，使边区更加巩固，成为更坚强的敌后的模范抗日根据地与统一战线的模范区。特别是巩固、壮大党，加强党内马列主义的教育，争取边区的党成为全党最强大模范的地方党部，以随时准备迎击和粉碎敌人的大举进攻，坚持抗战到最后胜利”的总任务。[③]

在晋察冀边区第二次党代表大会后，冀中根据地取得反“扫荡”斗争的阶段

① 聂荣臻．在中共中央北方分局党代表大会上的报告及结论[R]//河北省社会科学院历史研究所，河北省档案馆，等．晋察冀抗日根据地史料选编（上）．石家庄：河北人民出版社，1983：223-243，244-254．

② 中共中央北方分局对冀中工作的指示信（1939 年 8 月 11 日）[M]//《晋察冀抗日根据地》编审委员会，中央档案馆．晋察冀抗日根据地：文献选编（上）．北京：中共党史资料出版社，1988：269-273．

③ 进文．中共晋察冀边区第二次代表大会的成功与其意义[M]//河北省社会科学院历史研究所，河北省档案馆，等．晋察冀抗日根据地：文献选编（上）．北京：中共党史资料出版社，1988：176-180．

性胜利，冀热察区胜利开辟了平西、平北根据地，冀东根据地也有所发展。这些都表明晋察冀党组织队伍得到进一步扩大。面对党员队伍的壮大，各项制度的制定和落实是健全组织的保证。因此，按照边区第二次党代表大会要求，各级党组织开始进一步建立、健全各种制度，推进了党组织建设。

（一）进一步完善党员管理制度

第一，健全发展党员手续。会后，基层党组织发展党员基本坚持了经过组织谈话，一般由小组会和支部会通过、报区委批准的程序。在发展党员的属地问题上进一步明确：若甲分区在乙分区发展了党员，其组织关系应交乙分区，并经上级党组织，县与县、区与区、村与村都经这样的程序；在没有党组织的地方，经上级党组织同意后，附近地区党组织可以在这些地方发展建立党组织，待稳固后再交还本地管理；在吸收外地非党干部和群众入党时，应向本人原属地党组织征询意见后再做决定；将边区以外的非党干部和群众发展入党时，应交地委审查同意后，交区党委最后做决定。

第二，恢复党籍的程序。区党组织在党员恢复党籍及重新入党时，报送区党委的监察委员会，对其审查批准；以往已经批准的，重新审查追认。监察委员会依据下级党部的材料进行审查，交区党委再审查并提出意见，再交监察委员会讨论通过。

第三，完善党员组织关系转接手续。由于战时党员干部调动频繁，且多次发生特务混入现象，因此制定了对边区党员干部调动时其组织关系转接的规定：县级干部由一部门调入党的工作部门，或者一般县级干部调动离开地委范围，应经过区党委的同意批准；区级干部调出则应经地委同意批准。这一规定便利了区党委对干部的全局性计划和配备，也有利于稳定干部队伍，避免不必要的流动。

第四，严格开除党员党籍程序。开除党员党籍时，基层普通党员必须经过支部讨论通过，提交区委审查同意后，由区委批准；支部和区委级别干部须提交地委审查批准；县级干部提交到区党委审查批准。

第五，党员党费征缴。要求各级党组织把征收党费当作政治任务，按月缴纳和向上级报告。

（二）加强干部管理

首先，为加强干部之间的信息交流，加强上级对下级工作的指导，建立对下级工作的了解制度。明确要求：区党委了解到县级，要熟悉区党委组织部保存的县级的各种干部的详细表格和履历书；地委了解到区级干部；县委了解到支部；支部了解到小组；小组长了解小组党员。要求地委及县委按月填写组织统计表，以便随时了解干部的增减和移动。

其次，区级干部不准脱离生产，实现区级常委职业化，每区必须脱离生产者不得超过 3 人，这便于联系基层和建立身份掩护。支部的主要负责人，如支书、支组、支宣等不得兼职。

（三）强化党组织会议制度

会议是贯彻党的方针政策、决定重大事项、党员民主参与、调动党员积极性等的重要形式和机会，在党建中发挥着独特作用。所以，要求各级党组织定期召开各种会议，区党委每 3 个月要召开 1 次各地委书记联席会议或者干部会议；地委每月召开 1 次县委书记联席会或召集各县委书记、县组织部长和宣传部长除每月召开 1 次讨论工作检查和专门问题会议；县委召集会议同上。但在游击区不得召集联席会议，以免造成领导机关的破坏。此外，各级党组织的常委会平均 10 天要举行 1 次。

（四）工作报告制度

下级党组织应及时向上级报告组织工作情况。支部每周向区委报告 1 次；区委半月向县委报告 1 次；县委每半月向地委报送 1 次通讯，月底做全面报告；地委向区党委报告形式与县委相同。

（五）进一步强化检查巡视制度

检查巡视制度在以往的革命斗争中曾发挥过巨大作用。为进一步加强对下级工作的督导检查，改进下级党组织工作，边区地委明确规定，检查巡视包括负责同志到下级检查的个人巡视和组织集体的考察巡视团等。在巡视工作中，区党委不仅要到地委，而且也应到县级督导检查；地委不仅要到县，还须到个别区，有时甚至到支部；县不仅要到区，一般要到支部；区委不仅要到支部，还须到个别小组，且各级巡视开展时必须明确其中心任务。

（六）工作竞赛制度

在边区党建中普遍确立了工作竞赛制度。上级党组织每一项任务或在中心工作决定以后，分区与分区之间、县与县之间、区与区之间、支部与支部之间、小组与小组之间，以及党员个人之间都开展工作竞赛。这些竞赛把工作竞赛的结果公开，并公开评判，从而在完成工作任务上起着巨大的推动作用。

晋察冀边区党组织除了健全各项制度外，还特别强调党员的认真踏实、一干到底的工作作风。这些制度是在艰苦的斗争工作中树立的坚定不移的工作制度，指导着各级党组织的建设。为实现边区第二次党代会的“在巩固中发展，发展中巩固”的任务，此时党组织除了向边区周围地区发展外，还向边区内部党组织基础薄弱和没有党组织的地区发展，从而扩大了中共基层组织，面向村级健全和巩固支部工作取得较大进展。

支部是党组织发展与巩固的主要环节。第一，边区为健全支部，在第二次党代会后 1 个月内普遍进行了支部民主改选。这对支部工作以很大推动：①提高了党员的积极性和热情；②选出了党员拥护的干部，大部分落后分子落选，使支部改选后工作活跃、进步，过去的包办代替作风得到改观。当然，在支部改选中也存在许多问题。例如，有些地方选举不认真，个别党支部对支部改选注意不够，对落后分子教育疏忽等。此后，支部民主改选成了边区党的例行制度，每 4 个月改选一次，使之成为党内民主集中制的具体表现。第二，各县纷纷建立模范支部，依靠模范支部带动其他落后支部。第三，建立支部巡视团（由区党委组织）反馈支部情况，帮助支部工作。第四，各地党组织定期出版支部小报（有的 10 天 1 期，有的半月 1 期），这给支部乃至区级党组织及党员在教育和工作上以很大帮助。第五，建立支部教员专门对支部党员进行的文化、政治、形势教育。第六，加强了区委对支部的领导。

党组织建设的关键是提高组织领导效能，因为如果效能低下，就很难应对复杂、多变的工作局面。因此，促使边区各级干部了解基层情况、关注形势变化，是组织建设的旨归。此时边区党委不断督促党员干部放大眼光，要求不论到边区哪个县、区、村都进行精确的调查统计，使领导干部不仅要顾及全局，而且要抓住中心，深入研究上级指示与文件，了解这些指示、文件的精神，学会考虑、把握问题。还不断充实基层干部，增加县、区、支部各级委员人数，常委由 3 至 5 人增加到 7 至 9 人，党的各部门设立副职，切实建立起了集体领导、分工负责的领导体制。

党组织制度建设与组织效能的发挥，需要有高度自觉的党员。面对知识文化水平很低而又占主体的农民党员群体，党的宣传教育具有重要意义。为此，边区党组织不断强化对党员的教育工作，改进支部小报，加强对党员的阶级教育和党的意识教育。边区各区党委、地委及大的县纷纷开办各级训练班，各区党委计划在 1 年半的时期内对县、区级的干部轮流训练 1 次。这不仅有利于培养提拔干部，同时有利于发现干部、了解干部和调配干部。这些措施的落实对巩固党组织都起到了重要作用。[①]

三、组织的全面巩固

晋察冀边区党组织建设的经验和教训不断被中共中央北方局推广到华北各根据地党组织建设中，也得到了中共中央的高度重视。1939 年 1 月，聂荣臻在向中

---

① 林铁．论边区党的建设问题——献给伟大的中共十九周年纪念[B]．石家庄：石档（卷宗 1-1-13-5）．

共中央写的一份报告中介绍了晋察冀党组织建设的经验，毛泽东阅后建议在延安和重庆出版，毛泽东亲自题名《抗日模范根据地晋察冀边区》。正如毛泽东和王稼祥为该书所写的序言中所言：“晋察冀边区是华北抗战的堡垒”[①]、晋察冀边区的经验“应当成为全国抗战——特别是敌后抗战的借镜”[②]。其最重要的是经验之一就是党的建设。聂荣臻后来将其概括为：“没有共产党，就没有抗日战争的胜利；没有党的领导，就没有晋察冀根据地”。“晋察冀抗日根据地的建立，晋察冀抗日游击战争的发展和胜利，归根结底，是党的领导、党的路线和政策的胜利”。“边区各级党，一直把巩固与严密党的组织，作为组织工作的中心”。[③]

鉴于以晋察冀边区为代表的敌后根据地建党中存在重数量、轻质量所带来的问题，中共中央于 1939 年 8 月 25 日向全国各抗日根据地发出《中央政治局关于巩固党的决定》，决定指出：由于“对日投降与国内分裂的危险”日益严峻，政治、军事等斗争任务严重困难，因此，在思想上、政治上、组织上巩固党成为中共各级组织的“极端严重的任务”。所以，在“一切已有相当数量党员的地方一律停止发展，进行巩固工作”，“只有在某些个别地方与某些个别部门根据环境与上级指示有必要时才许可进行一些发展工作”。并提出了通过审查党员成分来纯洁党员队伍；加强党员、干部的马列主义、阶级与党的教育等；加强党的保卫和反奸工作；正确处理党的秘密与公开工作的关系；加强党的纪律与党内团结等巩固党的方式、原则。[④]9 月 27 日又对晋察冀党的工作做出专门指示，强调“党的工作中心是巩固，不是发展，贡献给七次大会应当是巩固党的模范，而不是十万党员”，但是“在敌占区，特别是铁路线与大城中，应建立短小精干的绝对可靠的党的组织”。[⑤]为落实中央指示精神，进一步促进边区党组织建设和各项工作的开展，北方局于 1939 年 10 月在河北曲阳县青山村召开了组织工作会议（也称“青山会议”）。会议全面总结了边区党委、冀中区、冀察热区党委组织工作的成绩与存在的问题，确定了此后组织工作的总方针：中心是巩固，一般的停止发展党员，努力克服党组织发展的地区不平衡，在组织上、思想上、政治上全面巩固党组织。[⑥]此次会议的召开标志着边区党的组织建设进入第四阶段。

---

① 聂荣臻．模范抗日根据地的晋察冀边区[J]．延安：八路军军政杂志社，1939（2）；1939（5）．

② 同②．

③ 聂荣臻．聂荣臻回忆录[M]．北京：解放军出版社，1986：586-587．

④ 中共中央政治局关于巩固党的决定[M]//中央档案馆．中共中央文件选集：（12）．北京：中共中央党校出版社，1991：155-158．

⑤ 中央对晋察冀工作的指示[M]．中央档案馆．中共中央文件选集：（12）．北京：中共中央党校出版社，1991：177．

⑥ 彭真．在中共中央北方分局组织工作会议上的结论[M]//晋察冀抗日根据地．编审委员会，中央档案馆．晋察冀抗日根据地：文献选编（上）．北京：中共党史资料出版社，1988：296-308．

“青山会议”后，晋察冀各地党组织开始分类、分期进行党组织整理：第一类属于党员数量相当多或党员数量很少但太不巩固或混乱的地区。此类地区如北岳区大部；冀中的饶阳、深县、安平、深泽、定县、无极、博野、任丘、肃宁、高阳及五分区大部；平西的宣涿怀、宛平一部分。这些地区一律停止发展，集中力量进行党组织的巩固。对于太不巩固、太混乱的区域，坚决停止发展，经过集中力量切实巩固后，才允许继续发展，以避免异己奸细打入党内进行破坏。第二类地区属于党组织较巩固，但发展不平衡，分 3 月为 1 期开始整顿。此类地区如五台、盂县、望都、唐县、正定、新乐、井（陉）获（鹿），以及冀中的武强、献县、河间、文安、建国、容城和平西的涞涿、房良等，对这些县的一些区或支部进行整顿，并在县区领导机关指定专人负责，集中力量进行巩固工作。这些地区党员人数很少的地方或支部允许继续发展，但要在吸取过去经验基础上个别、严密、审慎地发展。第三类是根本无中共党组织或党员极少的地区，如雁北的桑干河之北和赤城、龙关一带，冀中的五分区某些县、冀东地区。此类地区先审查清楚干部、领导机关后，责令其在巩固时发展，并注意在发展中巩固。在各地整顿组织中，每县一般先整顿某个区或者支部，以作示范，且利用整顿经验指导下级，然后以整顿区或支部帮助未整顿的区或支部，这样层层推进，实现组织巩固和克服组织发展的不平衡状态。①

到 1940 年秋，边区各地党组织在整顿组织中，重点进行了干部审查、健全领导、支部整顿以及公开与秘密工作的整顿，都取得了显著的成绩。

在组织整顿过程中，全边区支部委员以上党员干部都被审查。在审查时，以党员干部的政治坚定性（主要是阶级立场、党的立场）、政治经历、工作能力、牺牲精神等为标准，逐级对党员干部进行审查。②审查鉴定的方法是：本人填表；被鉴定人在会议上进行自我介绍，自我检讨；本级党委或支部开会鉴定，最后把鉴定结果报告上级；主要靠上级和本级党委平日对工作中的考查；上级及本级党委应进行必要的个人谈话，并向各种与被鉴定干部有工作及历史关系的人搜集材料，对过去历史应找适当的证明；各级领导机关必须了解他下两级的干部及下三级中最优秀的干部或可疑的有危险性的分子。在审查鉴定结束后，优秀干部得到提拔，许多优秀干部被送到政权和武装等部门担任领导职务，同时也剔除了落后、投机、异己及奸细等分子。这次干部审查，纯洁了边区干部队伍，在审查过程中党员干部受到了教育，从而推动了边区各项工作的开展。在干部审查的同时，也对党员进行了重新审查、鉴定。全边区 17 万党员

① 聂荣臻．关于晋察冀边区党的工作和具体政策报告[M]．北京：中共中央党校出版社，1981：144-146.

② 彭真．在中共中央北方分局组织工作会议上的结论[M]//晋察冀抗日根据地．编审委员会，中央档案馆．晋察冀抗日根据地：文献选编（上）．北京：中共党史资料出版社，1988：302.

中绝大部分党员能经受严峻斗争的考验，积极为党工作；多数干部作风正派，能起积极带头作用；完成各项任务。然而，在审查、鉴定过程中也发现一部分不合格的党员干部，在审查清楚后被洗刷。冀中、北岳区党员中不合格党员占党员总数的2%到3.03%。仅冀中区从1939年秋到1940年秋，90 000党员中洗刷异己、投机、太落后分子共2730人，占党员总数的3.03%，其中叛变者138名，逃跑、脱党者406名。北岳区自开始整顿党组织的10个月中，在统计的15个县中洗刷党员759人，占15个县党员人数的2%。其中449人中，阶级异己分子占25.2%、敌探、奸细占10.5%、投机分子占26.3%、太落后分子占38%。北岳区行唐县曾是敌人的“模范县”，敌特被摧毁后，党组织虽经再三整顿仍然最不巩固，问题支部占总数的1.82%、问题支书占总数的2.34%，甚至发现一个区委是奸细。[①]这些不合格党员干部问题显示出整顿组织的必要性，尤其是面对即将到来的更加严酷的对敌斗争，更突显出其重要意义。

支部作为最基层的领导机关，在动员群众、发展党员、领导群众组织和政权、发展生产等方面发挥着至关重要的作用。因此，边区各地按照“青山会议”要求，同时进行了支部整顿工作，以建立乡村斗争的坚强堡垒。边区在整顿支部过程中，一方面对组织机构进行精简、压缩、合并；另一方面对支部委员及其工作进行充实，职责进行明确划分。在支部工作过程中，强调党的路线、策略、指示应结合工作灵活运用并贯彻落实，还要对党员的表现、党员教育高度注意，尤其要关注党员成分、组织生活、开会、缴纳党费等，并进行日常检查。支部书记应多注意支干会工作，及政权建设、除奸、村政治形势等工作；组织委员要做好党员日常生活和对党员审查、党群关系、收缴党费、召集组长联席会及党的纪律的执行工作。宣传委员应根据当地实际，进行对敌宣传教育，还要根据群众切身问题制订宣传材料和计划，根据上级指示和党内发生的现象拟定党内教育材料和计划，并注意对群众组织应限于方向的指导，而不要包办代替。支部工作中要处处与群众保持联系，政治上代表他们，把群众日常生活、切身问题作为政治核心，深入群众，把群众团结在支部周围。在工作中还要做好党的保卫工作，进行反奸细斗争，抽调必要干部受训，以充实保卫工作。支部日常工作制度、党员恢复党籍和重新入党、新党员入党等制度继续进行完善和执行。[②]为加强支部干部教育，规定“不识字或文化水平过低的干部，必须学习文化课消灭文盲”，[③]提高支部干部的工作水平和领导能力。这次

---

① 聂荣臻．关于晋察冀边区党的工作和具体政策报告[M]．北京：中共中央党校出版社，1981：158-159．

② 彭真．在中共中央北方分局组织会议上的结论[M]//《晋察冀抗日根据地》编审委员会，中央档案馆．晋察冀抗日根据地：文献选编（上）．北京：中共党史资料出版社，1988：307-308．

③ 晋察冀边区党委关于目前各地干部教育的决定（1940年1月21日）[M]//河北省社会科学院

对支部的整顿，使边区支部工作开始规范化，从而使支部工作迅速开展。到1940年时，“边区支部达到农村的52.1%，67.5%的行政村都有了党的工作。仅冀中区党支部就达到整个农村的43.9%，54.1%的村庄都有了党的工作”。同时，“边区部队也开始政治整军，到1940年初全军区部队已有党员9000余名，主力团的个别团队党员超过人数的30%，一般团队也达25%；并评选出127个模范党支部，17个模范党分总支，5个模范党总支，861个模范党小组，4669名模范党员；查出汉奸特务、叛徒、国民党员、会道门分子等总计1400多名，其中干部380多名”，[①]从而巩固了军队组织，提高了军队的战斗力。冀东区党委在1940年夏召开了第一次扩大会议，“决定了党员发展手续，不用介绍人，支部通过，区以上党委批准。1940年冬大体能做到发展后随即整理，发展一点整理一点，与其地区不同，以县为单位的整理大部分进行过”。[②]

在进一步健全党的领导方面，强调领导方式重在政治领导，即路线、方针、政策、制度的制定、改进等，而不是具体事务的包办代替；上级党组织对下级党组织的领导应具体指导，体现在事前的指示、帮助；过程中检查、指示、扶持、提醒、检讨、订正等；事后的总结，指出经验和教训，而不是责备和算账，即不仅要指出什么重要、做什么，而且要帮助下级知道怎样做、做的方式方法、从何做起、由谁来做、如何完成等。领导工作中还要克服农民的家长制、无组织无纪律性，坚持民主作风与铁的纪律的统一，做到个人服从团体、下级服从上级、全党服从中央。纠正“民主倒真是好，可是我没办法了”，“什么是民主？简直是和咱们为难的，民主起来什么都不好办了”诸如此类的家长制作风。还要深刻认识到惯于强迫命令的工作方式和消极观念在领导中的危害。例如，在反扫荡时任邱、肃宁等县工作受到严重破坏，干部不能回乡，回去即被敌伪汉奸追捕。有位同志焦虑踌躇地说：“怪事！差不多每个村我们都打了顽固，每个村都减了租减了息，实行了合理负担，改造了村政权……为什么汉奸横行起来而群众对我们如此冷淡不管！”所以有的同志说：“强迫命令弄起来的工作不结实”。[③]因此，要坚持领导的认真和艰苦奋斗的作风，执行政治任务与组织工作时要“切实认真再切实认真；坚决精细再坚决精细”。

在公开与秘密工作方面。把党的组织工作与群众动员工作进行分工，党员干

历史研究所，河北省档案馆，等．晋察冀抗日根据地史料选编（上）．石家庄：河北人民出版社，1983：191．

① 谢忠厚，肖银成．晋察冀抗日根据地史[M]．北京：改革出版社，1992：189，230．

② 周文彬．关于冀东工作的补充报告[R]//晋察冀人民抗日斗争史编辑部．冀热辽报告．内部资料，1982：110．

③ 聂荣臻．关于晋察冀边区党的工作和具体政策报告[M]．北京：中共中央党校出版社，1981：172．

部在巩固区不要全部掩护于群众中，要有部分党员干部公开，尽量利用党的公开面貌和党报等进行宣传和指示，以体现党的领导；而在游击区、敌占区党的干部一律掩护于群众、政权机关中，党员干部要以群众面貌掩护党的主张、实现党的主张。区级干部不许脱离生产，以便掩护身份和联系群众。为加强敌区工作，要有专人管理敌区党的工作，重视在伪军中的策反、侦查工作，重点区域和铁路、公路沿线的“点”“线”工作尤其要加强。①

1940年4月中共中央北方分局召开扩大会议时，边区“一般地讲，是坚决执行了中央巩固党的指示和分局组织会议的决议”。冀中区党的巩固工作已获得大的成绩，特别是洗刷异己分子、投机分子、流氓地痞等组织上的工作成绩很大。尽管各种制度还没有普遍贯彻到支部，但已大体建立起来。冀热察区党委也初步开展、巩固了党的组织。三个区党委在巩固组织工作中的共同特点是：都偏重组织上的巩固，而思想、政治上的巩固工作都较落后；巩固方式都偏重于自上而下，没有充分动员全党进行全面地巩固。因此会议决定到1940年7月底党组织建设的中心任务是：全面地巩固党，“自上而下”的和“自下而上”地从政治上、思想上、组织上（洗刷坏分子、健全组织、健全领导）进一步巩固党。重心放在思想、政治方面，加强党的理论教育、策略教育，培养党员干部的远大政治目光，以《新民主主义论》及有关阶级教育、争取中间力量、统一战线中的反顽固反投降策略、三民主义与共产主义、反异己等分子为内容的教材、各地具体工作等作为主要教育内容，培养党员干部的布尔什维克组织性。继续贯彻组织会议的公开与秘密工作的划分与配合，探索新形势下的工作经验。②

1940年后，边区“扫荡”与“反扫荡”“摩擦”与“反摩擦”斗争日趋激烈，为加强边区政权基础，中共在社会、政治、经济、军事、文化教育等方面进行了一系列改革，尽管此时生存环境日趋恶劣，但这也是边区社会进行改革最重要的时期。此时改造乡村支部以适应乡村政权的建设，使“支部必须做到团结群众的核心”，而“任何一个党的决议、政策、主张或口号，总是愈到下层，其内容就会愈实际、愈丰富和愈具体，而支部就是担任这一任务的最下层组织和最坚实的基础，③加上战时支部党员干部损失巨大，战时组织工作无法

① 彭真．在中共中央北方分局组织会议上的结论[M]//《晋察冀抗日根据地》编审委员会，中央档案馆．晋察冀抗日根据地·文献选编(上)．北京：中共党史资料出版社，1988：304-305.

② 彭真．在中共中央北方分局扩大干部会议上的结论[M]//《晋察冀抗日根据地》编审委员会，中央档案馆．晋察冀抗日根据地：文献选编（上）．北京：中共党史资料出版社，1988：340-342.

③ 林铁．论北岳区关于政党建党中支部工作上的几个问题[M]//《晋察冀抗日根据地》编审委员会，中央档案馆．晋察冀抗日根据地：文献选编（上）：北京：中共党史资料出版社，1988：68-75.

进行，党员四散，群众乱跑，许多支部工作无法进行。例如，北岳四分区在1941年“反扫荡”时有62个村庄支敌，有些村庄竟然由支部党员率领群众资敌；平山八区某某两支部，个别干部参加伪政权，有的一听说组织伪政权很兴奋，一提到抗敌则垂头丧气，甚至有的村庄直至反扫荡结束时仍然要继续组织伪政权；还有的村庄群众害怕党员，过年时请党员喝酒吃饭，这样群众以为一年可以无事；有的支部支委还身兼五职；灵寿一、二、三、四区即有33个支部不团结；在游击区更有许多干部叛变投敌。因此，在巩固组织过程中，许多党员干部被开除出党，见表2-2。[①]

表2-2　北岳四分区1941年7月到1942年3月被开除党员干部统计表

级别＼类型＼县别		平山	灵寿	行唐	井陉	建屏	平定	正定	单计	分类总计
县级	投机分子					5		1	6	
区级机关、团体成员	敌探奸细									
	阶级异己	1		2					3	
	落后分子	2		4					6	
	投机分子		2	2	2	21	4	2	33	
乡村支部委员及党员	敌探奸细	2		2					4	
	阶级异己	4	4	4	1	12	1		26	
	落后分子	37	4	16	1	1	1		60	
	投机分子	8	20	61		10	2	1	102	
各县分类小计	敌探奸细	2		2						4
	阶级异己	5	4	6	1	12	1			29
	落后分子	39	4	20	1	1	1			66
	投机分子	8	22	63	2	36	6	4		141
小计		54	30	91	4	49	8	4		240

资料来源：中共晋察冀北岳区四分区地委．四分区组织工作的总结与今后努力的方向：1941.7-1942.3[B]．石家庄：河北档（卷宗81-1-1-6）．

从表2-2可以看出，北岳区被开除的党员干部中，县级干部虽最少，但有的担负着领导职务，在群众中影响较大，所以破坏性可能更大；乡村支部党员干部最多，占42%以上。冀中和冀热察区情况更为严重。平西“支部与群众联系差，党员斗争性不强，有些支部不起作用”，有的县“党员数量很少，昌宛最大〔多〕占全（县）人口2.4%，涞涿党员只130人，占全（县）人口0.34%”，“房良涞涿大部地区没有党的工作”，所以，“目前工作重点，应放在村（行政村与自然村）”。[②]“冀中以巩固党为中心工作时，正当敌寇大举进攻，冀中形势突变之

① 中共晋察冀北岳区四分区地委．四分区组织工作的总结与今后努力的方向：1941.7-1942.3[B]．石家庄：河北档（卷宗81-1-1-6）．

② 中共中央北方分局关于平西工作向北方局的报告[R]//河北省社会科学院历史研究所，河北

时。党的许多弱点在形势的突变之下暴露出来”。[①]所以边区党在领导“反扫荡”“反摩擦”斗争中，着力全面加强巩固支部建设，要求支部党员干部认真负责，做好本村工作。据灵寿县调查，党的要求在支部工作中并没有得到全面贯彻（见表2-3）。尽管许多支部党员干部在工作中踏实肯干，但仍有部分支部党员干部工作消极，或在对敌斗争中变节投敌，所以边区在整顿支部中重点清除了一些不合格党员干部，以增强支部的乡村动员、组织和领导能力，并通过支部实现乡村社会新的政治整合，为战时需要服务。

表2-3 北岳区灵寿县村级党员干部鉴定的总结统计表

项目	不同表现在总数中所占的百分比			
	好的	平常的	不好的	总数
对本村环境了解	36.4	36	27.2	100
对各种制度掌握	38.9	41.5	19.6	100
工作积极性	35.9	38.1	22.0	100
领导方式与作风	28.4	51.4	20.2	100
组织观念思想意识	38.5	42.2	19.3	100
与群众关系	34.9	48.5	16.6	100
生产表现	55.8	32.1	12.1	100
对敌斗争表现	30.9	50.1	19.0	100

资料来源：北岳区党委．从组织上巩固党的几个问题[B]．石家庄：河北档（卷宗69-1-78-3）．

下面以北岳区行唐县（边区领导人认为该县有一定的代表性）某个支部为例，管窥边区全面整顿支部的面相。该资料正如发出者北岳区党委组织部所说：“这个文件关于党政军民在巩固组织上的各种问题虽然都可涉及，但中心是着重于党务上的，同时，在问题的述列上是较具体与露骨些，因之确定发行的范围较小（只发地委及某些县委）”。然而笔者认为这更接近于真实的历史。

行唐县xxx村是一个百户左右、有20多个党员的行政村。该村党员成分不纯，被认为是一个不健全的支部。1941年秋季“大扫荡”后，支部内部发生严重不团结，形成尖锐对立的两派，加上干部党员贪污腐化，使该村支部堡垒作用完全失去，虽经数次整理，内部问题始终未解决，直到1942年“整风运动”整理支部才得到初步解决。

该村支部内两派之一“南派”以张有鹏（治安员）、张生为骨干（暗中有被开

省档案馆，等．晋察冀抗日根据地史料选编（上）．石家庄：河北人民出版社，1983：76-81．

① 彭真．在中共中央北方分局会议上的关于巩固党的结论（1941年1月）[M]//《晋察冀抗日根据地》编审委员会，中央档案馆．晋察冀抗日根据地：文献选编（上）．北京：中共党史资料出版社，1988：475．

除党籍的崔考），拉了10多名党员在其周围；另一派是“北派”，以前任支书邢殿和前任村长赵红泰为主，拉了八九名党员。“南派”因不满开除崔考，于是对“北派”进行报复。在1941年征义务兵时，村中发生两次放火，“南派”党员张有报告是邢殿放的，于是邢殿被区里押了数天；在村选时两派相互争权，在“南派”失败后，村中发生两起偷盗事件（布匹和玉茭子被盗），张有又报告是新村长陈玉偷（属于“北派”）的；张有还报告邢殿等有国民党身份的嫌疑。面对“南派”的报复，“北派”极力对上级掩盖许多党员干部搞女人、贪污等丑行，只是消极抵抗。

该村支部内问题的起因复杂。在1941年秋“反扫荡”时，崔考（时任中队长）之兄崔现等人被抓至某临时据点，被捕者的家属即在村鼓动资敌（为日伪服务），并召开过两次家长会议，这些会议邢殿、赵红泰虽未参加，但同意本村资敌，副村长还在会议上讲：“资敌费用按统累税派款”。崔考为了救其兄成了资敌的核心，他曾派人两次给日伪军送猪、鸡、梨等，在保回他哥时，日伪军给了他一卷五色旗，他就挨户散发作为欢迎日伪军之用。扫荡结束后，邢殿（当时支书）在上级要求整理支部时把情况报告区委，区委在考察后报到县委，最后崔考被开除党籍，区委还召开群众大会对其进行斗争，并撤销其中队长职务，这使崔考、张有等大为不满，此后支部内斗开始。

显然，上级在处理该支部问题上的轻率是该支部问题发生的主因。上级对该村资敌问题处理只根据支书等的报告，没有弄清作为本村支部主要领导赞成资敌的错误，而只是对当事人进行严厉处罚，支部领导不仅没受处分，还装了好人，最终导致党员干部间的相互报复，最后发展到难以解决的私仇。

该村支部在1941年后连续经区委、县委五次整顿都没有解决问题。其中区组织部长与3个区执委在该村整顿了整整4天4夜，仍然毫无进展，最后失掉整顿该支部的信心。后来在地委的指导下，工作组为澄清事实，抓住了几个中心问题：①支书、村长是否参加资敌？②防火、偷盗是否是邢殿等所为？③邢殿等是否有国民党身份的嫌疑？事实是什么？工作组向该村大量的群众、干部进行访问，摒弃了支部中两派准备的一整套谎话，最后搞清了该村的问题，进行了相应的处理。

不久，地委总结了对该村支部整顿的经验：首先，上级对待支部问题时片面的观察及粗枝大叶、主观主义的工作会给整顿党组织带来严重损失；其次，单凭老一套的办法和既往经验不能很好地解决问题，必须针对现有情况采取灵活的方式方法，对问题进行全面研究，抓住中心，党内外全体动员，才能既省时又省力地解决问题。①

学者韩丁曾指出，日寇的残暴“实际上替（中共）革命扫清了道路”，“这不仅逼得农民，甚至许多地主也觉得除了反抗就无路可走；他们（日军）把国民

---

① 北岳区党委组织部．巩固组织[B]．石家庄：河北档（卷宗69-1-45-1）．

党的高级军政人员逐出华北；在沦陷区内诱使国民党的低级军政人员充当汉奸，使他们在人民眼里变得永远不可饶恕；以及侵略军铁蹄过后留下大片无力驻防的农村地区。这样就造成了政治上和军事上的真空，使共产党及其所领导的军队得以开展活动。在非常短的一段时间里，他们就动员了几千万灾难深重的农民奋起进行抵抗。由于这种抵抗遍及一切社会阶层，因此就为将来的社会革命打下了基础”。[①]弗里曼等人也认为，“强调两极分化、剥削和社会冲突的阶级分类，根本不符合五公的实际情况”，“战争期间，几乎所有的聚居区、宗族和经济地位的人都在抗日爱国前提下团结一致，参加共产党地下组织和八路军”。[②]而上述支部内部的斗争显示出，即使外在危机严重时，农民的居住群落、亲族关系远胜于阶级政治和政党利益，从而为我们提供了观察乡村支部运作的另一个视角。

自边区党组织提出“一般停止发展（党员），进行巩固（组织）”的任务后，有些地方走向另一个极端，工作中只进行巩固，而忽视党员的发展，甚至有很多党组织把二者对立起来。北岳区某县五个区 1939 年到 1941 年党员发展数量连年下降，甚至有的区两年没发展一个党员。

表 2-4　北岳区四分区某县五区党员发展百分比统计

年份（年）	1937	1938	1939	1940	1941
百分比	100%	147%	67%	25%	14%

注：上述比率由每年新发展的党员与发展这些党员的老党员之比所得。

资料来源：北岳区党委组织部．巩固组织[B]．石家庄：河北档（卷宗 69-1-45-1）．

由上表可见，1938 年平均每个党员介绍近 1.5 人，到了 1941 年每 7 个党员仅介绍 1 人。自 1939 年开始巩固党组织以来，党员发展连年下降，到 1941 年底该县党员发展几乎停顿。据载，该县当时党员数与公民数之比是 7%左右，同期邻县平山某区已达 15%。显然入党人数下降的原因主要与党组织控制入党人数有关，若与同期整个北岳区相比，该县巩固党组织的偏差更加明显，详见下表：

表 2-5　北岳区党五年来各年党员发展的比较

年份	1938	1939	1940	1941	1942
比较	100	392	545	703	731

资料来源：北岳区党委．从组织上巩固党的几个问题[B]．石家庄：河北档（卷宗 69-1-78-3）．

① 韩丁．翻身——中国一个村庄的革命纪事[M]．韩倞，译．北京：北京出版社，1980：94-95．

② [美]弗里曼，毕克伟，赛尔登．中国乡村，社会主义国家[M]．陶鹤山，译．北京：社会科学文献出版社，2002：124．

1941 年晋察冀边区党员已达 17 万。边区领导人聂荣臻曾说："党今天已经是群众性的党，但党员是新的，干部绝大多数是新的，并且是缺乏实际斗争及组织生活的锻炼而又诸事外行的干部与党员"。在战争环境下，以农民为主体的边区党组织，为克服党内存在的一系列问题而进行的全面巩固的斗争，最终保证了边区各项工作的开展。党组织通过建立党内制度、增强党员的组织和纪律性、发扬党内民主、教育提高党员干部的党性原则、基层党组织机构和内部职责分工、纯洁党员成分等措施，使农民党员被纳入了中共的政治架构，使相对闭塞的晋察冀乡村实现了政治、经济、军事权力的新整合，也使中共的政治意识开始楔入乡村社会，使晋察冀乡村社会由"他知"向"自知""自觉"转变，这为中共日后在边区进一步进行社会动员奠定了初步基础。

四、整风与组织建设

在抗战相持阶段到来后，边区党组织经历了抗日、反顽的严酷战争考验，晋察冀边区乡村党组织的乡村动员能力不断提高。1941 年后，国际反法西斯战争形势发生巨大变化，日本发动太平洋战争的军事冒险取得暂时胜利，但巨大的战争消耗使日本战争体系出现困难，日本军部为维持其战争机器运转，提出了在华"以战养战"的行动方针，资源丰富的华北成为其掠夺的主要区域之一。此时，日寇利用其暂时的军事优势加强了在华北的政治、经济、军事控制，导致边区形势日趋恶化，根据地大片地区沦为游击区或敌占区。1941 年 3 月，日寇开始在冀中区、北岳区等地持续进行"治安强化"运动、"蚕食"①进攻等，力图消灭边区抗日力量，稳固其后方，加上华北严重的旱灾、蝗灾等，1942 年到 1943 年边区出现严重困难，面临严峻的生存危机。此时，真正实现党组织的群众化、动员的普遍社会化成为克服危机、摆脱困境的关键。为适应环境的变化，改善、加强对边区各方面工作的领导，1942 年后边区党组织进行了"整风运动"和实现党的"一元化领导"，努力使党的整顿与各种社会改革相互促进、互为表里，这使边区党组织获得了进一步巩固和发展。

以 1942 年 2 月毛泽东在中共中央党校开学典礼上作的《整顿学风党风文风》报告为标志，中宣部 4 月 3 日做出全党学习报告、学习马列主义的决定，中央在全

---

① "治安强化"是日寇在"治安肃正"（日本防卫厅战史室. 华北治安战[M]. 天津市政协编译组，译. 天津：天津人民出版社，1982：80. ）的总方针下，利用"肃正"采用的军事力量进行不断的讨伐与扫荡手段外的一切手段，如政治上欺骗、麻痹、收买与怀柔各种方式，以达到巩固占领区和不断压缩根据地的战略。"蚕食"政策就是在改变以往"速战速决"的方针后，用政治、军事、经济、文化等手段对根据地像蚕吃食一样逐步扩大其占领区，缩小中共领导的抗日根据地，以达到日寇确实掌握占领区与殖民化中国的目的。见：左权. 开展反对敌人蚕食政策的斗争[J]. 党的生活. 1942（5）：53.

党范围内发起了“整风运动”。晋察冀边区积极响应中央号召，4 月 26 日，中共中央北方局宣传部发出通知，要求学习中宣部规定的中央 22 个文件，在边区迅速发起“整风运动”学习宣传。通知要求各级党委，“整风运动”学习不应妨害工作，脱离实际工作；反对空喊口号、不求甚解；必须有工作检查与测验制度；各级宣传部应随时召集学习与讨论，每月底向北方局报告。[①]边区主要报刊《晋察冀日报》《晋察冀画报》等纷纷转载和刊发了大量“整风运动”文件、文章。同时，边区大批群众团体如农会、妇救、青救、学联、文救等也纷纷举行“整风运动”动员大会。[②]7 月，为了探索在边区特殊环境下的“整风运动”经验，北岳区还成立以刘澜涛、胡仁奎为首的7人学习委员会，此后北岳区各级学委会纷纷成立。按照中央安排，边区决定率先在边区党委和地委高级干部中进行“整风运动”。

1942年8月，北岳区开始“整风运动”。由于北岳区不同于陕甘宁边区，处在抗日前沿，所以在“整风运动”中不是按部就班地进行文件学习，而是把“整风运动”学习与斗争实际相结合，在战斗中进行“整风运动”。11月，党委针对以往只注重组织巩固、忽视思想等教育，明确北岳区“整风运动”重点从思想上反对主观主义，重视调查研究，做到学以致用。还建立了学习日、学习检查等制度，对表现好的党员和集体进行表彰奖励。为推广先进经验，还出版了许多“整风运动”专刊、专栏。到1943年4月，“一般说来地委以上干部整风成绩较好，一般县以上干部有大的收获（因县委中知识分子占多数，文化、政治水平均较高）”。[③]然而，在战争环境下，有些地方党用的“重力还不够，组织性差”；有的“委托给宣传部管理，没有把整风问题当作经常议事日程”；“有些同志把它单纯看作反对不良倾向的斗争”；“有些人只整别人不整自己”。平北、冀中、冀东由于全部处在“反扫荡”中，故未进行“整风运动”。

以反对主观主义、宗派主义和党八股为主要内容的“整风运动”，中共中央要求从高级领导干部开始，然后再到中下级党员干部。1942 年 8 月，北岳区党委召开组宣工作会议，对“整风工作运动”进行安排，会议分析了党员干部中存在的问题，认为部分党员干部“思想上、政治上存在右倾”，表现在“对敌斗争、统一战线内部的斗争、时局的认识、党的政策贯彻及党的认识”诸方面，由于“阶级立场不稳，思想方法不正确，小资产阶级的个人主义”，导致“自由主义”“官僚主义”严重，所以号召北岳区党员干部“必须集中火力向这些思想敌人开火”。要求县级以上党员干部在9月15日到10月15日，集中学习中央关于增强党员干部党性

① 中共中央北方局宣传部关于研究讨论廿二种文件[M]．晋察冀日报．1942（2）．

② 北岳区五团体代表大会开幕[N]．晋察冀日报．1942（1）．

③ 聂荣臻．关于整风问题向中共中央北方局的报告[R]//《晋察冀抗日根据地》编审委员会，中央档案馆．晋察冀抗日根据地：文献选编（下）．北京：中共党史资料出版社，1988：817-818．

的决定、毛泽东的报告；10 月 15 日到 11 月 15 日，学习《反对自由主义》《论党内斗争》《反对党内各种不正确的倾向》；11 月 15 日到 12 月 15 日，学习《中央关于领导方法的决定》《中央关于一元化领导的决定》《论领导与检查》等。县级以下干部重点学习《反对自由主义》《增强党性锻炼》《反对不良倾向》等文件，1 个月学习 1 个文件。党外干部以学习反对中国法西斯主义为主，中央的 18 个文件可改为业务学习材料，且把“整风运动”学习重点工作放在党内。会议还要求区党委举办“整风运动”训练班，抽调分区、县、北岳区党政民各部门人员进行培训；创办党内刊物，刊发党的指示、交换经验及组织思想论战；明确各级学习委员会是公开机构，主要任务是宣传党的思想，组织时事政治讨论，领导文化、自然科学的学习；“整风运动”必须由党委领导，而不另成立委员会；要把党政民机构中积极分子编在一起，组成学习小组，党的小组和学习小组与行政部门合一。①

组宣会议后，以北岳区为中心的边区“整风运动”实际上“就倒置过来，两脚朝天，头脑倒立在地，把整风重点放在了区村干部方面”和群众团体上，进行党内与党外整风并举。山西代县在 5 月 21 日起，“由县到村进行大检查，逐级总结清算，县级干部开始深入区村，领导区村干部进行大检查、反对主观主义作风的浪潮，全县已造成一个运动”。五台、繁峙等“县干部也纷纷下乡进行整风”。②1942 年 8 月，平山县召开了第二届县议会。会议决定：纠正县级机关官僚主义，要求简化公文手续，县级科员以上干部要把 1/3 以上的时间用在区村调查和帮助区村就地解决问题上。对于区级官僚主义表现在区干部事务性工作多，又缺乏解决实际问题的计划，导致不能经常下乡而影响工作的问题，会议要求区级干部减少事务性工作，使事务性工作与解决实际问题结合起来，区干部每月要把 2/3 的时间放在乡村，研究一两个典型村，突破一点后进而推广。会议认为“以往政策、法令不能贯彻到群众中的原因是官僚主义作怪”，“工作布置上对上级政策原盘送下去，布置多于检查，布置下去就完事大吉，自己其实对政策等也不能掌握”。因此，会议要求区级以上干部在半年内要读完边区参议会公布的 14 种条例，并研究各村贯彻的程度与群众的反映情况，总结经验与教训，以促进领导水平的提高。要求会后对村政权进行检查，训练村干部，并对发现有问题的村干部当众处理，借以扩大影响，教育群众。干部的教育学习在巩固区坚持与生产结合，游击区要与对敌斗争结合。③会后，平山县分期集中训练村干部，“第一期为实业主任，第二期为民政主任，第三期为村长，第四期为村副（副村长），第五期与第六期同时训练粮秣主任与教育主任；以上六班共训练干部 × 千余人。村治安

---

① 北岳区党委．区党委组宣会议结论[B]．石家庄：河北档（卷宗 69-1-41-3）．

② 代县县区村普遍检查三风[N]．晋察冀日报．1942（1）．

③ 平山县第二届县议会首次会议提案决议案（民政类）[B]．石家庄：河北平山县档案馆（卷宗 1-1-4）．

员与中队部干部亦经分区进行训练，财政主任已于今年统累税推行之始提前训练。其训练内容为：针对国民党消极抗日制造摩擦、日寇进攻、进行反法西斯的时事政治教育；村政权建设与有关部门的业务课。此次训练对今后干部作风之转变、村政权领导更进一步的强化，均具有重大作用。在训练期间区级干部与村干部普遍进行个别谈话，找到了许多实际问题，为克服区干部主观主义也是有莫大帮助的”。[①]在乡村干部“整风运动”学习带动下，北岳区乡村出现突击学习的热潮。“灵寿县××沟村除了聋哑、残废或疾病不能入学外，所有文盲都上了民校。二三年级念国语课本，一年级认路条。每天上完政治课及识字课等正课以后，有两组学员（男 25 人，女 11 人）自动学习珠算。每星期五晚上干部去讲时事政治，每晚还教唱歌子。因之，年龄稍长的都积极去学习，一个 55 岁的苏姓学员说：‘从开学到现在我学会了三四十生字，学会了珠算的加减法’。”[②]

在区村党、政、民等组织和团体的“整风运动”中，北岳区结合具体工作进行了区村党组织的“审干”“整理支部”。仅北岳区四分区平[山]、灵[寿]两县及其他分区个别县区，就有 5000 余村干部进行了鉴定，利用党内外结合的方法，查处了一批不合格党员干部，改变了干部“上边好，下边（村干部）不好”的状况。

区村干部“整风运动”学习，对干部政治文化水准的提高、对敌斗争的策略水准及斗争技术的提高，尤其是区级干部对下层情况的深入了解产生很大的促进作用。望（都）定（县）的赵汉同志对所在县的基本区不仅了解到村，而且了解到户和具体的人；曲阳的王延春同志，80%以上的支部都亲自到过，并做过一番研究；涞源的梁正中同志对下边情况了解得很清楚，其他政民干部中的这种范例也不少。在这样的基础上，继续深入“整风运动”，就更加容易深入了。[③]

边区“整风运动”取得了很大成绩，推动了边区对敌开展斗争、提高了干部尤其区村干部的工作能力和知识水平。但是，“整风运动”主要在区村干部中进行，“似乎高级干部没有什么歪风可整”，“对高级干部还嫌抓得不够，松了些”，虽“没有专向下级开火或者专整下级”，但是“用在整上级的重力还不够，组织性差”。[④]因此，在中央的干预下，1943 年 5 月后到年底，边区“整风运动”的重点转向县以上和边区机关党员干部中进行。

1943 年 7 月边区政府召开了包括各县县长参加的高级干部会议，参会者结合自己的工作进行自我检查和讨论。决定以“民主建政”与“精兵简政”相结合，以克服官僚主义作为整风重点。同年8月，北岳区党委召开了组织宣传工作会议，

---

① 平山县分期训练村干部[N]．晋察冀日报．1942（1）．

② 灵寿某山村掀起了学习热潮[N]．晋察冀日报．1943（1）．

③ 林铁．在北岳区党委组宣会议上的报告[B]．石家庄：河北档（卷宗 69-1-78-3）．

④ 聂荣臻．关于整风问题向中共中央北方局的报告[M]//《晋察冀抗日根据地》编审委员会，中央档案馆．晋察冀抗日根据地：文献选编（下）．北京：中共党史资料出版社，1988：818．

区党委组织部长林铁作了《从组织上巩固党的几个问题》的报告，回顾了北岳区建党六年来的组织状况，对支部工作和干部工作中的经验和教训进行了系统总结，就党组织的领导原则、工作中心、一元化领导、部门关系提出要求，指出作为局部执政的党必须加强党的组织、政治、思想建设，克服各种不正确的倾向，认为“一定时期内要开展一定的思想斗争与教育就是非常必要的”，“特别[是]阶级教育的加强更为重要”，“对敌斗争的右倾教育”“反对主观主义教育”等，在巩固党的团结上具有重要作用。[①]这两次会议推动了北岳区“整风运动”的深入开展。此后，各县级以上机关结合工作开展了新一轮的“整风运动”。

完县于1943年6月底召开县选布置会议，历时3天，这次会不仅是工作布置会，而且是一个极好的整风会。会议第一天学习民主政治文件，如选举条例、彭德怀副总司令的民主教育、边区参议会的精神与成就等。县级科员与区助理员分成2组，区长与县长为1组，指定教员领导阅读并解答问题。第二天上午选举工作布置，下午和第三天讨论。宋县长特别指出：“讨论要联系实际，深刻检讨过去，反省自己，讨论干部教育与群众教育，只有党员干部弄清楚，才能领导民主运动，否则就是空喊”。在一、二区的小组会上，有的同志说：“我过去认为民主就是不打人骂人，让老百姓讲话，见了人笑一笑，待人和气谦恭，闹了半天民主还和民生联系在一起”。有的科员把自己过去对下边的问题没有主动解决提了出来，“三区一婚姻案找到县里半年尚未解决，这与不关心群众有关”。在讨论检查中，深刻认识了县选是一个普遍深入的民主教育工作，不但要教育群众，而且还要改造自己。[②]到 8 月底，北岳区县选结束，“北岳区人民在紧张的夏耕和反扫荡中进行县选，选举过程中，各县都深入检查县政，并及时解决了许多问题，人民都积极普遍和认真的〔地〕参选，这次选出的议员包括各阶层中最有威信的人士，成为三三制政权真正辉煌的胜利”。[③]

抗联会（晋察冀边区各界抗日联合会）也改变以往“脱离群众、粗枝大叶的现象。譬如有个同志去调查 1 个村的灾情，他只是叫村干部填了几张表，就回来了，而这就花了 5 天时间，有些在大街上转转，开 1 个村干部会就算完了的官僚主义作风。经调查提出了切合群众利益的‘战争、生产、教育’三大任务，鼓舞了群众的热情”。[④]北岳区各县都建立了学习中心小组，井陉、平定、行唐、灵寿的中心小组都经常向大家做报告，80%的都写了反省笔记，平定某同志读文件后还深深思考了 10 多天。各县除了一般的读写活动外，对于落后干部还派专职

① 林铁．从组织上巩固党的几个问题[B]．石家庄：河北档（卷宗 69-1-78-3）．

② 石屋．完县以整风的精神布置县选[N]．晋察冀日报．1943（4）．

③ 北岳区县选胜利完成[N]．晋察冀日报．1943（1）．

④ 抗联召开委员会检讨下乡考察所得经验决进一步改善领导作风[N]．晋察冀日报．1943（1）．

干部进行个别谈话，行唐还办了《学习广播》小报，督促党员干部学习。各县十分之七八的党员干部还定期下乡，回来举行讨论会交流意见，提高认识。①

“整风运动”提高了县级以上机关的工作效率、党员干部的工作责任感和热情。以县选为例，盂平县县选时，涌现出了许多以往未有的现象（见图 2-5）。盂平某村 78 岁的严某说：

图 2-5　县选剪彩

资料来源：晋察冀日报．1943（1266）．4 版．

“[民国]二十九年的大选举选出了真能代表我们的县长韩一钧，他在我们遭到雹灾亲自来慰问、救济我们，这一点就可以证明选举的重要，一定要认真去做，别看我上年纪啦，这选举我一定去参加。他的话引起了在场全体老百姓对选举资格的格外关心。”②显然，县级党员干部的行政直接影响着乡村党、政权和各项工作的开展，其日常工作态度和能力在乡村农民心中的印象深刻。

此时，边区党、政、民各机关团体的党员干部在整风中不断检查自身问题，进行批评与自我批评，以各种竞赛的方式改进作风。同时，按照中央一元化领导和精兵简政的要求，对边区领导机构进行调整，充实了基层力量。晋察冀边区“整风运动”学习作为一次思想上的革命，其目的在于克服干部特别是高级干部中小资产阶级的思想意识，肃清三风（党风、学风、文风）不正的残余，建设正确的思想——毛泽东同志的思想，以达到统一党的思想，增强干部党性，巩固党的纪律，建设成为一个统一的马列主义的布尔什维克党。

由于在“整风运动”学习中，有些党员干部对此种认识的不够，特别是部分高级干部把学习文件看成一般的学习，或者只整下面的风和新干部的风，或者只

① 北岳区的二期整风[N]．晋察冀日报．1943（3）．
② 王炜剪．县选风光[N]．晋察冀日报．1943（4）．

偏重于业务，或者未把“整风运动”的重点放在干部的思想改造上，以致“整风运动”没有更深入的进行。

1944 年 1 月，为使整风进一步深入，中共晋察冀分局做出了《关于加强整风领导的决定》，要求在县以上的党委成立整风委员会领导“整风运动”，指出“目前整风学习应当联系到党内存在的各种倾向，主要是官僚主义、军阀主义、自由主义，以及对时局、对党的政策的左、右倾，针对这些倾向，发扬坦白反省与思想论战，求得在干部中首先是高级干部中在这些问题上的一致”。[①]随后，中共中央书记处对晋察冀党组织“整风运动”发出指示，指示中指出：“在相当长的时期中，[党员干部]这个思想改造，又必须与自我批评的武器联系起来，每个干部，特别是犯过一些错误的干部，一定要对过去和现在的工作经过深刻的反省，才会获得整风成功。我们希望……把你们区域党存在一些不正确的思想和倾向，运用正确的批评和自我批评，根据治病救人的方针，加以适当的〔地〕揭发和检讨，求得在各种问题上一致认识，这对晋察冀边区工作的深入和更加发展，以及整风运动的深入，将起重要作用”，“应当有计划的〔地〕开始进行党内审查干部和群众中的防奸运动，彻底的〔地〕但是正确的〔地〕将暗藏在党内和群众中的真正国特务与奸细清查出来，同时要预防弄错及被诬陷，这是巩固党和坚持敌后斗争的一项重要工作。在防奸运动中，除揭发群众对敌寇的民族仇恨外，必须在党内党外认真进行反国民党法西斯政治的教育”。[②]此后，边区“整风运动”进入了坦白自首、反奸审干的新阶段。

为加强北岳区新一轮“整风运动”，北岳区成立了整风委员会，并抽调部分县团以上干部离职进行“整风运动”，各地委也纷纷组织各种整风训练班对下级干部进行整风。在 2 月中旬以后，北岳区掀起了群众性的坦白运动。党员干部在政治上、组织上、行动上、生活上向组织坦白，清算以往的思想问题，反思自己的立场观点和方法，并通过内心的反省斗争，提高自己的觉悟，打通自己思想难关。他们在反省检查中，从对无产阶级的事业、党的事业抱着无限忠心，与群众的有极密切的联系，善于在复杂的环境中独立决定方向、遵守纪律等方面考察自己的工作，时刻自警自励。[③]在“坦白运动”中，许多问题被群众和党员自己提了出来，从而达到了教育、审查干部纯洁队伍的目的。例如，从事妇女工作的干部在反省中说：“我们多是出身于比较富裕的家庭，不懂得广大穷苦妇女的思想感情，不能亲身体会她们的痛苦。不是在她们之中来做工作，而是站在她们之外，好像我们是为你们做工作，有问题你们就来吧。因此，老觉得群众落后，不

---

① 中共中央晋察冀分局．关于加强整风领导的决定[M]//《晋察冀抗日根据地》编审委员会，中央档案馆．晋察冀抗日根据地：文献选编（下）．北京：中共党史资料出版社，1988：894.

② 中央书记处给晋察冀分局的指示：1944-1-11[B]．石家庄：河北档（卷宗 1-1-24-3）.

③ 纪念马克思深入开展整风运动（社论）[N]．晋察冀日报．1944（1）.

愿接近她们，只愿接近一些青（年）妇（女），或者文化水平高一些、开明一些的妇女”。而那些曾经是中农、贫农出身的干部说：“我们因为脱离生产久了，忘了劳动妇女的痛苦，使得自己工作人员化了，劳动妇女知识化了，就对她们摆起架子来”。[①]这样的内心反思显然有利于今后工作的改进。与此同时，太行根据地也发起“坦白运动”，偏城县自 5 月起召开县政府、抗联会及群众代表座谈会，会上参加国民党特务组织的人，大多坦白揭露了自己的行为，并决心改过自新，经组织教育被释放，同时教育了与会人员。[②]

随着抗日形势的好转，平西、平北、冀中、冀热辽各区也开始或进一步开展“整风运动”。“平北党员干部是无所谓学习的”，1943 年 1 月分区成立整风学习委员会，其下设立 3 个直属学习组，各县设学习分会，组织党员干部学习。经过学习，党员干部认识到了“整风运动”对改造自己、工作、抗战、革命的重要性和必要性；部分克服了普遍存在的打击群众现象；遵守党的纪律、行政纪律观念在一般同志中开始提高起来；部分克服了干部中存在的闹宗派、独立性、闹不团结等违反党性的现象。[③]冀中区按照上级要求也把大批中高级干部送到分局党校进行“整风运动”。1944 年 7 月到 10 月，晋察冀分局在阜平县黄崖村召开边区党的高级干部扩大会议。会上，宣传部长胡锡奎作了《关于整风问题的检讨》的报告。报告回顾了边区“整风运动”工作中的经验和存在的问题，明确了“整风运动”的方针、方法及意义，标志着边区机关及北岳区大规模“整风运动”结束，此后转入与具体工作结合的整风精神的落实阶段。针对边区各区“整风运动”进展不同，边区党对开展“整风运动”较晚进行的地区进行督促。1944 年 11月，晋察冀分局的指示中指出：“党的数量还是很小的”，“因此，大量发展党应成为当前冀热辽党的政策”，应在“与对敌斗争中大量发展英勇坚决的、为广大群众所拥护的积极分子入党”，并健全各种群众组织。同时，“精兵简政、整顿三风、拥军爱民、减租减息等，对冀热辽也必然是适当的”，冀热辽区党委应当“强调如何在冀热辽环境中来具体执行”。[④]1945 年 2 月，按照边区党的要求冀热辽区党委发出“整风运动”指示，其整风运动持续到了抗战胜利。

持续了 3 年多的“边区整风运动”，有利于党员干部系统掌握党的政策、理论，并不断在工作中检查、审视自己的工作，有力地推动了边区各项工作的开展，使广大党员干部接受了一次系统的马列主义教育，统一了全党的思想。通过批评、自我批评及“坦白运动”等进一步提高了党员干部的工作积极性，解决了

---

① 边区妇女开大会妇女干部坦白反省深入整风[N]．晋察冀日报．1944（1）．

② 太行偏城破获通敌国特巨案坦白座谈供出惊人罪恶[N]．晋察冀日报．1944（4）．

③ 平北的整风[N]．晋察冀日报．1943（3）．

④ 中共中央晋察冀分局关于冀热辽工作的意见[M]//《晋察冀抗日根据地》编审委员会，中央档案馆．晋察冀抗日根据地：文献选编（下）．北京：中共党史资料出版社，1988：951-957．

部分党员干部的思想包袱，促进了其思想进步和党内团结，对官僚主义、自由主义、盲目山头主义、贪污腐败等进行了有效遏制。“整风运动”也纯洁了党员干部队伍和组织机构，增强了党的凝聚力和群众的信赖感。期间，对党政关系的调整，确立了党对各项工作的领导，保证了边区发展的正确方向，“这成为战胜敌人争取顺利的保证”。[①]

在“整风运动”中，随着边区斗争形势的变化，乡村党组织得到健全和发展。例如，龙华县属边区第一地委（1944 年 9 月后属冀察区），1943 年时人口为 95 730 人，巩固区党员 1914 人，游击区党员 1265 名。在大量发展党员的要求下，到 1944 年 6 月时，巩固区发展到 2609 人，游击区发展到 1590 人，增长了 133%以上。有统计的党员占全县人口的 4.42%，统计的 6 个区中，二、三区发展远低于彭德怀提出的比例（3%~5%），二区为 1.86%，三区为 1.60%，三区的游击区党员更少仅 300 人，而六区党员比例最高为 7.84%。该县党员比例与平山等县的某些区已达 20%，相比党建还比较落后。在新发展党员方面，游击区的要快于巩固区的，三区的游击区达到 228.9%，二区最慢，一区比三区慢近 1 倍。巩固区党员发展以五区最快，四区发展最慢，比五区慢 1/3 以上。从党员成分看，新发展党员中工人、贫农、雇农占 72.35%，中农以上占 27.65%。[②]显然，在发展党员时，对成分的选择有了明显的注意。同时，妇女党员的发展比重也在增加，达到 20.03%，尤其是巩固区发展较多。在“整风运动”的推动下，1943 年农村支部除一区外，其他区已彻底消灭了空白村[③]，全县建立支部的村庄占全部村庄的 89.54%。到 1944 年 8 月时，党的发展已达全部村庄的 98.25%。在 1944 年整顿支部工作中，该县曾发现不少敌探奸细和阶级异己分子，据统计开除的党员中奸细分子占 7.14%，阶级异己分子占 33.94%。这说明在发展时对成分审查重视不够。在“整风运动”审查党员干部时，支部重视党组织的纯洁、巩固和严密，开除的党员占新发展党员的 4.83%。在上级党组织的严格监督和帮助下，在“整风运动”中该县党员的组织观念得到增强，表现在：①会议制度比以往得到健全。党员的小组会和支委对支委会都开始关心，他们认识到会议是为了解决党员和群众问题的，因此不愿参加会议、怕开会的现象大大减少。②党员干部积极响应党的号召，认真执行党的决议，而且能自觉、自愿起领导和带头作用，他们相信党的号召和决议都是为党员个人和群众利益的，且这些号召和决议合乎党员与群众要求、能够实现，其执行决议等的信心、积极性及创造性得到了发挥。③党员干部

① 胡锡奎．关于整风问题的检讨[M]．河北省社会科学院历史研究所，河北省档案馆等，编．晋察冀抗日根据地史料选编（下）．石家庄：河北人民出版社，1983：468-477．

② 中共龙华县委(档案登记县政府，疑有误)．中共龙华县 1945 年组织工作总结[B]．石家庄：河北档（卷宗 520-1-487-3）．

③ 也称“白点村”，这类村中既无中共党员，也无中共党支部．

政治情绪饱满，对政治认识得到提高。在整风生产中党员群众生活得到改善，尤其是 1944 年夏粮食丰收在望，党员坚信党的领导正确，不少党员群众说："上年年景不强（好），今年老百姓没有挨饿，大生产这个办法可把人们积（调动）了"；还有的说："今年这大生产组织起来可真是好办法，要不是（然）今年的地可荒多了"；还有的说："要不着〔是〕今年党领着这么干，说不定有多少(人)又（要）出去逃荒的"。这显示了党员群众的情绪和对党组织的信赖。④党组织内部更加团结。首先，支部和党员不团结现象减少。由于私人生活的改善，斗争和纠纷减少，特别是"整风行动"后党员偷盗事件已很少见。其次，支委和党员对同志和群众真正关心，不但帮助他们做活，而且不少党员干部拿出战粮解决人们的困难。此时，党内不良倾向大大减少，党员思想也更加进步。①

1945 年，龙华县随着军民的反攻，党组织迅猛发展，到年末时新发展党员达到 3029 人。地方党组织在发展党员中采取了边区以往的方式，环境的变化又有所不同。在巩固区（或称老解放区）发展党员大多采用在斗争与生产结合中发现积极分子的方式，如一区店北村支部发动反恶霸崔凌炳斗争，党员由 13 人迅速发展到 60 多人。在新收复区（或称"新解放区"）的收复过程中采用在对敌斗争与开展政治攻势相结合的方式来发展，收复后以发动群众与贯彻党的政策及建立各种组织结合起来发展。在刚收复时主要还是靠区干部亲自发展，即在贯彻政策和讲政策与形势中发现积极分子后，让他们担任公开干部，然后再由区干部发展一部分。村中有了初步的基础后，区委了解其情况后指定对象，再由区干部进行发展，发展后交给区委发展。已发展好的党员，如成分好就教他们方法，让他们直接找自己的亲族、朋友、关系最密切的乡亲等进行发展，这一方法成绩较好。妇女党员多是男党员发展的家里妇女。在新收复区赈济灾民过程中，区干部也直接掌握到户，发现积极分子后进行谈话，了解其成分确定对象后进行发展。在新收复区开始发展时，许多青年因害怕当兵而躲避党员，接近党组织的多是妇女、四十岁以上的中老年人及小孩，他们不必担心当兵，所以初期发展的女党员比男党员多。还有部分区干部到村支部确定发展对象及发展人数，并及时检查，这一方法完成发展党员任务最快。②综观该县在 1945 年党组织发展情况可以发现，上半年虽然反攻接连胜利，形势发展良好，但党员发展缓慢，这与附近的涞易车站、沿线日军未退有关。7 月后，当地八路军加大攻势，新解放区不断扩大，中共地方党组织有加大整治攻势，同时在农村贯彻统一战线政策，但收效仍不明显。9 月 5 日龙华县全县解放后，地方进行扩军工作，大批青壮年纷纷逃避，

---

① 中共龙华县委．半年来组织工作总结[B]．石家庄：河北档（卷宗 520-1-487-4）．

② 中共龙华县委(档案登记县政府，疑有误)．中共龙华县 1945 年组织工作总结[B]．石家庄：河北档（卷宗 520-1-487-3）．

经过老党员努力做工作，党组织才得到较快发展。然而，为了完成上级发展组织的任务，老党员不堪重负，出现了发展马虎和未能真正在斗争中发现、考验，也没有进行组织谈话、阶级教育及不举行入党仪式等问题。许多新入党党员的党的基本知识教育和编入党小组过组织生活等工作都没做好。①

在支部建设方面，随着龙华县新收复区不断扩大、群众斗争不断高涨，党员不断发展，支部普遍加强。首先，支部在斗争中得到发展。例如，一区的×村举行反张树周（地主）斗争，使党员迅速发展到90多人。此前空白点多的一区，此时虽未达到完全建立支部，但基本消灭了空白。其次，在斗争中提高党员的革命情绪。该县良岗支部在国民党进攻新解放区时对该村特务赵化南进行斗争时，有10多个党员扛着铡刀去，令特务胆寒，党员情绪高涨。×村的李泉在“坦白运动”时，向政府坦白被公安局放回，然而支部党员对其仇恨万分，许多党员计划用斧头将其砍死，且商量砍死他的人的家属由大家赡养。因此，李泉回村后发现“风不顺”，又跑回了公安局。这使得该村昔日受祸害的党员情绪更加高涨。第三，在斗争中清洗内奸，巩固支部。坐台山×支部内部派别林立，内部混乱不堪，在整理支部中上级组织一方面在内部培养优秀党员，以之带动其他党员；另一方面对党员进行以阶级教育为主的“良心教育”，发动群众揭发不合格党员，如支部党员赵平祥检举了国民党特务组织蓝衣社区干部，其被群众移送区公安局。上述的斗争无疑划分出了人民与反人民的界限，使党员群众的阶级意识更加鲜明，他们对中共党组织认同感增强，所以在随后的扩军运动中大批党员群众积极参军。同时，斗争也使支部党员更加看重党员的成分，许多富农、地主出身的党员干部被洗刷，下层农民党员成为支部的主导力量。令地方党组织忧虑的许多新发展党员不承认自己党员身份的问题也得到了解决。二区的营房店村在反攻前是白点村，其村北有一名党员恢复后不承认自己的党员身份了；许家厂东关在反攻前无中共支部，反攻后才建立支部，但工作不稳。三区反攻前都消灭了白点，反攻后张家庄、魏家坟、龙五庙三村的党员都不承认自己是党员了；山北村过去一个区委干部发展了一个党员，反攻后也找不到了。七、八区和城区共56个村，1945年初只有5个村中有10名党员，最多的西永羊、北洛平各有3个，其余村都是白点，到5月底只有支部2个，个别关系的也有几个。在10月时，有支部的发展到25个村，年底未建立支部的红点（有党员无支部）村还有3个。同年底，八区24村有支部的15个，白点村3个，红点村也还有6个。在经过剧烈的乡村斗争后，这些地区的党员及支部问题基本得到解决，这为即将到来的解放战争做了组织准备。②

① 中共龙华县委（档案登记县政府，疑有误）. 中共龙华县1945年组织工作总结[B]. 石家庄：河北档（卷宗520-1-487-3）.

② 中共龙华县委（档案登记县政府，疑有误）. 中共龙华县1945年组织工作总结[B]. 石家庄：河北档（卷宗520-1-487-3）.

该县党的领导人在总结其建党经验时认为：选择群众切身利益的问题为入口，并积极领导斗争，从中发现积极分子作为培养对象或建立起支部，党员的自觉性要高、有朝气，在群众中树立威信，增强党群的密切联系，才会使党组织“扎根要上”，更有战斗力；发展、巩固党组织与其他任务一样，必须动员全党的力量，上级必须具体帮助和深入领导，从分析各村的政治、经济、阶级、阶层等入手，1 村 1 户地着手确定发展对象和不同的发展方法，还必须及时检查、总结经验，才能提高发展、巩固党的信心；把组织活动的方法与当前中心工作或日常工作密切结合起来，并作为支委会、党员小组会的主要内容，这是活跃支部、团结群众、协调各部门关系的有效方法，也是保证支部成为“堡垒”的具体体现；了解、熟悉干部能力，对干部掌握、理解决议和政策等适时指导，积极发现和培养干部，纠正其不良倾向，才能使工作顺利开展；及时肃清党内的官僚主义、宗派主义、自由主义，树立群众观点、实事求是地解决问题，是党建的基本要求。①

又如怀涿县。该县属平西根据地六专属，1944 年后属冀中区行署六专属。东与昌宛怀联合县接界，南为涞水县，西为蔚涿宣联合县，北与宣化办事处相接。全县共分六个区，223 个村庄。一、二区是巩固区，六区是游击区，其余区内游击区、巩固区并存。全县共有日伪据点 7 个，岗楼 5 个。该县中共乡村组织在抗战后得到发展，1941 年“大扫荡”后，八路军退出该县。1943 年党组织开始“在和平环境中隐蔽发展，群众尚未受过训练”，经 1 年的努力，到年底，怀涿县党的“力量已日益公开化”，党的工作已威胁敌人察南心脏，加以距北平甚近，因此党组织“对残酷斗争必须充分估计，党组织的总方针是在巩固中发展，重点为巩固深入工作”。②1944 年，乡村党支部巩固区有 47 个，游击区 28 个。同年，上级要求该县在“巩固中发展党组织”，党员占人口总数已达 0.8%，新增支部 22 个，而且有个别关系的村 26 个，但仍有无党组织的“白点村”131 个。③1945 年，反法西斯战争顺利发展，日军在太平洋战场接连失败，在中国战场遭到中国军民的连续打击，呈现败势。由于兵力不足，怀涿县日军也开始撤点集兵，敌我形势朝有利于怀涿军民方向发展。怀涿县南面沿河的城斋堂据点日军撤退后，县游击队主力围困了矾山、桑园据点，给怀来日军造成巨大威胁。在怀涿军民攻势下，许多伪政权垮台，伪军被挤到了敌占区。④面对这一有利形势，怀涿地方党组织一方面发动党员群众进行反奸除特、贯彻统一战线政策、组织军

---

① 中共龙华县委．半年来组织工作总结[B]．石家庄：河北档（卷宗 520-1-487-4）．

② 中共中央晋察冀分局．关于平西现状向中央和北方局的报告[R]//《晋察冀抗日根据地》编审委员会，中央档案馆．晋察冀抗日根据地：文献选编（下）．北京：中共党史资料出版社，1988：908-909．

③ 中共怀涿县委.怀涿县一般概况：1944-11-20[B]．石家庄：河北档（卷宗 520-1-357-4）．

④ 中共怀涿县委.怀涿县半年组织工作总结：1945-7[B]．石家庄：河北档（卷宗 520-1-357-3）．

民生产、发动对敌政治攻势等斗争，另一方面积极在斗争中发展党员，建立健全乡村党组织，仅在 1945 年上半年地方党组织就发展新党员 651 人，消灭白点村 24 个，新建支部 20 个，还建立个别关系的村 4 个。

表 2-6 怀涿县 1945 年党员、党组织发展与原有之比较

区别	行政村数	现有总数		原有总数		现有个别关系
		支部	党员	支部	党员	
一区	34	34	523	34	383	
二区	29	25	341	21	240	3
三区	30	18	386	17	232	8
四区	32	11	169	8	66	9
五区	23	1	42	4	47	1
六区	28	2	22		2	2
七区	27	13	100			10
共计	203	104	1583	84	970	33

资料来源：中共怀涿县委.怀涿县半年组织工作总结：1945-7[B]. 石家庄：河北档（卷宗 520-1-357-3）.

到 1945 年时，该县党员已占人口总数的 1.5%。党员的大发展很难保证党员质量的纯正。尽管当时党组织认为："党员比以前的党员是比较有战斗力的，是从去冬贯彻减租减息政策、今年大生产运动和反资敌等斗争中经过考验，经过锻炼出来的。这些党员比较起来在政治立场上、阶级立场上是坚定的，在成分上大部分是贫农以下的，并也注意发展女党员，党员质量提高了，"然而为满足形势迅速变化的需要，在短期内发展大量党员导致有许多在本村不能生存的流氓分子，或为逃避日军抓丁，甚至因家庭不和、对婚姻不满而要求入党的投机分子等混入了党组织。

怀涿县在发展党员的方式与手续上努力合乎上级的要求。一、二、三、四、七区的大多新党员填写了志愿书，贫农以下经过区委批准，中农、富农经过了县委批准；一、二、三区原有支部都由自己发展，新建支部不能发展；五、六区是新恢复区，新党员是党员干部下乡在秘密农会、救国会与公开群众组织中考察发展，然后经区委讨论批准的；与五、六区不同，巩固区党员发展多是区委到支部布置发展数量，支委会讨论后分到小组每个党员身上，由党员去找发展对象，然后经过小组会、支委会讨论后确定；游击区邻近敌人据点的村庄，由邻区、村党组织或党员利用各种亲戚、朋友关系及职业作掩护去发展，以避免本村、本区干部因"太红"不能存在或被摧垮。1945 年，该县"总的说来，发展党还是重点，巩固是从发展来实

现的，后半年还是要大量的〔地〕发展和发动群众相结合”。地方组织为克服党内问题，也时常注意巩固组织，尤其是巩固支部方面收效较大，在五六月先后整顿了22 个支部。在上级提出在整风生产与除奸相结合中巩固组织的要求后，各区都拿出方案布置到支部，要求支部党员了解支部所处环境与历史，召开支部会动员、解释宽大政策，进行各种思想教育，然后在支部会上了解每个党员、审查填表，党员或自我介绍，或个别谈话，或从群众中了解，最后改选支委，建立支部的各项制度，重新划分小组。在整顿支部中清洗出 3 个奸细、2 个投机分子、1 个落后分子。还发现大批党员干部搞“破鞋”、自私自利、强迫命令、打人绑人、游击区的党员向区干部暴露党的秘密等问题，并给予了教育和处理。①

抗战胜利前夕，怀涿县的整风、巩固党组织，为该县迎接抗战胜利和之后复杂的政治、军事斗争起到了重要作用。首先，支部党员发扬党内民主，勇于批评与自我批评，使党组织更加团结，克服了党内部分农民党员自私自利的意识。其次，教育了一批党员，许多党员敢于大胆提出党员干部的缺点、错误，敢于与投机分子等进行斗争。第三，提高了领导干部的工作水平，尤其是党组织对公开组织的领导方法有所改善，以往强迫命令式的方法，干涉群众团体事务和党、政、民不分的混乱状况得到改善。第四，加强了支部的领导作用。改变了过去支委不通过党员而直接领导公开工作、放弃对党员的领导，加强了党员的纪律教育，奖优惩劣。第五，改造了支委的干部成分。通过支部改选、小组长改选，许多贫农党员担任了领导职务，提高了工作效率和党组织凝聚力，也转变了领导作风。这些都为即将到来的解放战争所需的扩军、扩干打下了基础。②

上述两县的党组织在抗战后期的发展中，都不同程度地借鉴、利用了抗战以来边区其他地区的经验，也出现过与其他地区类似的问题，在既往经验的基础上，上级领导机关适时进行了整顿，两县的斗争避免走了许多弯路。

到 1945 年时，冀察区党员发展到 127 914 名，冀晋区党员发展到 112 611 名，冀中恢复到 1940 年“反扫荡”时的水平，并且有了很大发展，冀热察区得到迅速扩大，平北到 1944 年时党员就已发展到近 9000 人。③经历严酷的抗战洗礼，晋察冀边区中共党组织由弱小的党，发展为有 20 多万党员的大党，且具备了丰富的区域执政经验，这一切为即将到来的中共与国民党之间的国内战争打下了坚实基础。

① 中共怀涿县委．怀涿县半年组织工作总结：1945-7[B]．石家庄：河北档（卷宗 520-1-357-3）．

② 中共怀涿县委．怀涿县半年组织工作总结：1945-7[B]．石家庄：河北档（卷宗 520-1-357-3）．

③ 中共平西地委．关于党员、支部、人口、村庄等的统计：1944-9-30[B]．石家庄：河北档（卷宗 237-1-10-4）．

第三章　乡村党员群体的社会形态

> 中共农民群众和城市小资产阶级，是愿意积极参加革命战争，并愿意使战争得到彻底胜利的。他们是革命战争的主力军；然而他们的小生产的特点，使他们的政治目光受到限制，所以他们不能成为战争的正确领导者。
>
> ——毛泽东《中国共产党和中国革命战争》

“必须对党员进行有关党的纪律的教育，使一般党员能遵守纪律”，使每一名党员“应该成为英勇作战的模范，执行命令的模范，遵守纪律的模范，政治工作的模范和内部团结的模范”，[①]这是抗战时期中共对党员的明确要求。晋察冀边区在开辟、发展的过程中，边区绝大部分党员是由党组织“自上而下”在乡村发展的农民党员。这些长期处在传统政权、族权、神权、夫权思想和制度下，“迷信”“散漫”“保守自私”“贫苦软弱”的农民，怎样被纳入中共党组织的组织轨道？他们对党组织的认同感如何？其政治表现怎样？为保持党的纯洁，党组织如何调节党组织的社会成分？本章拟重点考察这些问题。

第一节　党员社会构成

党组织是由各种社会身份的党员组成的集合体，党员的个人行为，与其所处的社会环境、社会地位及其追求等有密切的关系，也折射出党员与党组织互动的复杂性。这种党组织与党员的互动不仅影响党员的个人发展前程，也关乎着边区党组织的发展。

一、党员群体的阶级构成

马列主义经典认为：“所谓阶级，就是这样一些大的集团，这些集团在历史上一定的社会生产体系中所处的地位不同，同生产资料的关系（这种关系大部分

① 毛泽东．中国共产党在民族战争中的地位[M]//毛泽东选集：第一卷．北京：人民出版社，1991：519-536.

是在法律上明文规定了的）不同，在社会劳动组织中所起的作用不同，因而取得归自己支配的那份社会财富的方式和多寡也不同”，[①]阶级不同，其政治态度、政治行为也异。中共作为无产阶级政党，在每个历史时期都非常重视党员的社会成分，尤其是阶级出身。直到抗战前，中共始终秉持党员应以无产阶级为主体的组织路线，认为中国国内各阶级中，资产阶级虽然在某种历史时机下可以参加革命战争，然而其自私自利，政治经济上也缺乏独立性，不愿也不可能领导革命战争走向胜利。农民和小资产阶级是愿意积极参加革命战争的，尤其是贫农和雇农最听党的话，他们是地主豪绅的死对头，会毫不迟疑地向压迫他们的阶级进攻，他们是革命的主力军；然而他们小生产的特点，使他们的政治眼光短浅，所以也不能正确领导革命。地主（政治代表是官僚、政客、豪绅、军阀等）是乡村的不劳而获者，是社会的寄生虫，政治上极端反动，是革命对象，但是在民族危机威胁其利益时，其内部也会分化，可争取其一部分尤其是其下层参加革命。在无产阶级（主要是工人阶级，尤其是产业工人）走上政治舞台的情况下，由于无产阶级没有狭隘性和自私自利特点，最具有远大的政治眼光、最有组织性，而且也最能虚心接受世界上先进的无产阶级及其经验，而用之于自己的革命事业，所以中国革命战争的重任就落到了无产阶级的肩上。[②]这样明确的阶级划分和在革命战争中的定位，一直是晋察冀党组织的组织发展路线和划分敌友的标杆。

理想与实际往往有差距。前文的研究说明，在实际的组织发展中，晋察冀党组织即使在国共十年内战时期也未能够实现其党的工人阶级化，很多时候“工人只占 7%强”，[③]晋察冀党组织中的党员实际主体仍是农民。

抗战爆发后，为了建立稳固的敌后根据地，需要发展大量党员以担负地方繁重的人、财、物的动员工作。因此，在八路军、抗委会等工作队（组）的配合下，地方党组织开始大量发展党员和建立农村党组织，党员发展对象开始重视下层农民，同时发展工人、知识分子。1938 年 3 月，涞源县发展的 164 名党员中，雇农、贫农占 80%，工人占 10%，知识分子占 10%；灵邱县 186 名党员中，贫农、雇农占 77%，知识分子、军人、工人、小商人占 23%；广灵县以往党组织发展不利，仍非常薄弱，15 名党员中以佃农、雇农、自耕农居多。[④]各县新发展的党员中农民比例最大，往往是其他阶层的 7 倍以上。因此，“谈到党的质量，一般说

---

① 列宁．列宁全集（中文 2 版）[M]．北京：人民出版社，1986：13．

② 毛泽东．中国共产党在民族战争中的地位[M]//毛泽东选集：第一卷．北京：人民出版社，1991：519-536．

③ 中共河北省委接受中央指示的决议[M]//《中共中央北方局》资料丛书编审委员会．中共中央北方局：土地革命战争时期卷．北京：中共党史出版社，2002：456．

④ 晋察冀第一军分区一月份地方工作总结与二月份地方工作计划：1938-3-3[B]．石家庄：河北档（卷宗 124-1-2-1）．

来党的阶级成分的比率，是令人满意的”。[①]

为保证党员群体的工农成分，让贫雇农和工人成分占主体，以维持党组织“在华北有决定优势的前途”，晋察冀边区党委要求各地党组织“要特别注意各地产业工人的工作，吸收产业工人到党里来”，“这一地区虽然主要是农业区，但仍有不少产业工人的存在”，“我们必须认定，吸收积极觉悟工人入党，加强党的无产阶级成分，是提高党的质量的唯一保证”。[②]然而，由于战争发展的需要，各地在大量发展党员过程中，党员成分混杂，尤其是各地的“拉夫”现象严重，导致投机分子、奸细、流氓分子混入党内。在1938年4月边区第一次党代表大会后，边区党组织开始巩固党组织，严密入党手续，洗刷不合格分子。从会后的结果看，一大批不合格党员干部被洗刷，新发展的党员中，仍然以农民占绝大部分。例如，龙华县某区1940年发展党员85名，工人2名，知识分子3名，中农15名，贫农64名，其他1名。其中工人占近2.4%，农民占92.9%，知识分子约占3.5%。[③]由此可见，在农民占主体的社会中，保持工人的阶级成分是很难实现的，在现实中农民仍然是党员群体的主要构成部分。北岳区虽历经多次组织成分的调整，到1943年3月时，党员中工人占3.3%，雇农占2.9%，贫农占60.9%，中农占30.9%，知识分子占1.5%，其他占1%。此时，农村阶级关系已发生巨大变化，从而影响到了党员的成分构成。从成分上看，工人、贫农、雇农合占66.6%，占绝对优势，中农占30.9%，且从当时各地选举报告中发现，中农党员在乡村党组织领导机构和各种团体中占有很大比重，从而引起了上级党组织的关注，要求各地政权等机关必须保证贫雇农的党员领导人数量。

除了上级党组织的要求会影响党员群体成分构成外，抗战期间受到中共在边区推行的诸如经济上“有钱出钱，有力出力”、统一累进税、减租减息，政治上的“三三制”等乡村抗日统一战线政策，以及日伪、自然灾害等因素的影响，边区阶级关系也会发生巨大变化，这无疑也影响着中共党员的成分构成。

从20世纪40年代开始，边区地主阶级总体数量下降。地主中的一小部分维持原状，大部分由大地主降为小地主，中小地主则降为富农。例如，1941年北岳区巩固区9县25村调查中，地主仅占人口的3.11%，接近平汉线地带村庄中的地主

① 赵振声．抗战两年中边区党的发展与巩固（1939年6月20日）[M]//河北省社会科学院历史研究所，河北省档案馆，等．晋察冀抗日根据地史料选编（上）．石家庄：河北人民出版社，1983：140．

② 黄敬．地方党五个月工作总结与今后工作方针（1938年4月）[M]//《晋察冀抗日根据地》编审委员会，中央档案馆．晋察冀抗日根据地：文献选编（上）．北京：中共党史资料出版社，1988：137．

③ 中共晋察冀边区一分区地委．巩固党的工作总结报告[B]．石家庄：河北档（卷宗123-1-1-1）．

占1.81%。富农阶级人数停滞或下降。战前，老富农多降为中农，还有部分降为贫农或迫于生计转为小商人。在北岳区上述9县调查中，富农占人口的7.4%，接近平汉线村庄中的富农占8.45%。中农人口数量剧烈增加。上述9县数据显示，中农已占人口的50.12%，平汉线附近为40.57%。贫农、雇农数量减少，上述9县中贫农占人口的35%，平汉线附近为35.71%。与北岳区乡村相类，冀东区“大中地主大部逃亡，小地主富农也到附近据点，留在农村的一部小地主与富农，他们是村中当时领导中心，但是不敢出头，见谁都怕”。[①]冀中区“中农、富农的负担和生活情况变化不大，地主的土地走向分散”。[②]此外，由于乡村男子参加抗战，为补充劳动力，在边区政府动员下，妇女大量投入生产，仅曲阳羊马村战前参加生产的妇女就有15人，1941年有79人，到1942年即增加到了220余人。[③]在抗战相持阶段到来后，由于日伪的“扫荡”，边区大片地区沦为游击区。据对游击区42村的调查，此类地区农村阶级关系变化更大。地主占人口总数由战前的1.81%，到1942年降到1.29%；富农由战前的12.23%，降到10.13%；中农由36.14%上升到41.01%；贫农由43.05%降到41.93%。[④]游击区各阶级变化在总户数中的比例变化也能显示出来。在调查的42村中，地主在1941年占总户数的1.58%，到1942年几次大“扫荡”后降到1.5%；富农由6.97%降到6.81%；中农由41.01%升到41.93%；贫农由41.65%上升到41.78%；雇农由3.24%上升到3.26%；工人由1.31%降到1.13%。[⑤]因此，随着边区乡村阶级结构的变化，各阶级的政治态度也在变化。多数地主对抗日采取拥护或支持立场；富农一般赞成抗日，拥护中共民主政权建设；中农多被看作“动摇分子”或“中间分子”，政治热情落后于对其经济利益的关注，引导其参加抗战工作是各级党组织艰难的任务；贫雇农仍然被作为中共在乡村的社会基础。随着党员阶级成分发生变化，各阶级生活习惯、思想意识也带入党内，对党员进行无产阶级革命思想教育，从组织上严格审查党员干部、严格入党条件和手续，也成为边区巩固党组织的重要任务。[⑥]

---

① 周文彬．关于冀东工作的补充报告[R]//晋察冀人民抗日斗争史编辑部．冀热辽报告．内部发行．1982：92．

② 中共河北省委党史研究室，冀中人民抗日斗争史资料研究会．冀中抗日根据地斗争史[M]．北京：中共党史出版社，1997：146．

③ 抗战六年来北岳区农村经济与阶级关系的变化//晋察冀边区财政经济史编委会．抗日战争时期晋察冀边区财政经济史资料选编（农业编）．天津：南开大学出版社，1984：241，213-243．

④ 北岳区党委．从组织上巩固党的几个问题[B]．石家庄：河北档（卷宗69-1-78-3）．

⑤ 刘澜涛．晋察冀北岳区阶级关系的新变化和党的政策[M]//晋察冀边区财政经济史编委会．抗日战争时期晋察冀边区财政经济史资料选编（农业编）．天津：南开大学出版社，1984：197-212．

⑥ 同⑤197-212．平汉线附近统计见：北岳区农村经济关系和阶级变化的调查资料[M]//晋察冀边区财政经济史编委会．抗日战争时期晋察冀边区财政经济史资料选编（农业编）．天津：

随着农村阶级关系发生变化，党员社会成分也发生相应变化。以北岳区为例，此时党员阶级变化明显（见表 3-1），中农成分的党员占全体党员的 49%；富农等成分占 2.83%，其数量开始增多。冀东区也因“战争环境中雇农质量与数量下降，数目很少，有些村每村六七人，七八人”，所以党组织“吸收了一些富农，其中包含着一些富农子弟，有些思想上有些变动，有些是彻头彻尾的富农”。[①]这也引起了边区党组织的高度注意，并大力开始调整党员成分，在巩固组织、重新审干和整理支部中洗刷了一批党员。

表 3-1　北岳区 1937 年 12 月到 1941 年 7 月党员成份变动表

现有成分 / 原有成分	雇农	贫农	中农	富农	共计（现有）	占百分比
雇农	2	1			3	1.21
贫农	22	91	3		116	46.96
中农	4	62	54	1	121	49.00
富农		1	2	4	7	2.83
总计（原有）	28	155	59	5	247	
占原有百分比	11.43	62.75	23.89	2.02		100

说明:数据由平山、行唐、完县、唐县 8 个支部的统计结果得到。

资料来源:刘澜涛.晋察冀北岳区阶级关系的新变化和党的政策[M]//晋察冀边区财政经济史编委会.抗日战争时期晋察冀边区财政经济史资料选编（农业编）. 天津：南开大学出版社,1984：210.

经过反扫荡斗争和组织调整，1941 年到 1942 年，北岳区 7 县新发展的 1123 名党员中，工人约占 3.5%，雇农占 4.3%，贫农占 71.1%，中农占 19.2%，知识分子占 0.8%，其他占 1.2%。[②]此后，岳区党员成分中贫农以下党员群体数量不断上升。1943 年初，北岳区发展的党员就以贫农为主，如北岳三地委根据上级巩固党的要求，在发展组织时更加注重发展下层民众（见表 3-2）。

表 3-2　北岳三地委阜平县在 1942 年到 1943 年巩固组织中党员成分的变化

成分 / 时间	工人	雇农	贫农	中农	知识分子	其他
1942 年 7 月前	293	242	6143	1476		173
1943 年 3 月	279	175	5925	1796		152

南开大学出版社，1984：1-14.

① 周文彬.关于冀东工作的补充报告[R]//晋察冀人民抗日斗争史编辑部.冀热辽报告. 内部资料，1982：112.

② 中共晋察冀北岳区四分区地委.四分区组织工作的总结与今后努力的方向[B]. 石家庄：河北档（卷宗 81-1-1-6）.

资料来源：中共晋察冀北岳三分区地委组织部．八个月来巩固党的工作检查总结报告．河北档，卷宗号：78-1-22-1.

同样，冀东区在 1940 年时，西部地区党员成分为：雇农占 36%、贫农占 38%、中农占 16%、富农占 4%、其他占 11%，而到 1941 年 6 月党员成分调整为：雇农占 10%、贫农占 54%、中农占 21%、富农占 2%、其他占 5%。冀东东部地区同期贫农成分的党员比重也大幅上升。①

显然，在巩固党组织的过程中，地方党组织在发展党员时对成分的选择有了明显变化，并力图通过阶级成分的选择纯洁党组织队伍，以适应新的抗日形势的发展。

表 3-3　北岳区 1943 年 3 个月发展党员成分统计

项　别	工人	雇农	贫农	中农	知识分子	其他
百分比	3.3	2.9	60.4	30.9	1.5	1.0

资料来源：北岳区党委.从组织上巩固党的几个问题[B]. 石家庄：河北档（卷宗 69-1-78-3）.

随着党员成分的调整，党内干部成分相应发生变化。如北岳灵寿县村支委成分中，贫农以下的阶级、阶层占到了 71%，中农、富农的比例下降；从北岳区整体看，贫穷以下的阶级、阶层占比亦占大多数（见表 3-3）。冀东各县支委成分与北岳区呈现同样状况（见表 3-4）。1944 年上半年，龙华县发展党员 1103 名，工人占 2.73%，雇农占 4.53%，贫农占 65.09%，中农占 27.1%，富农占 0.16%。中农及其他占 21.5%。②1941 年春，丰滦迁支委中农以上占了 1/2；到“1942 年三月的报告，支委：工人 2 人、雇农 6 人、贫农 141 人、中农 71 人、富农 1 人、知识分子 1 人”，③中农支委也显著下降。此后边区各地中农成分党员在继续下降。1945 年龙华县发展党员 3027 名，其中工人占 5.9%，雇农占近 1.8%，贫农占 64.7%，中农占 37.9%，富农及其他占约 0.3%。④怀涿县在 1944 年发展党员 640 名，其中工人占 4%，雇农占 5.6%，贫农占 59.8%，中农占 28.3%，富农等约占 2.2%。⑤边区在抗战后期随着反攻的发展，吸收了大批表现积极的贫农入党，党员成分的无产阶级化更加明显。所以，当时边区党的领导人认为党的阶级成分已得到较好的注意和发展。

① 周文彬.关于冀东工作的补充报告[R]//晋察冀人民抗日斗争史编辑部.冀热辽报告. 内部资料，1982：112.

② 中共龙华县委.半年来组织工作总结(1944 年 6 月)[B]. 石家庄：河北档（卷宗 520-1-487-4）.

③ 同①113 页.

④ 中共龙华县委.中共龙华县 1945 年组织工作总结[B].石家庄：河北档（卷宗 520-1-487-3）.

⑤ 中共怀涿县委.1944 年组织工作总结[B].石家庄：河北档（卷宗 520-1-357-1）.

表 3-4　北岳区灵寿县、冀东各县村支委成分百分比

成份		工人	雇农	中农	贫农	知识分子	其他
地区	灵寿县	2.7	1.1	34.3	31.0	28.4	2.5
	冀东各县	—	2.8	55.6	30.6	—	1.1

资料来源：北岳区党委.从组织上巩固党的几个问题[B]. 石家庄：河北档（卷宗 69-1-78-3）.

据1945年5月边区冀晋四分区党员统计，乡村党员总数为34 989名，雇农427名，贫农21 742名，中农13 556，富农730名，地主15名，其中贫农占据了党员大多数，其次是中农。①这与中共在边区动员以农民为主体的力量进行抗战，建立与巩固根据地的目标一致，显示出抗战期间中共在乡村找到了其稳固的社会基础。与中共不同，国民党在抗战时期也努力在华北发展其党组织，进行游击战争，尤其在相持阶段后不断打击中共抗战力量，力图取得在华北游击区的主导权。国民党在与中共的争夺中采取了五花八门的方法吸纳党员，但其吸纳对象多集中在知识分子中，尤其是教育界和受过初等教育、私塾教育的乡镇保甲人员及地主乡绅，乡村农民党员的比例极低。为扩大力量，国民党还吸收了大批伪组织人员，导致其党员成分混杂，真正信仰国民党党义的党员少得可怜，加上国民党在华北县以下组织系统形同虚设或徒有虚名，县以下基层组织基本处于瘫痪状态。②与国民党组织不同，中共在晋察冀边区由于扎根在乡村民众中，其力量在严酷的环境下却不断增长。

马克思的社会革命理论认为，利益是社会成员政治行为的根本动因，利益的取舍影响着政党政治的发展。所以，政党运行是党员用来满足其社会诉求的工具和途径。晚清以降，政党开始楔入中国社会政治中。民国鼎革，各种政党都标榜要深入乡村，挽救乡村社会危机，并以之实现自己的政治抱负。然而，真正将农民纳入政党轨道的还是中国共产党。在抗战期间，中共在晋察冀边区通过持续不断地乡村动员，成功地将农民带入了自己预设的革命道路。当然，这种局面的出现与农民参与中共倡导的社会革命的动机，以及中共作为农民整体利益的代表有关。因此，探讨多阶层、多职业、各性别的农民群体参加中共党组织的动机及中共组织对农民各阶层的改造是非常有必要的。

二、农民入党的动力分析

晋察冀边区乡村大多没有经过疾风暴雨式的国民大革命、土地革命和大规模革命战争的洗礼。边区领导人聂荣臻在创立边区时曾说，边区“农民的家庭保守

① 中共晋察冀边区四分区地委组织部．党组织统计表[B]．石家庄：河北档（卷宗117-1-38-5）．

② 刘洪升．试论抗战时期河北省国民党地方组织[J]．党史博彩（理论）．2008（11）．

观念非常之浓厚，调动不易，还没有无产阶级化，更说不上无产阶级的先锋了。一般党的常识许多支部都还不了解，就是党的工作较好的地区也是如此”，以致党在“很多地方总是不能建立”。[①]“这和陕北特区经土地革命，由工农民主专政走向民主共和国的过程不同。陕北民众政治觉悟程度已经达到了比较高度，过去工农在经济和政治生活中占绝对的优势”，晋察冀边区建党“不能以领导陕北特区工作的方法机械的〔地〕拿来这里运用”。[②]因而，晋察冀边区大批农民加入中共党组织的真正动机，并非是后人常常描述的理想状态，即中共振臂一呼万众响应。党组织与党员之间往往有着双向关系，拥有不同身份的党员个体，受诸如经济地位、职业、年龄、性别、民族、地域等因素的影响，其入党动机等也必然呈现出很大的差异性。

（一）党员的入党动机

目前能够看到的零散资料显示，抗战时期边区党员的入党动机十分复杂。如抗战初期党组织发展迅速的平山八区，在八路军到达许多村庄号召村民抗日鼓舞下，许多村民在了解了中共抗日主张和党组织纲领后纷纷入党，党员人数达到抗战前的 9 倍以上，他们“许多人对党纲真的了解，为最后实行共产主义奋斗而入党”。[③]而冀东一些“同志很马虎，问他为什么参加共产党，不知道，甚至只有人知道‘八路军来了不报告’，但就是这样也有作用”。[④]冀中完县县委整理组织时也发现多数党员入党动机不纯（见表 3-5）。“为了无产阶级、劳苦大众入党的可说是没有，绝大多数是为了自己。”“有的是入党为了不当兵，在入党时介绍人保证不当兵，若当兵即不参加党组织；有的认为入党后即使犯错误也不要紧、有根子，入党后还可仗势欺人；有的为了少出公粮、公款；有一部分马马虎虎不知道为了什么；最好的是看着八路军好。”还有介绍人发展党员时，为了个人利益专门介绍有政治背景的人入党，而不看其是否合格；介绍党员时不看其人品，有个党员一下子介绍了三个“破鞋”入党。由于入党动机不纯，入党后这些党员在工作中问题丛生，“虽经过几年的斗争，有一部分党员改变了些，但仍有

---

① 聂荣臻．在中共中央北方分局党代表大会上的报告（1939 年 1 月）[M]//《晋察冀抗日根据地》编审委员会，中央档案馆．晋察冀抗日根据地：文献选编（上）．北京：中共党史资料出版社，1988：232．

② 黄敬．地方党五个月工作总结与今后工作方针（1938 年 4 月）[M]//《晋察冀抗日根据地》编审委员会，中央档案馆．晋察冀抗日根据地：文献选编（上）．北京：中共党史资料出版社，1988：130．

③ 中共平山县委．平山县组织工作考察报告：1944-4[B]．石家庄：河北平山县档案馆（卷宗 1-1-4-1-1）．

④ 周文彬．关于冀东工作的补充报告[R]//晋察冀人民抗日斗争史编辑部．冀热辽报告．内部资料．1982：108．

些党员没有认识到那是不对，且犯错误多是党龄较长的党员”。这些党员入党后立场也不坚定，政治上麻痹动摇。有些党员在“反扫荡”斗争丢掉阶级立场，见到特务分子哭，即怀疑党的政策，“他不是特务吧？咱们瞎反！”甚至个别党员还帮助特务，不让特务坦白，告诉特务说：“你不坦白没有事”。有的党员因 1944 年党组织提出的口号“今年打败希特勒！明年打败小日本！”还没有实现，就对党怀疑起来：“报纸上消息是假的，八路军光吃公粮不打仗”。更有党员没有为群众服务的思想，在工作中自私自利，“想法减少自己负担，而加重别人负担，甚至袒护自己亲属与宗亲。还有的旁人请吃喝就办事，不请不办，即使办也不痛快；不为群众解决困难，有些干部集体偷盗、贪污，为了私利不惜违犯党的政策、法令”。此外，“资产阶级荒淫思想蔓延，通奸破坏家庭、男女关系混乱亦很多”。[①]

表 3-5　冀中完县南下邑党员入党动机统计表（1944 年 5 月）

类别＼入党动机	为革命	为打日本	为占势力	自私自利
支委	3	2		
党员	5	34	9	4
共计	8	36	9	4

说明：为“占势力”、自私自利者内有干部 10 人；党龄长、入党动机不纯的居多。

资料来源：中共完县县委．今年以来组织工作总结：1945-5-19[B]．石家庄：河北档（卷宗 520-1-264-1）．

龙华县委在培训乡村支部干部时询问：“为什么入党？”对方答：“为了面子，区干部一说不好意思不参加”。有的甚至到县委训练班受训时还不知道什么是入党；有的干脆死不承认自己是党员。有的被问：“你是支部干部吗？答．我不会织布”。在训练游击区乡村治安员时有人问受训者：“你们受的什么训练？”，他说：“你不是党员，我可不告诉你”。[②]平西党组织也发现党员入党动机复杂，如涞水县“某些党员阶级意识模糊、贪污腐化、假党营私，入党动机更是各式各样”（见表 3-6）。[③]冀东一地委也发现党员“一般入党动机大部分在未介绍前缺乏阶级教育，在坚决抗日的动机下入党，余便是流氓份，比较灵活、

① 中共完县县委．今年以来组织工作总结：1945-5-19[B]．石家庄：河北档（卷宗 520-1-264-1）．

② 中共龙华县委．中共龙华县 1945 年组织工作总结[B]．石家庄：河北档(卷宗 520-1-487-3)．

③ 李仲德．平西地委十一月扩大干部会议报告提纲．1941 年 11 月[R]//中共北京市委党史研究室．北京地区抗日运动史料汇编（第六辑）．北京：燕山出版社，2001：167．

会说好听话……实际上多是看共产党占势力，想借党势欺人”。[①]

表 3-6 平西根据涞水县被处分党员入党动机统计表

动机	改善生活	假党营私	糊里糊涂	为自己解放和阶级解放	怕当兵	出风头	报仇	奸细
百分比	34%	26.5%	76%	73.4%	3.7%	1%	3.1%	2.1%

资料来源：李仲德.平西地委十一月扩大干部会议报告提纲(1941 年 11 月)[M]//中共北京市委党史研究室.北京地区抗日运动史料汇编（第六辑）. 北京:燕山出版社,2001:167.

抗战时期，日军在边区的“扫荡”“蚕食”行动给边区乡村带来极大的人、财、物损失。例如，1941 年北岳区四分区在日伪“扫荡”的 8 个月内，日伪屠杀 2887 人，打伤 1097 人，被抓壮丁 1854 人，烧毁房屋 115 100 余间，群众因躲避在野外生病者 128 000 多人，病死 17 000 多人。[②]这样空前的压力迫使受害的一批人走上抗日战场，在他们看到中共领导的八路军积极抗日时，许多人自然选择了加入中共党组织，抗日复仇成为边区农民加入党组织的动机之一。然而，“他们（对党）认识是比较简单的，他们只从切身的痛苦经验中，晓得要求反抗压迫，或者只是想分得一些土地，或者是为了打日本而加入党”。[③]同时，在抗日带来的危险和维护眼前利益之间，农民往往处于两难的境地。1941 年秋季“大扫荡”中，“应县××支部，当周围 4 个村子都已资敌，这个支部还单独坚持，敌施以威胁办法，村民曾数度动摇，但村支部以村长同志为首向群众解释：‘支了这头支不了那头’”，同时注意坚壁清野工作、岗哨工作、除奸工作、坐探工作，敌来就上山，这样支部就把全村团结在自己周围，坚决进行反资敌斗争，才把阵地坚持下来”。[④]

近代以来华北地区人多地少，尤其在边区山岳地带人均耕地更少。在此情况下，农民为了维持生计只能在单位土地上投入更多劳力来提高产量，才能获得家庭正常生活的食粮。面对抗日要丧失巨大劳力的风险，边区许多地区“好儿不当兵”成为农民趋利避害的选择，“为了不当兵”而入党，成为许多农民的入党动机。反之，即使入党，面对当兵危险，许多党员也纷纷逃避。1945 年龙华县扩军时，“西文山 7 个党员跑了 2 个；北水口 12 个党员跑了 5 个；南水口跑了 2 个”。1945 年，中共在龙华县乡村推行的“减租减息”“合理负担”“除奸反霸”等政策，也鼓舞了许多农民入党。店北村在“反霸”斗争中，党员由 13 个

① 冀东第一地区委 1943 年工作总结[M]//中共北京市委党史研究室．北京地区抗日运动史料汇编（第五辑）．北京：燕山出版社，1992：231．

② 中共晋察冀北岳区四分区地委．四分区地委三月组织工作会议的传达要点[B]．石家庄：河北档（卷宗 81-1-1-7）．

③ 中共北岳区党委．区党委组宣会议结论[B]．石家庄：河北档（卷宗 69-1-41-3）．

④ 林铁．北岳区党委组宣扩干会议上的报告[B]．1942-8 月，河北档（卷宗 69-1-78-3）．

迅速发展到 60 多人；同期，娄村“反奸”斗争后，党员就发展到 90 多人。[①]

民国以降，随着地方行政体制进行改革，乡村社会关系和权力发生转移，绅权衰落，乡村权力多由土豪劣绅操纵把持，他们“图私自利，流弊所至，不可胜言”。在冀中、冀东地区，土劣势力猖獗。以文安县为例，“地方行政机关，操诸封建残余，高利贷资本家和一般土劣手中”，“民众有人控告他们，他们挟其势力，要挟县长，敷衍了事，若不然便同县勾串一起，敲诈欺压，乡民如到省府，他们有的是公款，运动官府，民众冤气，绝难得伸”，“以致地方情形，窳败到无以复加，每况愈下了”。该县保卫团的“副团总把团丁视为私有势力，常藉之欺压乡民，敛财肥己”，“民众稍有拂逆，动辄率团逮捕痛殴”。[②]此类豪绅的武装组织特别严密，县里有县立民团组织，一区里或几个村子里有村子的私人武装组织。豪绅家庭便是民团局子，随便捕人、押人、枪毙人，“官厅完全靠他们来维持治安”。[③]在土豪劣绅的压迫下，华北农民生活每况愈下，农民与基层政权的矛盾冲突不断，从而导致政府“政权的内卷化”，政府在乡村的政权合法性受到质疑和挑战。[④]中共在边区通过各种途径宣传自己为下层民众的代表，无疑为农民抗拒压迫提供了保护，许多乡民为抗拒土豪劣绅“占势力”以自保，而入党者当不在少数。1944 年完县南下邑村党员中“为占势力”而入党的 9 人，恐非偶然现象。当然，这些人入党后，难免利用中共的影响力开始控制村政，欺上压下、争权夺利、贪污腐化、保护宗亲等。例如，平山县边区唐家沟村长，“生活腐化，男女关系不正常，（工作）强迫命令，老百姓呼之为土皇帝，行为腐化，吃喝嫖赌样样精通，村中事情一手包办，对上支应，对下压迫，在村领导全体干部赌钱，老百姓谁也不敢报告一声。他曾说：‘谁报告了我们，小心你们的狗腿’。在 1942 年村选时被县政府撤职，群众要求从严惩办”。十区中“有的村干部，是看‘自己好’，群众有一点错误，即提出打击，说是坏分子捣乱工作，干部中间一团和气，互相包庇”。[⑤]

毋庸置疑，在抗战期间农民入党动机中，有大量为革命或抗日而入党的党员。笔者搜集到的“四清运动”时期的档案中，以平北根据地延庆县某支部为例。所列的是抗战时期入党的（见表 3-7）。

---

① 中共龙华县委．中共龙华县 1945 年组织工作总结[B]．石家庄：河北档（卷宗 520-1-487-3）．

② 土劣活跃下的文安县（文安县通讯）[J]．众志月刊，1934（2）：95-98．

③ 郑东起．华北县政改革与土劣回潮[J]．河北大学学报（社会科学版）．2003（4）31-36．

④ [美]杜赞奇．文化、权力与国家：1900—1942 年的华北农村[M]．王福明，译．南京：江苏人民出版社，2003：178-184．

⑤ 平山县政府．（民国）三十一年度村选工作总结[B]．石家庄：河北省平山县档案馆馆藏档（卷宗 4-1-7-2）．

表 3-7　延庆县某支部抗战时期党员入党动机汇总表

党员姓名	入党时间	入党动机	成分
1.Chengsanqin	1944.2	为了报仇，不受地主压迫	新中农
2.Guodt	1943.12	为了把日本鬼子打走，享太平	中农
3.Guogy	1943.12	为了打跑日本（鬼子），得到幸福过好光景	中农
4.Chengl	1943.12	怕受气，为入党争权力，在村子有权力办事；把日本（鬼子）打跑	中农
5.Lily	1945.5	为了打跑日本（鬼子）能太平和享福；也为了不受气，团结起来有力量	中农
6.Guoft	1943.8	为了把日本（鬼子）打跑，自己得到幸福不受欺负	中农

说明:为保护当事人及其子女个人，隐私表中所涉及的党员姓名进行了技术处理。

资料来源:中共延庆县委.党员登记表[B]. 北京：北京延庆县档案馆馆（卷宗 42-Y1-3-1）.

农民党员大都经过党的教育，这些农民党员大多文化水平不高，对中共的共产主义理想的认识也是一知半解。上述档案中党员入党动机栏显示，他们多认为其入党动机是："把日本人打跑，过太平日子，或反抗压迫"。这些党员虽对党纲都不甚了解，但都认为"共产主义社会是幸福的"，"共产党是为老百姓的"。由此可见，在面对日军的侵略，这些农民正常的生活被打乱，他们加入中共的动机多出自抗日的要求，同时其终极目的大多是过"太平日子"，这种现实与理想的结合，促使农民们纷纷入党并进行抗日斗争。

上述完县和延庆县的两个支部中，也有部分党员是为了"占势力"或"有权力"入党的。而这些动机支配着许多农民在入党后，要么极力控制支部权力，要么拉拢其他党员以壮其势力，从而形成许多支部内部的宗派，甚至根据自己的好恶控制党员发展。在经历了"整风运动"后，许多违反党纪和遭到村民、党员反对的人被剥夺权力或洗刷出党，从而健全了党组织，也使得中共在乡村的威望和影响得到了很大提高。

第二节　党员社会身份构成

党员的社会身份包括性别、职业、年龄、教育等。党员社会身份的多元化意味着众多参与形式的出现，这往往是革命性阶级斗争的结果。

一、性别构成

中共成立后的各个革命时期，中共党员群体中的性别比例极不平衡，女党员的比例远低于男党员的比例。1922 年中共"二大"时全国党员 195 人中，女党员仅 4 人。到 1923 年中共"三大"时，在 423 名党员中，女党员发展到 37 人。而且，两次大会都通过了《关于妇女运动决议案》，要求注意发动妇女参加革命。[①]1925 年中共“四大”上特别强调“我党妇女运动‘应以工农妇女为骨干’，兼及一般妇女运动。各地党部应注意介绍女党员‘并设立妇女部’，同时，‘应特别注意妇女党员关于妇女运动之理论方面的指导和训练’”。[②]1926 年，经过党组织的大发展，党员总数达到 18 500 人以上，妇女党员有 1992 人。为适应妇女运动发展需要，1926 年 10 月 1 日，中央决定撤销中央妇女部，改组为中央妇委，从 10 月份开始，各地党委之妇女部亦先后撤销，改组成了妇女运动委员会。[③]抗战初期，晋察冀边区经过党组织的大发展，女党员人数一般都不超过 25%。

以北岳区易县和冀中龙华县为例（见表 3-8）。1940 年 8 月到 12 月，5 个月的时间内除四区未统计外，其他三区到十区共发展党员 381 名，其中女党员 50 名，占总数的 13.12%。同样，龙华县 × 区 5 个月的时间内发展党员 85 名，女党员虽占 38.1%，但这一比例不具代表性，因这个区多处在日军重点“扫荡”下，男人多四处躲避，党组织只能在妇女中发展，尤其是 25 岁以下的未婚妇女中，也因如此，当地党组织领导人认为新发展的女党员多“不顶事”。针对党组织中女党员少、女党员干部更少的状况，党组织的领导人彭真强调：“要有决心提拔一些女同志来做党的工作和政权工作，要反对某些同志认为妇女干部不行的错误认识”，“在分局党校中，每期要有四分之一的妇女干部，使她们学习成为马克思主义的政治家”，这样才能有利于巩固党组织，扩大乡村统一战线。[④]

表 3-8　1940 年 8 月到 12 月易县和龙华县新发展党员身份情形

县别	易县							龙华县
区别	三区	五区	六区	七区	八区	九区	十区	×区
男	68	20	37	21	35	95	55	51
女	3	1	3	6	6	12	19	32

资料来源:中共晋察冀边区一分区地委.巩固党的工作总结报告：1940-12-30[B]．石家庄：河北档（卷宗 123-1-1-1）.

同样，在冀东区“妇女党员很少。蓟宝三在 1941 年 6 月只有 40 余同志，丰玉遵在 3000 余党员中只 94 个女党员”。[⑤]平北根据地到 1943 年时男党员占

① 赵朴．中国共产党组织史资料（一）[J]．党史研究，1981（2）：65-71.
② 赵朴．中国共产党组织史资料（三）[J]．党史研究，1982（1）：52-55.
③ 赵朴．中国共产党组织史资料（四）[J]．党史研究，1982（3）：35-40.
④ 彭真．在中共中央北方分局扩大干部会议上的结论[M]//《晋察冀抗日根据地》编审委员会，中央档案馆．晋察冀抗日根据地：文献选编（上）．北京：中共党史资料出版社，1988：336-345.
⑤ 周文彬．关于冀东工作的补充报告[R]//晋察冀人民抗日斗争史编辑部．冀热辽报告．内部资料．1982：112.

98.66%，女党员只占 1.34%。①

在抗战相持阶段，各地女党员发展滞后，不利于乡村妇女的动员，而在男劳力大量损失的情况下，发展生产和进行战争后勤配合等都需要妇女的积极参与。因此，1941 年中共北方局党组织领导人彭真在要求各地进一步巩固组织时，明确指出“对于农民，一般可停止发展；而对于妇女、产业工人及特别部门（如军事部门），则还要积极的〔地〕慎重的〔地〕发展”，尤其是“在工作部门中，工人与妇女应发展”。②然而从后来发展的事实看情况并不理想。

1941 年 7 月到 1942 年 3 月，北岳区四地委新发展党员 1205 人，妇女党员仅 74 人，占 6.14%。③北岳区在经过巩固组织和“整风运动”等后，许多不合格党员被洗刷，从而纯洁了党员队伍，解决了组织中存在的许多问题，增强了党组织在连续不断的“扫荡”“蚕食”下的生存能力，为顺利度过相持阶段的困难时期打下了组织基础。到 1943 年召开北岳区组宣干部扩大会时，党员身份构成有所变化，青年党员占到 46.6%，妇女党员占到 15.7%，虽然较过去几年有了显著增加，但比例仍没有大的突破。④

从下面几县的数据统计也可看出，女党员在抗战时期党组织中比例并不高（见表 3-9）。

表 3-9　晋察冀边区若干地区党员性别统计表

地区		冀晋四地委	冀晋五地委	冀晋区	完县	龙华县	平山县
时间		1945.03	1945.03	1945.12	1945.01-03	1944.06	1945.12
党员总数		35 895	8291	56 527（新）	322	4892	10 399
男	数目	30 442	7592	43 504	240	4230	8274
	百分比	84.9	91.57	76.97	74.5	86.5	79.57
女	数目	5453	699	13023	82	662	2125
	百分比	15.2	8.43	23.04	25.5	13.5	20.44

资料来源：①冀晋四地委. 党组织统计表：1945-5[B]. 石家庄：河北档（卷宗 117-1-38-7）；②冀晋五地委．各县党组织统计表：1945-5[B]．石家庄：河北档（卷宗 120-1-12-6）；③中共龙华县委．半年来组织工作总结：1944-6[B]．石家庄：河北档（卷宗 520-1-487-4）；④冀

① 平北地分委 1943 年工作检查与总结[M]//中共北京市委党史研究室．北京地区抗日运动史料汇编（第四辑）．北京：燕山出版社，2000：309.

② 彭真．在中共中央北方分局会议上关于巩固党的结论[M]//《晋察冀抗日根据地》编审委员会，中央档案馆．晋察冀抗日根据地：文献选编（上）．北京：中共党史资料出版社，1988：475-482.

③ 中共晋察冀北岳区四分区地委．四分区组织工作的总结与今后努力的方向：1941.7-1942.3[B]．石家庄：河北档（卷宗 81-1-1-6）．

④ 林铁．从组织上巩固党的几个问题．1943-8[B]．石家庄：河北档（卷宗 69-1-78-3）．

晋区党委．党的组织统计[B]．石家庄：河北档（卷宗 108-1-84-9）；⑤中共平山县委．组织工作总结[B]．石家庄：河北省平山县档案馆（卷宗 1-1-7-2）．

在 1945 年冀晋区党委所属 3 个分区中，一分区灵邱、浑源、繁峙等县女党员平均占 10.08%；二分区盂县、五台、定襄、榆次等 7 县中女党员平均占 16.7%；三分区完县、唐县、阜平、灵寿、望都等 13 县党员中女党员平均占 17.7%。[①]这些女党员中担任领导职务的人数更少。在地委级的党、政、民领导系统中，党组织系统 50 名干部中妇女 4 人，占 8%；政权系统中科员以上共 36 名，党员 30 名，无一名女党员；民众团体 30 名领导人中，全部是党员，女党员仅 3 名。在县区级组织系统中，女党员比例更低。以冀晋区四分区为例，县级党组织系统中党员干部 133 人，女干部 4 人，占 3%；区委干部 448 人，女干部 3 人，占 0.6%；县级政权系统中，县政府党员干部 134 人，女干部 2 人，占不到 1.5%，且都任科员级；区公所党员干部 251 人，女干部 1 人；在群众团体系统中，党员干部共计 1112 名，女干部为 220 名，约占 19.8%，且这些女干部集中在区抗联和区武委会中，区抗联中有 174 名，武委会中有 22 名，其他机关则很少。并且各县数字相差悬殊，正定县区级女党员干部占 8%，井陉女干部 7.8%，平定女干部占 10.7%，平山女干部则占 17.7%。[②]

从女党员发展情况来看，尤其女党员数量较少的地区，反映出边区某些地区妇女工作和妇女运动没有或尚未充分开展和发动起来，体现出边区妇女工作的不平衡。一些工作落后的地区，妇女不参加各种工作，导致妇女中的优秀分子很难被发现。同时，长期以来处在男权社会中的边区妇女封建思想还很浓厚，不敢接近男人。例如，冀察区的一、二、三区等地的党组织领导人就感觉领导妇女运动有很多困难，她们参加党小组会等受到家庭的限制，支委领导女党员开小组会，家里人常说支委搞“破鞋”，引起家庭不和。另外，由于上级领导对支部组织妇女小组进行党的教育不重视，党组织领导人往往感觉妇女党员所起作用少，又难领导，所以地方党组织不愿意发展女党员。

为了推动乡村妇女积极参加抗战，并从根本上解放边区妇女，边区党组织在发展女党员，组织妇女参加抗日救国会、培训班、妇女合作社等组织的同时，积极培养、鼓励妇女参加边区的各项工作，以提高她们的政治和经济地位。同时，为保护妇女的合法权利，边区政府还颁布了《晋察冀边区婚姻条例》等法令，这极大地保障了妇女的权利和地位，使得许多先进妇女加入党组织，参加到民族解放战争中来。抗战期间，各级党组织和政府关心、支持妇女工作，给边区妇女解放提供了极大保障，边区广大妇女积极参加生产、参战，涌现出了大批英雄模范，为新民主主义新风尚的树立做出了极大贡献。诸如劳动英雄韩凤龄、张小

① 冀晋区党委．党的组织统计[B]．石家庄：河北档（卷宗 108-1-84-9）．
② 冀晋四地委．四分区干部统计表[B]．石家庄：河北档（卷宗 117-1-37-6）．

丑、刘金荣、隰志华、刘先和；家庭模范王世兴、张树风、杜元林；拥军模范戎冠秀；参政模范梁春莲、刘玉珍；学习和教学模范李佩乡、李翠珍；尤其是模范党员干部王品、何建军等，更成为家喻户晓的妇女代表。[①]这些妇女代表显示边区妇女走上了追求自身解放的道路。

二、年龄构成

从抗战时期留下的边区党组织的报告、统计档案来看，对各级党组织的党员年龄构成统计不多，边区各地一般把 17~25 岁年龄段的党员当作青年党员，26~45 岁为壮年党员，45 岁以上为老年党员。笔者搜集的有限档案显示，各年龄段的党员中 17~45 岁的青壮年居主体，45 岁以上和 17 岁以下的党员所占比例很低。比如晋察冀边区一分区龙华县某区，1940 年 8 月到 12 月发展党员以 25 岁以下者居多（见表 3-10）。同为一分区的易县青年党员为 154 名，壮年为 182 人，占党员总数的 88.2%。1943 年平北地区党员统计也显示出同样的状况，青年党员占党员总数的 24.6%，壮年占 71.9%，而老年党员仅占 3.5%。[②]

表 3-10　龙华县某区发展党员情形

年龄段	17~25 岁	26~35 岁	36~45 岁	45 岁以上
男党员	26	23	2	0
女党员	27	4	1	0

资料来源：中共晋察冀边区一分区地委：巩固党的工作总结报告：1940-12-30[B]. 石家庄：河北档（卷宗 123-1-1-1）.

当然，由于地区间抗战形势和地方状况差异很大，党员年龄构成也有差异。北岳区四地委在巩固党组织中，新发展的党员中青年党员占到总人数 1205 人的 23.4%。1945 年，龙华县党员 3027 人中，青年党员 1275 人，占总数的 42.1%；壮年党员 1605 人，则占 53%。[③]再以冀晋区为例，1945 年该区党员年龄构成情况见表 3-11。下表显示，青年党员是党组织的主体，老年在党组织中占少数。这些青年中部分是来自平津高校等接受教育的青年学生，[④]他们知识水平较高，能够深入把握党的路线、政策，年富力强且富有朝气，在乡村宣传、教育，或在部队、政权机关

① 晋察冀边区各种模范妇女大会宣言（1944 年 5 月 1 日）[M]//河北省社会科学院历史研究所，河北省档案馆，等．晋察冀抗日根据地史料选编（上）．石家庄：河北人民出版社，1983：444-448.

② 平北地分委 1943 年工作检查与总结[M]//中共北京市委党史研究室．北京地区抗日运动史料汇编（第四辑）．北京：燕山出版社，2000：308.

③ 龙华县委．中共龙华县委 1945 年组织工作总结[B]．石家庄：河北省档案馆馆藏档案（卷宗 520-1-487-3）.

④ 毛泽东、张闻天、刘少奇关于巩固与扩大晋察冀根据地的指示（1938 年 4 月 20 日）[M]//晋察冀抗日根据地：文献选编（上）．北京：中共党史资料出版社，1988：102.

服务，成为党组织发展的生力军。同时，这些青年“是没有社会经验的新的学生同志，把一般学生式的幻想和工作作风，也带到了党的领导机关。好高骛远，计划总是很庞大，实现总是非常少，决议看来很好，执行却毫不认真”，使得边区对青年党员的教育和健全党的组织机制显得十分迫切和重要。[①]另据笔者的实地调查访谈，阜平城南庄一位老党员是经其姐夫介绍在14岁入党，她的任务是为村民站岗放哨。[②]藁城县也有5名18岁以下的党员。[③]由此可知，一部分雁翎队员赵波（电影《小兵张嘎》的原型）式的17岁以下的少年党员也活跃在边区抗战的许多战线上。

表3-11　1945年冀晋区党员年龄构成统计表

区域＼年龄段		青年		壮年		老年	
		数目	百分比	数目	百分比	数目	百分比
二分区	五台	1077	42.9%	1204	47.9%	232	9.2%
	平定	1879	67.1%	921	32.9%		
三分区	完县	3203	56.8%	2000	35.5%	438	7.8%
	望都	1946	58%	1197	35.7%	212	6.3%
	唐县	4622	70.9%	1824	28%	70	1.07%
	定北	1760	47.5%	1107	35.7%	237	7.64%
	行唐	1778	60.9%	1126	38.6%	14	0.5%
	灵寿	1326	47.2%	1474	52.5%	10	0.4%
	曲阳	2869	58.2%	1771	35.9%	293	5.9%
	阜平	1672	62.5%	879	32.9%	123	4.6%
	正定	411	62.8%	227	34.7%	16	2.5%
	获鹿	359	55.3%	254	39.1%	36	5.5%
	平山	1242	60.8%	770	37.7%	32	1.6%
	建屏	852	63.9%	418	31.3%	64	4.8%

资料来源：冀晋区党委．党的组织统计[B]．石家庄：河北档（卷宗108-1-84-9）．

三、受教育水平

一般而言，个人受教育水平，无论是接受过良好教育的知识分子，还是未曾受过教育的文盲，这类身份定位往往影响着个体的政治行为。边区所在地区经济相对落后，尤其是山岳地带长期闭塞、教育水平低下，农民很难有受教育的机

① 彭真．在晋察冀省委组织工作会议上的结论（1938年6月）[M]//《晋察冀抗日根据地》编审委员会，中央档案馆．晋察冀抗日根据地：文献选编（上）．北京：中共党史资料出版社，1988：172-176．

② 2011年7月26日，笔者在边区首府访问中，经当地领导介绍与这位80多岁的女党员进行了座谈。

③ 中共藁城县委办公室．中共藁城党斗争简史（初稿）[M]．油印本．石家庄：石家庄市档案馆藏书，1951．

会。因此，边区在乡村大量发展党员，一方面有利于实现党的群众化，利用乡村党员进行乡村动员；另一方面随着组织规模的扩大，大量文盲、半文盲党员的加入也必然给边区党组织建设和各项工作开展带来了极大的负面影响。据档案记录，抗战时期发展的乡村党员除少量知识分子、富农、地主及部分中农成分党员外，绝大部分党员都没有受过教育。边区对党员知识水平的判断也无固定标准，有的地区在检查支部党员文化水平时，以“有多少高小、初小毕业的，1000 字以上的有多少，500 字以下及以上的各共多少”，[①]作为考察支部党员文化水平高低的标准，因为受过高中、大学等教育的党员在乡村可说是寥寥可数。

例如，建屏县，党员中文盲、半文盲占总数的 80.75%，而且这些党员集中在乡村；在区级机关中的党员文盲、半文盲占 7.7%，高小以上占据主体；而乡村初小以上的党员也多在支部和乡村政权机关、群众团体中担任领导职务，详见表 3-12。

表 3-12　建屏县抗战前到 1946 年党员身份统计表

项目/区别	党员所在	党员总数	党员文化程度						
			文盲	半文盲	初小	高小	中学	高中	大学
一区	机关	124	8	2	32	48	4	0	0
	农村	2204	1100	914	178	104	7	1	0
二区	机关	54	0	28	22	3	0	0	1
	农村	1344	843	409	66	24	0	0	2
三区	机关	77	0	6	50	8	3	0	0
	农村	789	886	545	325	33	0	0	0
四区	机关	71	0	11	46	12	0	1	1
	农村	379	57	812	473	35	0	1	1
五区	机关	74	0	3	18	40	12	1	0
	农村	1150	736	284	132	4	0	0	0
六区	机关	29	0	2	5	14	8	0	0
	农村	100	702	249	119	27	3	0	0
七区	机关	45	2	8	32	2	1	0	0
	农村	843	384	343	116	0	0	0	0
共计		10 399	4723	3674	1685	330	19	3	5

① 中共北岳区一分区地委组织部．支部工作考查大纲：1941-12-21[B]．石家庄：河北档（卷宗 72-1-17-11）．

资料来源：中共建屏县委．组织工作总结[B]．石家庄：河北省平山县档案馆（卷宗1-1-7-2）.

又如平北地区的龙赤、龙延怀、龙崇赤、昌延 4 县，文盲党员占 82.5%，粗通文字占 16.1%，初小占 13%。[①]表 3-13 显示，怀涿县 1944 年有党员 904 名，文盲 631 名，初小 263 名，高小 9 名，中学 1 名。1945 年 7 月到 9 月，该县新发展党员 934 名，文盲为 507 名，半文盲 253 名，初小 165 名，高小 9 名。完县从 1945 年 1 月到 3 月发展党员 322 名，文盲 94，识字的 72，初小 128，高小 29 名。冀晋四分区到 1945 年 5 月，党员中文盲 21030，初小 8044，高小 1760，初中 252，高中 25，大学 8 名，其他 5923 名。五分区到 1945 年 3 月的 8308 名党员中，文盲、半文盲就占总数的 75%以上。

正是这些文化程度极低的党员构成了抗战时期中共乡村组织的基础。在紧张、严酷的战争环境中，党的各项政策、任务需要这些党员去落实和完成，而由于文化水平的制约往往使其在乡村工作中很难克尽厥职。这一方面表明中共已深入到乡村社会；另一方面也面临着如何提高这些文化水平极低的党员对党的政策及党组织的认同，并使之具有贯彻党组织路线、方针、政策的自觉、主动性的现实困难。

表 3-13　边区几个县和地区的党员身份统计表

项目 / 区域	党员总数	统计时间（年）	党员文化程度						
			文盲	半文盲	初小	高小	初中	高中	大学
怀涿县	904	1944	631		263	9	1		
龙华县	272	1944	34	123	55	36	19	5	
完县	323	1945	94	72	128	29			
冀晋四分区	37 082	1945	21 030	5923	8064	1760	272	25	8
冀晋五分区	7610	1945.3前	5112	633	1473	260	88	35	8
	8308	1945.3	5590	678	1613	274	90	35	9

资料来源：①中共怀涿县委．1944 年组织工作总结[B]．石家庄：河北档（卷宗520-1-357-1）；②中共龙华县委．半年来组织工作总结：1944-6[B]．石家庄：河北档（卷宗 520-1-487-4），表中数据为半年发展的新党员；③中共完县县委．今年以来组织工作总结：1945-5[B]．石家庄：河北档（卷宗 520-1-264-1），数据为 1945 年前三月新发展党员

① 平北地分委 1943 年工作检查与总结[M]//中共北京市委党史研究室．北京地区抗日运动史料汇编（第四辑）．北京：燕山出版社，2000：309.

数；④冀晋四地委．冀晋第四分区党组织统计表：1945-5[B]．石家庄：河北档（卷宗117-1-38-5）．⑤晋五地委．冀晋五分区党组织统计表：1945-3[B]．石家庄：河北档（卷宗120-1-12-6）．

为提高党员队伍素质，各级党组织根据各地的环境等特点，结合各项工作，利用多种方式、方法，如训练班、冬学、夜校等来加强党员教育，以提高其政治、思想、文化和工作水平。

北岳区要求党员干部每天要抽出1~2小时学习。“易县在1941年二、三月份训练了190名党员干部和17个支部的全体党员，六区在二、三、四月份中建立了27 个支部教员，而且二区没有一个支部不开学习小组会的，二区的每个支部在支部小报到了后由教员或支委向全体党员念小报，全县 80 个学习小组经常开会读支部小报。”“涞源、徐水等路东（平汉铁路东）比较好的支部仍经常进行教育，定兴只有一个支部没有支部教员。这些县的党员经过学习提高了文化水平。”“涞源有几个支部的文盲党员都识字了；易县八区一般旧党员一月能识60 个字，新党员能识 80 个字；在学习三个月后，易县二区一般党员能识 100字，最多的能识300字，最差的也识50字”。[①]

表 3-14　1939—1941 年北岳区一地委乡村支部党员识字统计表

类别/支部		支部党员总数	学会20字左右	学会50字左右	100字左右	200字左右	300字左右	300字以上
较好的	××支部	12	4		2	2		4
	××支部	37	2	3	9	7	6	3
	××支部	31		5	14	12		
一般的	××支部	22	8	3	5	5	1	
	××支部	17	5	2	4	2	2	2
	××支部	15	2	8	1	3	1	
	××支部	21	6	10	3	1	1	
较差的	××支部	15	6	2				
	××支部	9	6	2	1			
	××支部	14	10	4				

资料来源：北岳一地委．巩固党的工作总结报告：1941-5[B]．石家庄：河北档（卷宗72-1-12）．

尽管学习、识字在边区，尤其在游击区“还不普遍与经常，党员识字速度仍

① 中共北岳一分区地委组织部．巩固党的工作总结报告：1941-5 石家庄：河北档（卷宗72-1-12）．

太慢”，“部分领导不重视，战争环境找学习地方不易，党员工作、生产等很忙，党员文化低教育困难，个别妇女党员封建很难参加训练班”等诸多因素影响、制约着党员学习，但是随着边区在各地党组织中愈来愈重视对党员的教育，这给难以有受教育机会的乡村党员提供了极大发展和充实自己的机会，也为增强农民认识自我和体悟中共方针、政策等提供了条件。

中共党组织的原则是把党员纳入支部进行管理，因此乡村支部拥有党组织的绝大部分党员，乡村支部教育直接决定、影响着党组织建设的成败。乡村支部对党员的教育状况将在本章第三节进行考察，在此不再赘述。

四、党员职业

抗战前党组织处在“地下”状态，由于党员干部的叛变告密，敌人严密镇压，党组织要用深入到群众中去参加生产与必要的职业化，来取得群众的掩护。①因此，为了生存发展，党员多以各种职业身份作掩护从事党的工作，并以此深入、联系群众，只有少数的“职业革命家”，党支部也以职业或街道等为单位建立。②由于党员职业构成的档案资料极为有限和零碎，现据中共组织史资料对党员职业身份简要进行梳理。

1922 年北京区执委会党员 20 人，大多数是教师、学生，少数是工人；

1924 年 5 月北京区执委会党员 75 人，工人占四分之一强，余皆学生；

1926 年 7 月北方区委党员 2079 人，工人、农民、学生、教师、其他。

抗战时期，边区党员数量大增，党员又多来自乡村，因此党员职业多与乡村生产密切相关，绝大多数党员从事农业生产，部分党员为小手工业者或商贩，这些党员多以所从事的职业维持生计。同时，在党组织、政权、群众团体、武装组织中也有许多脱产党员和干部。这些脱产党员和干部，在抗战初期投身各项革命工作，以致其家庭生计受到极大影响，各地报告中出现许多党员“脱党”“敌伪被收买”、躲避“兵役”等现象，许多干部也把领导工作当作负担，不愿脱离生产，从而不服从组织调动，或干脆逃跑，以致逃跑干部、逃兵层出不穷。

为解决这些问题，边区党组织和政府制订了许多“优抗”“优干”“荣军”等条例、政策，解决党员、干部的实际困难。党组织一方面教育党员干部要认识到“革命是个苦事，必须有为革命牺牲一切的决心；同时在今天日益困难的环境下要全部解决个人困难问题也是不可能的”。为使党员干部继续安心工作，对党员干部家属的困难“又不能漠不关心”，“因此，解决党员干部家属困难的原

---

① 河北临时省委关于红色五月斗争决议：1933-4-8 石家庄：石档（卷宗 1-1-6-4）.

② 中央通告第七号——关于党的组织（1928 年 10 月 17 日）[M]//中共中央组织部，中共中央党史研究室，等. 中国共产党组织史资料. 北京：中共党史出版社，2000：232.

则，要从生产中来解决（如帮助劳动力、调剂耕地、供给种子或家庭副业的资本等），不是单纯依靠上级或者政府来照顾”，而是“要自下而上以党的组织及群众组织的力量，为保证来逐户逐人的解决，而不是脱离自己的组织，单纯依靠政府部门来办理救济”，要“以村做单位解决，没有劳动力者发动‘参忙’（义务互助）、‘拨工’（女工换男工等），没有土地者调剂土地（转当一部分），没有资金者由政府或团体（主要政府）借贷，以从事生产事业。农村解决不了者，由区或由县解决”。“对妇女党员干部也应培养与关心”。①

第三节　支部教育

抗战时期是中共组织的大发展时期，乡村党员人数迅猛扩张，支部在乡村不断扩展，晋察冀党组织在广大乡村社会达到了普及程度。由于部分“党员入党动机不纯，成分复杂，以致使党的威信上受到相当影响”②，所以如何加强乡村党员入党前的教育和入党后对党的组织原则、党的纪律、党员的理想教育，化解党的乡村政策及任务与个人利益、整体与局部利益等矛盾与冲突，使支部成为中共在乡村组织和动员的核心，发挥出战斗“堡垒”的效能，这在一定程度上决定着中共在乡村生存、发展乃至抗战的胜败，而实现这一目标的关键自然是支部对党员的教育。

一、乡村支部的取民就广及其问题

在很长时间内，“一切工作归支部”是中共的组织原则之一。抗战初期，为抓住国民党政权瓦解、日军立足未稳的有利时机，在乡村打开局面，中共在晋察冀乡村大量发展党员，同时规定每村有3名以上党员即要设立支部。到1940年，晋察冀边区党员发展到 17 万，晋察冀区（北岳区）党支部已达到整个农村的52.1%，67.5%的行政村有党的工作；冀中区党支部达到整个农村的 43.9%，54.1%的村庄都有了党的工作；③冀东全区党员也发展到 6000 余人，并组建了 7 个县委和抗日政权，管辖行政村 3000 余个。④此后边区党组织以支部为依托在敌占区和游击区进行斗争，并把支部作为影响民众、扩大边区的有力工具，乡村支部数量成为上级党组织衡量各地党组织发展状况的标准之一。

---

① 北岳区党委．区党委组宣会议结论[B]．石家庄：河北档（卷宗 69-1-41-3）．

② 中共北岳区三分区地委组织部．八个月来巩固党的工作检查总结报告[B]．石家庄：河北档（卷宗 8-1-22-1）．

③ 谢忠厚，肖银成．晋察冀抗日根据地史[M]．北京：改革出版社，1992：189.

④ 同②174.

③ 北岳一分区地委组织部．巩固党的工作总结报告[B]．石家庄：河北档（卷宗 72-1-12-4）．

与边区创建相伴而迅速建立的乡村支部，在边区创立初期的人力、物力、财力的动员中起到了巨大作用。然而，在支部建立时，为迅速发展党员以适应短期内打开局面的需要，各地在发展党员时也忽视了入党条件；党的领导机关检查不严、不深入；在没有党的基础的地区，工作队到达后人地生疏，只根据活跃与否作标准等，使得一部分奸细、阶级异己分子、投机分子等混入党组织。这些“敌探奸细、无耻的叛徒侦查（党的）秘密；依（仗）党欺人，作威作福，陷害敲诈，压迫群众；贪污腐化，强迫命令，官僚主义等脱离群众的作风；自私自利；与地主勾结，被地主收买；把持党的权力；迷信宗教，不放弃宗教；挑拨离间，陷害分裂；动摇叛变”等现象严重。[①]这些现象给中共在乡村各项工作造成了极大的消极影响。

自 1938 年日军对晋察冀边区 25 路围攻开始，边区进入了同日军激烈斗争的时期。从 1941 年到 1943 年，日军对边区腹地北岳区连续进行“治安强化”“铁壁合围”的“大扫荡”，实行“三光政策”，北岳根据地的巩固区缩小三分之一以上，大部变为游击区，部队、干部牺牲很大，财政经济空前困难。此时，加强支部建设，巩固基层党组织，成为摆脱困境、扭转局面、坚持抗战的重要保证。

为了从思想上、政治上和组织上巩固党，把党从“穷人党”“抗日党”“民族党”等狭隘的思想束缚中解放出来，“使党员认识到无产阶级思想及无产阶级才是民族解放的主力与领导力量，也是中华民族最先进的基本力量，以阶级立场与阶级意识加强党员的马列主义的思想体系、立场与策略的教育，应付一切事变，提高党员队伍素质，支部教育成为巩固组织中的核心工作”。[②]

二、支部教育的范例

边区党组织针对恢复和新建支部中存在诸多问题，采取了许多措施，如支部改选、党员重新登记、审干等，最具深远影响的是支部教育。由于边区抗战形势复杂多变，各地区支部问题也不尽相同，所以笔者选择了边区的巩固区和游击区两个支部教育典型进行介绍。

（一）巩固区×支部教育典型

此支部为晋察冀三分区的一个支部教育典型。该村有 150 多户，支部党员 38 名。为推动支部教育开展，三分区地委规定了“以区为单位，每半月区委到区传授站给各支部宣传委员布置半个月的支部教育内容，区委在讲授时有充分的准备，所以积极、生动、具体的讲述，接着开展讨论，把一些疑难的问题反复解释

① 同③.

② 中共北岳三分区地委．八个月来巩固党的工作检查总结报告[B]．石家庄：河北档（卷宗 78-1-22-1）．

清楚，并研究给普通党员讲授方式方法，讨论中学员互相交换经验，区委还利用这个机会检查支部工作，并进行批评与表扬，指出今后工作的方向”。

1．健全教育制度

该村支部宣传员刘同志从区传授站回村后，与支委、组织委员共同制订半月的教育计划，讨论怎样联系支部实际工作例子以充实教育内容，然后再对党员进行教育。

为了提高教育效果，该支部按照党员文化水平分了4个学习小组。第一小组8人，第二小组7人，第三小组妇女小组9人，第四小组是新党员。

每逢一、六日，宣传委员给第一、二组上党课；妇女组每逢三、八日午校下课后，接着上党课，同晚上新党员组也上课。除了新党员组的课由组织委员负责上以外，其余三组都是由宣传委员负责。每次上课不超过1.5小时。

上级发临时教材或者有重要工作需要在支部进行教育时，该支部便把5天1次课改为3天或两天1次。这时，向党员说明增加上课次数的原因，上课时党员都很紧张与兴奋地听课。

2．上课

群众夜校下课后，一、二组的党员便集中在村东另一间屋子，不到5分钟便都到齐了。宣传委员讲课时一般先复习上次课的内容，如：“上次讲的阜平××支部在反‘扫荡’中的好多优点，大家一定还记着，现在我问一个问题，为什么那个支部在群众中有那样高的威信？”党员们争先发言，讲的都很对。党员们用差不多20分钟的时间进行这种问答式复习，然后开始讲新的课。当讲到别的支部在反“扫荡”中坚持种麦时，便联系到“本支部有些同志因为“扫荡”时逃跑把种麦任务耽误了，认识到当时只要有组织计划、有顽强性与坚持性，一样能把麦子种上”。由于上课联系本村实际例子，大家很爱听，也容易记住。

有一次，组织委员给新党员讲“怎样做一个好党员”，讲完一课，问新党员有什么不懂的，一个新党员问“打败日本算不算革命成功？”组织委员先不回答，让其他新党员讨论，最后组织总结：“打败日本实现新民主主义，然后还要实行共产主义”。接着组织委员又提出“为什么当共产党员是光荣的？”，新党员又开始热烈讨论。

上述的“复习”“讨论”“讲课”相结合的教学方式教学效果很好。但他们也不是机械地去做，有时因为时间与讲课内容所限制，便把“讨论”与“讲课”分开，妇女组就是第一次讲课，第二次讨论，交互进行。

支部培训班还经常进行测验。他们先把讲过的问题提出来，指定专人回答，测验他了解的程度如何。在讲完一份材料之后，便进行普遍测验，由宣传委员出题目，以学习小组为单位，一个一个口测。

3．思想教育

该支部很重视思想教育。在支委会上，支委每次都进行自我批评与互相批评，检查工作中存在的缺点，并提出纠正办法；同时讨论支部党员存在的不正确思想倾向，对那些特别严重的，支委分工进行个别说服教育。对于党员中比较普遍的不良倾向，则利用一次或两次上课时间，由支委、组委、宣传委员分头到各个小组去讲“反对本支部的不良倾向”。因为思想教育抓得紧，所以能及时防止和纠正不良思想的产生与发展。例如，在“反扫荡”中，两个党员上了顽固分子的当，不去埋雷，认为人家说“可别埋地雷了，埋了光惹祸”。后来，在支部党员会上对他们进行了教育。还有一个党员男女关系不清，经过 3 次谈话也改正了。

4．公开学习与党内学习相结合

该村冬学[①]在支部的支持下得到很好进行。冬学开始时，支部进行动员，并教育个别不爱学习的落后党员，使每个党员都成了上冬学的模范。党员每天在冬学学会 3 个生字，除了个别不很用心的以外，其他党员在两个多月的冬学中都学会了 200 个生字以上。

冬学教师是一个小学教员，在党内担任小组长，他和宣传委员的关系很密切，两人常常互相交换工作意见与讲课的方法。冬学与党内教育配合密切，冬学讲边区国民党的阴谋活动后，支部培训班便讨论“咱们村里有没有国民党的阴谋活动？咱们应该怎样提高警惕性？应该怎样在群众中宣传反对国民党阴谋？”等。

5．读《斗争报》[②]

以往《斗争报》只是在支委手里，不在小组讨论、研究，党员阅读不到。在 1943 年“反扫荡”结束后，随着党员识字量增多，支部除了组织委员、宣传委员之外，还有 4 名党员能读《斗争报》。支委看完后，交给这四名党员轮流去看，每人看1天半，看完后宣传委员便召集他们 块儿研究，然后让他们回到小组里有重点的传达。这四名党员在一、二组，于是抽出两人分别给第三、第四组传达。

有时利用上课时间，支委传达或领导讨论《斗争报》上重点的文章与党课。支委还向党员讲解《怎样认识拥军与拥政爱民》。在读《斗争报》时，支委自己有时对一些问题也搞不清楚，便及时去请教区委，对问题不轻易含糊过去。

6．互助

该支部支委只有两个人识字，其他支委虽不识字，但他们深刻认识到不识字

---

① 为扫除乡村文盲、配合乡村动员，边区政府从 1938 年冬开始利用冬季农闲对农民进行社会教育的一种形式。

② 冀南三分区地委在抗战时期创办的机关报。

对工作的妨碍。为了提高学习，他们建立了互助制度。宣传委员帮助支书，组织委员帮助武装委员，他们常常在一起学习《斗争报》、支部教材和冬学教材，也学生字。支书每天坚持学习，他保证一天学会5个生字，他说："今年秋天我就学会讲《斗争报》了"。由于支委带头，每个党员都注意学习了。①

（二）游击区×支部教育典型

该支部处在三分区游击区，有 50 多名党员，90%以上的群众团结在支部周围，该支部党的秘密工作和公开工作都有健全的制度。

1. 村民教育

该村虽距日军据点仅五六里，但从 1943 年春天到冬天，该支部对村民教育从未中断，在"反扫荡"中仍坚持教育。该村青壮年都爱学习，"老粗（文盲）想办事，不学习就不能进步"，他们都明白此理。每天午饭后，老人在家照理家务和孩子，青壮年男女自动上民校学习。

一次，有个妇女党员的家里来了客人，因要上课，她对客人说："你等等，我去上民校，一会就回来"。民校教师是党员，每周上课内容都由支委和民校教师先讨论好，订出计划，再按计划讲课。教学内容有时事、对敌斗争办法及支部中心工作及学习生字。支委和宣传委员每周在民校向全村报告 1 次周围的形势，如"哪个炮楼增加了鬼子，哪个伪军很坏，城里的敌人有什么动向，村民应怎么应对"等，使村民对敌人情况有了解。民校每周放假 1 天，这一天干部集体学习、讨论村庄环境变化。

2. 支部教育制度

该支部的党员都成了在民校学习的模范，同时，支部还制定了党内教育制度。①支部把14个新党员分成4个学习生活组。每逢二、七日，支部宣传委员与支部教员分别先后给两个组讲课，避免党员发生横向关系。教育内容着重于适应游击区需要的党员的民族气节、党的组织纪律、除奸等，此外还向新党员讲授"怎样做个好党员？"②支部将老党员（入党早的党员）编为 6 个组。每逢五、十日上课，对文化水平较高的两个组，课前宣传委员给小组长布置学习内容，再有：组织给组员上课。其余四个组也是宣传委员和支部教员每人负责两组，分先后上课。对老党员教育的内容主要是："反对中国式法西斯""怎样做一个好党员？""民主集中制""一元化领导"等，讲授时通常与支部实际问题相联系，并开展讨论。例如，讨论"咱村有几种人？各有什么特点？对他们应有什么认识？怎样对待他们？"或者讨论支部存在什么不良倾向等。在老党员中，《斗争

---

① 冀南三分区地委编辑部．巩固区支部教育的一个范例[B]．石家庄：河北档（卷宗33-1-11-3）．

报》深受欢迎，支委先把报纸看完，再交给小组，每组看五天，然后支委、宣传委员根据报纸内容出题目，让老党员在上课时讨论。新、老党员上课时间一般在半个小时到一个小时。③游击组党员教育由武装委员领导，组织党员学习军事、政治、文化和时事。他们经常仔细研究《斗争报》上关于模范游击小组的文章，表示“我们也要做游击小组的模范”。④每个学习小组都有自己挖的秘密学习洞，并按时进行集体学习。有时区委下乡时，在特定的学习时间和地点能找到他要找的同志。

3．支部文化学习

为促进支部教育，该支部规定每个党员在民校每天要学 4 个生字。在抗战前入党的老党只有4个识字的，到1944年时有20多个能识1000字以上，并能读《斗争报》。有个妇女党员入党三年半能识 1500 多字，能写信、读报。

4．个别教育

这是支部教育的重要方式之一。每个支委都利用在地里干活或浇园子等机会，向党员进行个别教育，且从来没有暴露过目标。对于犯错误或落后同志，更随时耐心说服，如：支委对其讲村里的有什么坏人，有什么不良倾向，然后告诉他：“你现在正走向错误的路上，跟谁谁快差不多了。你的根源是什么，不克服有什么害处，要怎么克服”，这样的说服收效很大。

5．支部教育的优点

第一，无论上民校，还是上党课，讲课的同志在讲完一个问题后，使用简单、通俗的几句话总结中心内容，使学习者容易记住。

第二，讲课内容与支部的中心工作及该村具体环境密切结合，并多采用生动、实际中的例子进行说明。1943 年突击征收统累税时，在党内先教育，让百姓白天碾粮食，党员晚上碾，以克服村里碾子不够用的困难。这样几天就完成了征收任务。还有本村一名新党员被日军抓走，至死不屈。支部就把这英雄事迹在党内宣传和深入对其他党员进行教育。

第三，对新党员、妇女党员、游击组、政权干部，根据实际情况进行不同教育。例如，教育妇女怎样一面进行日常工作，一面进行除奸工作；教育游击组怎样注意群众纪律，维护群众利益。

第四，支部委员对党内外教育抓得很紧，随时检查督促教育工作，并经常在支委会上讨论教育问题。[①]

在抗战相持阶段，边区各地按照上级党组织要求日益重视支部采取会议教

① 中共晋察冀冀南三分区地委．游击区支部教育的一个范例[B]．石家庄：河北档（卷宗33-1-11-2）．

育、定期和流动训练班等组织形式对党员干部进行教育。尽管受农时、战争、中心工作、自然灾害等因素影响，支部教育时断时续，但由于在支部教育中将教育与实际工作密切结合起来，“一般说来，我们收到很大成绩，开始或某种程度上改变了党员干部的思想作风与工作作风”，“是我们在大海中洗了一次澡，身体觉得很舒服，脑比较清楚些了”，使党员干部“思想方法上、领导工作上有了显著进步”。例如，完县1942年在巩固区开办支部训练班67个，共82个班，参加者1120人，建立学习小组340个。1942年秋，由于三地委大部地区遭受水灾，加上日军的奔袭，完县受灾区支部教育几乎完全垮台，后在支部整理中逐步恢复，完县巩固区恢复4/5，游击区大部支部未恢复。①

支部教育在各地区加强的同时，上级党组织也非常注意通过各种训练班等对基层党员进行教育。如北岳四地委在1941年7月到1942年3月输送村级党员和群众干部165名，到抗大二分校、专区武委会爆炸训练班、地委训练班接受1~6月的训练。②通过教育，党员干部“对边区经济有了新的认识，由单纯认为边区经济困难是敌寇造成的，转变为以抓生产来救灾度荒，为完成边区经济建设任务做了思想准备”。同时，“局部利益服从全局利益的思想也得到明显加强。在教育中认识到贯彻党的一元化领导精神于各种工作中，有利于克服各部门间的‘独立性’、‘特殊性’，从而提高了工作效能”。在教育中工农干部深感文化知识和理论水平的不足，“开始虚心学习文化，打破了对知识分子的成见，实现了工农党员与知识分子团结和互相帮助，从而使各项工作充满着朝气”。党内“平均主义”“自由主义”等非无产阶级意识得到一定程度的克服，部分同志由“向上看齐”“急于求成”，开始脚踏实地、实事求是地工作。

表3-15　1942年完县九个月支部流动训练班统计表

项目 月份	支部总数	开班支部	参加人数				
			总数	普通党员	男	女	青年
四月	82	45	1714	1422	1013	701	909
五月	82	61	1747	1498	1351	396	693
六月	82	28	1360	950	1067	304	374
七月	82	20	380	73	277	103	121
八月	82	34	801	646	509	282	320
九月	82	37	875	670	589	286	395
十二月		44	1129	985	806	323	486

① 北岳区三地委宣传部．宣传工作总结报告：1942.7-1943.6[B]．石家庄：河北档（卷宗78-1-26-1）．

② 北岳四地委．四分区组织工作的总结与今后努力的方向[B]．石家庄：河北档（卷宗81-1-1-6）．

说明：参加人数中除普通党员外，其他是小组长、支委；十二月仅有两小区的统计，其他月份是三个小区的数据。

资料来源：北岳区三地委宣传部．宣传工作总结报告：1942.7-1943.6[B].石家庄：河北档（卷宗 78-1-26-1）．

表 3-16　1942 年完县十一、十二月支部流动训练班恢复情形

<table>
<tr><th rowspan="2">项目
区别</th><th colspan="2">恢复</th><th rowspan="2">到十二月
仍未恢复</th><th rowspan="2">备考</th></tr>
<tr><th>十一月</th><th>十二月</th></tr>
<tr><td>一区</td><td>7</td><td>8</td><td>10</td><td>有 2 个村不健全</td></tr>
<tr><td>二区</td><td>7</td><td>23</td><td></td><td>有 1 个村不健全</td></tr>
<tr><td>三区</td><td colspan="2">7</td><td>11</td><td></td></tr>
<tr><td>四区</td><td colspan="2">8</td><td>8</td><td></td></tr>
<tr><td>五区</td><td>3</td><td>4</td><td>17</td><td>10 月份恢复 2 个村</td></tr>
<tr><td>共计</td><td>17</td><td>50</td><td>46</td><td></td></tr>
</table>

资料来源：北岳区三地委宣传部．宣传工作总结报告：1942.7-1943.6[B]．石家庄：河北档（卷宗 78-1-26-1）．

通过支部教育，“游击区支部党员的斗争策略水平也大大提高，部分克服了对敌斗争中害怕武装斗争、党员不积极掌握伪政权、不敢批评某些上层分子、部分党员干部自首或投敌等倾向。曲阳××支部经支部教育由不团结到团结，改造了富农把持的支部，党员质量有了提高。由于支部工作作风良好，云彪县[①]×村有的上层分子说：“咱们村里准有共产党，要不弄不好”。在支部教育过程中，时事政治教育的加强，大大提高了支部党员的顽强、坚韧的战斗精神。例如，完县、曲阳虽有不少村干部被打伤、杀死，但当地战斗情绪毫不受挫，粉碎了敌人自首政策的阴谋。通过教育，游击区的游击小组也活跃起来。“定唐 56%的党员（包括部分女党员）参加游击小组，在军队配合下，摧毁日伪炮楼 88 个，伪大乡 10 处，伪小学 10 处，发展民兵 1500 名，炸死日伪军 33 名，并挖掘大量作战地道。边区各县不少支部学会了掌握合法与非法斗争的策略，从而加强了全面对敌斗争，使日伪完全陷于孤立。[②]

① 即望都县，为纪念牺牲的八路军骑兵团长而改名。

② 中共北岳区三分区地委宣传部．宣传工作总结报告：1942.7-1943.6[B]．石家庄：河北档（卷宗 78-1-26-1）．

第四章　乡村干部群体的社会形态

指导伟大的革命，要有伟大的党，要有许多最好的干部。在一个四亿五千万人的中国里面，进行历史上空前的大革命，如果领导者是一个狭隘的小团体是不行的，党内仅有一些猥琐不识大体、没有远见、没有能力的领袖和干部也是不行的。
——毛泽东《为争取千百万群众进入抗日民族统一战线而斗争》

抗战时期，在残酷斗争环境下，边区大批革命干部活跃在各级党组织内，也有在政权和群众团体中的，在中共领导的各种武装队伍中有更多革命干部。他们中的一部分为了抗日民族战争的胜利和自己的革命理想而英勇奋斗，直至献出自己的生命；还有大批干部默默在各条战线上尽心尽责奉献着自己的力量。

第一节　干部群体规模和社会构成

“中国共产党是在一个几万万人的大民族中领导伟大革命斗争的党，没有多数才德兼备的领导干部，是不能完成其历史任务的”。[①]在晋察冀边区开创之初，依靠八路军地方工作队、地方党组织、晋东北的动委会、冀西个别县份的自卫会、冀中的救国会、冀东的武装自卫会等发动抗战和领导政权，“运用一切可以利用来抗日的干部和工作人员——党的，非党的，可靠的，投机的，阶级异己的，都可以利用他们来发动抗日运动”，[②]使边区迅速建立起来，党组织规模也迅速扩大。在“突击式”建立边区过程中，大批党员和非党员走到各种领导岗位，使干部队伍迅速扩大。从边区遗留下的各类档案中可见，乡村工作干部的称谓名目繁多，概括起来主要有五大类。第一类是任党内领导职务和在党的领导机构任职的干部，诸如书记、副书记、委员、干事等人员，多被称为“干部党员”或“党员干部”。第二类是在各类政权机关任职的干部，多被称为“政权干部”。第三类是在各种群众团体担任领导职务的干部，称为“群众干部”和“团体干部”等。第四类是在乡村武装中任职的干部，如武委会主任、中队长、小组

① 毛泽东．中国共产党在民族战争中的地位（1938 年 10 月 14 日）[M]//毛泽东选集（第二卷）．北京：人民出版社，1991：526．

② 彭真．关于晋察冀边区党的工作和具体政策报告[M]．北京：中共中央党校出版社，1981：140．

长等，被称为“武装干部”等。第五类是其他干部，如合作社干部和各类专门技术干部、知识分子干部等。在这些称谓繁多的干部中，覆盖领导机关最多的属“干部党员”，即真正的党的干部，在边区各种领导机关中担任领导职务的多是共产党员。由于这些干部任职交叉，流动频繁，而档案资料又不充足，部分档案还未解密，所以对上述干部的身份作明确界定难以入手。从边区中共组织史研究角度来看，我们更加重视的是前三类干部。

一、干部队伍的建立与发展

抗战时期，从乡村干部队伍数量增长来看，成绩显著。尤其是在大刀阔斧地创建边区初期，选择、培植干部的方法，是“把在群众中最活动积极与群众密切联系、群众所真正信赖的分子，召集起来，大批大批的开训练班”，经过初步训练，再派回原地区去组织群众、发动群众来迅速打开局面。①仅从北岳区一分区统计数据（见表 4-1）可见，1939 年 1 月到 5 月 5 个月时间内，易县、涞源、徐水、龙华、满城五县提拔补充到区委的干部就达 37 人，占所有区级干部的 32.2%，有的县如徐水原有区委干部 11 人，提拔了 8 人，超过原有干部的半数。②

表 4-1　北岳区一地委决定各县提拔补充区委人数统计表（1939 年 1 月—5 月）

县别＼区别		一区	二区	三区	四区	五区	六区	七区	八区	九区	共计
易县	原数	1	2	1	3	1	3	3	3	2	19
	提拔	1	1	2	1	1	1		1		8
	共计	2	3	3	4	2	4	3	4	2	27
来源	原数	2	2	2	3	1	7	2	6		25
	提拔	5	1		2			1	2		11
	共计	7	3	2	5	1	7	3	8		36
徐水	原数	2	2		1	2	2	2			11
	提拔	1	1	3	1		1	1			8
	共计	3	3	3	2	2	3	3			19
龙华	原数	3	1		3	2	3				12
	提拔		1	1	1	1					4
	共计	3	2	1	4	3	3				16

① 彭真．关于晋察冀边区党的工作和具体政策报告[M]．北京：中共中央党校出版社，1981：139-140．

② 中共北岳一分区地委组织部．巩固党的工作总结报告：1941-1[B]．石家庄：河北档（卷宗 72-1-12-4）．

续表

县别	区别	一区	二区	三区	四区	五区	六区	七区	八区	九区	共计
满城	原数	3		3	2	3					11
	提拔	1	1		2		2				6
	共计	4	1	3	4	3	2				17
定兴	原数					1					1
	提拔										
	共计					1					1

资料来源．中共北岳一分区地委组织部．巩固党的工作总结报告：1941-1[B]．石家庄：河北档（卷宗 72-1-12-4）．

1942 年 7 月到 1943 年 3 月，北岳四分区共提拔县区级干部党员 284 名，干部(群众)82 名。其中平山县充实到区党委、政权、群众团、武委会干部 101 名；灵寿县充实 51 名；行唐 49 名；井陉 27 名；平定 29 名；正定 20 名。此外，充实到县级党委常委、政权科长以上、团体常执委、武委会包括部长以上的干部党员就有 25 人。同时提拔的干部（群众）被安排到县区级的政权、群众团体等任重要领导职务。四分区虽然大量提拔了干部，但由于干部的大量变动，分区党委认为："我们干部的提拔是不够的，党员干部县区级共提了 284 人，但同期损失的牺牲、被捕、病的、负伤、叛变投敌者有 204 人，加上动摇与被捕释放问题未考察清，工作还未很好确定者 263 人，又输出干部 65 人等，共 363 人，这样还是不能补其缺额"。①

北岳区作为边区开辟最早的根据地，"干部荒"不断困扰着地方党组织。到 1943 年，尽管"区级以上各系统的干部，特别是各系统各部门主要负责干部绝大多数是4—5年以上的党龄，50%以上是本地人，县委以上的党委中36%是抗战以前的党员，参加过中国三次革命②的亦有不少数量，这一批基干是支持党的灵魂。但是，有些工作发展三四年了，还不能自己解决的干部问题，干部的缺额仍是相当大的，我们知道：只是天天向上级要，或希望从别处调剂，当然调剂并不是不可，但这是开始时的办法，今天各分区都多或少缺额，因此自力更生的解决办法是更明显了"。③就干部配备较好的四分区来说，"县区级各部门干部除正定、建屏个别部门还未充实外（因不断损失），其余皆得到完满的配备，但因贸

① 易春玲．北岳区四分区组织工作的总结与今后努力的方向：1942-3[B]．石家庄：河北档（卷宗 81-1-1-1）．

② 国民大革命、十年土地革命、抗日战争。

③ 北岳区党委．从组织上巩固党的几个问题：1943-8[B]．石家庄：河北档（卷宗 69-1-78-3）．

易、合作（社）、教育等部门和正定、建屏、平定个别部门干部之未配备齐全和游击区干部损失之巨大，干部之不断输出，所以我们需要大量提拔干部”。[①]在1940年后，边区遭到日伪军大规模连续的“扫荡”，环境发生剧烈变化，斗争日趋残酷，斗争任务艰巨，干部大量减员，边区各地干部更加短缺，在巩固组织中提拔大量的优秀分子到领导机关，以充实指导单位，成为各级党组织的严峻任务。北岳三分区阜平县提拔2人进入县级机关，提拔48人进入区级机关，农村提拔78人；曲阳提拔18名党内外干部；唐县、完县、定唐、云彪诸县在1942年提拔99名干部充实到县区村领导机关。三分区按照上级要求对外输送到华中各地干部达20人，调剂到其他分区的干部有50人，这还不包括送去培养的学生毕业分配到其他地方的。这些离开三分区的干部中，县级干部平均每县2人，区级干部平均1人。加上牺牲、病倒的干部有统计的7个县中县区级干部348名，被洗刷的179名，干部净增有限。因此，在大量提拔干部后，各机关仍感干部不敷所用。[②]在抗战后期，冀察12地委在1944年干部缺员甚多，为此一年中提拔区级干部180名，而同期损失区级干部98名，加上向平北输送区级干部45名，干部实际增加仅30多名。[③]表4-2是北岳区某分区干部增减比较表，这份材料虽然只是一个分区的，还不足以代表全貌，但由表可见总的提拔的数量虽然不少（提拔与减少约为2∶1），但县级干部则得不偿失，干部缺额很严重。

表4-2　北岳区×分区一直来提拔干部与减少干部比较表（包括党、政、民）

比较＼级别		县级	区级	村级	总计
比较	提拔占%	43.55%	73.31%	59.82%	64.64%
	减少占%	56.45%	26.69%	40.18%	35.36%

注：在提拔干部中，××缺村干部数，区干部包括不脱产的、生产的各部门干部；在“比较”中，合计数字把开除的加了进去。

资料来源．北岳区党委．从组织上巩固党的几个问题：1943-8[B]．石家庄：河北档（卷宗69-1-78-3）．

考虑到上述地区是边区基础较好的地区，其他开辟较晚和党的组织基础薄弱的地区，干部缺额更严重。例如，1942年为加强平北根据地工作，把北岳区经验介绍到平北，边区党委决定“北岳区一部干部调剂平北”，同时考虑到干部缺乏，要求“平北在干部的培养与教育上，特别在区级干部的培养与教育上，应有

① 易春玲．北岳区四分区组织工作的总结与今后努力的方向：1942-3[B]．石家庄：河北档（卷宗81-1-1-1）．

② 中共北岳区三分区地委组织部．八个月来巩固党的工作检查总结报告：1941-1942[B]．石家庄：河北档（卷宗78-1-22-1）．

③ 冀察十二地委．1944年党的各种统计数字[B]．石家庄：河北档（卷宗515-1-2-5）．

一定的自力更生的计划”。[①]然而，到 1943 年平北党务干部缺额仍达 70.5%，实有党务干部只有不到 30%。[②]再如，冀东区，“过去在这方面（干部培养）做得是很不够的，按照冀东党员的数量和党的基础，都有产生大量干部的条件，但由于过去对于干部的提拔、培养上做得不够，存在着只是向上级要干部而不是自力更生解决困难的观点，以致在干部数量上感觉严重的缺乏”。[③]冀中区，也存在“自其成立以来，有许多困难条件：A、敌占区多；B、干部少；C、八路未到；D、地方各种势力复杂”。[④]由此可见，各地干部缺乏是边区各地党组织面对的共同问题。

抗战期间边区各地在大量提拔干部党员的同时，由于干部流动频繁和干部损失尤其是基层干部损失巨大，边区各地都面对着干部严重减员的窘境。仍以北岳区为例，见表 4-3。自边区建立到 1942 年，总的趋向是抗战日益艰苦，干部之损失愈大，牺牲的干部以 1941 年为最多，占牺牲总数之 1/3。被捕的干部、自首分子、动摇分子 1937 年时没有，到 1942 年后较 1937 年多几十倍或一百倍以上(动摇)。一方面是抗战日益艰苦了，另一方面也说明日伪在游击区的瓦解政策给边区军民抗战带来巨大影响。1941 年因“大扫荡”而突然严重的情况，是考验干部的试金石，这一年是干部损失突然增加的一年。其他地区，如冀中区随着大部分地区沦为游击区和半游击区，干部损失更为严重。

表 4-3　北岳区抗战以来干部损失指数表

时间 / 项目	1937	1938	1930	1940	1941	1942	注明
光荣牺牲	100	317	689	1.665	2.357	1.989	1、3、4、5、6 分区材料
被捕		100	242	489	1.258	2.303	同上
动摇分子	100	2.733	4.333	5.333	9.300	11.833	1、3、4、5 分区材料
自后分子			100	410	2.090	3.630	1、4 分区材料
叛变分子	100	933	2.100	3.133	10.800	8.633	1、3、4、5 分区材料
总计	100	329	1.289	2.082	4.247	5.129	

① 中共中央北方分局关于平北两年来工作的指示（1942 年 1 月 31 日）[M]//《晋察冀抗日根据地》编审委员会，中央档案馆．晋察冀抗日根据地·文献选编（下）．北京：中共党史资料出版社，1988：619-622．

② 平北地分委 1943 年工作检查与总结[M]//中共北京市委党史研究室．北京地区抗日运动史料汇编（第四辑）．北京：燕山出版社，2000：315．

③ 中共中央北方分局对冀东工作的指示（1943 年 3 月 25 日）[M]//晋察冀抗日根据地．编审委员会，中央档案馆．晋察冀抗日根据地：文献选编（下）．北京中共党史资料出版社，1988：843．

④ 聂荣臻．在中共中央北方分局党代表大会上的报告（1939 年 1 月）[M]//《晋察冀抗日根据地》编审委员会，中央档案馆．晋察冀抗日根据地：文献选编（下）．北京中共党史资料出版社，1988：237．

资料来源：北岳区党委．从组织上巩固党的几个问题：1943-8[B]．石家庄：河北档（卷宗 69-1-78-3）．

为加速培养干部，提高干部素质，以满足形势变动的需要，边区各地党组织付出了巨大努力，也取得了巨大成效。以北岳区一地委和三地委为例。1939 年后日军“扫荡”不断，一地委下属各级党组织干部大量减员，地委不得不大量提拔、调配干部，这导致了一系列问题出现。例如，“干部调动快，使许多干部不能在工作中积累经验和深入了解工作地区环境，而联系群众和密切群众关系都需要时间，而这些都不能满足”，相应的政、民干部调动更快，又“不经过公开系统，不经过公开讨论，对干部调动只凭党委的主观意见，而不顾干部情绪”。徐水县在短短 8 个月中，仅区长调动情况：一区调动 3 次，三区调动 4 次，六区调动 3 次，二区和四区调动 2 次。尤为严重的是提拔干部中有的县采取关门主义，忽视干部重要性，否认在群众斗争中成长起来的干部成绩，把知识与能力标准对立起来，只看知识水平；有的县为应付工作需要在干部提拔中出现滥抓现象。1939 年后，该地委各县开始巩固组织，对干部队伍进行大规模整理，洗刷不合格干部，并重点充实各县的区委与农村支部等下层领导机关，基本实现了下层机关“掌握在经过考验的忠实于党、忠实于阶级的干部手中”。从一地委各县的区委变动看，涞源县各区委撤职 24 人（内含干事）、开除党籍的 6 人，过去的区委经洗刷只剩 15 人；提拔常委 7 人、执委 6 人、干事 2 人。易县，撤职区委 12 人、干事 8 人，开除 3 人，被捕 1 人，过去的区委只留下了 5 人；提拔区委 10 人，干属 13 人。此时“各区支部委员的变动更大而未加统计”，“所有支部普遍整理了二次以上，有的经过再三再四的审查，洗刷不合格干部，克服了党内的混乱现象”，“提拔的新干部克服了以往干部的空虚与缺额现象”，新干部“发扬了布尔什维克精神，使党组织在反顽固、反投降的斗争中，在民主、民生斗争中，尤其是救灾斗争等表现积极，使这些中心工作顺利完成”。针对新干部缺乏经验、政治文化水平较低的状况，抓住时机适时进行教育。如，在“皖南事变”后，一地委发动了对国民党顽固派的政治攻势，加强了党员干部的阶级思想教育，使党员干部认识到了中国革命的性质和革命的复杂性及资产阶级的革命不彻底性，使党员干部对“统一战线”政策精神有了进一步的了解。为提高党员政治水平，提高文化水平，一地委举办了各类训练班，对各级干部进行集中训练，并在其中选择干部进行提拔（详见表 4-4；表 4-5），训练班受训人员经过系统训练，其思想、工作技能等也得了到不同程度的提升。尽管大量训练和提拔干部初步改善了干部党员短缺的状况，一地委的下级仍未能配足、配齐所需干部。例如，易县计划每区配备 5 人（一、二、四区计划配 3 人），但是仍缺 17 人；涞源每区计划配 5 人，缺 4 人；徐水路东（平汉铁路）每区配 5 人，路西配 3 人，结果还缺 8 人；

龙华每区 5 人（三区 3 人），缺 12 人；满城每区计划配 3 人，仍缺 1 人；定兴每区配 2 人，缺 1 人。上述是巩固区干部配备缺额，游击区的干部缺额就更大了。[①]

表 4-4　1942 年北岳一分区四个月来武装干部训练一览表

期数	人数	时间	何级干部
一期	42	3 个月	连级干部以上 5 人；排级干部以上 13 人；班级干部以上 18 人；其余是班级以下
二期	50	2 个月	主要是培养排级以下班级以上干部

资料来源：中共北岳一分区地委组织部．巩固党的工作总结报[B]．石家庄：河北档（卷宗 72-1-12-4）．

表 4-5　1942 年北岳一地委三个月来县委训练班统计一览表

类别＼县别	易县	满城	徐水	定县	总计
共开期数	1	3	1	无正式开班，都是流动性训练班	5
日期	半月	半月/期	半月		一般是半月
干部级别	支干	支干	支干		支干
人数	60	140	80		280
一般教材	党建知识问答；统一战线；各种基本政策；政治报告等	党建问答；各种政策；反奸细斗争；政治报告等。	同 左		

资料来源：中共北岳一分区地委组织部．巩固党的工作总结报告[B]．石家庄：河北档（卷宗 72-1-12-4）．

与一地委所属地区相近，三地委所属地区在 1939 年后也多次遭到日军围攻。在军事上，日伪增加堡垒加紧封锁，以隔断三地委地区山地与平原的联系，并连续进行无规律的大、小“扫荡”，并对各县的“扫荡”中采取突然包围合击、逮捕干部、抓取青年、强化伪群众组织、扩大伪军等手段，不断“蚕食”根据地。尤其在游击区进行“治安肃正”，以攻为首，步步“蚕食”。在政治上，挑拨离间，建立新民会；各村设情报员，调查户口；利用封建道门，进行奴化欺骗宣传；发动自首运动等来破坏根据地抗日力量。1943 年又开始在定唐、完县、曲阳、云彪等县建立大乡和镇公所[②]，加强对乡村的控制。在经济上，实行物质统制。各村设立新民合作社，实行配给；建立经济委员会，进行经济封锁；

① 北岳一地委．巩固党的工作总结报告[B]．石家庄：河北档（卷宗 72-1-12-4）．

② 大乡制度和镇公所是日军在当地建立的伪组织。定唐县设 11 个大乡，完县设有 6 个，曲阳 12 个，云彪 10 个；镇公所设正、副镇长各 1 人，下设调查、审查、调解 3 个组，并有秘书及干事 1~2 人。

打击边币，抬高伪币；摧毁根据地市场，武装保卫敌伪控制的集市；在“勤俭增产”的口号下，扩大棉田贷款，经济统制和掠夺。在“反扫荡”斗争中，敌伪的残酷屠杀使群众和干部党员死亡甚巨，大批干部因劳致病，致使党内各种制度垮台。同时，由于党组织在根据地实行“减租减息”政策等，农村阶级关系发生变化，某些干部的思想意识亦随之变化，非无产阶级思想发生并腐蚀党的现象日益严重。这给三地委下属各级党组织带来极大的损失。此时许多干部牺牲、病倒、逃跑，甚至投敌叛变，部分支部垮台。为巩固地方党组织，三地委一方面通过干部党员的审查、鉴定，洗刷了 179 名不合格党员，提拔了 245 名新干部充实领导机关，对外输送、调配 50 名干部；另一方面，加大了对干部训练、培养、教育的力度。仅 1942 年 1 月和 5 月的区内训练班就培训干部 262 名，其中村支部委员达 160 人，占全部受训干部的 61.1%。地委组织的爆炸训练班培养农村武装人员达 977 名，政权干部训练班也培训各级干部 176 名。在大量培养、提拔干部之后，虽使局面好转，但该地区尤其是定唐、云彪等县仍是“干部闹恐慌”。[①]

平北、冀东也存在同样的问题。边区党组织多次指示干部应自力更生，虽经多次提拔干部，这些地区提拔干部仍不能补足损失的干部，“存在着严重的干部荒”。例如，平北虽然在 1943 年提拔干部占实有干部的 48.3%，但损失就达干部总数的 51.7%。[②]

抗战进入反攻阶段后，按照中央部署，边区各地积极扩大解放区，并向热、察及东北大批派出干部，加上多次扩军，各地在继续大量培养、提拔干部的同时，干部缺额现象仍未能得到根本缓解。以龙华县为例，随着大反攻的胜利进行，大片区域获得解放，各区工作迅速增加，干部需求加大。各区加大了提拔干部力度，提拔区级干部党员达到 129 人，而同期向外输出干部党员就达 247 人，缺额达到 53 人。各区进一步加大提拔干部工作力度，导致一系列问题出现，如干部凑数现象严重。例如，六区提拔的 × × 妇女干部年仅 17 岁，提拔后不能胜任工作；七区提拔的妇女干部刘 × × 是一个打野鸡的（暗娼）等。许多区由于干部缺乏还出现部门间争夺干部现象，如七区、八区纷纷把武委会、小区干部、村支部的干部提拔到区级机关。甚至许多部门看哪个干部好，不管其是否担任工作，就迅速给他按上一个职务，这也必然导致提拔干部审查不严，许多有问题的人被提拔为干部。如二区提拔的武委会主任，过去给日伪当过勤务员，作风极差，下乡向群众要白面，不给白面吃就在村边打枪，打人骂人。三区提拔的好多妇女干部由于刚从日伪统治下解放出来，对党组织认识较差，提拔后想跑回家。还有许多干部在大反攻前，组织要求输出到外

---

① 北岳三地委．八个月来巩固党的工作检查总结报告：1943-7[B]．石家庄：河北档（卷宗 78-1-22-1）．

② 平北地分委 1943 年工作检查与总结[M]//中共北京市委党史研究室．北京地区抗日运动史料汇编（第四辑）．北京：燕山出版社，2000：318．

地工作时坚决不走。还有的即使当时送走了，不久又自己跑回来。有的区靠感情拉拢来提拔干部。为解决干部中的问题，一方面龙华县加大了干部教育力度；另一方面针对干部家庭生活水平多在一般群众之下，影响着干部的工作情绪和提拔工作的问题，各区在加大干部家属扶持力度后，初步稳定了干部队伍。①

表 4-6　1945 年龙华县干部配备情况统计表

区别 状况	一区	二区	三区	四区	五区	六区	七区	八区	总计
提拔	36	—	10	29	—	38	8	8	129
输出	34	20	19	44	81	38	7	4	247
缺额	5	3	15	6	3	2	7	12	53

注：表中数字不含群众干部及新解放城镇内的党员干部。

资料来源：中共龙华县委．中共龙华县 1945 年组织工作总结[B]．石家庄：河北档（卷宗 520-1-487-3）．

与龙华县相类，怀涿县也遇到同样的干部缺乏问题。在抗战的反攻阶段，怀涿县由于大片地区收复，在事务日渐增多情况下，各地党组织对干部需求大增，为能迅速培养和提拔干部，一方面各地加大了干部培训力度；另一方面通过各种途径选择和提拔干部。此时提拔干部的主要方式有以下几种。除了在机关副职中注意锻炼培养外，对机关勤杂人员也加强教育，到一定时间提拔为干部。例如，怀涿县委的4个交通员在1945年上半年被提拔为干部。还有的是在乡村支部中选择提拔出来，经过一段时间的教育能担负工作就安排到区县机关工作。或者是把支部和区里一些作风不好、思想有问题的干部提拔到县级机关，经过一段时间的教育，再分配到区级机关工作。此外，区级机关一般在自己下级组织系统中经过长期的考察，选择能吃苦的干部，帮助他们组织生产、解决其家庭生活，使他们对家庭没有什么牵挂而提拔出来。怀涿县六个区在 1945 年上半年党务干部缺 24 人，在面向基层、重视知识分子的前提下，各区运用上述方式提拔干部 57 人，具有初小文化程度以上的 49 人，占提拔干部的近 86%，尽管牺牲和洗刷了 11 人，但是为应对形势的迅速变化起到了积极作用。②

二、社会成分构成

1925 年，毛泽东在《中国社会各阶级的分析》一文中为了分清“谁是我们

① 龙华县政府（疑为中共龙华县委）．中共龙华县 1945 年组织工作总结[B]．石家庄：河北档（卷宗 520-1-487-3）．

② 中共怀涿县委．半年组织工作总结：1945-7[B]．石家庄：河北档（卷宗 520-1-357-3）．

的敌人？谁是我们的朋友？”，从生产关系的角度分析了中国社会的地主、买办阶级、中产阶级、小中产阶级、半无产阶级、无产阶级和游民无产者的政治立场。文中认为第一个阶级是中共革命的敌人；第二个阶级政治上动摇不定，应防止其扰乱革命阵线；第三、第四个阶级是中共革命的“朋友”；工业无产阶级才是中国革命的领导了力量。①1933 年，毛泽东更加明确地分析和界定了中国农村社会的地主、富农、中农、贫农和工人阶级。②此后，随着革命的发展和毛泽东在党内领导地位的确立，这些成为中共在乡村革命中进行阶级划分的标准，也成为中共组织发展中衡量党员、干部社会成分的标准。1935 年底，中共召开的瓦窑堡会议在正确分析中日之间矛盾的基础上，确立了中共建立抗日民族统一战线的策略方针，会议决议指出：“中国工人阶级与农民，依然是中国革命的基本动力。广大的小资产阶级群众，革命知识分子，是民族革命中最可靠的同盟者”。部分民族资产阶级与军阀对反日采取同情，或善意中立，或直接参加反日。因此，不同的阶级、个人、团体、武装队伍出于不同的动机与立场，有的为了保持他们原有的地位，有的是为了要争取运动领导权，有的为了中华民族的彻底解放，都将参加到了反日运动中来。在反日斗争中，中共应满足广大民众的基本利益要求，才能使反日运动得到持久性，才能使反日运动走向彻底胜利。因此，“一切愿意为着共产党的主张而奋斗的人，不问他们的阶级出身如何，都可以加入共产党”。③

在边区创立的初期，党组织按照瓦窑堡会议的决议要求，为抓住转瞬即逝的有利时机以在短期内开辟边区工作，在提拔干部上采取了“放手使用”与“精挑细选”相结合来造就干部队伍，在很短的时间就打开了工作局面。而这种大规模的扩干也导致了“国民党及日寇特务人员、托派、奸细及投机的流氓地痞混入党内；在斗争局面打开时，地主、富农、商人等异己分子利用其主意多，会应酬、奉承，能说会写等能力，也做一些好事而混入党内，使有些支部被其把持”。④因此，在 1939 年随着日军抽调兵力对边区进行“扫荡”，形势日益严峻的形势下，为巩固党组织以适应形势转变，边区党组织开始重视干部的社会成分构成，并进行干部队伍的调整。在党组织整顿中，尤其是在基层党组织区级和支部机构中的干部党员配备和使用时，强调重用工农成分干部党

① 毛泽东．中国社会各阶级的分析[M]//毛泽东选集（第一卷）．北京：人民出版社，1991：3-9.

② 毛泽东．怎样分析农村阶级[M]//毛泽东选集（第一卷）．北京：人民出版社，1991：127-129.

③ 中共中央关于目前的政治形势与党的任务决议（1935 年 12 月 25 日）[M]//六大以来—党内秘密文件（上册）．北京：人民出版社，1981：744-745.

④ 彭真．彭真文选（1941—1990 年）[M]．北京：人民出版社，1991 年，17-20.

员，要求工人和贫农干部党员掌握主要领导岗位。边区党的主要领导人彭真在向中央汇报中，针对北岳区某些支部的支部委员中农占半数以上的现象提出严厉批评，指出：“中农在党的支部领导机关中居然占了如此重要的地位，成了支部的重要人物（这些人多缺乏无产阶级意识）也够吓人了”，“必须从组织上加以调整。党的支干会必须保证贫农和雇农党员占多数。一些有才干的中农党员可以调一部分到群众团体等方面去工作”。必须在成分上调整干部党员队伍，才能巩固党，健全各级领导机关。[1]

鉴于上述干部党员的状况，在边区巩固党组织的过程中，开始再次强调干部的工农成分，力求工人和贫农、雇农干部在乡村党、政、军、民等领导机关中占多数。1941 年 4 月北岳一分区的报告体现出边区各地的干部成分调整趋向。

表 4-7　北岳区一地委党内干部社会成分百分比（%）

类别 / 县别	县委成分百分比（%）					区委成分百分比（%）					支委成分百分比（%）				
	工人	雇农	贫农	中农	知识分子	工人	雇农	贫农	中农	知识分子	工人	雇农	贫农	中农	知识分子
易县					100		5.3	68.4	16	10.5	0.98	6.35	66.7	19.8	4.19
满城			33.3	33.3	33.3			57	43			3.8	53	43.2	
徐水			20	20	60			50	50		0.6	2.1	41.6	55.7	
定兴	50				50			50		50	13.3	6.7	66.6	6.7	6.7
龙华			66.6		33.3	11.2		89.9	11.1		12.4	0.3	71.3	11.7	1.3
涞源					100	6.7		61.1	11.1	21.1	19.8	27.8	29	18	5.4
地委直属支部										1.8	0.9	21.8	37	48	
总计（%）	6.7		22.2	11.1	61.1	3.7	1.2	60	26.8	8.3	8.9	10.4	52.9	25.5	3.3

资料来源：中共北岳一分区地委组织部. 巩固党的工作总结报告[B]. 石家庄：河北档（卷宗 72-1-12-4）.

表 4-7 的一地委干部社会成分中显示，工人、雇农所占比例较少，中农占明显优势，尤其是在支委中中农占很大优势，特别是满城、徐水更十分明显。一地

① 彭真. 关于晋察冀边区党的工作和具体政策报告[M]. 北京：中共中央党校出版社，1981：156.

委个别地方富农干部还控制着支部，如龙华部分支委中有 3%的富农成分；地委在徐水检查某区支部时有 3 个支部的支委中有 4 名富农干部。上述状况其实是与当时一地委所属地区社会阶级变动同构，然而这种状况在激烈的“反扫荡”斗争中，由于部分干部变质，引起了地委的高度警惕。地委基于对当地阶级的分析，认为富农干部多数自私自利、抗日积极，有些还是有能力、有办法的，但对改善人民生活则很消极，甚至采取隐蔽的、巧妙的办法来反对、阻挠，个别的或有些半知识分子和干部的工作积极，尚能执行党的政策，遵守党的纪律。地委认为富农成分的干部党员之所以能掌握部分支部，是因为上级某些干部不了解阶级斗争的残酷和复杂性，为富农干部党员一时的抗日工作表现所陶醉，不从阶级斗争中看问题或囿于其一时的成绩，抱着侥幸心理，减轻了对革命的责任心，在成分鉴定时将其写成中农，导致部分富农干部党员上台。所以，地委做出了调整干部党员的要求：①对党员干部进行教育，使干部党员，尤其是上级干部认识到党是无产阶级的政党，不能只看见富农的抗日，要把握党的最终奋斗目标，深刻认识阶级斗争的残酷性和中国社会阶层的复杂性，在现阶段革命任务中一般富农不是革命的动力，当革命深入到解决土地问题时，富农即成为反革命。在不把富农与地主一样看待时，也不要幻想富农拥护社会主义革命。②对中农也要注意，他们受大地主、大资产阶级的压迫剥削，大部分中农土地不足，没有政治地位，能参加反帝、反封建的革命，也能参加社会主义革命，革命的中农可以参加党，但要了解党系无产阶级的政党，骨干是无产阶级。在农村中的党，应以雇农、贫农为骨干，中农是无产阶级的同盟军，是农村的小资产阶级，但中农成分不应在党内占优势，应从革命的长期性和复杂性、阶级斗争的残酷性上着眼看中农在党内占优势的问题。对富农干部党员的处理：①自私自利、抗日工作消极，反对或阻挠改善人民生活的应开除党籍。②抗日工作积极，但当党的利益与个人利益矛盾时不能坚决服从党的利益，对这些人应劝告他们脱离党，尽力争取他（或她）们为同情者，或暂时同情者。③对工作积极，能牺牲个人利益、能执行党的政策、能遵守党纪的青年，半知识分子应进行教育，使他（或她）们了解党的目的、任务、自己的成分，克服自己的意识缺点，或调动离开他（或她）的家庭。④在支部改选中改选支委的成分。⑤大胆、大量地提拔贫农、雇农及纯洁的青年知识分子和妇女干部党员。[①]

从表 4-8 有限的地区统计中可以看出，农民占据了干部党员群体的绝对优势，尤其是在区级机关中，某些地区中农优势明显。相比而言，工人在干部群体中比例较低，这与边区多属乡村地区相对应，体现了农民，尤其是下层农民已成为中共的社会基础，为中共生存和发展提供着广阔的基础。此外，

① 北岳一地委．巩固党的工作总结报告[B]．石家庄：河北档，卷宗（72-1-12-4）．

在区级以上干部中拥有相当数量的知识分子干部，与前面党员群体同向，愈是较高级别干部，其比例愈高，显示较高职位对知识能力的要求。另外，富农、地主、商人干部党员也在部分地区存在，与边区开创和统战政策的需要相适应。

表 4-8　几个地区干部党员社会成分百分比统计表

成分 地区及时间	工人	雇农	贫农	中农	城市小资产阶级	富农	商人	地主	其他
冀晋五分区 1945.3	0.3	4.8	42.1	27.8	0.3	0.9	1	0.08	2.4
冀晋四分区县级 1945.5	0.1	0.02	44.9	49.2	0.03	3.3	0.02	0.07	—
北岳区级以上 1943	2.7	1.1	34.3	31.0	28.4	—	—	—	2.5
平北县、区干部 1943	1.2	3.6	33.2	43.6	—	—	—	—	18.4
平西涞水支委 1943	1.3	—	64.3	31.8	—	2.6	—	—	—
冀热边 4 县支委 1942	—	2.7	30.6	55.6	—	11.1	—	—	—
龙华县、区委 1944	0.5	0.3	34.4	48.4	—	0.8	0.2	—	—
北岳区村支委 1941	2.4	2.8	29.8	62.2	1.8	—	—	—	1.0
怀涿县、支委 1944	0.3	0.1	53.7	36.2	—	0.4	0.1	—	—

说明：计算中采取四舍五入，小数点后取一位，数字太小则取两位。

资料来源：①冀晋五地委．各县党组织统计表[B]．石家庄：河北档（卷宗 120-1-12-6）；②冀晋四地委．冀晋第四分区党组织统计表[B]．石家庄：河北档（卷宗 117-1-38-5）；③北岳区党委．从组织上巩固党的几个问题：1943-8[B]．石家庄：河北档（卷宗 69-1-78-3）；④平北地分委 1943 年工作检查与总结[M]//中共北京市委党史研究室．北京地区抗日运动史料汇编（第四辑）．北京：燕山出版社，2000：316．⑤李仲德．平西地委十一月扩大干部会议报

告提纲[M]//中共北京市委党史研究室．北京地区抗日运动史料汇编（第 6 辑）．北京燕山出版社，2001：168；⑥中共中央北方分局冀热边考察团考察报告[M]//晋察冀人民抗日斗争史编委会．冀热辽报告（二）．内部资料．1983：37．⑦中共龙华县委．半年来组织工作总结：1944-6[B]．石家庄：河北档（卷宗 520-1-487-4）．⑧中共怀涿县委．怀涿县半年组织工作总结：1945-7[B]．石家庄：河北档（卷宗 520-1-357-3）．

笔者未能搜集到晋察冀边区总的干部党员成分统计数据，为了能较清楚地了解边区各社会成分的干部分布情况，现以冀察一地委所属龙华县和冀晋四地委所属各县的统计数据进行考察，见表 4-9。统计表的数据显示，党、政、民等各级机关干部中干部党员居绝对多数，党务机关中党务工作干部全部为干部党员，且政权和民众团体的主要负责人也同样以中共党员为主，体现了中共中央的指示："应大大注意政权中干部质量之改善，要把各级政权紧紧掌握在我党手中"政策在边区的落实。①然而，在各级机关中高级干部的社会成分呈现出多样化特点。从表中数据可以明显看出：工人成分干部很少，一般在 3%以下；贫农成分一般与干部职务级别成反比例，干部级别愈低其比例愈高；中农成分的干部比例明显高于贫农，尤其是在低级职位中比例较高。这也看出边区党虽多次对中农成分干部进行调整，仍不能使中农阶级退居贫农之后，毕竟机关除社会成分要求外，还是需要一些工作技能干部的，而乡村中农可能比贫雇农多略通文字，更能胜任这些工作。若把雇农、贫农、中农汇总起来考察，则占据绝对多数，达到干部总数的 90%以上。这些地区的富农、商人、地主成分的干部多集中在政府机关中，体现了边区统一战线政策的影响，且除个别者外大多职位较低。在边区"面向工农劳苦群众，但并不丝毫放松吸收革命的知识分子入党"的政策之下，②又经各级党组织的教育训练，据这些地区档案统计，知识分子干部党员比例较高，仅冀晋区四地委所属各县的干部（见表 4-10）中初小以上的干部就达 2264 名，占全体干部数的 91.5%，文盲多集中在抗联中，其比例不到 1%，考虑到在战争环境之下，干部队伍素质是比较高的。另外，档案资料显示，知识分子成分的干部与级别成正比例，如北岳区一地委所属干部中，县委干部中知识分子比例为 61.1%，在区委干部中占 8.3%，在支委中占 3.3%。③在这些地区干部群体中，从纵向分

① 中共中央对晋察冀工作的指示．1939 年 9 月 27 日[M]//《晋察冀抗日根据地》编审委员会，中央档案馆．晋察冀抗日根据地：文献选编（上）．北京：中共党史资料出版社，1988：289-290．

② 中共中央北方分局对冀中工作的指示信．1939 年 8 月 11 日[M]//《晋察冀抗日根据地》编审委员会，中央档案馆．晋察冀抗日根据地：文献选编（上）．北京：中共党史资料出版社，1988：269-273．

③ 中共北岳一分区地委组织部．巩固党的工作总结报告[B]．石家庄：河北档（卷宗 72-1-12-4）．

析，贫农、中农比例随着级别降低而增高；知识分子干部数量则随着干部级别的增高而成正比例增长。从横向分析，则体现出干部群体的多元化，在边区“三三制”政策推行下，为团结各阶级阶层共同抗日，富农、地主在政权和统一战线性质的机关中占有一定比例。

与从事党务工作的干部相比，群众团体中的干部党员的社会成分不但更加多元化，而且干部数量比较充足。在边区抗战进入相持阶段后，由于许多地区变为游击和半游击区，为减轻人民负担，提高行政效率，边区各地对群众团体和政权干部进行了精简。北岳区在“简政”后，群众团体干部只有 2900 人，冀中区约 1800 余人，冀东区没有统计。据北岳区 9 县群众团体干部的调查，在县级以上工会干部的社会成分中：中农占 12%，贫农占 50%，雇工占 34%；农会中富农占 3%，中农占 31%，贫农占 65%；妇抗会中地主成分占 1%，富农占 7%，中农占 39%，贫农占 51%；青救会中地主子弟占 0.1%，富农子弟占 4%，中农占 36%，贫农占 58%，雇工占 0.1%。若把县级干部综合计算，则地主成分占 0.62%，富农 5.09%，中农 32.91%，贫农占 56.15%，雇工占 5.05%。[①]这样的干部成分分布显示出中共的群众基础主要为贫农、雇农和中农（多为抗战后由贫农和雇农上升的“新中农”），而这些阶级阶层占到边区人口的 80%以上，从而体现出边区中共党组织在乡村群众和社会中寻找到了其生存和发展的主干力量。

表 4-9　1944 年 6 月龙华县干部统计表

类目		职别	总数	政治面目			社会成份								
				党员	群众	其他	工人	雇农	贫农	中农	城市小资	富农	商人	地主	其他
党务机构	县委机关	常委	6	6	—	—	1	—	2	2	—	1	—	—	—
		执委	5	5	—	—	—	1	1	2	—	1	—	—	—
		干部	12	12	—	—	—	—	3	6	—	3	—	—	—
	区委	常委	28	28	—	—	2	1	11	14	—	—	—	—	—
		执委	14	14	—	—	—		6	7	—	—	1	—	—
政权机关	县政府	县长	1	1	—	—	—	—	—	—	—	1	—	—	—
		科长	7	4	2	1	—	—	—	3	1	2	—	—	—
		科员	21	7	14	—	—	—	5	9	—	7	—	—	—
	区公所	区长	8	8	—	—	—	—	1	4	—	3	—	—	—
		助理	38	25	8	5	—	—	9	17	—	7	2	2	2

① 刘澜涛．晋察冀边区的群众工作（1945 年 1 月）[M]//晋察冀抗日根据地》编审委员会，中央档案馆．晋察冀抗日根据地：文献选编（下）．北京：中共党史资料出版社，1988：975.

续表

类目		职别	总数	政治面目			社 会 成 份								
				党员	群众	其他	工人	雇农	贫农	中农	城市小资	富农	商人	地主	其他
民众团体	县级	主任部长	6	6	—	—	—	—	3	1	—	1	1	—	—
		干事	4	4	—	—	—	—	2	2	—	—	—	—	—
	区级	常委	27	28	1		2	—	17	10	—	—	—	—	—
		执委	10	6	4	—	—	—	6	4	—	—	—	—	—
其他	县级		20	13	7	—	—	—	—	6	—	—	2	—	—
	区级		41	41	—	—	—	—	21	18		2	—	—	—
总计			248	208	36	6	5	2	87	105	1	28	6	2	2

资料来源：中共龙华县委．半年来组织工作总结：1944-6[B]．石家庄：河北档（卷宗520-1-487-4）．

表 4-10　1945 年 5 月晋察冀冀晋区四地委各县干部统计表

类目		职别	总数	政治面目			社会成分								
				党员	群众	其他	工人	雇农	贫农	中农	城市小资	富农	商人	地主	其他
党务机构	县委机关	党委	48	48	—	—	2	—	15	27	—	3	—	1	—
		干部	85	85		1		30	41		9	1	3		
	区委		448	448			4	1	216	218	2	7			
政权机关	县政府	县长	7	7					2	4				1	
		科长	54	47	6	1			9	33		11		1	
		科员	134	80	33	21	1		36	74		20		3	
	区公所		324	251	55	13	1		90	192		38	1	2	
民众团体	县抗联		76	70	6		4		27	36		9			
	区抗联		679	568	106	5	12	7	310	321		25	2	1	1
	县武委会	主任	12	12					8	3		1			
		股长	20	20					4	11	1	3		1	
		股员	23	21	2				10	12				1	
	区武委会		169	155	14		1		70	96		2			
其他	县联社		50	38	10	2		1	11	31		6		1	
	区联社		157	124	28	5			53	92		11	1		
	商店		189	104	74	11			44	105	13	13	14		
总计			2475	2083	334	58	26	9	935	1296	16	158	19	15	1

注：党委包括常委、执委（区级同上）；干部包括干事及其他机关干部；区公所干部包括区长助理员；民众团体的县级干部包括主任、干事，区级干部包括常委、执委；武委会区级干部包括正副大队长、指导员；合作社干部包括股长、股员，商店同此。

资料来源：冀晋四地委．四分区干部统计表：1945-5[B]．石家庄：河北档（卷宗117-1-37-6）．

三、社会身份构成

抗战时期，晋察冀边区干部群体的性别、年龄、职业和教育背景等社会身份，也随着形势变化呈现出很大变化。

（一）性别

由于社会、历史习俗、半封建经济、生理等诸多因素的影响，抗战前晋察冀地区女性的社会地位、心酸经历和抗战后中共在乡村的革命动员中的感受具有鲜明对比。以往，“她们过着牛马不如的生活，三从四德的旧礼教，象枷锁一样束缚着她们。她们一年到头，穿得破破烂烂，吃着糠糠菜菜，终日为生活操劳。她们是被压在社会最底层的人。当新的抗日政权建立后，妇女获得民主、平等的权利，她们由衷地感激和热爱八路军和新政权。被压抑多年的革命热情即刻象〔像〕火山一样爆发出来，新的伦理道德，优美情操，得到了充分的展现”。同时，她们的政治热情、生产热情也开始提高。而且“战争带给她们的苦难除和男子忍受的相同外，还更多受一些蹂躏，即要遭受敌人对其父母、兄妹及她自己的侮辱。据晋察冀某县一个区 3 个月的统计，被日军强奸者就有 800 多人，伤重致死或奸后被杀的有 100 多人，后来投井上吊的还不算在内。这激起了边区许多女性的抗日怒火”。①档案显示，边区各地大量妇女在中共号召、组织下纷纷参加生产、执勤、照顾伤病员，更有许多年轻女性组织和参加妇女抗日救国会，许多积极分子入党并担任了多种领导职务。例如，北岳区一地委 1942 年各县干部中，女干部占 11.2%。然而，从各地有限的统计数据来看，妇女干部总体数量和在干部群体中的比例并不高，许多地区党组织“不了解妇女在革命中占的地位，有封建意识存在，不了解妇女生活的痛苦和它〔她〕们对革命的希望”，所以不愿或不积极培养、提拔妇女干部，甚至许多男干部感觉培养、提拔女干部很不方便，易引起家庭纠纷。在上级的督促下，许多地方为了发展女干部要求“妇女同志应把发展、培养女党员、女干部作为自己给党负的义务”，②这也导致妇女干部在党、

---

① 冉淮舟，刘绳．奇特的战场——晋察冀抗战史话[M]．天津：天津人民出版社，1990：254-255.

② 中共北岳一分区地委．巩固党的工作总结报告[B]．石家庄：河北档（卷宗 72-1-12-4）.

政、民等机关的分布极不平衡。例如，怀涿县 1945 年上半年提拔县区级干部中，县级 16 名干部中无妇女干部，区级 51 名干部中，妇女干部 6 名，仅占新提拔干部的 1%强。[①]1945 年上半年冀晋四地委统计中，地委机关 99 名干部中妇女干部 7 名，占 7%强；各县 2475 名干部中，妇女干部占 9%，且在党委、政府科长以上、县武委会主任中无一名妇女干部，妇女干部多集中在各级抗联中。具体到各县：行唐县妇女干部占 12.3%，且 77%以上在区抗联；灵寿县妇女干部占 13.2%，82%以上在区抗联中；正定县妇女干部占 7.4%，75%在区抗联；井陉妇女干部占 6.5%，53.9%在区抗联；建屏县妇女干部占 6.3%，83%在区抗联；平定县妇女干部占 9.6%，85%以上在区抗联；平山县妇女干部占 6.4%，55%以上在区抗联。[②]尽管档案资料较少，但零星的资料也显示出，边区干部群体中男性干部居于主体；同时也涌现出大量妇女干部，这些妇女干部多分布在县、区抗联机构中，且越往下层机关数量越多。由此可以看出，抗战期间由于边区政府的动员和巨大战争环境压力，许多乡村妇女担负起家庭、生产的主要角色，并开始参与政治。据北岳区不完全统计，1939 年当选村选代表妇女达 1454 人；1940 年村、区选举中，“192 万女选民有 135 万参选，占女选民 70%以上，村中选出女代表 5052 名，女村长、村副 139 名，选出女区长 11 名，女县长 1 名，女县议员 140 名、女副县议长 1 名”，[③]这成为乡村妇女走出家庭、迈向广阔社会的新起点。

（二）年龄

晋察冀边区是在日军打垮国民党地方基层政权后，中共抓住日军立足未稳的有利时机，在乡村大刀阔斧利用一切可利用的地方政治资源等力量开辟出来的。当时党内干部和大批党外干部是短期内迅速提拔出来的，所以“干部绝大多数是新的，并且是缺乏实际斗争及组织生活的锻炼又诸事外行的干部”，[④]此后，在巩固根据地斗争中，战前的老党员和老干部多担任了边区县级以上的领导人，在乡村工作的干部多是新干部，而且总体上以青壮年为主。例如，从 1939 年底到 1940 年初，北岳区一地委 3 个月发展的青年党员占总数的 51.8%，定兴县青年党员达到 68%。[⑤]北岳区 1943 年新发展的党员青年占到了 46.6%，“各党委干部成分是很好的，党在干部中（包括支委）无产阶级、半无产阶级和青年知识分子占绝对多数”，以“灵寿

---

① 中共怀涿县委．怀涿县半年组织工作总结：1945-7[B]．石家庄：河北档（卷宗 520-1-357-3）．

② 冀晋四地委．四分区（地委）干部统计表[B]．石家庄：河北档（卷宗 117-1-37-6）．

③ 田秀涓．晋察冀北岳区的妇女抗日运动[M]//《晋察冀抗日根据地》编审委员会，中央档案馆．晋察冀抗日根据地：回忆录选编．北京：中共党史出版社，1988：95．

④ 彭真．关于晋察冀边区党的工作和具体政策报告[M]．北京：中共中央党校出版社，1981：163．

⑤ 中共北岳一分区地委．巩固党的工作总结报告[B]．石家庄：河北档（卷宗 72-1-12-4）．

（中常县份）来看，村级党员干部（党政民）之成分：贫农以下 71%，其年龄则青年占 75%”。[①]再从政权干部来看，在 1942 年边区选举中，冀中二分区参加区、县代表会及政府工作的各级代表中 18 岁到 20 岁青年共 8883 人，占当选代表的 23%；当选村长、副村长的 437 人，区长 10 人。[②]到抗战后期，建屏县 7 个区，抗战前机关干部党员共 9 人，抗战八年共提拔机关干部党员 206 人，182 名为青壮年，占总数的 88%以上。[③]怀涿县 1945 年上半年提拔的县、区级干部中，17~23 岁的 29 名，24~35 岁的 40 名，36~45 岁的 4 名，35 岁以下占 80%以上。[④]由此看出，边区干部是从青年为主体的群体队伍，尤其是在边区党组织大力发展青年党员干部政策影响下，边区各地干部党员也随之不断增加，这些热血青年在各条战线发挥着中坚作用，为抗战胜利做出了杰出贡献，也付出了巨大牺牲，其业绩将在后面章节叙述。

（三）职业

抗战时期，边区党组织要求边区干部，尤其是区级及以下干部党员不脱产，以便于在日趋恶劣的形势下，能够以职业为掩护从事党的工作。因此，除少数专职干部外，干部群体的职业必然呈现出多样化的特点。然而，笔者查阅大量档案，并未发现干部党员的系统职业统计，只能通过一些零碎的档案资料窥其概貌，见表 4-11。

抗战时期党组织立足乡村，从表中数据可以看出党员干部职业务农者占据多数；职业工人占很小比例，且除了边区公营企业等外，多是乡村手工业者。在党、政、民等领导机构中，县级以上干部中教师、学生等知识分子占有很大比例，而区级以下知识分子身份很少，甚至没有一个，显示了愈往基层干部文化水平愈低，乡村干部更是文盲、半文盲居多，这严重影响着党的政策的贯彻落实。因此，各地上级党组织对支部教育甚为重视，这是一个很重要的原因。另外，在冀中等商业较发达的地区，有部分干部党员以商业，尤其小商贩为职业掩护，从事党的工作；部分“派遣干部”打入敌伪、道门等组织以之为掩护进行工作。总之，边区的巩固区干部多以公开的党、政、民、武干部身份工作，在游击区、半游击区为避免损失，多以各种职业为掩护，从事秘密工作，多数村庄党组织还相应建立了大量“平行支部”以备公开支部垮台后继续组织群众，大量秘密党员的职业与战前并无大的区别。

---

① 中共北岳区党委．从组织上巩固党的几个问题：1943-8[B]．石家庄：河北档（卷宗 69-1-78-3）．

② 齐一丁，刘国华．晋察冀边区的青年运动[M]//《晋察冀抗日根据地》编审委员会，中央档案馆．晋察冀抗日根据地：回忆录选编．北京：中共党史出版社，1988：83．

③ 中共建屏县委．1946 组织工作总结[B]．石家庄：河北省平山县档案馆（卷宗 1-1-7-2）．

④ 中共怀涿县委．怀涿县半年组织工作总结：1945-7[B]．石家庄：河北档（卷宗 520-1-357-3）．

表 4-11 几个地区干部职业统计表

区域 时间 \ 职业	务农	教师、学生	商业	工人	职员	其他	合计
冀晋四地委 1945.6	61	64	4	4	2	5	140
冀晋四分区各县 1945.5	2414	16	19	26	0	0	2475
龙华县 1944.6	57	65	8	15	11	6	162
怀涿县 1944.6	142	0	0	1	0	0	143

说明：干部社会成分中，在乡雇农、贫农、中农、富农、地主归入务农，工人、手工业者归入工人，商店、合作社等归入商业，其他主要指专职干部。

资料来源：①冀晋四地委．四分区干部统计表：1945-6[B]．石家庄：河北档（卷宗117-1-37-6）；②中共龙华县委．半年来组织工作总结：1944-6[B]．石家庄：河北档（卷宗520-1-487-4）；③中共怀涿县委．1944 年组织工作总结[B]．石家庄：河北档（卷宗520-1-357-1）．

（四）教育背景

来源于晋察冀乡村，多是战时入党，且农民出身居多数的干部受教育程度普遍偏低。从下表可以看出，几个地区干部党员的教育程度与当地党员情形同构。从横向看，每地区干部党员的受教育程度呈现数量与较高教育程度成反比的特点，即教育程度相对较低的干部党员数量明显大于较高教育程度的干部党员，这也说明战时边区干部文化水平普遍较低。从纵向看，较高级别的干部党员教育程度明显优于级别较低的干部党员。

表 4-12 几个地区干部党员受教育程度百分比

地区、时间 \ 教育程度	文盲	半文盲	初小	高小	中学	高中	大学	其他	总计（人）
冀晋四地委机关 1945.5			21.7	37.7	21.7	9.4	4.7	4.7	106
冀晋四分区各县 1945.5	8.5		42.8	28.1	8.1	1.1	0.3	11.1	2475
北岳区区级以上 1943.8	7.3		35.1	32.2	16.7	6.0	2.7		
平北县区干部 1944.4	14.4	12.9	39.5	19.8	9.7	1.2	2.5		
建屏县村支部 1946.12	45.3	46.6	5.5	2.4	0.01	0.01			1359*

说明：数据计算中保留小数点后一位，数据太小时保留两位；*数字为重新计算的结果，原数字为1351，疑计算错误，该数据为1945年底前的统计数据。

资料来源：①冀晋四地委．四分区干部统计表：1945-6[B]．石家庄：河北档（卷宗117-1-37-6）；②平北地分委1943年工作检查与总结[M]//中共北京市委党史研究室．北京地区抗日运动史料汇编（第四辑）．北京：燕山出版社，2000：316．③中共建屏县委．1946年组织工作总结[B]．石家庄：河北省平山县档案馆（卷宗1-1-7-2）．

为说明不同职别干部党员的教育程度，再以冀晋四地委各县干部教育程度统计数据为例加以考察。表4-13清楚显示，职务级别与受教育程度成正相关关系，职别越高、干部教育程度也普遍偏高。在党务系统中，县级机关干部党员中具有高小以上教育程度的干部在74%以上，而区级党务干部则在27%以下；同样，县级政权机关的各类干部中具有高小教育程度的占80%，而区公所的各类干部高小教育程度以上者只占62.4%；在县级民众团体中高小以上教育程度的干部占49%，而区级群众团体的干部则仅占6%左右。在同级机关干部中，职别越高的干部教育程度也明显高于低级职别的干部。例如，在党委职别的干部高小以上教育程度在87%以上，一般干部教育程度在68%以下；同样，在政权机关中，科员高小以上教育程度比例低于科长职别，科长职别又低于县长。另外从总体上看，文盲、半文盲在干部队伍中占19.6%，这些干部多从事交通、机关勤务等非领导岗位，而担任领导职务的干部教育程度普遍较高。尽管较高级别的干部教育程度较高，但真正受过高等教育者，在较高职别的干部群体中甚少，也可说是凤毛麟角，这也凸显出中共将知识分子视作小资产阶级对干部升迁的影响。

表4-13　1945年5月晋察冀冀晋区四地委各县干部统计表

类目		职别	总数	教育程度						
				文盲	初小	高小	初中	高中	大学	其他
党务机构	县委机关	党委	48	—	6	23	16	3	—	—
		干部	85	—	26	39	16	1	1	2
	区委		448	10	239	106	11	—	—	73
政权机关	县政府	县长	7	—	—	2	3	2	—	—
		科长	54	—	6	21	17	7	3	—
		科员	134	1	31	56	38	6	1	1
	区公所		324	3	112	144	56	2	—	7
民众团体	县抗联		76	1	31	30	4	—	—	10
	区抗联		679	154	316	30	4	—	—	135
	县武委会	主任	12	4	3	5		—	—	—
		股长	20	—	6	9	2	—	—	3
		股员	23	—	9	12	2	—	—	—
	区武委会		169	24	99	16	1	—	—	—

续表

类目	职别	总数	教育程度						
			文盲	初小	高小	初中	高中	大学	其他
其他	县联社	50	1	14	27	5	—	1	—
	区联社	157	4	73	69	6	1	—	—
	商店	189	4	86	68	15	6	1	9
总计		2475	211	1058	696	200	28	7	275

说明：党委包括常委、执委（区级同上）；干部包括干事及其他机关干部；区公所干部包括区长助理员；民众团体的县级干部包括主任、干事，区级干部包括常委、执委；武委会区级干部包括正副大队长、指导员；合作社干部包括股长、股员，商店同此。

资料来源：冀晋四地委．四分区干部统计表：1945-5[B]．石家庄：河北档（卷宗117-1-37-6）．

第二节　干部群体的控制与工作效能

晋察冀边区党的领导人彭真在总结边区建党经验时曾指出，党要实现领导，必须掌握两个重要环节，一是要及时发现干部，详加考查，加以训练，并逐渐让他们掌握各种重要工作，特别是领导工作。同时，在各种抗日动员和组织时必须大刀阔斧，但在挑选各种组织的负责干部时，又必须是精细的。[①]“在干部决定一切”的列宁主义建党原则指导下，边区党组织建立一个忠诚、有效的干部支持体系，是边区抗战的基本保障，也是中共党建的必然结果。

一、干部任用与流动

抗战时期，晋察冀边区的干部来源主要有以下几种：一是战前地下党组织保留下来的干部；二是中央和平津党组织培养、输送的干部；三是八路军到地方工作的干部；四是战时边区各地“自力更生”培养、提拔的干部。就总体而言，边区干部多是在战时自己培养、提拔的新干部占主体。前文显示，抗战时期边区干部数量始终落后于各种工作的需要，各地“经常的有计划的提拔及调剂干部以充实我们的组织机构，还是做得很差的”，“有些工作发展三四年了，还不能自己解决干部问题，这就要很好检查干部的培养与提拔的问题”。[②]

从干部任用的程序和方式来看，一般是入训练班后提拔；从深入工作中选拔

① 彭真．彭真文选（1941—1990 年）[M]．北京：人民出版社，1991：18-19.

② 北岳区党委．从组织上巩固党的几个问题：1943-8[B]．石家庄：河北档（卷宗 69-1-78-3）.

优秀的，逐步提拔；由工作中逐级提拔；通过培养副职提拔。[①]干部的培养、提拔是领导干部的主要职责之一，“一个好的领导者不仅应该善于根据情况作出决议，而且需要善于使用新干部、掌握新干部，善于培养自己工作的助手”，“由于战争的日益残酷，干部损失突然加大，要加大干部培养、提拔力度，以适应形势发展需要是领导干部亟须〔需〕的任务”。边区党组织要求各地在任用干部时要以“重质不重量”为标准。在干部培养和任用上各地一般坚持：①以阶级成分为出发点，主要保证工人、贫农中的积极分子，政权团体必需的党员干部；而不称职的坏分子，经过党内讨论、群众改选等撤职[②]，以保证干部队伍的纯洁，同时注意提拔革命知识分子和妇女干部。②按政治水准和工作能力、态度等逐级提拔。例如，规定“区委书记要培养副职，人选要在脱离生产的组宣干部中培养，组宣区委要在不脱离生产的小区执委选择、培养”。③基层机关干部主要实现干部地方化，“特别是各个部门主要负责人的培养，要有计划地在党内外选择对象，同时除了此类特殊人才外，县级以下一般干部应地方化”。[③]④把在群众中最活跃积极、群众有密切联系、群众真正信赖的分子召集起来，大批大批地开训练班，大量、个别的发展，并通过观察其日常工作、成分、历史、政治面目等，并根据党的干部政策进行审查、教育，洗刷投机异己分子和太落后分子等，合格者合理分配工作。⑤政（权）民（众团体）干部通过民主选举，由群众推选，报上级批准等。还规定干部调动须经上级或上两级批准的制度。例如，“县级干部调动，须经过专区级党团讨论，并经群众团体常委会或专署科长会议上公开讨论决议，报地委批准；区级政民干部调动，须经过县级党团讨论，并经县群众团体常委会或县政府科长会议讨论，报县委批准”。

抗战时期，在严酷的环境和沉重的工作压力下，各地干部忙于日常工作，对培养、任用干部并不重视、不严格。北岳三地委在检查地方工作时发现：“谁都知道（培养、提拔干部的重要性），但不能很好地运用到实践行动中，以致使目前干部闹恐慌”，“（机关）各部门自己不能很好的〔地〕、有计划的〔地〕、主动的〔地〕培养准备，只仰赖同级党委来解决，这在今天是不应有的现象”。还有的“在配备调动干部前，犯了冒险和严重的流动性，干部缺乏经验积累，使工作受到不少损失”。例如，云彪县的二区区（委）书（记）工作深入踏实、苦干，一区区书缺乏信心，光说不做，工作浮于表面，为克服工作不平衡，党组织曾计划把二区区书（记）调到一区，一区区书调到县委，将县委××调到二区，

① 中共大同县委组织部．前半年的支部工作检查及下半年的组织工作方针任务和计划[B]．石家庄：河北档（卷宗 520-1-802-2）．

② 彭真．关于晋察冀边区党的工作和具体政策报告[M]．北京：中共中央党校出版社，1981：139-150．

③ 中共北岳区一分区地委．巩固党的工作总结报告[B]．石家庄：河北档（卷宗 72-1-12-4）．

但二区是工作最弱的一个区，干部是应该加强的，如果这样调动干部，工作必然受到严重影响。再有，定唐县很早就提出“大胆培养新的干部，尤其是秘密干部”，但检查起来，至今仍然如故，表现畏缩，干部形成‘供不应求’”。“还有些地方调动干部不经上级党组织批准，先调后报”。[①]由于不重视干部培养、提拔，1940 年北岳区一分区区级以上干部缺 1000 余名，甚至“涞源、易县部分区委、支部领导机关操纵在坏分子手里，党内与公开工作中的干部有脱离群众、贪污腐化、堕落，工作中打骂群众、强迫命令，个别动摇不坚定的分子还在工作中”。因此，一分区地委在巩固组织中，一方面洗刷不合格干部，加强干部教育，另一方面开始面向下级、面向支部大量提拔干部，来克服工作需要时“乱抓乱找”干部，以及不顾党的组织纪律和政治影响对不合格干部调动工作了事的严重错误。同时要求领导机关，尤其是机关首长了解下两级，甚至是下三级的干部，在了解下级工作中，发现干部。然而，在大量提拔干部的形势下，本应“以称职为前提，该按级逐渐地提拔”，[②]而涞源等县又出现了滥竽充数、不能胜任被撤下来的现象。[③]

由于边区许多地方干部严重缺乏，为完成亟需的任务，干部流动频繁。北岳一分区的报告就指出：“干部调动快，不能使干部在工作中积累工作经验和深入了解工作环境，更不能密切联系群众”，而且“调动不顾及干部情绪，政民干部调动不经过公开系统，不经公开讨论，对干部调动只凭党委的主观意见，使工作受到很大影响”。例如，徐水县在村、区、县选举后 8 个月的时间内，一区区长调动 3 次，三区的领导干部调动 3 次，六区的领导干部调动 3 次，二、四区的领导干部调动 2 次。仅边区政府所在地阜平县在 1938 年到 1945 年间，县委书记 7 次易人，平均每人任 1 年，县长也 7 次易人，最短的不足 1 个月。[④]为此，一分区地委决定专门做出适当稳定干部队伍的决议，并明确规定了政民干部调动的手续。[⑤]

按照中共组织原则，干部任用应以“能否坚决执行党的路线，服从党的纪律，和群众有密切的联系，有独立工作能力，积极肯干，不谋私利为标准”；[⑥]

---

① 中共北岳区三分区地委组织部．八个月来巩固党的工作检查总结报告[B]．石家庄：河北档（卷宗 8-1-22-1）．

② 彭真．关于晋察冀边区党的工作和具体政策报告[M]．北京：中共中央党校出版社，1981：191．

③ 中共北岳区一分区地委组织部．巩固党的工作总结报告[B]．石家庄：河北档（卷宗 72-1-12-4）．

④ 中共阜平县委组织史资料征编办公室．中国共产党河北省阜平县组织史资料（上报本）[M]．内部资料．1986：11-37．

⑤ 中共北岳区一分区地委．巩固党的工作总结报告[B]．石家庄：河北档（卷宗 72-1-12-4）．

⑥ 毛泽东．中国共产党在民族战争中的地位（1938 年 10 月 14 日）[M]//毛泽东选集（第二

边区要求“干部党员要实际能为党、为革命牺牲，要能出钱出粮在前，出力在前，牺牲在前，在各方面能作群众的模范，能起模范作用，要在极艰苦的生活中去锻炼”。[①]在严峻环境下求生存的边区党组织要求干部党员更要阶级立场分明、政治坚定，并具有很强的工作能力和业务水平。然而，既要保证干部的政治素养，也要保证其能力水平，很难把握两者之间的平衡。所以，在许多地区提拔、任用干部时，“把反对人才第一主义与干部须〔需〕要有一定的工作能力对立起来”，[②]“不适当地大批提拔干部，接着来一个一打一撤职”，显然，“在干部提拔上要把每个人都放在他适当的岗位上也是不易做到的。因为党认识干部和干部自知都是一个过程，适当的〔地〕提拔使用也要有一个过程”。[③]尤其在严酷的环境下，经济技术人才更弥足珍贵，然而地方组织往往把无法分配工作者推入经济部门（工商、贸易、合作社等领域），从而导致问题丛生。例如，“曲阳县合作社干部把政府救灾借款领来不去救灾，放弃十几万灾民死活不顾，乘机赢利去买布，并欺骗县委”。[④]为提高专业部门干部质量，边区下发中央《关于党员参加经济和技术工作的决定》，要求“每个党员必须无条件地服从党对他的工作分配，纠正某些党员不愿参加经济和技术工作及分配工作时讨价还价的现象”，“一切在经济和技术部门中服务的党员，必须向非党的和党的专门家学习”，[⑤]各级党的领导机关必须要“网罗与培养各式各样的专门家”，“必须培养大批的专门家和技术干部”，对这些人才和干部“除了依靠政治动员与精神优待外，在可能的条件下，必须给予较丰富的物质优待”，“以与敌人争夺知识分子”。[⑥]而事实上，各地成效并不明显。

二、组织纪律的执行

作为以列宁主义为建党原则的中国共产党，自从诞生起就制定了“铁的纪律”，尤其面对强敌日寇，“共产党队伍的发展，思想的统一性，纪律的严格性”，是“保证自己（中共）政治领导的基础，也就是使革命获得彻底胜利而不

卷）. 北京：人民出版社，1991：257.

① 彭真. 关于晋察冀边区党的工作和具体政策报告[M]. 北京：中共中央党校出版社，1981：195.

② 中共北岳区一分区地委. 巩固党的工作总结报告[B]. 石家庄：河北档（卷宗 72-1-12-4）.

③ 彭真. 关于晋察冀边区党的工作和具体政策报告[M]. 北京：中共中央党校出版社，1981：187-192.

④ 北岳区党委. 从组织上巩固党的几个问题[B]. 石家庄：河北档（卷宗 69-1-78-3）.

⑤ 中共中央关于党员参加经济和技术工作的决定（1941 年 5 月 1 日）[M]//魏宏运. 抗日战争时期晋察冀边区财政经济史资料选编：总论. 天津：南开大学出版社，1984：408.

⑥ 大章. 坚决执行中央关于经济和技术工作的决定[M]//魏宏运. 抗日战争时期晋察冀边区财经经济史资料选编：总论. 天津：南开大学出版社，1984：399-407.

被同盟者的动摇性所破坏的基础”。[①]因而，运用铁的组织纪律，对干部党员群体进行有效管理和控制，以保证广大干部党员对组织的信赖和忠诚，并勤谨为党工作，是关乎党的凝聚力、战斗力、生存力的关键。1945 年 6 月 11 日，在中国共产党第七次全国代表大会上通过的《中国共产党党章》对干部党员纪律做出如下规定：

凡承认共产国际和本党党纲及党章加入党的组织之一，在其中积极工作，服从共产国际和本党一切决议案，且经常缴纳党费者，均得为本党党员。

开除党员须由该支部党员大会通过，须经党的上级委员会之批准，始发生效力。

组织原则为民主集中制。

下级党部一定要承认上级党部的决议，严守党纪，迅速且切实的〔地〕执行共产国际执行委员会和党的指导机关之决议。

党以地域原则划分为单位，管辖某一区域的组织，对于该区域内各部分的组织，为上级机关。

党的基本组织是党的支部（工厂，矿山，作坊，商店，街道，农村，军队等），所有在该地工作之党员应一律加入支部。

支部是与工农联系起来的组织。支部的任务：①用有计划的共产主义的鼓动和宣传，在无党的工农群众中实行党的口号与决议，使工农站到党方面来。②以党的组织的力量积极参加工农的一切的政治的经济的斗争，以革命的阶级斗争的观点讨论他们的要求，组织群众的革命行动，为取得工农的一切革命行动的领导而斗争，努力工作以吸收工农参加中国的与国际的无产阶级一般的革命斗争。③征收和教育新党员，散布党的出版品，在党员及无党工农中进行文化的和政治教育的工作。

严格的〔地〕遵守党纪为所有党员及各级党部之最高责任。

不执行上级党部的决议和犯了党内认为有错误的其他过失，应由相当〔应〕的党部予以纪律上的处分。党部执行纪律的方法，对于团体的是：指责，指定临时委员会，解散组织和党员重新登记。对于党员个人的是：各种形式的指责，警告，公开的指责，临时取消其党的重要工作，开除党籍或予以相当时间的察看。

无充分理由连续三月不缴党费者，以自愿脱党论，并将此宣布于党员大会。

在非党组织（如职工会，农会，社会团体及文化组织等）之各种代表大会和会议上及机关中，凡有党员三人以上者均成立党团。其任务在于非党的组织中，加强党的影响，实行党的政策，并监督党员在非党组织中之工作。[②]

---

① 毛泽东．中国共产党在抗日时期的任务（1937 年 5 月 3 日）[M]//毛泽东选集（第一卷）．北京：人民出版社，1991：252-264．

② 中国共产党党章（中共六次大会通过）[M]//中国人民解放军政治学院党史教研室．中共党史参考资料》（第五册）．北京：人民出版社，1979：348-354．

在抗战时期，边区为加强干部党员的管理，制定了一系列的组织纪律。在《中共晋察冀省委关于在政权机关中工作的党员必须遵守的条例》中规定：

近来各级政权中，仍不时发现个别工作人员违犯群众利益或惊人的贪污腐化现象，甚至个别党员也堕落到犯这种可耻的罪恶——背叛阶级又背叛民族利益的罪恶。省委除号召同志领导一切抗日分子在党内外开展反贪污腐化等斗争外，特制定在政权中工作的党员应遵守的条例：（一）必须坚决站在抗日民族统一战线和民主的立场上。（二）必须保护工、农、小资产阶级及其他阶层一切抗日群众的利益。（三）刻苦耐劳，积极负责，绝对廉洁、正直。（四）绝对服从党的决议和指示。违犯上列任何一条规定，经批评、纠正不改，或相当的党的领导机关认为有辞职必要时，均须立即服从命令辞职，否则开除党籍。被开除党籍或被令辞职之党员，如不同意直属领导机关之处理，可依次控于上级党部。[①]

概括起来，抗战时期边区党组织对党员，尤其是干部党员的组织纪律原则主要遵循以下几方面：①积极工作原则。②遵守纪律原则。③服从组织原则。④政治身份排他原则。⑤保密原则。⑥廉洁从政原则。⑦积极参加组织生活和按时交纳党费原则。⑧教育训练原则。⑨严厉处分党内违纪现象原则。抗战时期，随着边区形势的变化，乡村党组织实行这些原则时可能有所侧重，然而执行纪律时“党内严，党外宽”却是一以贯之的。

作为有着严格纪律的革命政党，制定严格的组织纪律是必然之举，而纪律在实际工作中的执行才是问题的关键。抗战时期，从晋察冀边区各级党组织的总结、报告中不难发现，中共组织纪律执行的严格程度确实是惊人的，其严厉程度，受处罚人数之多，足以使干部党员时刻警醒。

抗战时期，边区各级组织报告对干部党员的惩戒记录在档案中的记载随处可见，但非常零散。笔者查阅了边区大量档案，但较完整的统计并没能找到，因此，只能根据有限的档案资料进行分析，然而即使这些零星的资料，也足以说明党组织对基层干部党员的纪律要求并没有因战争环境而改变，对严重违纪人员的处罚往往更加严厉。当时对干部党员违纪视情节轻重，施以不同的处罚。对违纪轻的进行个别谈话、小组劝告、支委批评、支委劝告；对问题严重的则进行批评斗争、警告、严重警告、变正式党员为候补党员、撤职、开除党籍；对情节极为严重的，则公开交政府依法处以监禁、有期徒刑、执行枪决。在手续上一般要逐级报告，按组织原则及决定实行不同处罚。以北岳区三地委和平西地区对 1943 年巩固组织中对干部党员教育处分统计为例（见表 4-15、表 4-16）。[②]

---

① 中共晋察冀省委关于在政权机关中工作的党员必须遵守的条例（1938 年 5 月 14 日）[M]//《晋察冀抗日根据地》编审委员会，中央档案馆．晋察冀抗日根据地：文献选编（上）．北京：中共党史资料出版社，1988：164．

② 中共北岳区三分区地委组织部．八个月来巩固党的工作检查总结报告[B]．石家庄：河北档

表 4-14　1943 年上半年北岳区三分区地委对干部党员党纪行政处分统计表

县别＼处分	批评	警告	斗争	最后警告	撤职	开除党籍	行政处分	备考
阜平	90	40	29	16	51	12	15	
曲阳			65		111	16	5	
唐县	48	15	12	10	25	19	20	四月后
完县	38	10	15	5	39	28	12	
云彪		34			34	14	7	
定唐								
总计	176	99	121	31	260	89	59	

从下表可以看出，地方党组织和政权等领导机关对违纪、违法干部处理形式之多样、数量之多。即使这样，地方党组仍感到处罚“赶不上环境及工作的要求，致使党内还存在着不少违犯党纪的严重现象”。而且，在对干部党员处分时，迫于环境严酷，事实上存在着“斗争多于劝告；处分后不闻不问，任其自流，采取放任态度，致使受处分者继续变化；开除者即视为仇敌，忽视争取教育”。例如，完县二区被开除的 3 个党员，没有注意争取和教育，最后叛变投敌。还有“个别地方处分干部党员违犯组织原则，特别是政权明知其是党员，不经过党组织的批准便实行逮捕，表现出目空一切的严重现象”。“平西个别党委对有弱点的干部，采取简单的洗刷或打击的办法，对有问题的干部采取听其发展或敌视的态度”。[①]当然，从现在的角度来看，在战争环境、斗争尖锐、任务艰巨的情况下，这样的处罚是不可避免的。当时对部分违纪、违法干部党员的严厉处罚，确实警示、教育了广大干部党员，从而证明在残酷斗争中乡村党组织“基本上是相当巩固的地方党之一”。党组织通过干部党员的严厉处罚，“及时教育全党，并适当地向公布，使干部党员的党性加强，党在群众中威信得到进一步的提高，执行纪律也锻炼和提高了干部党员的斗争性、策略性，丰富了党员干部新的斗争经验”，“即在环境变（化）的严酷之下，各级党，尤其是干部，一般应模范应战，根据斗争发展规律，抓紧空隙集中对敌，粉碎一切障碍，巩固党的领导机关，以巩固党的阵地”，[②]“对于干部的工作方式与作风的转变也有很大帮助”。[③]

（卷宗 8-1-22-1）.

① 张明远．平西抗战以来工作总结—在平西干部会议上的报告[R]//中共北京市委党史研究室．北京地区抗日运动史料汇编（第 6 辑）．北京燕山出版社，2001：304.

② 中共北岳区三分区地委组织部．八个月来巩固党的工作检查总结报告[B]．石家庄：河北档（卷宗 8-1-22-1）.

③ 张明远．平西抗战以来工作总结—在平西干部会议上的报告[R]//中共北京市委党史研究室．北京地区抗日运动史料汇编（第 6 辑）．北京燕山出版社，2001：303.

表 4-15　平西四县 29 个支部清洗处分统计表

原因 项目	开除	处分	挂名	动摇逃跑叛变	自私自利贪污偷盗	勾结上层危害党	违抗破坏政府法令	乱搞女人	破坏团结仗势欺人	迎接日本	消极怠工	投机危害党	有奸细嫌疑	支委总数
百分比	15%	6%	12%	24%	7%	12%	18%	4%	6%	1%	4%	4%	2%	94

资料来源：张明远．平西抗战以来工作总结——在平西干部会议上的报告（1942 年 3 月 2 日）[M]//中共北京市委党史研究室．北京地区抗日运动史料汇编（第 6 辑）．北京燕山出版社，2001：302．

为了能进一步说明中共基层组织执行纪律的状况，笔者找到了几组对干部党员洗刷的数据，进行了汇总和分析（见表 4-17）。

表 4-16　几个地区党组织洗刷干部党员统计汇总表

<table>
<tr><th colspan="2" rowspan="2">处分类型
地区及时间</th><th rowspan="2">总数（名）</th><th colspan="4">清洗类型</th></tr>
<tr><th>敌探奸细</th><th>阶级异己</th><th>投机分子</th><th>太落后分子</th></tr>
<tr><td rowspan="5">北岳区</td><td>A．北岳区 15 县 1939.10—1940.8</td><td>759</td><td>80</td><td>191</td><td>200</td><td>288</td></tr>
<tr><td>B．北岳一分区 1940.8—12</td><td>107</td><td>5</td><td>6</td><td>44</td><td>45</td></tr>
<tr><td>C．北岳三分区 1941.7—1942.7</td><td colspan="5">286</td></tr>
<tr><td>D．北岳四分区 1941.7—1942.3</td><td>240</td><td>4</td><td>29</td><td>141</td><td>66</td></tr>
<tr><td>E．北岳区 1941.6—1942.3</td><td colspan="5">2475</td></tr>
<tr><td rowspan="2">冀热察区</td><td>F．平西 1942.3</td><td>79</td><td>15</td><td>36</td><td>3</td><td>25</td></tr>
<tr><td>G．冀东 1942.3</td><td>160 余</td><td></td><td>150 余</td><td>1</td><td>7</td></tr>
<tr><td>冀中区</td><td>H．1939 年秋到 1940 年秋</td><td colspan="5">2730</td></tr>
</table>

说明：A 项数据根据彭真的报告中的比例折算出来，为估略数；B、C、D 项为分区地委工作总结所统计的结果；E 项数据不包括平北；F 项为马辉之回忆录中的数据；G 项数据为彭真报告和冀中区工作报告折算出来的数据。

资料来源：①彭真．关于晋察冀边区党的工作和具体政策报告[M]．北京：中共中央党校出版社，1981：158．②中共北岳区一分区地委．巩固党的工作总结报告[B]．石家庄：河北档（卷宗 72-1-12-4）．③中共北岳区三分区地委组织部．八个月来巩固党的工作检查总结报告[B]．石家庄：河北档（卷宗 78-1-22-1）．④中共北岳区四分区地委．四分区组织工作的总结与今后努力的方向：1941.7-1942.3[B]．石家庄：河北档，卷宗（81-1-1-6）．⑤马辉之．回忆冀热察抗日根据地建立前后[M]//晋察冀抗日根据地史料专辑．石家庄：河北学刊杂志社，

1985：126．⑥北岳区党委．从组织上巩固党的几个问题：1943-8[B]．石家庄：河北档（卷宗69-1-78-3）．⑦张明远．平西抗战以来工作总结//中共北京市委党史研究室．北京地区抗日运动史料汇编（第6辑）．北京燕山出版社，2001：299．

北岳区15个县1939年10月后，共洗刷阶级异己分子、敌探奸细、投机分子和太落后党员干部759人，占15县党员总数的2%，其中支书所占比例较大。冀中区从1939年秋到1940年秋，从90 000余名党员中洗刷阶级异己分子（主要是地主、商人、富农）、投机分子、落后党员干部共2730人，占该区党员总数的3.03%，其中对党组织造成巨大危害的叛变分子138名，害怕逃跑、脱党不工作者306名。北岳一分区地委所属涞源县开除党籍的70人中，这不包括留党察看和停止关系的35人；易县开除党籍的80人，留党察看的不包括在内；龙华县开除党籍的48人，留党察看和停止关系的还有10人；其他县份开除党籍的满城7人，定兴1人，蔚县18人。北岳三分区受处分党员干部总数达834人，在“简政运动”中洗刷不称职的党外干部179人。北岳四分区开除县、区、村投敌叛变干部党员57人，动摇分子271人，所属县平山、灵寿、行唐、井陉、建屏、平定、正定7县共开除敌探奸细4名，阶级异己分子29名，落后分子66名，投机分子141人，这些被开除的干部党员在支部中占有很大比重。仅平山4个支部、行唐10个支部、平定3个支部，就开除了72人。以上干部党员，尤其是乡村干部党员受处分的主要原因，可从平山、灵寿、井陉、建屏、平定5个县38名受处分干部党员的原因中窥见一斑（见表4-18）。

表4-17　各级干部党员受处分类别统计表（1941年7月—1942年3月）

区级人数	县级人数	受处分原因	处分类别
5	—	动摇回家，不做工作	撤职
1	—	动摇回家，支应敌人	撤职
3	—	胡搞男女关系	留党察看1—2月
1	—	主张支应敌人	留党察看1—2月
1	—	丢失文件	留党察看1—2月
1	—	政治动摇，反对在其所在村埋地雷	留党察看1—2月
5	—	动摇回家，不做工作	警告
3	—	不接受党组织分配工作	警告
3	—	胡搞男女关系	警告
2	—	结婚不向党组织报告	警告
—	3	不服从党的决议，讲怪话	警告
—	1	不接受领导，自立系统	警告
1	—	政治动摇，参加伪政权	警告并撤职
—	1	自私自利	警告
—	6	贪污腐化	警告
1	—	胡乱压制党员，体罚党员群众	警告
合计 27	合计 11		

资料来源：北岳区四地委．四分区组织工作的总结与今后努力的方向：1941.7-1942.3[B]．石家庄：河北档（卷宗 81-1-1-6）．

对干部党员处分原因进行分析，有助于我们更加清晰地弄清中共基层组织在抗战时期的关注点，以及干部党员的政治行为和存在的问题，从而有利于认识中共乡村组织的政治生态。在北岳区受处分的干部党员中，“村级占 90%，县区级占 10%”，而且评价村支部干部党员的标准，从表 4-19 更能看出中共乡村党组织对干部党员的要求。从表 4-18 区、县级受处分干部党员的原因也可以推断出更多的中共乡村支部干部党员存在的问题。针对这些问题，党组织根据违纪情节对干部党员给予不同的处分，来强化对干部的控制与管理。

表 4-18　灵寿村级党员干部鉴定总结统计表

鉴定项目	不同表现在总数中所占的百分比			
	好的	平常的	不好的	总数
对本村环境了解	36.4	36.4	27.2	100.0
对各种制度掌握	38.9	41.5	19.6	100.0
工作积极性	35.9	38.1	26.0	100.0
领导方式与作风	28.4	51.4	20.2	100.0
组织观念、思想意识	38.5	42.2	19.3	100.0
与群众关系	34.9	48.5	16.6	100.0
生产表现	55.8	32.1	12.1	100.0
对敌斗争表现	30.9	50.1	19.0	100.0

资料来源：北岳区党委．从组织上巩固党的几个问题：1943-8[B]．石家庄：河北档（卷宗 69-1-78-3）．

“服从组织，执行党的决议，对党忠实，遵守纪律”是一个干部党员起码的党性条件。从四分区巩固组织、干部审查鉴定和精兵简政的总结档案中，集中反映了受处分的干部党员的类型：第一类多是流氓、地痞或家庭较富裕的人员。他们有的因留恋家庭而无牺牲精神；有的因贪恋妇女而叛变；还有的有些动摇的干部本来可以教育、争取，但由于未能及时耐心争取或调出环境严酷的游击区，最终导致在游击区区委的杜××、谭××、贾××被捕叛变。第二类是游击区干部党员。他们因为环境恶劣，平时学习差，组织生活不严格进行，特别是和上级联系困难，对战争形势不能准确把握，而日伪气焰嚣张，因而对革命失去信心，熬不过艰苦的战争过程，悲观失望，从而动摇投敌。第三类是因对民族气节与阶级气节的教育不够，导致部分干部党员对革命与反革命、抗日与降日的分界点了解不够，甚至有的不以投敌为耻，觉得“人家厉害”有啥办法？有的认为“写个自首书和说出几个党员逃出来一切都好办”，如建屏三区区委书记梁××、张××等。第四类是因宗派主义表现而受处分。他们违犯党纪和法令，以为自己一切都正确，强调部门特殊化，偏视本单位，导致团体与政府、党的部门与政府等组织不团结；有的自作主张，随便决定问题，而不执行党的政策，如建屏一个干部党员随便杀人，没有抓住汉奸而将汉奸的母、兄杀死；有的干部党员认为党员都是好的，把群众当作坏人，不根据事实随便抓人，如平山扶峪区党员与群众偷坚壁清野而藏的东西，处理党员从轻，处理群众从重；有的随便打人，如行唐武装部一个干部党员一天打了 3 个人，还有一干部党员一天打了 4 个人；有的搞封建式感情团伙，如行唐某区区干部间“拜把子”，互相称大哥、贤弟；有的某地干部与部队干部不团结，与党内同志不合作。第五类人不求进步，倚老卖老，工作疲沓。如农会和工会干部中年纪较大的部分干部认为自己一切都很好，不必再学习；有的甚至向组织提出“告老”回家；有的唯利是图，商人习气浓厚。如灵寿贸易和合作社干部高价卖其商品，赚到钱就大吃大喝，过年时合作社 5 人仅猪肉就吃了 50 斤。贸易局干部祁家斌家已有老婆，用赚到的钱在慈峪街上胡搞女人，最后又娶了一个老婆回家。平山贸易局杨 × × 拿钱回家，说“过好日子去了”。第六类，官僚作风严重。如平山洪子店区曹家庄支部内部不团结，一年多不处理；米峪人口失踪案几年处理不清。行唐西彩庄支部经过 4 次整理，上级指示、决议发到党小组也不闻不问。有的干部党员采取强迫、命令的家长式领导，平山洪子店许多村庄开会，群众称为“首长会”。第七类，对时局悲观失望，情绪低落，工作消极。尤其是游击区许多干部党员，因此回家不干工作。如行唐一区干部赵发、李鸿明、抗先（抗日先锋队）队长高俊峰、指导员田 × ×，三区抗日先锋队指导员刘文选等，在“反扫荡”开始时都不干工作，而是回家。井陉一区武委会主任赵树林在“反扫荡”时悲观失望，不设法领导群众进行对敌斗争，他自己跑回家，强调困难，说工作不能坚持。平山、平定等县的区工会主任、农会主任等在“反扫荡”开始时就跑回家不做工作，直到“反扫荡”结束才回区机关，甚至平定几个干部竟然吓得跑到了北平、石家庄躲了起来。第八类，生活腐化、堕落。例如，井陉工会、妇救会干部经常拿办公费到饭馆吃喝、买零食；县青救会账目也不清，每次上级调动干部，大家都到饭馆大吃一顿。平山洪子店区委宣传干部与区妇救会主任，在“反扫荡”时不专心工作，而是专心搞恋爱，结果该妇女怀孕，而宣传干部为了与该妇女结婚，竟跑回家拿枪威胁其妻离婚。还有某县妇抗会干部的丈夫被捕表现英勇，她竟说其夫不可靠，而与其他两个干部党员搞起来了恋爱；灵寿三区的执委也在“反扫荡”中不工作，而是搞女人；平定县委 2 个干部党员到支部检查工作时，竟赌起钱来。[①]

从上述被处分的干部党员中不难看出，由于对抗战形势不了解，而产生畏难

① 中共北岳区四分区地委组织部. 四分区组织工作的总结与今后努力的方向[B]. 石家庄：河北档（卷宗 81-1-1-6）.

心理，逃避工作受处分的占多数。党的组织纪律要求每一名党员必须为党工作，上述38名干部中因不工作受处分的就有10人，占总数的26%以上。受处分原因居第二位的是生活作风问题。各地总结、报告中都零散地提到干部因作风问题被处理，且被处理的人数似乎多于有经济问题的干部党员。其原因可能与中共要求党员干部应具有共产主义人生观有关，而“男女关系混乱”显然与此格格不入，这是干部党员政治生活中一个敏感的问题，加上这种关系在乡民中往往又是饭后的谈资，往往有些群众说：“共产党、八路军好，但是我村××也是个共产党员，他干的真不是共产党、八路军所（该）干的事”，这对干部党员整体形象、威信必然造成恶劣影响。因此，基层党组织处分这些干部党员时往往是从快从重，定性也非常严厉。[①]从实际看，在经济条件极为恶劣的情况下，干部党员的经济问题的严重性，“自私自利”“贪污腐化”的危害远大于生活作风上的问题，而笔者在几百份档案中见到的对此类干部党员的处分并不多，这并非说明党组织对经济问题处罚不严厉，只是说明其问题更严重。如井陉县党的的机关就因经济问题被改组；北岳三分区部分干部因多征统累税、私做买卖、向村民房贷、敲诈百姓等都受到了严厉处分。[②]居第三位的是干部党员与党组织关系间的严重问题。党的组织纪律明确要求党员必须无条件执行党的决议，服从组织分配。而从实际看，有部分干部党员因惧险恶的环境或其他原因，拒绝党组织的任务安排，从而遭到处分。最典型的是干部的降级使用，部分干部党员被组织由县级机关配备到区作为不脱离生产的委员，但他认为这“有失体面”，从而不服从调动；也有不少人表面服从调动，但对工作敷衍了事，不再积极工作。平山一个司法科干部就因工作调动不满意愤而回家，组织要其出来工作，他提出 3 个要求：一是他家不能住部队（因怕日军报复）；二是县司法科不能在他家；三是他父亲给人（主要是伤病员）看病要保证给钱，不答应则不工作。[③]居第四位的是对党组织造成极大危害的“投敌叛变”。这类人员多被开除党籍或被处决，在反奸除特斗争的档案中屡见不鲜。仅北岳四分区1941年到1942年8个月时间，县、区、村各级干部党员动摇、投敌叛变者即达 328 名。[④]党组织的严格纪律是防止党员的叛党举动给党组织造成

---

① 例如，北岳三分区地委的一份文件就把男女非正常关系定性为：这些干部是由于受其农民的保守、自私、报复和封建落后意识，小资产阶级的散漫、无纪律、疯狂、急躁、虚伪等不良意识和习惯，以及敌寇特务荒淫无耻、腐化堕落的某些影响，为导致蜕化和腐蚀党，甚至动摇、变节和投敌。见：中共北岳区三分区地委组织部．八个月来巩固党的工作检查总结报告[B]．石家庄：河北档（卷宗 78-1-22-1）．

② 中共北岳区三分区地委组织部．八个月来巩固党的工作检查总结报告[B]．石家庄：河北档（卷宗 8-1-22-1）．

③ 中共北岳区四分区地委组织部．四分区组织工作的总结与今后努力的方向[B]．石家庄：河北档（卷宗 81-1-1-6）．

④ 张品，女，徐水县抗联副主任。从 1941 年“大扫荡”及冀中“五一”扫荡后，在村村有岗

危害，而事实是虽然党组织对违纪党员干部处分严厉，但投敌叛变等干部党员在各地普遍存在，从而导致干部党员严重减员。抗战时期，正是对这些违纪、违法干部党员的处分，保证了党组织的纯洁和顽强的战斗力。

在加强干部党员纪律制裁的同时，为树立党内正气，鼓励各级干部党员的战斗热情和高昂的革命精神，边区党组织还非常重视奖励和照顾抗属、干属政策的落实。1943 年 10 月，为表彰在边区政权建设和对敌斗争忠诚、勇敢、不怕牺牲进行奋斗的干部党员，克服干部工作中的问题，边区行政委员会颁布了《关于执行政权干部任免考核奖惩办法》，并在边区各地掀起树英模、学英模运动，边区对各条战线涌现出的英模进行物质、精神奖励，从而激发了广大干部党员的工作热情。此时，边区行政委员会发布多项奖励命令。如 1943 年边区号召广大干部党员学习优秀干部张品[①]等干部党员，并“以此影响和教育其他党员干部，作为大家努力的标志，号召大家向他们学习”，从而形成与受处分干部的鲜明对照，“使干部党员发扬优点，帮助克服缺点，以实事求是的态度，从问题出发，克服干部党员问题”，这极大地增强了干部党员对边区党组织的凝聚力和认同感。

三、乡村干部工作效能

支部是中共的最基层组织，肩负着对普通党员的管理、教育及党组织各项工作、政策决议的贯彻和落实的重任。抗战时期边区乡村支部“是边区整个党更加健壮巩固扩大”的基础，“也是整个乡村统一战线工作和抗日群众团体工作更加深入有力的关键”，“因为巩固党的支部不仅是为了狭隘的党的利益，而且也是为了整个抗战和统一战线的利益”。[②]因此，对乡村干部党员的工作效能的考察

楼、环境险恶的六区坚持工作，曾遇到 10 多次生命危险，但从未畏惧退缩。期间虽有 3 个月与上级断绝联系，但她独立坚持工作，始终如一，创造了许多克服困难、坚持阵地的范例。她的第一个优点是具有对民族和妇女解放的高度忠诚，在极为残酷的环境下，在狂风暴雨中，深夜跳墙过沟，坚持工作；某些村干部有时表现动摇，她便耐心解释动员，使其坚定起来。其次，具有坚强的群众观点，虽然环境残酷，她总是想尽各种办法，听取群众的意见，领导群众改造村政权，村负担，进行反抢粮、反抓夫等斗争，取得极大的胜利。她从不强调“一般工作忙”，忽视妇女工作，领导进行许多反虐待、反包办婚姻的斗争，把不少离婚、婆媳不合调解成和睦家庭。她在工作余暇帮帮助群众做针线、捣粪……。第三，具有革命的优良作风。她没有游击习气，没有干部架子，从不简单命令，而是耐心和蔼。她并不因为有许多成绩而骄傲，对上级指示非常注意，对干部的生活学习和工作很关心，耐心地带领他们工作。像张品同志这种工作态度认真，作风优良的党员干部，堪称边区模范妇女干部，本会除奖给奖状一纸，奖金 600 元外，特此通令表扬，以资激励。详见：晋察冀边区行政委员会令——为表扬模范妇女干部张品：1943-3-31[B]．石家庄：石档（卷宗 1-1-24-6）．

① 中共冀晋区四分区地委．组织会议结论：1945-7-20[B]．石家庄：河北档（卷宗 128-1-1-1）．

② 刘澜涛．为进行边区党的支部民主改选而斗争[M]//晋察冀抗日根据地史料选编（上）．石家庄：河北人民出版社，1983：122．

放在支部干部的考察上是较合适的选择。

抗战前乡村党组织规模除个别地区外，一般都很小，支部干部工作效能高低对整体革命形势的影响并不大。1937 年 9 月后，随着乡村党组织规模的迅速扩大，支部干部党员多来自农村，其工作效能、行政能力在乡村的各项工作中发挥着越来越重要的作用，因而各级党组织都非常重视支部干部党员的工作。在大多以自然村或行政村为单位的乡村党支部中，因“各地方党干部缺乏，使各级领导机关的建立程度仍难使人满意，领导方式上表现了许多缺点”，加上“有些地方的干部和党员都是才恢复关系的，许多党员脱离组织很久，不了解近年来党的新的策略路线”，①因而“党的基础还嫌脆弱，行政机构也觉紊乱，群众团体只有形式，在量的方面还能见到些成绩，在质的方面没有发挥过什么伟大力量”，②所以边区党组织在发展、建立乡村党组织领导机构的同时，开始逐步调整乡村支部组织结构以健全支部领导，同时大量举办训练班培训支部干部，提高支部干部党员的工作效能，以更好地进行乡村动员，满足战时需要。

在边区建立初期，各地党组织大多由上级委派县委书记、县长等，由八路军地方工作队、动委会等深入乡村进行战争动员，期间下乡工作干部“选定好的真正革命分子”发展为党员，协同下乡干部在各种组织中发展党的组织，建立支部，上面有可靠的干部，下边在群众中有作为核心的党的支部，从而使下乡干部发动和自发组织起来的武装、群众、政权组织掌握在中共的领导下。③

抗战以前中共支部由党员公推 3~5 人组成干事会，处理支部日常党务，分配支部党员的工作，干事会选举支书1人，执行党员大会或支部会议的决议，及上级党部的指示。④抗战时期边区党组织根据党员人数及其地区分布的情况，设立了更加完善的乡村党组织机构。各地凡党员分布集中、50~100 人左右的支部，设立了分支部（不是一级机构）；党员分散、30~50 人左右的也可设立分支部。有正式党员 3 人及以上设立支部，党员 7 人以下不设支委会，只设支书，必要时设副支书。有党员 7~15 名，设立支委会，内设支委 3 人，包括支部书记、组织委员和宣传委员。有 15~50 名党员，设支委会，内设支委 5~9 人，包括支部书记、组织委员、宣传委员、村长、抗联主任及副职（副书记、副组织委员、副宣传委员及治安员、中

① 黄敬．地方党五个月工作总结与今后工作方针[M]//《晋察冀抗日根据地》编审委员会，中央档案馆．晋察冀抗日根据地：文献选编（上）．北京：中共党史资料出版社，1989：128.

② 晋察冀第一军分区．一月份地方工作总结与二月份地方工作计划：1938-3-3[B]．石家庄：河北档（卷宗 124-1-2-1）．

③ 彭真．关于晋察冀边区党的工作和具体政策报告[M]．北京：中共中央党校出版社，1981：139.

④ 中国共产党党章（中共六次大会通过）[M]//中国人民解放军政治学院党史教研室．中共党史参考资料（第五册）．北京：人民出版社，1979：350.

队长等）。根据实际情况支部之下设立党小组，小组设组长。此外，在游击区支部暴露的村庄还设有秘密的平行支部，并在日伪统治和新开辟的500户以上的大村庄设立2个支部。支委被选为村群众团体等公开干部者，可以以辞职方式调动。为保证支委能集中精力完成本职工作和保证支部组织安全，还规定支委一般不兼公开职务。另外，对乡村党员多为文盲的情况，为加强支部教育，许多支部还设有支部教员。这些教员原则是支委之一，规定支部宣传委员不能兼支部教员时，支部可设副支部宣传委员负责教育工作。并规定在无特殊情况下，支部每半年改选一次。改选支委变动一般不大，即使变动也可以调剂，规定游击区不普遍改选，个别支部也可以一年改选一次。各支部的主要职责是：团结群众、贯彻党的政策、领导生产（巩固区）或对敌斗争（游击区）等，而不仅仅是乡村动员。边区党组织还规定了领导支部工作的县委和区委编制。县级党委一般为 3~5 人。对区委人数规定：凡行政村或支部在 20~30 个左右的地区（纵横 40-60 里）的，设区委 3 人；30 个以上 40 个以下支部的可增设区委 1 人；40 个支部以上的区，区委增设 2 人。还规定，行政村不满 30 个，但地面较大，党员人数在 800 以上的区，区委还可增设 1 人。除了区委外，各区还要设立区治安员 2~3 名，区公所干部 5~9 名，区大队部干部不超过 2~3 人。[①]

关于支部干部，边区革命历史档案中只有零碎的一些统计，但我们也可以据此推测出支部的分布和抗战时期支部干部的大致规模。根据边区党组织领导人刘澜涛的回忆，1939 年底“晋察冀边区的地、县、区的党委均已建立起来，农村党支部已达边区农村的 52%，67%的行政村都有党的组织。边区的党员猛增至 20 余万，其中冀中区就有党员 9 万人左右，到 1940 年冀中 43.9%的农村建立了党支部”。[②]1941 年，彭真向中共中央汇报边区党组织建设时，认为有七八千个支部。[③]此后，边区党组织在巩固中随着形势在继续“波浪形发展”。下表（表 4-20）基本包括了边区的冀晋、冀察、冀中、冀热辽区的主要地域。尽管数据不全，但明显看出，这些区域中中共乡村支部分布尽管存在着县、区等的不平衡，但在 1941 年之后已涵盖了这些地域行政村的 60%以上，党员数量占到这些地区人口总数的 3%以上。环境恶劣的平北党员数占总人口的 0.62%，[④]平西支部数占

① 北岳区党委．北岳区委组宣会议结论：1942-8[B]．石家庄：河北档（卷宗 69-1-41-3）．

② 刘澜涛．晋察冀边区党组织在战斗中成长壮大[M]//《晋察冀抗日根据地》编审委员会，中央档案馆．晋察冀抗日根据地：回忆录．北京：中共党史资料出版，1989：27．

③ 彭真．关于晋察冀边区党的工作和具体政策报告[M]．北京：中共中央党校出版社，1981：164．

④ 平北地分委 1943 年工作检查与总结[M]//中共北京市委党史研究室．北京地区抗日运动史料汇编（第 4 辑）．北京燕山出版社，2000：308．

行政村数的67.3%，[①]冀东党员多的县占人口的4.3%。[②]冀晋区到作为边区的核心区，在抗战后期支部数与行政村数之比高达 80%以上，党员数量占人口总数的4.8%以上。这些数字充分说明，抗战时期中共乡村党组织在边区广大乡村社会中达到较高的普及度，党组织通过大量的农村党员已经渗透到乡村社会，通过这些组织和党员，中共可以深入实现其对乡村社会的影响。

表 4-19 边区部分区域的村党支部组织规模统计表

区域及时间	行政村数	支部数	党员数	人口总数
A. 北岳区一地委 1939.11-1940.1	支部与行政村平均百分比数目：39.6%		各县党员数与党员总数的平均百分比：16.9%	
B. 北岳区三地委 1941.7-1942.7	574	533	10 541	
C. 北岳区四地委 1941.7-1942.3	1459	1383	45 979	856 087
D. 冀晋五地委 1945.3	1034	570	9346	315 873
E. 平西地委 1944.9	2130	483	9454	432 806
F. 冀察十二地委（平北）1944.12	1676	454	5081	838 733
G. 冀晋区 1945	6259	5310	171 383	3 554 656

说明：支部和党员数目只包括农村数；平西地委人口数不含怀涿县人口。

资料来源：①中共北岳区一分区地委组织部．巩固党的工作总结报告：1941-4-2[B]．石家庄：河北档（卷宗 72-1-12-4）；②北岳区三分区地委组织部．八个月来巩固党的工作检查总结报告：1943-7[B]．石家庄：河北档（卷宗 78-1-22-1）；③中共平西地委．关于党员、支部、人口、村庄等的统计：1944-9-30[B]．石家庄：河北档（卷宗 237-1-10-4）．④冀察十二地委组织部．1944 年党的各种统计数字[B]．石家庄：河北档（卷宗 515-1-2-5）；⑤冀晋四地委．四分区干部统计表[B]．石家庄：河北档（卷宗 117-1-37-6）；⑥冀晋五地委．各县党组织统计表[B]．石家庄：河北档（卷宗 120-1-12-6）；⑦冀晋区党委．党的组织统计[B]．石

① 张明远．平西抗战以来工作总结[M]//中共北京市委党史研究室．北京地区抗日运动史料汇编（第 6 辑）．北京燕山出版社，2001：299．

② 中共中央北方分局冀热边考察团考察报告[R]//晋察冀人民抗日斗争史编辑部．冀热辽报告（二）．内部资料．1983：38．

家庄：河北档（卷宗 108-1-84-9）.

分布在边区广大乡村的支部，作为中共乡村动员和抗战的“堡垒”，在中共抗战体系中居于重要地位，边区党组织为建设“精雕细刻”的工作的支部，改变支部干部“走马观花”“不求甚解”“粗枝大叶”的工作作风，向各地印发《支部工作考察大纲》，作为了支部干部工作考核的标准。该标准涉及支部所在的环境（包括所在村的人口、支部成员的社会成分等）、支部的产生和发展状况（历史、变化、支部具体工作、与上级党组织及军政民等的关系、支部存在的问题、政策贯彻情况等）、支部领导下的党员表现、敌占区及接敌区的支部秘密工作状况等。达到上述党组织要求的，作为“模范支部”受到表彰。[①]

然而，抗战时期边区各地支部数量规模虽然得到很大发展，但真正达到“模范支部”的并不多。从支部干部对所在的环境把握看，分“好的”“平常的”“不好的”三个等级。从上节北岳区灵寿村支部鉴定的结果看，“好的”仅占到36.4%。[②]考虑到在战争多变的环境下，许多支部往往与上级失掉联系，支部干部文盲、半文盲又占有很大比例，在上级传达时事政策时“有的支委在区委处听了3 个半天（每半天花费四、五小时），但回到支部只两个钟头就传达完成了。问他净传达了什么？则回答：‘开荒、开渠、凿井、植树、统一累进税（其他的不知道了）及国家的事情’。再问则说：‘脑筋死，记不住了！’”。[③]即使开设许多干部训练班，对支委等进行培训后，“冀东某县委说，训练班收获不大，有些干部就和没有受训一样”，[④]边区这样的支委不在少数。因此，在日伪不断“扫荡”的形势骤变情况下，大量的支部干部“没有主动及时的根据形势变化而转变组织形式和斗争方式”，也不能及时了解战争态势和党的政策，导致许多支委在对敌斗争中丧失信心，以致动摇叛变，“未发挥领导机关的作用”，同敌人斗争的“组织形式和领导方式转变迟缓，准备工作被动，领导上畏缩不前，避难就易，甚至在巩固区唐县二区、阜平七、八区都存在这样的问题，致使工作遭受不应有的损失”。在对支部环境的把握中，党组织为加强支部队伍的纯洁，保持支部旺盛战斗力，始终强调支委中贫农、雇农社会成分要占优势。而事实是，一般支部“整理了两次以上，有的经过再三、再四的整理、审查”，“洗刷和撤职了

---

① 中共北岳一地委组织部．支部工作考察大纲：1941-12-21[B]．石家庄：河北档（卷宗72-1-17-11）.

② 中共北岳区党委．从组织上巩固党的几个问题：1943-8[B]．石家庄：河北档（卷宗69-1-78-3）.

③ 中共北岳区一地委．巩固党的工作总结报告：1939.11-1940.1[B]．石家庄：河北档（卷宗72-1-12-4）.

④ 中共中央北方分局冀热边考察团考察报告[R]//晋察冀人民抗日斗争史编辑部．冀热辽报告（二）．内部资料，1983：61.

坏干部”，而“党内中农成分还占相当优势（尤其是易县、满城的某些区）”，“个别地方党内的富农仍存在着，甚至掌握了支部的领导地位”。

在支部内部成分变化及与上级党组织关系中，部分支部干部也并不能很好地处理。“某些支部‘包民代政’，自高自大，盛气凌人，或者对政民干部不加强、放松领导，使其自流，尤其支部委员在某些地区，仍身兼数职，以致精力分散，政治面目暴露，滋长以党代政的作风”。在支部内部随着农村阶级关系、敌我力量及群众情绪发生变化的情况下，反映在支部干部、党员身上的不同变化和群众的反映也不能得到解决；上级参加支部生活时会议活跃，上级不到就算完事；对支部存在的严重非无产阶级的思想倾向问题，不去解决，放任自流；对被敌人摧毁的支部工作不敢大胆、主动和慎重地进行恢复，工作表现迟缓，使不少支部堡垒作用发生了不应有的变化；贯彻政策上，简单地把“精兵简政”理解为“减人省钱”，不从政治上积极提高干部质量及工作效率，而是“明减暗不减”，他人减而自己不减，对编余干部不进行适当安置和处理，任由其投敌叛变。①支部工作制度和秘密工作也不健全，距离组织的要求相差很远。对于党费，更是“催就交，不催就不交”，党员干部不了解交党费的政治意义，因而“党员因没有零钱，或嫌麻烦想一下子交几个月的，个别支委为省事就想自己拿出几角钱来就算了。涞源×区干脆几个月不交党费”。②还有的地区“大部分的支部还没有能够真正团结领导群众进行各种斗争，有的不起什么作用，或者只起调查作用”。③

边区支部组织中存在的问题，严重影响到各项工作的开展，尤其是在边区抗战进入相持阶段后，在大片地区沦为游击区的情况下，支部干部的工作效率低下和工作无力使各地乡村秩序陷于混乱，这直接影响到战争的动员和组织。因此，边区先于中央安排开始进行大规模的支部“整理”。从晋察冀省委到各地的地委、县委、区委部派出巡视团、工作团、工作组督导检查党组织建设，县、区许多干部下乡帮助整理各地支部。在中央巩固组织指示下发后，各地开始更加深入地巩固基层组织工作。根据1938年6月晋察冀省委组织工作会议和1941年7月晋察冀高级干部扩大会议的精神，此时支部整理以“纯洁及发展党组织、健全党员支部生活制度、纠正支部内部各种错误倾向、加强党员教育”四项中心工作为核

① 中共北岳区三分区地委组织部．八个月来巩固党的工作检查总结报告：1943-7[B]．石家庄：河北档（卷宗78-1-22-1）．

② 中共北岳区一分区地委．巩固党的工作总结报告：1939.11-1940.1[B]．石家庄：河北档（卷宗72-1-12-4）．

③ 中共中央北方分局冀热边考察团考察报告[R]//晋察冀人民抗日斗争史编辑部．冀热辽报告（二）．内部资料．1983：59．

心开展工作。[①]

整理支部的开展，推动了从组织上、政治上、思想上巩固支部工作的开展，对克服支部存在的问题和改善支部工作产生了积极影响。第一，使党的领导机关（主要是区委）了解到了每个支部的情况，尤其是重要村庄支部的模范的或内部复杂的支部情况。第二，健全了支部领导。在清洗大批阶级异己分子和敌探奸细斗争中，纯洁了支部干部队伍，锻炼和提高了支部干部党员的斗争性、策略性，丰富了支部斗争的经验。洗刷不合格干部党员的同时，通过党员审查和鉴定，发现、提拔了大批优秀党员到支部工作，使支部掌握在“忠实于阶级的干部手中”。仅北岳三分区在整理支部时就清洗了151名村干部，提拔128名贫、雇农成分的党员担任支委。[②]第三，建立、健全了支部各项制度，克服了支部内的混乱现象。使支部各种制度，尤其是会议制度，逐渐走上正规化，并以之纠正支部的工作作风。“下层组织的战斗力实在低得惊人的”平北地区，经过整理支部，“建立与健全了各种制度（会议、汇报），整理后，一般的能经常开会，内容也较前充实了，随时反映问题也及时了”。[③]第四，加强了支部对秘密工作的领导。实施了党内干部除支部内的工作外，支委一般不兼重要的公开职务；减少了游击区支部的横向关系、组织工作的手续，秘密工作教育得到了加强；还集中力量突击了落后地区，建立了许多新的支部，仅北岳三分区在八个月时间内就在整理支部工作中建立21个新支部，在领导斗争中建立了8个支部，党员也发展了2103个。[④]第五，在整理、审查支部过程中，领导了“反扫荡”、“反蚕食”等许多斗争，教育了党员和群众，加强了党群联系。

尽管支部整理取得显著成效，但新的问题使上级党组织感到其效果还不令人满意。第一，部分地区清洗党员干部不慎重、不恰当，手续不完善。北岳一分区出现“××杀过共产党人给予3个月留党察看处分”，“对进行纪律处分的结论做得不够，涞源被开除的支部书记仍然操纵分裂党”。平西也出现了“不按组织手续随便开除洗刷或随便丢掉支部，如昌宛有些支部将近一年没人去管”。[②]第二，整理支部缺乏计划性、纪律性，整理支部中表现出严重的麻木现象。“不主动及时的根据形势变化而改变组织形式，办法陈旧，没有用新的方式整理支部，致使

① 李葆华．在中共晋察冀省委组织工作会议上的报告[R]//《晋察冀抗日根据地》编审委员会，中央档案馆．晋察冀抗日根据地：文献选编（上）．北京：中共党史资料出版社，1989：167-171．

② 北岳区三分区地委组织部．八个月来巩固党的工作检查总结报告：1943-7[B]．石家庄：河北档（卷宗78-1-22-1）．

③ 平北地分委1943年工作检查与总结[M]//中共北京市委党史研究室．北京地区抗日运动史料汇编（第4辑）．北京：中国文史出版社，2000：299-300．

④ 中共北岳区一分区地委组织部．巩固党的工作总结报告：1939.11-1940.1[B]．石家庄：河北档（卷宗72-1-12-4）．

整理支部工作没有按计划完成。没有正确启发党员进行党内思想斗争，进行自我批评，工作中没有耐心解释。在解决旧问题，力防新问题做得很差。整理支部是趁热教育、展开群众运动一连三环的过程，许多地区没有很好地运用与贯彻到整理中。第三，支部各种制度空洞无物，支部教育和生活教条、僵化。云彪县、定县、唐县、完县等地支部会议形式化，会上提出的问题不具体、切实，影响党员生动、活泼、大胆、热烈的发言，致使部分党员对开会不感兴趣。“对整理支部布置多，而检查少，不及时、深入”。第四，某些县区干部下乡工作时起不到应有的作用。许多干部怕问题复杂的村庄，怕提出问题，领导上不敢大胆，尤其是政民干部党员独立作战能力薄弱，对整理的支部不加强领导，使其放任自流。第五，游击区支部整理也存在很多问题。支部工作“以党代动（员）”，许多支委认为：“组织组织是丢人的事，公开（加入伪组织等）和秘密工作相结合是政治上的退却”，或者“不了解我们退却是为了进攻，因此工作转变时个别干部大哭”。还有的“红干部（身份暴露）认为改变一下工作就可以了”，甘做“铁头英雄（被砍头）”。在由公开转入秘密时，工作垮台，以取消代替了转变，合法斗争取代了实质斗争。

再以怀涿县为例。该县处在日伪控制的察南涿鹿城与怀来城之间，县中心是日军的矾山据点，东南是同（大同）塘（塘沽）路，东北是平绥铁路，北面是日伪的模范县涿鹿，西南是日伪石门岔道据点。因此，该县各支部的中心任务是对敌斗争。1944年，该县6个区205个行政村中，共建立乡村支部84个。该县四、五、六区为游击区，支部 12 个，六区没有 1 个支部。该县支部内部存在严重问题，如：支部开展工作时，强迫命令，开会包办，不接受党员意见；支部内涉及利益矛盾时，闹无原则纠纷；不推动党员工作，只支委自己干，效率低下；支委存在害怕变天心理，担心八路军不长，中央军来了自己无出路，和上层分子一起暗中支敌，对党组织采取两面态度；阶级意识淡薄，经不住收买；迷信鬼神，有病请神婆很普遍；支部教育不能进行；缴纳党费时，有的说：“共产党大钱也拿到手里，小钱也看到眼里了！”等。为改变支部的落后状况，1944 年全县进行了支部整理。全年共整理支部21个，除一区2个支部由县委帮助整理外，其余都是区委负责整理。整理方式：第一，区委干部了解支部环境与支部，然后找党员干部进行个别谈话，并从群众中了解每一个干部党员。第二，召开党小组会，让每个党员介绍自己的个人情况、工作情况，检查每个党员及支部工作。第三，召开支委会，总结与检讨支部工作，解决具体问题，进行支部教育，改造支部领导成分，重新划分小组，制定支部各项制度，布置具体工作。在整理支部过程中，对发现的支部干部及党员问题，依据情况进行了处理。如石门子支部程某依党欺人、打骂群众、嫖女人、开展工作时强迫命令，后对其撤职反省；清洗了柳树庄支部组织委员姚某。该县整理支部时积累了以下经验：①整理支部是为了把工作做好，教育党员，干部应改变工作缺点，同时严肃党的纪律，对违纪干部党员不消极洗刷，而是耐心教育，只清洗混入党内的奸细、阶级异己、落后分子。②整理支部要与部门工作相结合，在实际工作中整理支部。③整理不团结的支部时，分析其原因，不进行无原则的斗争，在会议上尽量让大家发言，不早下结论，最后做具体指示。④整理支部时奖优，严厉批评缺点。通过支部整理，该县初步改变了支委中中农占优势的局面，在新选出的 212 名新支委中，贫农成分的 130 名，贫农成分的支委占了优势。在支部改造时，下乡干部先了解支部每个党员的历史、出身、成分，经小组讨论，提出候选人，选出后由区委审查批准，如选出的支委不适当，由区委指定。⑤对半数以上的支委党员进行了集中训练。训练时针对党员干部文盲占近 70%的状况，采用提出问题集体讨论和多举实际例子说明问题的方法，效果很好。该县还对干部进行了“整风运动”，鼓励干部坦白。由于向党员干部说明坦白不给处分，干部坦白踊跃，对坦白的问题进行有针对性的教育。

通过整理支部和干部整风，该县支部工作有了极大改进，大部分支委加强了阶级立场和群众观点，克服了个人主义和英雄主义等。然而，县委发现，支委仍害怕工作调动；有的不敢参加抗日工作，怕家庭受牵累；许多支部党的政策不贯彻；骨干干部太少，缺乏独立工作能力；游击区工作不注意秘密，警惕性很差；遇到日军突袭，有的支委拿手枪不打，交枪当俘虏；除奸反特时还有些摇摆或乱打滥杀，上级提出宽大政策后，对上级发生怨恨，放弃除奸工作，以致一、五区的游击区工作全部垮台；工作仍然还依靠军队掩护。[①]

干部尤其是支部干部是党组织的重要人力资源，抗战时期随着乡村支部大幅增加，支部干部人数急剧扩张。但从其工作效能看，在抗战时期仍不尽如人意。他们大多文化水平很低，支部教育深入程度很差，不能真正理解党的政策，非无产阶级思想意识在各处存在，不良作风和不法行为在部分支部长期存在，各种支部制度执行时松时紧，组织生活常常不能正常进行，群众动员中的强迫命令使干群关系紧张，常常“应付上级”，阶级斗争和民族斗争意识薄弱。[②]从怀涿等县也可看到，即使抗战进入反攻阶段，形势好转，支部干部工作效能仍未彻底改观。

对支部干部中存在的问题，在边区中共文件中常常将之归结于“各级主要领导同志对支部工作检查、指导不具体、不深入，不面向支部了解工作、了解干部”；中农以上成分的支委比例过高；重视战时中心工作与干部教育相冲突；支

① 中共怀涿县委．1944 年组织工作总结：1945-2[B]．石家庄：河北档（卷宗 520-1-357-1）．

② 中共北岳区一分区地委组织部．巩固党的工作总结报告：1939.11-1940.1[B]．石家庄：河北档（卷宗 72-1-12-4）．

部干部阶级斗争意识模糊等。[①]然而，中共党组织通过对基层支部不断的整理、审查，及时发现突出问题，洗刷不合格干部，改善干部在乡村民众中的形象和威信，使支部和支部干部不断地深入到乡村社会的底层，并以不断强化自己作为民众利益的代表，来赢得民众的信赖，从而成为凝聚乡村抗战力量的核心，这与同期国民党基层组织形成了鲜明对比。[②]

---

① 如抗战中后期的冀晋区党委的文件、冀中区和冀热辽区等的相关文件提到类似的原因。

② 如费正清在其《中国之行》中认为：自 1943 年开始失去民心，国民党政权正在自我毁灭，并且走上了丧失权力的道路，国民党是逐步走向没落的，因为它既不相信群众，也不积极帮助群众。1943 年下半年，蒋介石作为国民党政府的象征，已经失去中国知识界对他的信任和忠诚。国民党统治只是建立在下级对上级的个人忠诚之上，从最基层到最高层都是如此，最高领导一个人便是无上权威，而党依赖的 CC 系兴趣只在于抓权和强化控制，保持权力，而这并不能赢得公众的敬重，这使国民党基础日渐削弱，党一遇到危机，在党外没有朋友，党内则充斥着一批机会主义分子。1943 年夏，美国三位记者赛珍珠、汉森・鲍尔温、T. A. 比森的文章认为中国共产党是民主的，而国民党是封建的，如实地估价了中国的局，使美国对国民党的幻灭感被触发。详见：[美]费正清．中国之行[M]．赵复三，译．北京：新华出版社，1988：88-117．国内学者王奇生的研究成果表明：国民党员与中共相同，在组织上都师法苏俄共产党，但国民党在组织，重中央、轻地方，重上层、轻下层，县以下的基层组织瘫痪，甚至形同虚设。国民党表面上追求全民革命，实际上并未也不可能代表全民族利益，在城市缺乏民族资产阶级真正支持，在农村更把广大贫苦农民群众推向革命潮流，而自身由于日趋腐败，更引起多数知识分子与中间力量的疏离和不满。见：王奇生．党员、党权与党争——1924 年—1949 年的中国国民党的组织形态[M]．上海：上海书店出版社，2009.

第五章　形势变动中的党群关系

> “中国共产党把群众当作他自己的母亲，没有群众，共产党就不能取得胜利，同时群众没有共产党就没有光明前途”。
>
> ——刘澜涛在北岳区首届抗联大会上的讲话

以列宁主义为建党原则的中国共产党，始终把相信和依靠群众作为进行革命的力量之源。中共认为“党是群众（主要指工人等劳动群众）中的一部分，而同时又是群众中先进的、觉悟的、马列主义的、有组织的一部分。因此，它必须同群众有密切的联系，同群众生活在一起，处处依靠群众！同时它必须保持它同群众不同的特性，不溶化于群众的大海中，而成为群众的政治领袖”。①抗战时期，晋察冀边区群众动员与党组织的恢复、发展同步展开，中共为迅速打开局面，巩固扩大边区，需要动员乡村人、财、物，以支持战争，而这些都与农民的关系密切相关。可以毫不夸张地说，没有广大乡村群众的支持，中共在边区乡村是无法立足的。因此，党群关系处理的好坏，关乎边区中共的生死存亡。

第一节　乡村动员运动中的党群关系

边区的群众动员有两个方面：一是自上而下的鼓动、宣传，另一个方面是群众自下而上的响应号召，中心是“使群众由被动或半被动的活动转变到完全自觉，或主要依靠自觉。对抗日，对民主，对出钱出力，对改善其自身生活，都须使之成为自觉自愿的运动。”②而二者的转变也绝非单纯“号召—响应”的理想模式能够阐释清楚的。正因乡村动员的复杂性，党和军队的领导人将动员分为几个环节进行：动员前的准备、动员时的宣传、动员时的组织、动员者的家属、集合地点的工作、补充队伍的工作、护送工作等。③根据每个时期的不同中心任务，战时晋

① 洛甫（张闻天）．略谈党与非党员群众的关系//晋察冀军区政治部．支部工作手册[B]．石家庄：河北档（卷宗 580-1-1-1）．

② 彭真．关于晋察冀边区党的工作和具体政策报告[M]．北京：中共中央党校出版社，1981：208．

③ 罗瑞卿．动员时的政治工作：1942[B]．石家庄：石档（卷宗 1-1-19-2）．

察冀边区的乡村动员运动可分为四个阶段：第一阶段从 1937 年 9 月聂荣臻部在晋东北战略展开到 1939 年底，是边区乡村动员运动兴起阶段；第二阶段从 1940 年到 1941 年秋季“大扫荡”，是动员运动的巩固阶段；第三阶段是从 1941 年“大扫荡”后到 1943 年初，是动员运动的深化阶段；第四阶段是从 1943 年初到抗战胜利，是动员运动的发展阶段。①

一、乡村动员运动的兴起：战地动员委员会的活动

战地动员委员会（有时亦简称“战委会”）是“第二战区民族革命战争战地总动员委员会”的简称。1937 年“七七事变”到 9 月底，在日军优势兵力的打击下，国民党抗战部队节节失利，南口、张家口、大同、保定、沧州等地先后失守，日军进逼太原。在日益危急的形势下，为动员力量保卫“自己的地盘”，阎锡山接受周恩来的建议，于 1937 年 8 月底在太原成立战地动员委员会，隶属第二战区司令部。该会日常事务由常务委员会处理，常委会由续范亭②任主任委员。常委会下设组织、宣传、人民武装、动员分配、除奸五部，每部之下分别设科办事。战地动员委员会内主要领导大部分是中共党员，因此成为中共领导下的发动群众抗日的强有力的机构。该会成立时提出其承担三大任务：积极组织民众、武装民众；实行真正的合理负担，改善人民生活；实行民主政治。按照宣言要求，该会成立后在所属各县、区、村等设立战委会分会，负责动员事务。不久在其各级分会下分别设立农、工、妇等救国会及自卫队、游击队。其工作范围最初在雁北、察南，后因战地扩大，其辖区扩展到察哈尔全省及晋东北、冀西等地。1939 年秋，随着阎锡山积极进行反共内战，阎认为该会威胁其在山西、察哈尔的势力，被取消。③

抗战初期随着国民党军败退，晋察冀各地旧政权瓦解。此时，日军集中主力疯狂南进，由于其兵力有限，在晋察冀地区仅能占领铁路、公路等交通要道和城市，而各省的边远地区、山地、农村及一些城镇日军还无力占领，而且日军在各地的伪组织也未建立或不稳定。为抓住这一有利时机，动员和组织群众力量，开展游击战争，中共派出大批干部随八路军分赴各地担任县长，组建临时抗日政府。

① 刘澜涛．晋察冀边区的群众运动工作（1945 年 1 月）[M]//《晋察冀抗日根据地》编审委员会，中央档案馆．晋察冀抗日根据地：文献选编（下）．北京：中共党史资料出版社，1989：976-980．

② 山西省崞县（今原平市）西社村人，著名抗日爱国将领。早年参加孙中山领导的同盟会后，即献身于民族民主的革命事业。后在国民党任职，曾经隐退一段时间，后与共产党人合作创建山西新军。1938 年 6 月，由关向应、南汉宸介绍，秘密加入中国共产党。1940 年，任中共晋西北军政民联会委员会副主任委员、晋西北行政公署行署主任。同年 11 月，任中共晋西北军区副司令员。1940 年冬病倒。1947 年 9 月 12 日病逝于山西临县。

③ 山西省政协文史资料研究委员会．阎锡山统治山西史实[M]．太原：山西人民出版社，1981：234-239．

在中共工作干部的推动下，战地动员委员会[①]在各地普遍建立县、区、村分会。由于当时国民党拒绝中共党员参加政权，群众还没有动员起来，中共党组织中政权干部又极端缺乏，没有力量对旧政权彻底改造，因此，边区各地形成了中共领导的战地动员委员会和“利用旧政权外壳、机构，维持地方秩序、实行抗战的两重政权形式并存的局面”。在当时危急情况下，为迅速动员群众抗战，战地动员委员会肩负起了应由政权负担的任务。为发动、组织群众，战地动员委员会大量编印报纸，印发宣传品，组织宣传队，进行抗战动员。还帮助县、区、村建立农民救国会、妇女救国会等群众团体，并领导开展各自的抗日工作；团结进步青年和乡村退伍军人，组织人民武装自卫队，管理通行证，负责地方治安，除奸缉私，维持社会秩序等。在行政工作中，决定停征田赋，废除苛捐杂税，实行合理负担，优待抗属，号召“有钱出钱，有力出力”；宣布减租减息，改善群众生活；征派公粮、公柴、公草，动员富户捐款，并管理分配；在边区每个村庄掀起动员热潮，动员人力、物力和财力，满足抗战急需。同时，镇压汉奸，处理司法案件、群众纠纷和奸匪、毒品、人犯等。由于战地动员委员会建立了较系统的县区村组织机构，吸纳了大批进步青年和多数政府工作人员一起进行抗战工作，培养和锻炼了新旧干部，[②]并在动员工作中发现了大批积极分子，培养吸纳他们入党，并在乡村大量建立党支部，从而使大批群众在短期内被迅速动员起来，满足了战时初期的军需和民用。

为迅速动员乡村民众参战，中共领导的战地动员委员会在乡村组建了大量群众组织。例如，在五台地区“最有名的是被称为‘抗日救国会’的这个组织，其属下有各以青年、妇女、农民为不同对象的分会。除了地主和商人，五台山地区的男子几乎全都加入了工人协会和农民协会。工人中包括从事农业劳动的人，因为这个地区几乎没有像样的工厂，产业工人很少。这些协会的责任是建立自卫队，帮助部队运送弹药和伤员，修桥补路，等等”。通过这些组织“就把那里的人民组织在各种协会里，以便更好地对他们进行（抗日）教育。一般，这种组织各自在县里进行，当地文职人员的首领（县长，多是共产党员）实行监督。每个村子有一个商人协会、一个妇女协会、一个儿童协会，工人和农民也各有一个协会。参加协会是完全自愿的，不过要努力向人民说明参加的好处。这些协会就变成了进行教育的基本单位”。这些组织“通过群众大会、墙报、活报剧和口号的运用，努力去达到这一目的（使人民明白为什么打日本以及怎样制止侵略）”。[③]

---

① 冀西沿平汉铁路县中的多称为“自卫会”，冀中各县中的称为“救国会”.

② 谢忠厚，居之芬，李铁虎．晋察冀抗日民主政权简史[M]．石家庄：河北人民出版社，1985：13-14.

③ [德]王安娜．中国——我的第二故乡[M]．李良健，李希贤，译．北京：三联书店，1980：341.

在乡村动员时，动委会的工作干部往往采取“自上而下”的行政手段，“每到一村即先找村长，分配他以某种动员工作，限令他召集全村人民开会，而由我们的干部去讲话”，“在会上宣布成立救国会或动委会”。第二次召开会议时，即以救国会或动委会的名义打锣召开群众大会，进行各项工作，这样实际就使村政权转移到了救国会或动委会手里。在每次开会中间和开会之后，特别注意抓紧活动分子多谈话，多联系，把他们团体为核心和骨干，启发各村群众自发组织抗日团体，“我们则公布一些条例规则。这样就可以召集他们开会，指挥他做我们所要做的工作。群众知道他们受抗日团体的领导和管辖”。随后对这些组织进行整理，“把他们联络统一”起来。接着在政治、经济斗争中，加紧宣传教育，使“群众吃到政治和经济改善的甜头，晓得抗日团体对抗日，对他们的生活都有好处”，对于自己的团体有了兴味和信仰，随即召开会员大会，重新说明成立团体的意义和章程、会费等，对会员重新进行登记，愿意参加者参加，反之退出，退出的多数是落后者。这样群众性组织就正式建立起来，各自担负起自己的职责。①

在晋察冀边区参加各类救国协会的人员百分比中，“一般来说，儿童的比例最高，达75%到80%；妇女组织的比例最低，平均30%，她们对家庭之外的事不大感兴趣，有时，她们的丈夫也不愿意看到她们改变习惯。然而环境的压力已使人们更容易接受新的思想。进步虽然缓慢，却是持续的”。②而就“在1937年之前，华北乡村区域里的妇女的社会地位是受制于父系的家庭主义的”，③现在“妇女摆脱了家长制的家庭束缚，在愚昧无知中睁开了双眼，积极参加政府组织的政治活动和社会活动。日军的侵略，使妇女们离开了日常生活的单调世界，而不管她们愿意与否。与八路军一起来的宣传员号召她们与丈夫一起参加抗日运动时，她们便纷纷响应”。有时“妇女们也参加军事行动，当然主要是担任急救护士和抬担架。但一位女宣传员自豪地对我说，许多妇女在袭击铁路时，特别是在偷获日军电线和电线杆的过程中表现得很突出”。④访问晋察冀边区的美国记者福尔曼也曾看到几千名不同年龄的妇女，使用步枪、手榴弹及地雷和游击队及八路军的正规军配合作战，年龄大一些的妇女“在打仗期间，是抬伤兵者，食粮及子弹的担送人”。⑤

除了采用群众大会组织动员形式外，动委会最常用的墙报、口号和活报剧效

---

① 彭真．关于晋察冀边区党的工作和具体政策报告[M]．北京：中共中央党校出版社，1981：134-139．

② [美]埃文斯·福代斯·卡尔逊．中国的双星[M]．祁国明，汪杉，译．北京：新华出版社，1987：73-105．

③ [英]班威廉·克尔兰．新西行漫记[M]．裴然，何文介，吴楚，译．北京：新华出版社，1988：151．

④ [德]王安娜．中国——我的第二故乡[M]．李良健，李希贤，译．北京：生活·读书·新知三联书店，1980：341-342．

⑤ [美]哈里森·福尔曼．北行漫记[M]．陶岱，译．北京：新华出版社，1988：172．

果也很明显。为营造乡村抗战气氛，动委会的干部在“各个集镇和庙宇的墙上，在那些早已湮没在风沙之中的城镇的古老的拱门上，写有八路军的口号和张贴着宣言”,以及大量的宣传画,这些画“有的是黑白宣传画附上一些简单的文字说明”,有“十幅介绍的是中国共产党关于统一战线的十项原则。现在，各村各村各寨都用各种形式宣传这些原则”。[①]面对多是文盲的晋察冀乡村农民，动委会的乡村宣传队还把传统的乡村艺术形式加以改造，来宣传抗日主张。例如,“丁玲的剧团演出的是‘大鼓戏’,这是一种古老的、具有北平风格的曲艺，由大鼓和弦乐器伴奏。她的剧团就用这种在中国古老的茶馆里喜闻乐见的表演形式，演唱了‘平型关战役’，该村在场的观众中有一半人曾参加过平型关战役，他们全神贯注地倾听着有关他们自己的胜利故事”。[②]这些为农民容易理解和获得共鸣的艺术，在乡村获得极大宣传、鼓动效果。

为了解决乡村动员时严重的干部缺乏问题，动委会组织了各级干部训练班和其他培训机构，对大批学员进行短期训练教育。这些受训干部多被分派到其家庭所在地进行抗日的动员、组织工作。譬如，在阜平“有一所 400 名学生的军事学院，大部分学生来自北平和天津的大学”。“十天前，这个地区所属的四十个县的代表在阜平开会，选出了一个九人委员会管理该地区”,“这个政府计划在一切实际上未被占领的地区建立权威，教育人民自愿抗战，交给他们抗战的方法”。[③]史沫特莱也亲眼看见了“日后把五台山转变成为民众抗日的强大基地的诞生。这个地区成为军政、教育、医务的中心。华北和西北各地的男女青年到这里学习抗日游击战争的战略战术”。这些经过训练、教育的干部，在各地组织各级动委会及农、青、妇等救国会组织，还在各地建立起自卫队、游击队等武装，在乡村动员中起到了巨大作用。例如，边区第一军分区所在的涞源、易县、上寨、灵邱、蔚县等地，在动委会（或救国会）的领导下，都建立了农、工、妇等救国会，并举办干部训练班，建立、发展了各县党组织。各县还进行了除奸、建立新政权的工作。各县妇救会担负了发传单、贴标语口号等工作。仅蔚县雷家坡一地就组织自卫队 3 个大队，16 个中队，51 个小队，队员达到 707 人。这为晋察冀第一军分区奠定了初步的抗日基础。[④]

① [美]史沫特莱．史沫特莱文集（第四集）[M]．陈文炳，苗素群，译．北京：新华出版社，1985：77-98．

② 安娜·路易斯·斯特朗．人类的五分之一[M]//斯特朗文集（3）．傅丰豪，译．北京：新华出版社，1988：145．

③ [美]埃文斯·福代斯·卡尔逊．中国的双星[M]．祁国明，汪杉，译．北京：新华出版社，1987：104-105．

④ 晋察冀边区第一军分区．一月份地方工作总结与二月份地方工作计划：1938-3-3[B]．石家庄：河北档（卷宗 124-1-2-1）．

在中共领导的动委会和八路军的宣传动员下，农村大批青壮年、老年人、儿童等纷纷加入到了抗战行列。许多地方如五台“在民运工作者的四乡奔走、多方努力下，青年编进了游击队，老年编进了乡保卫团”。①这些刚刚组织起来的“农民战斗队由获得武器的男人组成，虽然有时候，几个人才有一支步枪。他们割断电线，进攻火车站，并且袭击小股日军，从他们手中夺取武器。他们从当地人民极有限的物力中得到一些支援，并希望有朝一日能被补充到正规部队中去。他们是八路军一支巨大的后备力量”。这些农民武装有的“在道路上巡逻，盘查陌生人，当通讯员传递情报，帮助照料伤员，有时还用担架把他们转移到两个星期的路程那么远的地方去。当日本人接近他们村子的时候，他们就坚壁清野，很快地把妇女和孩子转移到山里去，并且把侵略者必经之地的道路和桥梁破坏掉”。②在平汉铁路以西的边区大批儿童也被动员起来，这些参加抗战的“年在八岁至十五岁间的儿童约计 35 万，在这 35 万的儿童之中已有 20 万入了（儿童）团。他们的任务是遇事危急时担任防卫、巡逻，审查通行证，反间谍，戒备，检举汉奸等工作。小孩子们，尤其是中国小孩子们的表面的天真无邪，使他们在这一类的工作上显得很有用处”。③

在动员时，各地还先后实行“减租减息”政策，从而“减轻了一般民众的负担，改善了群众的生活，提高了群众的自觉性。以前很落后的群众，今天一般地都参加到各种群众团体中去，参加了抗日工作”。④因此，“到 1940 年，华北乡间的无数农民都第一次被组织起来，受（中共）革命观念的教导，达到某种程度的政治和经济解放。他们现在为中国抗战构成了一个比绵延的堡垒和堑壕还要机警和有伸缩性得多的活动屏障”。⑤

随着乡村动员的不断深入，动委会体制之内的问题大量出现，这引起了许多地方党组织的警惕和民众的不满。托克维尔在研究法国革命时指出：“大革命的结果不仅要摧毁个别社会秩序，而且要摧毁一切社会秩序；不仅要摧毁某一政府，而且要摧毁社会权力本身”，“法国革命创造了大量派生的、次要的事物”，“革命对一个重大动机产生的结果加以整理、协调和法制化，但它不是这个动机本身”。⑥动委

---

① [美]史沫特莱．史沫特莱文集（1）[M]．袁文，买树榛，袁岳云，译．北京：新华出版社，1985：177．

② 李寿葆，施如璋．斯特朗在中国[M]．北京：三联书店，1985：145．

③ [英]班威廉・克尔兰．新西行漫记[M]．裴然，何文介，吴楚，译．北京：新华出版社，1988：150．

④ 黄敬．地方党五个月工作总结与今后工作方针（1938 年 4 月）[M]//《晋察冀抗日根据地》编审委员会，中央档案馆．晋察冀抗日根据地：文献选编（上）．北京：中共党史资料出版社，1989：124．

⑤ [美]埃德加·斯诺．斯诺文集（3）[M]．北京：新华出版社，1984：274．

⑥ [法]托克维尔．旧制度与大革命・附录[M]．张芝联，译．北京：商务印书馆，1981．见：J．-P．迈耶．亚历克西・德・托克维尔全集（第三版）[M]．巴黎：加利马尔出版社，1981：

会的初期动员工作“把长期屈服在重重压迫下不敢反抗、怯懦消极的群众，转变成为勇敢、活泼、积极抗战的群众”，使群众的积极性和创造性得到了发挥的机会，同时，党在各类群众团体中取得了领导地位，团结了很大数量的群众在党的周围。然而，群众参与的动机各不相同，“群众往往只看到眼前的局部的利益”，“今天这一地区，就多数的情形看说，都只有工农等各阶级自己的组织，而没有各阶级联合的统一战线组织”，“个别群众团体甚至表现出相当浓厚的‘官办’的色彩。自卫队执行任务，只看做是‘奉命令’的”，“而且大多部分工作人员，动辄脱离生产而成为变相的‘官’”，“群众团体中造成了许多群众官”。“动委会虽然是统一战线的组织”，“有的地方竟把动委会作为党包办的机关，连工会、农会都附设在动委会内，结果这种动委会在地主（及富农等）阶级中的影响特别不好”。“改善生活的斗争，往往不经过群众的关系进行彼此协商，而采用命令式的布告和群众自下而上的威迫方式”，认为“可以‘只得罪一个地主不是得罪地主阶级’，”所以“用过去左的经济斗争口号去发动群众”，使“有钱的人不是把钱埋起来，就是逃跑”。在“抗日高于一切”避免不必要的阶级间破裂方针指导下纠正这种错误倾向时，“群众就显出疲惫、情绪低落现象”。这显示出“群众的自觉性不高”，“政治动员不深入”。[①]那么如何使党“不做群众尾巴，也不要跑在群众前面太远”，并正确处理好“抗日”与各阶级阶层的“民生”，从而把各种可能的力量整合进中共的抗战预设路线？这成为破解乡村动员中所遇难题的关键。

二、组织起来：乡村动员运动的巩固

动委会等组织是在创建边区初期社会处在无政府状态下，为担负战时地方一切动员工作、维持地方秩序而成立的半政权性质的组织。其在边区各地组织名称不一，办法自然也不同，且最高机关只是到县级为止，不能统一各地行政。1938年初，边区政府成立，边区各地有了统一政权机关。为统一边区行政，推动抗战发展，在边区党组织号召下，1938年3月3日边区各县动委会发动、组织的工、农、妇等主要群众团体代表在阜平召开全边区代表大会，成立了各团体在边区的总领导机关，决定接受边区政府领导。这样，各地逐渐结束动委会等过渡组织形式，逐步建立、完善起来的地方各级行政系统担负起了地方行政的重任。[②]

1938年边区政府成立后，解决战争的庞大开支、改善人民生活，以稳定社会

31-66.

① 黄敬．地方党五个月工作总结与今后工作方针（1938年4月）[M]//《晋察冀抗日根据地》编审委员会，中央档案馆．晋察冀抗日根据地：文献选编（上）．北京：中共党史资料出版社，1989：122-144.

② 晋察冀边区抗日根据地是怎样创造起来的（1939年3月11日）[M]//魏宏运．抗日战争时期晋察冀边区财政经济史资料选编：总论．天津：南开大学出版社，1984：53-69.

秩序、进一步发动群众支持抗战成为头等大事。

（一）“合理负担”政策的实行

“自古兵差无善法”，在边区创立过程中，动委会工作人员为动员群众支持抗日，每到一地通常宣传“减租减息”政策，实行“有钱出钱”“有力出力”的公平负担政策。实际上，“减租减息”政策在许多县份只停留在口号上，并没有来得及实施。随着八路军和地方游击队队伍的壮大，各地的军事供应困难。为解决军需，除有些地方部队所到之处往往“抓一把”（行政命令或勒索式的摊派）外，大多数实施的是动员性质的“合理负担”和“救国捐”。由于各地军事支出大增，到 1937 年 9 月底，山西、河北、察哈尔各省政府均欠每一个县多者 100 余万元，少者也有五六十万元。[①]冀中各地，在国（国民党）军南撤后，各地抗日武装一般是“住那里，吃那里，开条子要东西”，“甚至押人罚款，掠人勒赎，也是屡见屡出”。因此，一般村庄经常有大批办公人员，多的五六十人，专门筹办粮秣、催差敛款。群众穷的“拿不起也要拿，即富有的也感到负担无穷”，“不怕拿就怕乱”，“部队之间为了争取给养往往引起纠纷，因此发生强征硬要打骂处罚的现象”。初期各县多成立支应局，但多为豪绅把持，对部队也往往多采取敷衍、搪塞了事。困难的混乱的武装供应，严重影响着游击战争的开展。[②]在别无善法的情况下，边区政府成立后，为解决财政困难对“合理负担”做出调整，征收下移，停止县合理负担，实行村合理负担，减少了中间环节，[③]增加了收入。“合理负担”的实行，使地主、富户成为财粮等的主要负担者，从而保证了八路军、游击队的物资供应。历经民国以来多年战乱的晋察冀农民，“合理负担”政策虽然存在许多问题，但“感觉负担倒不重”，其抗日情绪普遍高涨，他们积极缴纳钱粮，支持战争。因此，凡是实行“合理负担”政策的地区，由于苛捐杂税被废除，群众动员的效果就较好，中共党组织发展就迅猛。

然而，“合理负担”的征收任务压到村级后，也带来许多问题。由于村公所除负责征收“合理负担”外，还要担负改善“民生”的优抗粮、教育经费、村建设经费、临时开支等“村款”的征收。因此，在完成征收任务时，各地村长感觉“事难”，加上“合理负担”使富户感觉负担太重，于是“多拖欠”，各地村长恐受上

---

① 宋邵文．边区行政委员会工作报告（1943 年 1 月）[R]//魏宏运．抗日战争时期晋察冀边区财政经济史资料选编：总论．天津：南开大学出版社，1984：501．

② 张佳．冀中五年来财政工作总结（1943 年 4 月 25 日）[R]//魏宏运．抗日战争时期晋察冀边区财政经济史资料选编：总论．天津：南开大学出版社，1984：679．

③ 1938 年 5 月后的村“合理负担”征收办法为：各家全部收入折米计算，以其人口平均，每人平均小米一石四斗以下者不收，一石五斗至二石者收百分之三，二石一斗至三石者收百分之五，以上每加一石递增百分之一，增至百分之二十为止；各家长年雇佣，准除工资工食，不得计入其家人口之内；五岁之内儿童一人以半人计算；经营工商业或以利息度日者，按其收入折米平均计算，在规定以内任缴何种实物或款。见：抗日战争时期晋察冀边区财政经济史资料选编：总论[M]．天津：南开大学出版社，1984：528．

级严责，于是普遍发生逃避当村长的现象。此外，部队为改善生活，还在许多地方用行政方式强要“慰劳”物品，许多县政府财政拮据也多靠罚款度日，这引起群众的极大不满。同时，在群众动员起来后，有些地方农民认为“我们要翻身了，于是把凡是有钱的人都看成是仇敌”，“面向地主富农要求改善生活”，于是冀中安平、蠡县等地出现了集体、村长、地主、富农家“要饭吃”；还有些地方，没收逃难地主与富农的粮食，甚至在冀中唐河沿岸还出现了“穷人会”“分粮会”，喊出“加入农会，不纳公务钱粮”口号。这些现象“吓得富农、中农连活也不作了，认为农会就是共产党，作出来也要被农会‘共’去的”。“这些（农民）只强调改善自己生活，而轻视抗日高于一切的原则”，必然导致农村阶级关系的紧张，“使许多地主、富农逃跑敌占区”，“这种倾向的严重性，是会断送整个游击区的”。[①]

总体而言，边区“合理负担”政策的实行，不但保证了最低限度的战争供给，而且切实减轻了贫苦农民的负担，从而为中共赢得了大批农民的拥护。然而，合理负担毕竟是战争紧急状态下的临时办法，随着实行过程中上述问题的出现，加上 1939 年后国民党投降派积极反共，统一战线面临破裂，日伪又集中兵力加强对边区“扫荡”，边区抗日战争日趋严酷。因此，以一种能为乡村各阶层都能接受的正规税制取代“合理负担”进行征收，以团结边区各阶层共同抗战，巩固边区乡村统一战线成为亟需进行的工作。

在汲取“合理负担”经验基础上，1940 年 11 月，边区开始实施“统一累进税”[②]制，进一步扩大税收负担面，不论贫富，都以“钱多多出，钱少少出”为原则，除 10%~20%极贫的工人、贫农、雇农免税外，边区大多数群众都负担一定的赋税义务。“在这一政策之下，国税负担面由合理负担的 30%~50%，扩大为 80%左右”。这一税制的实行，“贫农虽然纳税轻，而盈余则不多，但由于家庭副业及其他方面的免税部分，其经济亦能上升；地主富农虽纳税率较大，但其盈余较多，仍能保障其再生产之进行”。[③]到 1941 年边区在实行“统一累进税”过程中，由于

---

① 路一，进文．论目前冀中区的农民运动[B]．石家庄：石档（卷宗 1-1-14-7）．

② 将工商税和农业税合并征收的税种。1940 年 11 月，晋察冀边区政府制定《统一累进税暂行税则》，最早开征，以后推广到整个华北根据地。其内容是把所有资产收入税统一起来，即将以往征收的田赋、营业税、印花税、所得税都统一在累进税里，停征其他财产税。征收范围包括各种资产，各种收入，房租及存款、证券、存粮的利息，公司、商店、行栈、工厂、合作社及个人经营事业的收入，薪给报酬收入等。税率按等累进，共分 12 等。征收办法是采用民主评议，每年逐户核定分数，确定负担数额。抗战胜利后，晋察冀边区又率先改进统一累进税，实行农业与工商业分开计算征收的办法，以解决农民与工商业户负担不平衡的问题。1945 年 10 月以后，陆续恢复工商业单独征税办法。1948 年底，华北人民政府公布《农业税暂行税则》，同时废止统一累进税。见：关于晋察冀边区统一累进税[M]//晋察冀日报史研究会．察冀日报社论选．石家庄：河北人民出版社，1997：188-192．

③ 中共晋察冀北岳区党委关于 1942 年统一累进税工作的决定[M]//中共河北省委党史研究室．北岳抗日根据地（上）．北京：中共党史出版社，1999：368．

征税面扩大，征税中干部重视实际调查，发挥支部党员带头作用，“依靠深入的政治动员与组织工作”，虽然各县征收过程中仍存在诸如“强迫命令，甚至采取处罚、打骂、翻地窑等脱离群众的办法”，但各地都基本完成了解库任务。[①]显然，这一政策的实行，对团结边区各阶层群众支持边区党领导的抗战，把有限物力组织起来，度过此后抗战的艰难岁月起到了极大作用，而且“1941 年晋察冀边区实行统一累进税的光辉成绩还是一个历史创举，这是在中国第一次实现了我党 20 年来一贯主张的最合理最进步的新民主主义的税收制度”。[②]

（二）“减租减息”政策的推行

晋察冀边区乡村农民占人口的绝大多数，农民自然成为抗战和支持战争的基本力量，而在满足农民土地要求时，如何把农民的抗日与生产的积极性更大发挥出来，保持土地所有权相对稳定和生产发展，是调动各阶级、阶层抗日积极性的关键一点。[③]20 世纪 30 年代以来，历经兵灾的华北各地乡村日趋贫困。乡村地主的压迫、战祸、天灾频仍，以小农经济为主体的华北乡村，贫农、雇农生活艰难。河北徐水雇农中流传的民歌能反映其一端：

亲家！亲家！你坐下！听我说说洛谢（一个村长，地主）家。洛谢家真尖头，扛子（雇农）咸菜不看油。地里送饭不管饱，小米干饭稀溜儿粥。[④]

抗战初期，“减租减息”口号的提出，对生活贫困的农民来说其意义自不待言，这极大地鼓舞了乡村农民，尤其是贫雇农的抗战热情。但“减租减息”政策在动员工作紧张之下，多数地区并未来得及实行。在边区政府成立后，“为巩固统一战线”，“调剂群众利益，逐渐改善人民生活”，1938 年 2 月颁布《晋察冀边区减租减息单行条例》。[⑤]该条例颁行，统一了各地“减租减息”标准，推动了各地“减租减息”政策的实施，但在实行过程中各地出现了许多偏差。如由于地主收回土地，农民租佃权无保障，出现农民抗不交租，不积极改良土地现象；地方工会“强制雇主按照工会规定的工资雇佣雇农”，还“随便罚债主的款，罚债主戴高帽子、游街”；有的县份出租人把原地租提高，以逃避减租法令；还有的地主以“转让”“出卖”“出典”为掩护，收回耕地；减息上一分利率也没有完全实现。[⑥]针对这些问题，1940 年 2

---

① 民国三十年（1941 年）北岳区统累税征收总结[M]//中共河北省委党史研究室．北岳抗日根据地（上）．北京：中共党史出版社，1999：435-452．

② 中共晋察冀北岳区党委关于 1942 年统一累进税工作的决定[M]//中共河北省委党史研究室．北岳抗日根据地（上）．北京：中共党史出版社，1999：368．

③ 北岳区党委．土改政策参考材料：1943-12[B]．石家庄：河北档（卷宗 69-1-80-1）．

④ 徐水七区王铁庄村贯彻土地劳资政策总结，1945-3[B]．石家庄：河北档（卷宗 520-1-247-1）．

⑤ 魏宏运．抗日战争时期晋察冀边区财政经济史资料选编（第二编：农业）[M]．天津：南开大学出版社，1984：15．

⑥ 魏宏运．抗日战争时期晋察冀边区财政经济史资料选编：总论[M]．天津：南开大学出版社，

月边区颁布了《修正晋察冀边区减租减息单行条例》，对“减租减息”政策进行了更加详尽的规定，[①]使“减租减息”政策得到进一步推行。据“1940年6月，边区四个专区不完全统计，减息数已达32.06万元，只二、五两专区减租额即达12 290余石”。另外，许多农民将抗战前被高利贷者夺取的土地也部分抽回。“据第一、二、三、五四个专区不完全的统计，到1940年6月已抽回64 900余亩。”1940年各地“减租减息”的推行，调动了边区农民的生产积极性，胜利战胜了1939年空前的大水灾；使群众生活得到改善，他们积极拥护党的领导，也有精力和条件参加边区民主政权建设和及进行战。仅1940年上半年“反扫荡”中，农会会员参战者即20 000余人，冀中民兵发展到63万。[②]为进一步巩固、发展边区统一战线，从政治上、经济上保障各阶层群众利益，1940年8月，边区颁布实施了《晋察冀边区目前施政纲领》(共20条，故简称“双十纲领”)，赢得了边区群众的拥护，产生了巨大社会影响。有的农民说：“一面改善生活，一面巩固统一战线，交了租可以雇住地主生活，这是应该的。这样地主愿意出佃，我们也有地种”；士绅等说：“共产党真有人才，什么都想到了”；地主也拥护纲领，听到纲领颁布，“徐水逃亡地主回来者百余户；灵邱归来者三十余户”，有的地主还说：“这可有头啦，以后即有纲领，而且也有了生产财产保障，还是八路军讲理”；甚至“平定、平山等地国民党党部及国民党员纷纷致电（晋察冀）分局，表示拥护”。[③]

八路军和中共地方工作人员进入晋察冀边区地区，放弃了苏维埃时期没收与平分土地的激进措施，实行的“合理负担”“减租减息”减轻农民负担的措施，激起了农民反抗压迫和抗日的热情，但只凭一时的利益，农民的热情是很难维持下去的，况且抗战进入相持阶段后，日军加紧对边区围攻，使得中共和乡村地主、日伪之间力量对比在某些地区此消彼长，农民在三者之间往往难于衡量取舍。一方面他们对传统压迫具有复仇心理，如徐水农民在政策执行前“明知道（高租）吃亏，因为生活困难也不敢直接向地主进行说理斗争，而只在私下私语、发愤”。在“减租减息”政策开始后，许多农民顾虑打消，有的说：“地主们剥削的可厉害咧！夏天他们拿着大扇子到树荫下凉快着去了，咱们汗一把水一把的干，快把咱们弄死呀！一定与他们斗争！地主过去一遍小嘴说得可好听啦，今天明白了绝不饶他们！”还有的说：“一定得把我交给他的租子退回！不退不行！就是地主哭了也得给退回来”。另一

1984：321.

① 魏宏运．抗日战争时期晋察冀边区财政经济史资料选编（第二编·农业）[M]．天津：南开大学出版社，1984：20-23.

② 方草．中共土地政策在晋察冀边区之实施[M]//抗日战争时期晋察冀边区财政经济史资料选编（第二编·农业）．天津：南开大学出版社，1984：47-62.

③ 刘澜涛．全面彻底的实现双十纲领（1941年2月）[M]//魏宏运．《抗日战争时期晋察冀边区财政经济史资料选编：总论．天津：南开大学出版社，1984：382-397.

方面，在拥护中共政策时，农民往往还要考虑日伪的威胁。1940 年随着边区大片沦为游击区，受日伪威胁，游击区农村变质，许多农民开始“两面负担”或完全“支敌”，在部分干部党员牺牲、党组织被破坏的情况下，“许多村政权被投机分子把持，群众抗日情绪低落”。[①]在“反扫荡”战斗胜利时，许多农民知道以往村长与地主、日伪勾结，提出：“不行，换换他们（指村政权）!”甚至还提出：“不如完全换了，不然换汤不换药，不弄下去他们看老百姓就活不了啦!”[②]显然，历经抗战以来的斗争，农民自身觉悟提高，认识到要保护自身利益，必须民主改造村政权，“一定选好村长，不要坏蛋分子!”成了边区各地农民的共同呼声。

（三）村政权组织的初步改造

从 1939 年冬“反扫荡”到 1941 年秋“反扫荡”前，是边区大规模建设、群众运动继续发动并走向全面巩固的阶段。此时，全国抗战已进入相持阶段，投降危机愈演愈烈，国民党趁机在边区及周围掀起反共高潮，加上边区自然灾害频仍、日伪“扫荡”等的破坏，群众生活极端艰苦，许多地区干部群众抗日情绪开始低落。边区根据中共中央 1939 年 11 月加强群众工作指示，为进一步发动群众、依靠群众展开反顽、抗日斗争，边区党组织总结了前一段群众工作的经验，领导群众开始改造村政权、村组织的斗争。到 1940 年上半年，“在短短几个月时间，晋东北、雁北等广大地区基本群众取得优势，这成为群众翻身阶段”。[③]但是，此时“（村）政权改革的最大特点，是只从人的改选方面改革旧政权”，“当时清算村账，撤换鱼肉乡民、横行贪污的旧村长和选举新村长，曾成为极广泛的群众运动”。[④]

如上文所述，边区政府成立时，各地政权机构还不完备，除晋东北 8 县外，其他各地多由八路军和动委会干部组织的临时机构代行政府职权，至于县以下的机构更为混乱，乡村旧行政系统仍未改造。因此，在边区政府建立伊始，派出许多中共党员等干部到各地任县长，首先建立县级新政权。而各地村长多由所谓“家道殷实，人品端正，粗通文墨”者担任，在农民等多为文盲的情况下，村长为首的村级政权实际多为地主、豪绅把持，他们贪污腐化，平时对村民多横加压迫。[⑤]为深入乡村发动群众抗日，改造乡村旧政权，1938 年 3 月边区政府颁布《边区区村镇公所组织法暨区长、村长、镇长、闾邻长选举法》，并发出改选村长的通知。

---

① 冀中九地委．张庆春关于定南农民运动的报告[B]．石家庄：河北档（卷宗 3-5-1-1）.

② 徐水七区王铁庄村贯彻土地劳资政策总结：1945-3[B]. 石家庄：河北档（卷宗 520-1-247-1）.

③ 中共北岳区党委．对于边区群众运动历史检查和今后方针的初步意见：1944-10-25[B]．石家庄：河北档（卷宗 69-1-91-5）.

④ 彭真．关于晋察冀边区党的工作和具体政策报告[M]．北京：中共中央党校出版社，1981：23.

⑤ 平山县县农会考察记录：1940-3-28[B]．石家庄：河北省平山县档案馆（卷宗 4-1-4-2）.

按照通知要求，边区各地在中共党组织和群众团体的号召下，边区掀起了民选村长运动。据统计，此时边区 8000 多村庄重新选举了村长，参选公民占人口的 40~50%，仅冀中 24 个县就有 3128 村改选，占所属村庄的 68%。①

边区的村长改选，使许多群众反对者落选，部分贫、雇农担任了村长，从而提高了群众的抗日积极性，增强了群众参政意识。但选举中许多村庄“地主阶级在村中的势力及影响很大，所以（农民）竞选斗争很觉困难”，加上许多“农民党员干部能力弱，政治也很模糊，阶级意识不够”，致使许多地主势力和地痞流氓当选。②有的贫农、雇农虽然当选，但“由于村政权的成分（多数）不好，不能代表基本群众利益，参政的工人、农民（不久）也被他们同化了”。③因此，针对选举后村政权出现的问题，中共地方党组织一方面在斗争中积极提拔农民干部，另一方面在村民大会未召开前，在村建立“救亡室”“民族革命室”组织，并通过乡村工、农、妇、青等团体保持与群众的联系，并监督、辅助村政权。

1939 年后，随着边区大片地区沦为游击区，为适应环境变化，坚持敌后斗争，需要进一步组织、动员群众进行“反扫荡”、“反蚕食”斗争，而村政植根于民国以来，“村级却只有一个村长，区则只有区长和少数助理员，因此国民政府一切政令一到县级或区级即往往‘寿终正寝’变成废纸”，若村行政机构完备，也便于扫除官僚主义的组织形式。因此，为彻底肃清旧村政的积弊，边区自 1939 年开始普遍建立村代表会，废除闾邻制，由村代表会主席兼任正、副村长；在村政府内建立民政、财政、教育、生产和调解（实即村的司法机关）等五个委员会（小村设五个委员），吸引村庄各阶层积极分子参加，从而使边区每一政令和指示贯彻到村。④1941 年春，又明确了“闾”的性质，“闾”不作为村政权一级，闾主任只是村政执行的辅佐人员，公民在“闾”的范围内自由组织公民小组，选举代表。⑤这样通过村政权机构的调整及内部分工，通过政权内干部党员的带头，将各阶级、阶层团结在自己周围，并通过“支部决议交由公开的村政权执行”并对村政权进行及时的政治指导及工作推动，⑥使中共在乡村形成了一套完整的动员、组织体系，最终使党组织深入乡村，能够掌控乡村社会。这种村政机制，1940 年后在边区各地逐步推行，从而进一步推动了乡村动员。以冀东为例，作为日伪统治较久的地区，为适应敌后严酷的斗争需

① 谢忠厚，肖银成．晋察冀抗日根据地史[M]．北京：改革出版社，1992：78-79.

② 平山县十四区朱毫村考察记录[B]．石家庄：河北省平山县档案馆（卷宗 4-1-4-17）.

③ 徐水七区王铁庄村贯彻土地劳资政策总结：1945-3[B]．石家庄：河北档（卷宗 520-1-247-1）.

④ 彭真．关于晋察冀边区党的工作和具体政策报告[M]．北京：中共中央党校出版社，1981：25.

⑤ 宋邵文．边区行政委员会工作报告（1943 年 1 月）[R]//魏宏运．抗日战争时期晋察冀边区财政经济史资料选编：总论．天津：南开大学出版社，1984：489.

⑥ 冀中十地委．十一月份支部工作计划：1942[B]．石家庄：河北档（卷宗 17-1-37-1）.

要，1941 年许多村庄“实行了村政权的部分改造，个别村庄实行了村代表制度，建立村政委员会；并在基本群众发动已有相当成绩后，进行了一次普遍（按区域）的村政权改选，从而进一步争取了基本群众的优势；在成立的村政评议会内使上层分子与公正士绅参加，甚至使个别顽固分子参加，从而将基本群众组织了起来”。①

值得注意的是，日伪在其蚕食的晋察冀各地，也设置了较严密的统治体系（图 5-1）。在山西，日伪设置的村政机构中置村长 1 人，村庄较大者设村副 1 人。村公所内设 6 股，为村之事务执行机关。同时，还设有村民会议，为村民“最高意思决定机关；调解委员会，为民事调停机关；领导委员会，为最高之决策机关，多为日本统治者指定信赖的汉奸充任”。同时还规定村长由村民会议选举，而村民会议多是地主、豪绅、地痞流氓。闾长由邻长互选，而邻长由户长互选产生。另外规定，村长、村副（副村长）及闾长得由新民会正式会员才能担任。此外，日伪在察南还进行了编制镇村，规定：“镇村准照 500 户以上之集团，街地及耕地在 300 顷以上，联合村编制之，一县内计划一大镇。村以人口 500 以上、耕地百亩之联合编制，但限于地域或自然形势，以便于事务联络得酌量增减之，一县计编 29 村”。镇公所设在联络村中心地域，以便指挥、联络，内设镇长 1 人，副镇长 2 人，助理员 1 人，会计员 1 人，雇员 2 人，均由县长委任。视镇公所所辖事务状况，镇长须雇佣村丁若干。村公所设村长一人，助理员 1 人，由县长委任，村丁由村长雇佣。镇以 200 户为一甲，20 户为一牌；村以自然村为一甲，10 户为一牌。在河北继续推行编制大乡制，规定上述“所有机关人员，当致力于清乡及反共一切应进行事项”，②从而暴露出其险恶用心。从日伪乡村组织可以看出，一方面继续并完善了国民党统治下的机构，另一方面又设置了便于日伪控制和掠夺乡村人力、物力的机关，如领导委员会等。

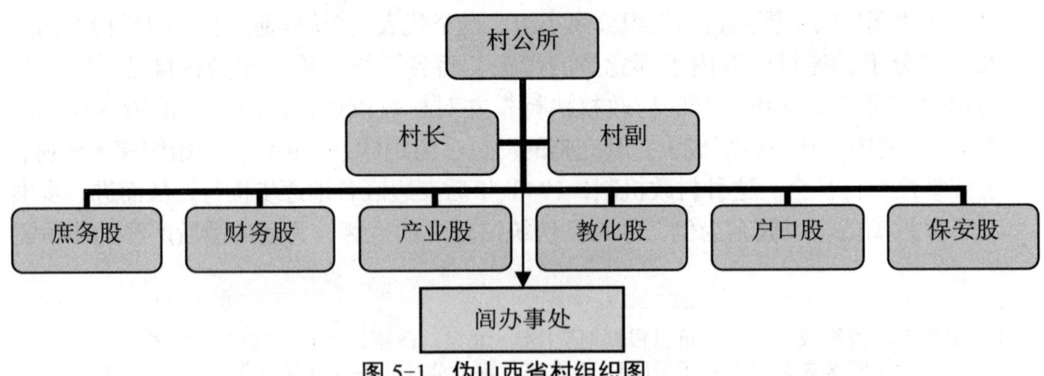

图 5-1　伪山西省村组织图

资料来源：北岳区公安局．敌伪组织：1942-6[B]．石家庄：河北档（卷宗 71-1-24-2）．

针对日伪的乡村统治，边区党组织在日伪统治的乡村，一方面秘密发展党员，

① 冀东区党委．冀东区党分委第三次扩大会议：1941-8[B]．石家庄：河北档（卷宗 46-1-103-1）．
② 北岳区公安局．敌伪组织：1942-6[B]．石家庄：河北档（卷宗 71-1-24-2）．

建立乡村支部，并以支部指导、组织公开或半公开的农会、妇女会、工会等群众团体，并要求“党不能直接领导群众团体，而应经过自己的党员去领导”，“团体要造就群众自己的领袖，要担负教育、发动、组织群众拥护政府，拥护八路军的责任，团体要成为党联系群众的最重要的机构”。[①]中共以这种巧妙的党群关系，使群众中的积极分子和秘密党员打入日伪机关，控制、瓦解日伪乡村组织，从而组织、动员群众，进行开辟游击根据地的工作，以坚持敌后抗日斗争。

良好的工作成效和能力，能给群众留下良好的印象，对动员效果具有重要的意义。为提高乡村政民干部党员的素质和工作能力，边区各地党组织还对乡村党政民干部进行了一系列培训。以北岳区一地委所属各县为例，在 1941 年初举办了多次政民干部训练班，培训了大量的村政权干部（表 5-1）。这些受训村干部，在严峻的斗争环境和繁忙的工作中抽出时间参加训练，使其文化水平、政治思想觉悟都得到一定程度的提高，对党的政策和群众工作的把握更加准确，从而又推动了乡村工作的开展，增强了政权和群众团体对群众的动员能力。[②]

表 5-1　1941 年三个月来各县政民干部训练班一览表（1941 年 4 月）

类别＼县别	易县	满城	徐水	定县	涞源	龙华	总计
期数	1 期	2 期	2 期	都是流动训练班	4 期	1 期	10 期
时间	15 天	15 天	15~20 天		15 天	15 天	15~20 天
对象	村级干部	村级干部	村级干部		村级干部	村级干部	主要为村干部
人数	80	100	260		500 人上下	14 人	954
一般教材	政治报告、群众工作、各种具体政策、统一战线等。						

资料来源：中共北岳区一分区地委组织部．巩固党的工作总结报告[B]．石家庄：河北档（卷宗 72-1-12-4）.

从群众团体的组织的程度来观察党群关系及党在乡村社会的群众基础。从表 5-2 中的北岳区抗联会员在人口中所占百分比的统计中可以看出，中共领导的抗日救国联合会的会员在边区人口中比重平均达到了近 30%。尽管这一比重在边区各地存在不平衡，然而就这一比重看，中共通过其领导的各种组织或团体来组织、动员群众达到了相当高的程度，这也使中共初步实现了在乡村社会的群众化。

① 中共北岳区党委．群众工作指南：1945-5[B]．石家庄：河北档（卷宗 69-1-41-7）.

② 中共北岳区一分区地委组织部．巩固党的工作总结报告[B]．石家庄：河北档（卷宗 72-1-12-4）.

表 5-2　抗联会会员占人口百分比

县区 ＼ 数目		各县总人口数	各县会员总数	会员占总人口百分比
一专区（二分区）	盂平	88 625	25 205	28.4%
	五台	104 484	30 000	28.6%
	定襄	73 169	4200	5.8%
	忻县	45 000	2103*	4.7%
	寿阳	53 000	813	1.5%
	盂阳	44 280	11 522	26.2%
	代县	74 240	2599	3.4%
	崞县	73 727	6108	8.3%
	山阴	65 000	2791	4.3%
	共计	621 625	85 251	13.7%
二专区（雁北区）	灵邱	44 708	85 251	37.5%
	广灵	51 547	9959*	19.3%
	应县	55 108	10 912	19.3%
	繁峙	45 336	19 441	42.9%
	浑源	25 077	7521*	29.1%
	共计	221 776	64 622	29%
三专区（一分区）	易县	181 149	61 421*	33.9%
	涞源	102 861	32 638	31.7%
	龙华	88 505	34 943*	39.4%
	满城	179 560	3730	2.1%
	徐定	270 087	2500	0.9%
	徐涞定			
	共计	822 162	135 132	16.4%
四专区（三分区）	阜平	100 151	73 201	73.4%
	曲阳	230 097	108 903*	47.3%
	完县	94 157	53 889*	57.2%
	唐县	113 256	69 694*	61.5%
	云彪	55 098	20 414*	37.1%
	定唐	40 220	21 920*	15.6%
	望定	87 109	2999*	3.5%
	共计	827 090	351 771	42.4%
五专区（四分区）	平山	201 265	70 889	34.9%
	灵寿	140 658	70 558*	50.1%
	行唐	180 973	78 019*	43.1%
	井陉	83 069	4632	5.5%
	平定	103 527	37 606	36.4%
	建屏	64527	3002	4.6%
	正定	99556	20353	20.4%
	共计	873675	285147	32.6%

续表

县区＼数目		各县总人口数	各县会员总数	会员占总人口百分比
六专区（平西）	涞水	59 458	22 374	37.6%
	蔚县	30 612	6372	16.5%
	房涞涿	70 394	5121	7.2%
	昌宛房	34 829	7172	20.6%
	共计	203 293	41 039	21.1%
总计		3 569 621	963 062	26.9%

说明：标注*号的系 1942 年的统计数字，其他都是 1943 年后的统计数字。

资料来源：中共北岳区党委．从组织上巩固党的几个问题：1943-8[B]．石家庄：河北档（卷宗 69-1-78-3）．

（四）组织生产

1939 年后，边区各地水旱灾害频仍，尤其是日伪“治安强化运动”给边区经济造成极大破坏。1940 年“百团大战”之后，日军集中 3 万兵力对北岳区进行了报复“扫荡”，并在冀中地区反复“拉网”搜剿；1941 年 5 月又集中 4 万兵力对冀东围攻两月之久；1941 年 8 月日军集 7 万兵力对北岳区进行“铁壁包围战”。[①]在这些军事进攻中，日军在边区各地实行“三光”政策，“杀伤绑架群众，抢走农具耕畜，烧毁房屋，砍伐林木，并极力阻止边区各地正常生产，力图损毁边区的物质基础和有生力量。仅据曲阳县统计，在 1941 年春耕过程中，日伪就出击该县 1126 次，被（受）灾村庄达 658 村，被绑走劳力 3557 人，抢走耕畜 168 头，烧毁农具 5323 件，烧毁房屋 220.5 间。日伪的破坏使边区各地发生严重饥荒”。[②]

为战胜灾害，度过饥荒，边区党组织发出了“武装保卫春耕”的号召。1941 年春，边区各地动员群众掀起了春耕生产运动。在运动中各地党组织把救灾、生产、战斗紧密结合，取得巨大成效。完县在春耕救灾中，动员粮食 378750 石，募集粮食 218 石又 1052 斤，枣 2660 斤等，救济灾民。北岳区为使群众投入生产，大量减少抗战勤务，动员一切劳动力到春耕生产战线。由于青壮年男劳力在部队、自卫队等从事作战，大量妇女、儿童投入生产。在妇女党员带动下，灵寿县参加妇女小组妇女 7258 人，参加妇女突击队者 2399 人，他们积极参加农业、副业生产，涌现出许多妇女劳动英雄，如曲阳有 29 名妇女被评为英雄。儿童除在运动中宣传外，还成立代耕及打钟团，盂县儿童在村内外黎明时打钟督促人们到田里劳动，参加儿童 1732 人，每日检查懒汉、懒婆使他（她）们不敢怠慢。各级党、政、军、民机关干部都开始参加生产，政府积极为农民调剂种子、农具和农贷，仅农

① 宋邵文．边区行政委员会工作报告（1943 年 1 月）[R]//魏宏运．抗日战争时期晋察冀边区财政经济史资料选编：总论．天津：南开大学出版社，1984：480-481．

② 北岳区 1941 年春耕运动的总结：1942-4-20[B]．石家庄：河北档（无档案号）．

贷一项，灵寿贷 7000 元（边区币，以下同），行唐 7000 元，平山 9500 元，建屏 10 000 元。为解决劳力少的家庭困难，如抗属，组织代耕互助活动。仅北岳区成立代耕团 1546 个，参加者 166 360 人，代耕 90 464.9 亩，解决了大量抗属春耕的困难；北岳区 8 县就有互助团 1072 个，参加者 19 742 人，互助、帮耕 14 549 亩，解决了干部及缺乏劳力贫苦家庭的困难，发扬了互助友爱精神。春耕运动中，农田水利建设取得很大成绩，北岳区新渠灌地 65 329.40 亩；凿井灌地 16 087.50 亩；导泉灌地 1761.00 亩。每亩增加粮食 3 斗计，可增产 25 000 石。尤其是开渠过程中，打破了部分农民对水神等迷信认识。此时各地植树造林，据北岳 6 县统计，仅水果树栽培即达 201 570 棵，为此后十年水土保持和经济发展打下了基础。家庭副业也有很大扩展。

1941 年边区春耕运动是边区经济建设的重要组成部分，春耕运动使边区粮食生产大量增加，为充裕军给民食，坚持和巩固边区起到了巨大作用。春耕运动的成果是各级干部，尤其是乡村干部认真贯彻党的政策，领导群众在不断对敌斗争中保护群众利益、发展生产取得的。如北岳五专区出动模范队 26 552 人、青抗先 8627 人、自卫队 7413 人，对敌武装活动达 286 次；满城发动群众平毁公路，扩大耕地 1121 亩。这些都保证了春耕生产的进行。运动中，各地还成立春耕委员会，召开各种群众大会、组织劳动竞赛、开办训练班，许多歌咏队、剧团活跃在乡村中，宣传中共劳动政策，极大改变着乡村农民的精神生活。春耕中把生产任务放到村级和“集中老、中、青、妇女和儿童自由组合集体劳动”的做法，此后不断得到鼓励。

由表 5-3 可以看出，边区春耕运动中农业生产条件得到巨大改善，耕种面积明显增加，运动中投入的人力空前，从而显示出在艰难环境下中共在乡村巨大的组织、动员能力。随着边区各地生产恢复、发展，“巩固了阶级的抗战团结，提高了政府在人民中的威信”，“群众对敌斗争的情绪也开始高涨”。[①]此后，每年春季、夏季、秋季边区政府汲取经验都要发起大规模的生产运动，保障了边区战争的顺利进行。

表 5-3　北岳区 1941 年春耕运动发动群众及部分生产成绩统计表

成绩 类别	数量	参加人数	备注
开垦新荒	80 596.3 亩	97 776	亩数只统计 5 县
消灭熟荒	61 433.8 亩	50 036	参加者为人工数，不完全统计
整修滩地	61 375.6 亩	37 150	人数部分为人工数，阜平修滩用工未计入

① 北岳区 1941 年春耕运动的总结：1942-4-20[B]．石家庄：河北档（无档案号）．也见：晋察冀日报资料室．北岳区 1941 年的春耕运动[J]．晋察冀日报（抗敌报）．1942（897）：4．

续表

类别＼成绩	数量	参加人数	备注
整修梯田	45 734.1 亩	22 318	参加人数只有唐县、易县，其余 11 县未计入
新开渠	2296 道	409 540	人数为开凿盂县彭真渠、曲阳荣臻区及南北灌区用工数
代耕	90 464.9 亩	1 666 360	
互助耕种	14 549 亩	19 742	

资料来源：北岳区 1941 年春耕运动的总结：1942-4-20[B]．石家庄：河北档（无档案号）．

三、乡村动员运动的深化

1941 年秋季“扫荡”后，由于历经 4 年多的战争，日伪空前的烧杀、天灾荒旱，干部群众疾病流行，死亡激增，生产也迅速下降，加上边区各地干部强迫命令等不良倾向，使乡村动员工作陷入困难，群众运动陷入消沉。1943 年，随着世界反法西斯战争形势好转及此前“日伪空前的烧杀掠夺破坏，使敌占区、游击区各阶层人民更加仇视敌伪，这为边区巩固扩大乡村统一战线，进一步发动群众提供了有利的客观条件。”①

（一）“一元化领导”体制确立

为集中力量克服困难，边区党组织根据中共中央关于抗日根据地党的领导及调整各组织关系的决定，决定实施党的“一元化领导”。1942 年 10 月，以北岳区沟线外武装工作队实行“一元化领导”为开端，②边区逐步在各地实行了党的“一元化领导”。在边区党组织的努力下，各地逐步实现了党政军民由各级党委领导，边区群众团体改组为各界抗日救国联合会的统一领导机关领导，“原有工、农、妇、青等单独系统均一律改组”，文联等加入抗联为团体会员。各级党委由党政军民主要领导组成。以求实现“一切政权武装群众组织，都服从于党的领导”，以“加强对敌实行总力战”，“以革命的总力战击破敌人的总力战”。③同时，要求各地党组织实行“一元化领导”后，应建立、健全各种工作制度，“注意党的领导方式，严防包办代替作风的复活”，力避党内无原则的纠纷、无条件的民主和各种思想偏向，

① 北岳各界抗日救国联合会．北岳区群运发展和当前任务：1943-5-5[B]．石家庄：河北档（卷宗 69-1-123-1）．

② 晋察冀军区政治部、中共北岳区区党委关于沟线外武装工作队一元化的决定（1941 年 10 月 10 日）[M]//中共河北省委党史研究室．北岳抗日根据地（上）．北京：中共党史出版社，1999：452-454．

③ 中共北岳区党委．关于党的领导一元化的决定（1942 年 11 月 2 日）[M]//晋察冀抗日根据地史料选编（下）．石家庄：河北人民出版社，1983：251-253．

以将“全党团结得像铁一样”，从而顺利渡过困难。[①]1943 年 2~3 月间，平西、平北和冀东地区也分别进行了领导机关改组，实现党政军民的统一领导。冀中在“五一”反扫荡中虽强调“党政民步调要齐一，行动要统一，力量要集中”，但因为“组织领导上是军、政民二元化的，而政治上则要求斗争一元化那是很困难的，接到上级一元化指示后，组织领导的一元化才真正实现了。一元化的指示，特别对环境变质后的冀中是具有特别意义的”。[②]

然而，在各地推行“一元化领导”后，出现了“有的地方常以一个委员资格就代替整个党委”，“有的地方又认为政民机关的主要领导人既是党委委员，他那部门就由他单独去搞好了，党委不必集体讨论或过问了”等偏向。在一元化领导后，由于各级党委参加委员都较多，特别是常委增多，实际有许多不能真正履行职务（由于工作忙、身体差等原因），尤其是在会议多的情况下，“属于某一部的或关系不大的问题，兼职干部不愿参加”，“有的还把军队、政权中的首长制也拿到了党内来”，以致影响到了群众等工作的开展。[③]以建屏县为例。“建屏县的工作在党的统一领导下，团体一致，民主讨论，共同决定、共同执行，较好完成了各时期的工作任务”。然而，工作中发现“个别部门只找下级个别部门，下级机关负责人对上级机关负责的义务不知道或不负责”等问题。为此，建屏县委，一方面减少了会议数量，常委会每半月 1 次，一般问题在会上解决；要求各部、团体负责人对重大问题应主动找党，向党汇报；县委各部要将各地经验向村传播；对重要问题，集体领导要求得意志、力量的统一，发挥党的全面领导的威力；同时，各部门、团体的工作要围绕中心工作进行，一般要注意通过组织、通过各部门，结合中心工作完成任务。这些措施的实施为组织群众打下了较好的基础。[④]

举行各种会议是边区宣传、组织、发动群众的重要方式之一。北岳三分区在实行“一元化领导”后，仅宣传工作中就经常召开士绅座谈会、时事座谈会、知识分子座谈会等，协调各方面力量，以组织、发动群众坚持抗战。

从下表 5-4 可看出，随着形势的变化，地方党组织为使各阶级、阶层了解形势，适时通报信息，加强了群众教育，并把各种会议作为动员群众的重要平台。但是在如此多的会议中也存在着诸多问题，以致影响着动员效果。例如，由于“区村干部一般能力薄弱、文化水平低、政治敏锐性差、看问题不深入、不全面等，发言时经常犯原则性错误”；有时一次会议内容太多，不能抓住中心问题，影响收获；对群众工作喜欢“鼓动”与“突击”，却有意无意放松“宣传”，尤其是一元

---

① 邓小平．在太行分局高干会上的结论：1943[B]．石家庄：石档（卷宗 1-1-18-7）.

② 张达．“五一”变质后的冀中是怎样坚持下来的：1945-3[B]．石家庄：石档（卷宗 1-1-26-3）.

③ 北岳区党委．从组织上巩固党的几个问题：1943-8[B]．石家庄：河北档（卷宗 69-1-78-3）.

④ 中共建屏县委．关于一元化领导的撮要检查和初步改进意见[B]．石家庄：河北平山县档案馆馆藏档案（卷宗 1-1-7-4）.

化组织机关不够健全，发挥作用不大，会议只限于讨论、布置，而不深入检查；尤为严重的是中心工作与各组织、团体具体工作结合差，如唐县敌工部、公安局、武装部、部队、政权、团体等在对敌斗争上曾表现出步调不一致、各管各的等，经过地委一再督促和指导，这种状况得到了改善。①

表 5-4　三分区唐县一年来各种群众大会、座谈会统计表

会议名称	地点	到会人数	次数	会议内容
时事座谈会	县和三、六区	319	3	报告与研究讨论当前的政治形势和时事
土地和知识分子座谈会	五、七区	77	2	对当前形势讨论提出解答，怎样应付敌人和战后新中国、新世界等问题
地主、富农、知识分子座谈会	二区	46	1	报告讨论当前政治形势时事等
庆祝新约大会	一区	623	1	政治报告及新约情形联系到生产救灾
文娱比赛大会	一、二、三、四、六区	5299	5	生产救灾、庆祝新约、红军胜利、演新旧剧
新年军民联欢会	六区	1051	1	政治报告、军民团结
群众誓约大会	六区	985	1	庆祝新约、春耕、救灾宣传
二七纪念大会	三区	200	1	报告二七罢工经过及工人斗争方向
三八妇女节会	三区、四区	1301	2	妇女节约及生产度荒
儿童节会	一、三、四区	1747	3	响应号召积极生产
庆祝统累条例及反扫荡胜利群众大会	一、二、三、四、六、七区	6	4600	反扫荡胜利消息、反法西斯统一战线扩大、当前斗争、统累税总结、反蚕食反勒索反奴役斗争、北非胜利、保卫麦收等
边区参议会座谈	一区	53	1	当前形势讨论及边区参议会问题
士绅座谈会	二区	31	2	当前形势讨论及边区参议会问题

说明：以上是以县区为单位召开的大会，村为单位的不包括在内。

资料来源：北岳三地委宣传部．宣传工作总结报告：1942.7-1943.6[B]．石家庄：河北档（卷宗 78-1-26-1）．

"一元化领导"开始后，北岳区实行较早，而冀中、冀东等地由于环境复杂实行较晚，且在游击区实行过程中引起许多争议。许多人认为："在游击区实行一元化，实际是取消了群众组织，导致基本群众很难发动起来"，"在基本群众发动起来的地区，当群众翻了身，应该从生产上组织群众向合作化方向转变，而不应实行一元化"；"一元化领导强调统一步调而取消了特殊性，而边区各地情况千差万别，忽视了各地条件不同和群众的特殊利益"。②然而，面对日军不断的"蚕食"

① 中共北岳三地委宣传部．宣传工作总结报告：1942.7-1943.6[B]．石家庄：河北档（卷宗 78-1-26-1）．

② 中共北岳区各界抗日救国联合会．北岳区群运发展和当前任务：1943-5-5[B]．石家庄：河北档（卷宗 69-1-123-1）．

"扫荡"，北岳区和平西巩固区面积 1942 年与 1940 年相比，缩小了约四分之一；冀中区缩小了一半。北岳区人口到 1941 年底减少为 356 万，巩固区人口仅 220 万左右。冀中区人口也减少为 510 万，巩固区人口更少。①边区抗战处于严重困难中，各地在 1941 年"精兵简政"的基础上，建立精干领导机构，将党政民等力量统一领导，成为共识。因此，在斗争中各地逐步建立了一直影响到新中国成立后的"一元化领导"模式。

（二）乡村动员偏差及其纠正

1941 年后，边区进入抗战最艰难阶段。边区在日军"扫荡""蚕食"下大大缩小，边区大量村庄由抗日一面，变成了中间的两面或亲日一面。据北岳二分区地委统计，1941 年日军"扫荡"前，有抗日一面的村 228 个，而到 1942 年 6 月仅余 86 个，到同年 9 月底所剩无几了。这样该分区村政权发生了巨大变化，抗日政权迅速减少，伪村政权内流氓、地痞、汉奸取得优势。在抗日政权与伪政权一元化后，公开抗日村政权取消，群众恐怖、失望，乡村发生严重的苟安心理。过去旧村政权人员控制伪政权，他们在敌威胁、利诱下，借机发财，为敌服务。例如，伪政权人员均有高额薪金，如代县 × 伪村长月薪白洋 70 元②。环境恶化后，党的许多支部垮台或陷于混乱停止工作，使群众团体无形瓦解，许多红了的党员干部比群众还害怕，不红的党员大多不起作用。因此，村干部与党员或受群众影响而动摇，或因不能说服群众而孤立；还有的干部党员悲观失望，或不敢回村工作，或与群众失掉联系；个别的当了伪干部，与汉奸、流氓等同流合污。乡村党组织内部在敌人"自首政策"影响下，出现不坚决斗争，在除奸问题上形成下边抓上边放，使群众不敢除奸，如五台 × 区有些村干部党员埋的地雷，被其他干部挖走等，党的乡村群众工作出现右倾倾向。与此同时，个别地区党组织认为不杀人不能开展工作，于是滥杀汉奸，造成社会恐怖；还有的空喊"广泛开展游击战争"，而不认识具体情况，不去转变群众工作方式和隐藏之所，导致大批干部党员损失。这些"左倾"偏向在各地很普遍。③

为振奋、坚定群众抗战信心，除边区部队不断打击日伪外，各地党组织不断对日伪发起政治攻势。例如，北岳区 × × 县④1942 年的第三次政治攻势在阴历九月二十三日开始。开始前该县召开县、区级扩大干部会，进行详细布置，明确每

① 北京军区战史编写组. 晋察冀暨华北军区武装力量发展史[M]. 北京：军事科学出版社，1996：136.

② 时白洋与边币比价为 1∶13。

③ 北岳区党委. 工作通讯（第 43 号）—晋东北对敌斗争中的严重问题：1942-10-29[B]. 石家庄：河北档（卷宗 69-1-38-1）.

④ 原件如此。

人的任务。每人利用各种社会关系、内外线索等，采取多种方式散发宣传品和张贴标语。主要方式有：①骑自行车在城内大片区域散发，使敌不易追踪。散发时将各种宣传品各取一张，卷成一卷；把标语头向下卷成一卷，贴时只把外面一头贴住，就自然展开。②利用敌伪军关系散发宣传品，对敌伪进行宣传。事先教他们利用宣传品上的材料，在伪军等伪组织中进行广泛宣传。如说："我拾了宣传品，其内容是什么什么；向老百姓说："某夜八路军到某据点散发宣传品意思是什么"等，并事先准备好应付敌人的办法。③以该县县长、区长等名义向敌占区士绅、知识分子、伪军、伪组织大量寄信，收到许多回信，作用很大。④召开伪军、伪组织工作人员家属座谈会或进行个别谈话，解释"明年就要胜利，当汉奸、伪军没出路"，并通过其家属，争取伪军伪组织人员。⑤××敌人召开保甲长会议时，利用保甲长将宣传品带进去，放在报告纸内，敌人看到后也没办法，因保甲长也不知是谁放的。⑥利用伪组织人员带着宣传品走到××堡垒旁放下，即跑进去报告说："八路军向东北方向去了，只有两三个人"，鬼子下来追时即拾到宣传品。⑦利用路旁种田的老百姓，在敌人路过时将宣传品放在路上，地点一般选择距村较远处，以免村子受累。该县在××村用此方法得到效果。⑧用绳子将宣传品吊在电线或电线杆上，敌人查电线时即发现收去。⑨火旗宣传。用一根高杆子把宣传品贴周围，再将火药用纸卷成一卷，口上插一炷香，将香点着，竿子插到堡垒据点附近，等香把火药燃着时，敌人看见火必然赶来看，老百姓看到也会报告敌人，敌人即可看到宣传品。⑩假地雷。把宣传品埋在路上，敌伪汽车通过时，即设法挖出。在×××，利用此法，当敌伪汽车通过时用绳子拖了半天不响，后挖掘了个大坑才将宣传品取出。运用上述办法，城内敌伪办公地点、戏院、车站、街头大量出现宣传品；在乡村敌人的堡垒、据点等也出现了宣传品。这种政治攻势激起了广大群众的抗日情绪，使群众相信"明年日寇必败"，也增强了干部党员敌对斗争的勇气。城内群众说："八路军、共产党硬敢进城，进城先得把死放在头里，那真是危险。人家为了谁？咱们以后可得帮助八路军、共产党！"有的说："鬼子说没有八路军、共产党了！你看现在这些人哪里来的？"群众看了毛泽东的简历后，说："不怨人家这么好，人家小时候就有革命精神"。经过政治攻势，群众情绪高涨，斗争勇气提高，统累税征收工作得以顺利进行。全县除 35 个村干部党员未到外，大多数村庄的群众踊跃缴纳。他们说："后娘（指敌人）又打又骂还得给，亲娘（指共产党）不打不骂为何不出呢？"政治攻势还使伪组织人员动摇、恐慌不安，有力地瓦解了伪组织。许多伪警备队员到村里时，便对村长说："你们村里如果有他们（八路军人员、共产党员）时，千万不要和我们见面，各干各的就得了"，有的伪军表示："咱们和八路军、共产党没有仇，支应鬼子就得了"。伪第×区长对他儿子说："有八路军、共产党要好好的掩护，千万不要出岔子！"又说："八路军、共产党太多了！我不干这事了，太危险！"在政治攻势下，许多村庄与党组织发生新关系，党组织活动地区得到扩大，推动了群众工作的开展。[①]

四、大生产运动中乡村动员的新发展

1943 年夏季以后，边区党委和抗联召开组织宣传会议和生产会议，要求各地全面推行"减租减息"政策，克服工作中的错误倾向，并号召党员干部带领群众进行大生产运动，以响应中央"组织起来"的号召，从而大大提高了干部群众的热情，而且随着各地"反扫荡"斗争的胜利和局部反攻、大反攻，边区恢复、发展了大片地区的工作，游击区工作也进一步好转。尤其在 1944 年和 1945 年的大生产运动期间，群众斗争情绪高涨，边区面貌为之一新，群众运动开始向合作化发展，[②]群众动员进入了新的发展阶段。

1944 年 1 月中共中央给晋察冀分局的指示中指出："六年来分局同志及晋察冀全体干部党员和边区的八路军指战员，与人民群众相结合……，你们不仅粉碎了敌人的企图，并且还把我们的力量伸入到敌后的敌后去，在三千多村庄恢复了工作"，"目前的国际形势虽然愈对中国抗战有利，并有击败希特勒后紧接着击败日本之可能"，"但华北是敌人力求掌握的'兵站基地'，其控制兵力不会很大减弱，晋察冀区域更处平津附近，为敌特别重视。因此，在军事上敌强我弱形势，直到全国反攻前是不会改变的"。"我们（要）避免轻敌速胜观念，要更加依靠群众，与群众打成一片；要边区党政民更加团结一致，才能在任何情况下，都能坚持"，而坚持长期斗争的"最基本条件，就要极大的〔地〕注意发展军民生产"，"要有计划地组织农民劳动力去进行生产运动"，以"改善部队机关生活，同时也可减少人民的负担，刺激和影响人民生产热情"。[③]因此，按照中共中央指示精神，边区掀起了大规模的生产运动。

一直以来，"春耕、夏耘、秋收、冬藏"是华北农家的生产规律；"拨工""拼犋"等更是民家缺少劳力和农具下互助生产的方式。近代以来"内卷化"的低生产率的小农经济，使得华北多数农家抵御灾害的能力极弱，"逃荒"是遇到灾害时的主要生路之一。抗战以来，日伪不断地"扫荡"等给边区人民带来极大灾难，其正常生活被打破。战争期间劳力以及粮食、农具、耕畜、耕地、房屋等财物被掠一空，由于缺衣少食，疾病也成为致命的危害。战争、饥荒、自然灾害，使本就抗灾害能力极弱的农家生活无以为系。1941 年"曲阳没饭吃的 5000 余人，死

---

① 北岳区党委. ××县第三次政治攻势中的一些工作经验：1942-10-25[B]. 石家庄：河北档（卷宗 69-1-38-1）.

② 北岳区各界抗日救国联合会. 北岳区群运发展和当前任务：1943-5-5[B]. 石家庄：河北档（卷宗 69-1-123-1）.

③ 中央书记处给晋察冀分局的指示：1944-1-11[B]. 石家庄：石档（卷宗 1-1-24-3）.

亡 200 余人；唐县逃亡 800 余人，乞丐 300 余人；阜平逃亡 1400 余人；涞水一个村即有灾民 150 余人（全村 700 人）；易县 49 个村有灾民 1987 名，乞丐甚多，逃亡者六区近 600 人，逃荒出走者 2400 余人；完县一、二、三区逃亡者 13 288 人。日寇乘机诱惑，设粥厂进行欺骗，特务奸细挑拨离间，借以掠夺青壮年，将骗到的青壮年强编为伪军，或送到东北当苦力，以扰乱边区秩序，并加紧其'蚕食'边区步伐"。[①]因此，如何提高生产率?以增加农民收入，度过灾荒，是各级党组织领导大生产运动的关键。

为领导群众生产，边区各地成立了生产委员会，以一元化的领导方式组织群众生产，干部党员带头、帮助、示范，党政军民、男女老少全部投入生产，采用新技术、新方法，开荒、修滩、凿渠，政府贷款、建立合作社，农业与副业结合等，使大生产运动取得巨大成绩。

（一）1944 年的大生产运动

1944 年 1 月边区召开生产会议后，以《晋察冀日报》为代表的报刊连续登载了大生产运动的指示和信息，[②]推动了边区大生产运动的开展。此时，边区各级党组织及乡村领导纷纷组织了规模巨大的生产运动。以阜平县大生产运动为例。1944 年，"春耕到来时，民生困难，劳动无力，打算抛家外出逃荒或'讨饭吃'者，在六、七、九区很多，懒婆、懒汉更多"，"九区普遍发生群众没饭吃，病人剧增，春耕难以进行"的严重现象。[③]

1．组织多种拨工组，解决劳力问题

抗战前，华北地区贫困家庭每遇农忙或兴建，如撒种、耕地、盖房子、抬木头、打坯等时，为弥补劳力不足，往往找一些亲戚、朋友进行"拨工"，俗称"换工"或"换着"，这种劳动需要对等的劳力交换。抗战以来，阜平县乡村长时期没有了拨工活动，"根据十区栗树漕村老人说：'怕闹成互助团，光（只）互助不还工'，所以很少了"。为把劳动力组织起来，一方面，阜平县各级政府加大农贷，向农户下发 2000 大石贷粮与 400 万元牲畜贷款，解决农耕启动问题。另一方面，为弥补劳动力短缺问题，各地组织拨工组，扶植包工，实行实物换工等。在大生产运动开始时，在干部党员的组织下，各村开始组织拨工组。据阜平 3 个区统计，共组织了 430 个，2288 人。仅二区 4 个村，在 1944 年春 4 个月共拨工 14 846 个。这对解决劳动力缺乏问题起到了很大作用。期间，各村干部党员等提出了等价自

---

① 北岳区党委．关于各地救灾工作的检查．工作通讯：1942[B]．石家庄：河北档（卷宗 69-1-38-1）．

② 开展大生产运动是全边区军民的神圣任务（1944 年 2 月 13 日）[M]//晋察冀抗日根据地史料选编（下）石家庄：河北人民出版社，1983：910-914．

③ 阜平县生产委员会．一年来的大生产总结：1944 年[B]．石家庄：河北档（卷宗 520-1-311-7）．

愿、及时清工等原则，并定期召开拨工组会议、加强纪律等，还创造了许多拨工的新形式。以性别看，有男与男、女与女、男女混合的编组；从年龄上分出了青年、壮年、儿童等；以组成人员看，有以一人为单位，还有以户为单位；从行业看，有农业与副业的编组；从内容看，有生产与学习、生产与战斗的拨工与包工。同时，根据阜平山区地块较小（一般一二亩）的特点，拨工组由3~7人组成。为带动拨工发展，干部党员带头组成骨干拨工组。例如，七区龙王庄村庄、抗联主任等组成的骨干拨工组到处起带头、示范作用；五区的党员安庆丰领导着13户的拨工在村内起着骨干作用。拨工组间、村与村间，在抢收、抢种、修滩、开渠时，还经常进行大拨工。例如，五区口子头村、下店村秋季组织大拨工，干部党员亲自下手，收完庄稼按每亩40元计算拨工。拨工组还将生产与学习相结合。八区西下关村拨工组设正副组长，分别掌握生产、学习，在休息时即由副组长上课，组长闫振铎帽子里常带着政治课本，把拨工组变成了学校。另外，接敌区的拨工组中配有武器，平时生产，战时拨工组变成战斗组。还有一区板峪店村抽人去运销，农活由拨工组负责，一次清一次。

阜平拨工类型多样。大致分三种，一是人与人的拨工，二是畜与畜，三是人与畜的混合拨工。

人与人的拨工中，男与男的组合占最大数量，作用最大。八区住家营村，胡更尧组织拨工送粪，7人一天就干了11人的活，群众纷纷效仿，五天内该村就组织了16个拨工组，有164人参加，占全村劳力的84%。这些拨工组7天就送粪70 000筐，15天开荒450亩。全年拨工3000个，增产粮食90石。[①]全县拨工组中都配备着干部党员，他们起着骨干作用。妇女与妇女临时性拨工更多。这些拨工从事垦荒、在地里捡石头、锄苗、推碾子、做衣服和鞋袜等，促进了技术上的交换和感情的团结。男人与妇女混合编制，将不同的劳力结合起来，男子扶犁，妇女捡石头，老人下种，儿童埋沟，这种拨工不普遍，多是残缺家庭组合的拨工。例如，高街村寡妇无人锄苗，光棍无人缝衣，于是互相拨工解决了双方困难。户与户的拨工形式，将整劳力与半劳力都组织起来拨工。例如，五区大台村干部党员吕清奎组织6户拨工，人口、土地、牲口、劳动力都差不多，又是同宗，在互助吃亏的原则下，不计较小事，实行奖励。这个拨工组长年拨工，影响很大。户拨工除了这个外，槐林庄、柏崖、康尔沟、史家寨、口子头等村都组织了户拨工。此外，青年、儿童拨工很多。妇女拨工组最典型的是二区高街村的由七八个妇女组成一个做鞋组，由于合作社提供原料、销路，她们在纳底、上鞋、配帮上都分工合作，耿天凤负责技术指导，全村48名妇女组成的拨工组，半年获利3万余元，也使高街鞋享誉边区。

① 阜平县生产委员会．一年来的大生产总结．1944年[B]．石家庄：河北档（卷宗520-1-311-7）．

人力与畜力拨工，一般是有人而无畜力，有畜力而无人力的互相拨工（包括各种运输和运销）；畜力与畜力拨工，是据旧有基础和习惯，组织牲畜“合犋”进行耕地，一般以村为单位，统一由生产委员会专人负责牲口使用，先给牲畜所有人耕，再及其他。拨工一般以实物清工，也有利用社会关系如亲戚关系，白使用不还工，也不给实物报酬的。这解决了不少买不起耕畜家庭的困难。

阜平的拨工组，弥补了战时劳动力短缺影响生产的问题。但由于地狭、零散，适合小农经营，大的拨工组集体劳动，内部劳动时上工早晚、勤惰等也在人员间产生了许多矛盾，另外内部领导强迫命令等影响到了劳动生产率的提高，因此，各村党组织干部引导拨工组进行了拨工组的小型化。拨工期间，许多干部党员认为青年喜欢在一起说笑，就召开大会组织单独拨工，大会结束时谁也不愿落后，就参加了拨工组，还有的在会前就列出了名单。这些拨工组由于青年习惯与家庭成员配合，而彼此之间个性差异很大，结果多不起作用，所以许多没有多久就垮台了。另外，牲畜拨工中，许多干部不用自己的牲口，引起群众不满，还有白使用牲口，发生了卖牲口、不养牲口，而由人耕地的现象，也引起干部重视，通过强调自愿原则，解决此类问题。

2. 家庭经济计划的实施

为保证拨工组这种集体劳动的效率，各地要求拨工组做出详尽的组计划、户计划。然而，在开始时人们并没有意识到计划对安排生产的作用，因此，“一般区共作了有数的户计划，且多形式，时间过长，包罗万象”，甚至村干部一提做计划便说“球！”；还有的群众认为做户计划是调查他们，让其多纳统累税、“捉大头”。后三区台头湾等村做了户计划，其经验在民校大会上公布，影响很大，许多户开始改变看法。后在各村党支部、村委会干部帮助示范后，许多群众感到了做计划的好处，于是争着要求干部帮着做计划。例如，七区桃元坪等副村群众走 10 多里到主村，找干部党员给他们做计划；泉子口村干部催着区干部说：“你们什么时候有空儿给我们作〔做〕计划啊？”为满足群众需求，县委要求每个村干部帮助 3 户做计划，这样有的村做计划的达到户数的 30%，少的也达到 10%。户计划的实施，由于生产目标明确，刺激和提高了群众生产。做计划与干部下乡帮助群众生产，了解群众具体情况，解决其家庭困难；拨工组生产与计划相结合，为实现计划进行劳动竞赛。上述在私有财产基础上，组织集体生产，并制定生产计划，[①]开启了建国初期农村生产管理的新模式。

3. 活跃的合作社组织

在大生产运动初期，农民缺乏基本的生产资料，为帮助农民生产、摆脱高利

---

① 阜平县生产委员会．一年来的大生产总结．1944 年[B]．石家庄：河北档（卷宗 520-1-311-7）．

贷盘剥，发展合作社成为完成大生产任务的需要。

在大生产运动中，阜平合作社组织及时向农民发放牲口贷款、生产贷粮，使农民恢复、充实了劳力，使全县农民能够及时播种，并扩大面积 63 000 亩。同时，合作社还掌握了籽种价格，减少了囤积居奇剥削。因此，一般群众反映“党和政府是人民的救星，合作社也是替人民解决的困难的”。期间，合作社供给农民大量的生产资料，仅农具、铧子 2179 件，荆条 1000 斤，小锄 700 个，铁板 2200 斤，还组织、扶持铁木匠 39 个（7 个区），制造农具 5601 件。在大生产运动中，合作社还以农业为中心，组织运销。例如，将牲口贷款在当地买土布，并组织运销组运到山西出售，然后购回牲口，这不仅避免了集中购买牲口导致价格突涨，而且在组织运输中使群众获利 529 545 元，增添的牲口除耕种之用，还开展了运输、运销，增加了群众收入。例如，五区一个村，两个月即获利 15 万元。因此，大批农民纷纷加入合作社，人数由 27 179 人，新增 19 470 人，超过 1943 年的两倍以上；股金也增加了 1 014 817 元。其中，农村合作社数量占全县的 46.1%，股金占 60%以上。社员收入得到增加。仅做鞋的社员就组成 197 个小组，全年做鞋 1244 双，获利 48 299 元；纺线组有 295 个，获利 44 325 元，还创造了“五区田口子村集体纺织与学习结合的模范”；运销组 107 个，获利 46 331 元；做豆腐 96 组，获利 10 余万元。为加强管理，合作社建立、健全的社员小组会、组长联席会、社务会及定期报告制度，严密了赊欠制度，克服了资金外欠收不回来的现象。各级生产委员会、政府也加大扶植力度，派遣 161 名干部到合作部门，从而加强了领导力量。同时，洗刷了不称职干部 102 名，加强了社员教育，严肃了奖惩。例如，表扬从敌占村坚壁羊绒的社员，并发奖金 200 元；在十区会议上批评以牲畜贷款做自己买卖的×村干部。丰富了合作社业务。采取集中领导，划区域经营。还实行民主管理，干部编入股员小组，了解社员小组情况，启发社员民主意识。尤其重要的是，党员干部帮助社员制定计划，并对社员进行领导、教育，保证了合作社任务的完成。

与阜平县相似，边区北岳区、冀中区各地合作社都得到了不同程度的发展。合作社这种集体劳动、以户经营的方法，逐步成为边区各地农村农业发展的趋向，这使合作社不仅成为一个经济单位，在党和政府领导下还承担起了其政治、文化教育功能。①

（二）1945 年的大生产运动

1944 年 12 月，在阜平县史家寨召开的边区第二届群英会，总结了 1944 年的大生产运动，并布置了 1945 年的大生产运动的方针、任务。随后边区各地党组织

---

① 阜平县生产委员会．一年来的大生产总结．1944 年[B]．石家庄：河北档（卷宗 520-1-311-7）．

决定在巩固区、游击根据地、游击区都要掀起大生产运动，以克服以往游击区重视对敌斗争，而忽视大生产运动的倾向。同时群众动员、劳动组织等要在 1944 年的基础上有所提高。①

从群众动员效果看，1945 年大生产运动与 1944 年相比有了巨大提高。以冀晋区为例（见表 5–5）。按照要求，1945 年组织全劳动人口巩固区应达 35%，游击根据地 20%，游击区 5%，尽管统计数字可能有出入，但从表可以看出各县大生产运动的组织动员任务基本完成。尤其是新恢复区、游击区的劳动组织建立得更广泛。例如，盂寿县组织起来的占到人口 8.8%，寿榆县组织起来的占 9.8%；有些村庄甚至 93%的群众被动员起来。冀晋区仅平山、灵寿两县在防旱备荒中就动员了 123 483 人，用工达到 1 492 946 个。从组织形式看，在以往基础上有的地区建立了“四套合一”（拨工组、合作社、抗联、抗勤小组）的拨工组。例如，盂县张成堡村在抗联主任等 3 人小拨工组的影响下，半月内就发展到了包括 12 户 18 个劳动力的大拨工组。而且，此时的拨工组往往是多业经营、多性别、多年龄段的组合。在大生产运动中，仅在生产组织动员中，各地发展也不平衡。巩固区一般较好，而游击区相对较差；还有的地区动员时不走群众路线，包办代替，不是真正意义上的有效组织，而是强制性编制，出现“有的组织起来了反而有碍生产”，有的只凭村干部党员主观决断组织，拨工时也不等价，有的地主说：“你们不要给我拾地里的石头了，要多少给你们多少钱吧！”

表 5–5　晋察冀边区冀晋区大生产运动两年群众动员比较表

时间与地域	人口	劳动力（18~55 岁）	组织起来		
			人数	占人口	占劳力
1944 年 26 县	2 523 000	789 600	230 000	8.11%	28.1%
1945 年 24 县	2 934 241	1 613 831	327 356	11.1%	35.1%

资料来源：冀晋行署．1945 年冀晋区生产会议总结报告：1945[B]．石家庄：根据“附表”整理，河北档（卷宗 110–1–145–1）．

为推进生产发展，大生产运动中提出了“耕三余一”（耕地三年能有一年的余粮）口号，各地更加重视制定户计划。根据崞代、阜平、曲阳、唐县、定北、望都、建屏、平山、灵寿、行唐、井陉、正定 13 县统计，共 59 759 户做了户计划，其中起作用的 6 县占计划户的 32.9%。为实现计划目标，这些户经常召开家庭会议进行总结，讨论这些户计划的实行，从而使“懒的变勤了，穷的变富了”。曲阳一讨饭的失业银匠经过区干部的帮助，以铜打顶针（缝纫时戴在手指的护指工具）

① 冀晋行署．1945 年冀晋区生产会议总结报告：1945–12[B]．石家庄：河北档（卷宗 110–1–145–1）．

养活了5口家人，并做到了"耕三余一"。[①]家庭会议还促进了家庭和睦，通过平等讨论改造了封建家庭观念，提高了妇女、儿童的家庭地位。在家庭会议中，党员干部往往起着非常重要的作用，笔者所见档案中干部帮助召开家庭会议的近40个案例中，最具典型的是盂平县康金小（音）的家庭会议。

康金小全家2口人，有水地2.2亩，旱地2亩。从前两口子很懒，生产的粮食刚够吃。1942年，金小被诬告坐了3个月牢，回家后情绪低落，女人嫌他不生产，金小怀疑女人有外心，夫妻双方关系恶化，生活较前更困难，于是女人提出离婚。村干部要求他们开家庭会议，虽经干部劝说，两口子还是各持己见，甚至还殴打起来，家庭会议不欢而散。两天后，村干部和劳动英雄康原（音）又到他们家，由于上次问题没解决，仍是僵局，两人各说各的理，还大骂起来，村干部掌控不住，又散了。后经支部研究，干部们分别与他们夫妻双方进行个别谈话，帮助他们自我检讨、经两天动员，在第三次家庭会议上，双方把怀疑和误解坦白讲出。女人提出只要男人积极生产、不打不骂，就不和男人离婚，康小金也做了检讨，并提出今年的生产计划：他家地少，决定纺线、喂猪，用副业解决两个月口粮。此后他家的"光景"就过好了。[②]

由上例可见，村党组织从群众家庭实际出发，了解每个家庭的地位（地主、富农，还是贫雇农等）、家庭成员的情绪，甚至政治觉悟等，事先进行动员，把民主运用到家庭会议中，结合日常生活经过全家讨论，户计划就更具功效，同时全家生产情绪也易提高，户计划也不会流产。

在大生产运动中，动员方式也因地制宜，不断创新。在巩固区，各地都在原有基础上巩固既有成果；新恢复区侧重于通过贯彻党的政策来发动，如冀中地区经济相对发达，而贫苦农民缺少生产工具，负担较重，就重点组织生产工具，继续贯彻减租政策；游击区主要采取减轻负担，解决群众吃饭问题后，鼓励进行生产。另外，乡村农民长期的个体生产方式，使各地党组织感觉到了个体劳动与集体劳动的矛盾。为此，各地一方面从具体生产情况去解决，另一方面党组织加强了群众政治教育，利用黑板报、壁报、会议等形式，公开地奖惩，以此提高群众觉悟及对乡村群众进行思想教育。

为保证1945年大生产运动顺利进行，边区各地党组织对乡村动员干部"首先普遍使用了教育的方法，使党员干部思想上重视大生产，并使他们发动带领群众投入到运动中去发展生产、保障供给、克服困难、度过难关、建设根据地、准备反攻力量。在党员干部思想重视的基础上，他们积极组织群众生产，实现了以农

① 冀晋行署．1945年冀晋区生产会议总结报告：1945-12[B]．石家庄：河北档（卷宗110-1-145-1）．

② 冀晋行署．1945年冀晋区生产会议总结报告：1945-12[B]．石家庄：河北档（卷宗110-1-145-1）．

业为主，精耕细作，兴修水利，其成果超过了1944年的水平。同时，还在边区各地继续贯彻减租政策，以调动群众积极性，从而体现出了党群关系的新变化。

冀中区为推动大生产运动，把贯彻减租政策与发动群众生产结合起来。冀中区以区为单位，由县区干部举办支委、村长、抗联主任训练班，每区50~80人，游击区、游击根据地1~3人，进行减租政策教育。随后，以这些受训的村党员干部为主，在各区建立减租示范村，村党政民干部密切配合，采取“集体启发与个别动员”的方式发动群众斗争。各村召开佃户会议进行动员和阶级教育，说明佃户受地主压迫而饥饿、痛苦，动员率先喊口号来激发群众的斗争情绪，或通过佃户要求进行示威，给地主施加压力，“这种集体启发方式作用很大，对斗争情绪还很低的佃户再个别教育”。[①]为便于力量的组织、发动，村支委等干部在佃户会上，号召租种不同地主的租户、当户编组，自己选出小组长，并开会统一斗争意志与决心，集体去找地主。同时，召集地主会议，进行时事教育，打击地主的“复辟”思想和幻想，并进行政策法令教育，防止地主的顽抗和恐慌。减租运动初期，实行了“突破一点再及其他”的策略。先解决顽固地主的土地问题，对地主先打一下，以影响其他地主，启发群众斗争情绪，并在佃户与地主相持不下时，党员组织调解委员会进行调节，劝解地主做出适当妥协，在保证自己基本利益的前提下同佃户订立契约。这种“打拉结合”的斗争，取得显著效果。例如，新乐县四区对顽固地主进行坚决打击，“车回村痛打了曹××，宣村打了韩××”，这使其他地主在群众斗争中不得不低头。许多地主说：“顺潮流走吧，可别叫群众架出去，多扔几亩地不算什么”。斗争中还坚持“打后还拉”。打击地主后让与地主有关系的积极分子对其进行教育，或拉其家属对其进行教育等，迫其订约换契。例如，“在车固村订约契中又打了李××，这样在‘拉打结合’中把减租政策贯彻下去了”。[②]

在减租斗争中，各阶级阶层抱有不同的态度。“贫雇农在斗争多数情绪激昂。新乐四区某村群众斗争地主时，一个老太太说：‘叫他们（指地主）欺负了一辈子了，我的地和房子都叫他们放账弄的没了，现在不闹他们可不行’。而许多中农持旁观，如：有的中农说：‘佃农斗地主不碍咱的事，他们关上门打吧，打了谁算谁！’在斗争起来后，也有很多中农参加了斗争，想在斗争中夺取些利益。在斗争中许多地主变的〔得〕开明了。如：新乐车固村宋××（原件如此）是个大地主，抗拒减租，有的佃户一面拉，而有的则喊：‘不订契约了，开会去斗争这个顽固地主！’最后并没有打他，宋某便赶快的订立了契约。订约后，宋某也积极起来，向群众

① 冀中七地委．贯彻土地政策的基本总结及今后的几点意见：1945-1-8[B]．石家庄：河北档（卷宗8-1-9-6）．

② 冀中七地委．贯彻土地政策的基本总结及今后的几点意见：1945-1-8[B]．石家庄：河北档（卷宗8-1-9-6）．

宣传：'只咱吃饭也要叫穷人吃饭'，这影响小地主纷纷减租。"

在减租政策未实行和实行不彻底的地区贯彻政策的过程中，不仅群众被动员起来，而且也使乡村党组织更为健全。首先，在减租群众斗争中，乡村党的干部成分得到了调整，许多不称职的干部和阶级立场不稳的干部被抛弃。由冀中区新乐县的 3 个村（见表 5-5）干部党员变化可见其一斑。在减租运动中，村支委变动最大，许多不称职的支委被撤换，有的在支委选举中落选。如"新乐三区发现许多支书对地主斗争表现温情，被区分委撤换；一区车固村支部宣传委员因表现不好，在支委选举中落选。减租中还发现了许多积极分子，被吸纳入党。群众组织得到很大发展，不称职的干部也被洗刷，三区农会干部就被洗刷 3 人"。各村支委调整后，在 1945 年初，仅新乐县 5 个区村党员干部就解决当地展期、租转为当、永佃、租地优先等相关土地问题 1 020 件，涉及地亩近 7 000 亩。[①]冀中地方党委在总结时认为："在贯彻减租政策、发动群众，是巩固党组织很好的机会。以往缺乏内容，为巩固组织而巩固是得不到好的效果的，群众的眼睛是最亮的，把我们的党和干部参加到群众斗争中去，就能发展我们的党，巩固我们的党，就能改进我们的群众组织，发展我们的群众组织。地租等土地问题解决后，农民生产积极性高涨，也推动了生产运动的开展"。

表 5-6　冀中区巩固减租政策前后三个村干部党员成分变动统计表

时期＼成份	雇工	贫农	中农	富农	地主	合计
巩固前	8	40	23	8	2	81
巩固后	13	52	18	5	0	88

说明：三个村指新乐县一区的车固村、三区的赵门村和四区的中同村；统计时包括了支部委员、村公所各委员、武委会委员、合作社委员，以及抗联会的工会、农会、妇女会、青年会的委员；为便于观察，把统计时的赤贫归入贫农类，雇工归入了工人类。

资料来源：冀中七地委. 贯彻土地政策的基本总结及今后的几点意见：1945-1-8[B]. 石家庄：河北档（卷宗 8-1-9-6）.

总之，晋察冀边区"1945 年的大生产运动，在领导上虽也有缺点，甚至领导火力与蓬勃活跃由于扩军、反攻等任务艰巨不及 1944 年，但由于思想领导的增强，干部群众观点的树立，以及在减租政策等的贯彻后，群众在 1944 年的生产基础上对生产的自动性、积极性增强，从而使"贯彻政策与动员群众、领导生产、武装斗争成了工作上一链三环的重要任务"，推动了边区抗战的顺利进行。

---

① 冀晋行署. 1945 年冀晋区生产会议总结报告：1945-12[B]. 石家庄：河北档（卷宗 110-1-145-1）.

第二节　政权改造中的党群关系

> 今天的中国，新民主主义的国家形式就是抗日统一战线的形式，是几个革命阶级联合的，统一战线的。它既不同于旧形式的、欧美式的，也区别于苏联式的无产阶级专政。
>
> ——毛泽东《新民主主义论》（1940 年 1 月）

1938 年，晋察冀边区各地乡村抗日政权初步建立后，中共在边区的政治地位发生了质的变化，除了领导新民主主义革命和伟大的抗日战争外，还在边区扮演着区域执政党的角色。为了团结各阶级、阶层共同抗战，除了满足和调解其经济利益之外，保障其政治权利是调动其积极性的重要途径。按照民主原则组织统一战线性质的政权，理应吸纳拥护抗日的一切积极分子。在 1939 年后，中共在改造边区政权中，汲取国民党“以党治国”的弊端，[①]在坚持中共领导的前提下，最大限度地让各党派参与政权管理，体现出了极具民主特色的党群关系。也正因如此，边区也被誉为“民主的模范”。

一、村选运动中的党群关系

“在不断的血的斗争中，晋察冀边区当前深切地感到，只有健全村政权，才能支持长期抗战，只有在村政权健全之后，方才能谈到‘乡村战胜城市’。因此，在今年（1939 年）春天，××行政委员会（指中共党组织）特别颁发了一个关于健全村政权的指示”，“××（中共党组织）号召各县于本年（1939 年）二月底把所属各村之村长副（村长）及委员等施行彻底的民选，以奠定民主政治的下层基础”，随后“一个空前的民主运动的热潮在边区造成”，“一向在‘山沟小道的落后村庄’，也被这个运动的浪潮激荡得苏醒起来了”。[②]

在边区开辟初期，八路军在每开辟一区前，先派地方工作干部和动委会干部等联络、恢复党组织，在没有党组织的地方积极在斗争中吸纳党员，并以之组建党组织。同时，“在被敌人占领区域，共产党与八路军以自己的名义，公开直接去领导群众”，[③]这样就在工作中确立了党组织对农村群众及组织的领导地位。在边

① 邓小平．邓小平文选（第一卷）[M]．北京：人民出版社，1994：10．

② 凌云．村选举在晋察冀边区[J]．上海妇女．1939（12）：9-11．

③ 周恩来、刘少奇关于动员群众与独立自主地领导群众的指示[M]//晋察冀抗日根据地：文献

区政府成立后，在边区所属区域以各村支部为核心，领导群众改选村长，从而使大批党员开始领导村政权。此后经过村政权整理，健全了村政权机构，最终在群众选举的基础上确立了以党员干部为主体的乡村革命政权。但随着乡村政权系统的建立和完善，党组织系统与政权系统对乡村领导出现了重复。为在险恶的环境下避免党组织损失和调整党政关系，在巩固党组织中，确定了农村支委一般不兼公开政权职务，若当选政权职务应辞去支部内职务，从而确立了党对政权由直接领导转变为通过党员（或党团）实行间接领导和政治领导的关系。另外，还明确了军队尊重、拥护地方党组织及政权的关系。[①]1942 年后随着边区“一元化领导”的实现，党政军群等各组织领导人联合组成党委，接受党组织领导。

随着日伪对边区加紧进攻，敌占区和游击区日伪不断建立伪政权，敌我对村政权的争夺日趋激烈。因此，为了蓄积力量，坚持乡村斗争阵地，进一步健全、巩固乡村政权是十分必要的。自 1939 年起，村选在北岳区乡村实行，以后逐步推行到其他地区。

当平山县党组织接到 1939 年村选指示后，立刻召开了扩大的村民干部会议，决定成立县区两级村选促进会，各村组织村选筹备会，作为村选举领导机构。还规定了村选步骤：①组织村选筹备会；②办理民选登记并审查公民资格；③自由分组；④选举代表召开村民大会，公布代表名单，正式成立代表会；⑤选举村长、副村长及村监察委员；⑥组织各种委员会。在选举前一方面通过各种宣传方式，如传单、漫画、标语、讲演、戏剧等，使村选举为群众所了解，一方面各群众组织督促、领导自己的干部、会员参加选举，发起竞选运动，打击地痞流氓的活动与操纵。为防旧村长包办，划分“选举小组”时，不以家属为单位，采取了自由组合的方式。选举过程中，许多游击区里距离敌人仅有二三里的村，因为白天不能开会，他们必须秘密在夜间开会。选举中妇女非常活跃，有的村妇女和男子一样参加选举。许多地方的妇女，因为选举村长，情愿抱着孩子跑五六里路到约定的开会地点去。“平山县 × × 村，因为没有让妇女参加选举，她们不承认选出来的村长，因此曾改选三次。”在选举大会上许多女党员被选为村长副（村长）时，很少羞羞答答，× × 县一个村子妇女当选为村长，马上登台讲话：“你们大家伙选上俺，俺就努力的办吧！不过，今后大家伙都得认真办事，可不能把公事马虎，就是被选的委员和代表一样，要负起责任，到村公所轮流值日”。此次，“边区村选中，妇女当选为村长、副村长、村政委员、村代表的，× 县有 700 人，× × 有 345 人，× 县有 311 人，× × 有 178 人，× 县有 32 人，× × 34 人”。[②]举行村选后，

选编（上）. 北京：中共党史资料出版社，1989：51.

① 聂荣臻. 几个月来支持华北抗战的总结与我们今后的任务[M]//晋察冀抗日根据地：文献选编（上）. 北京：中共党史资料出版社，1989：119-120.

② 凌云. 村选举在晋察冀边区[J]. 上海妇女. 1939（12）：9-11.

初步健全的村政权与党组织关系如图 5-2 所示。村代表会是村政最高权力机关，它由村民通过公民小组选举的代表组成。村代表会设主席、副主席，由村民代表选举产生，并分别兼任村长、副村长。主席、副主席对村代表会虽不是领导关系，但在政治上应帮助村代表把公民小组建立、健全起来，并检查村代表的工作（对代表会决议的传达与公民意见的听取）。村代表会与村务会议，都是民主集中制的组织，村公所执行村代表会的决定，副村长执行村务会议的决定，领导各委员会，各委员会不直接领导闾主任代表，村政执行，统一的由村公所通过闾主任代表到达户。[①]通过村级广泛的民主选举，极大调动了乡村群众参与政治的热情，从而使中共领导的乡村基层政权受到了乡村群众普遍的欢迎和支持，在随后敌人的进攻中，“各村能自动的给我们的战士送水、送饭，自动的组织慰劳队、担架队、运输队，配合战斗，甚至许多地方的自卫队，直接参加了战斗”，还有“群众都能服从村长的指挥，有组织地执行支部空舍清野工作”。“这些说明了民选村长，才是真正的群众爱戴的首领，他们既不背叛群众利益，群众也都愿意听从他们的领导。”[②]

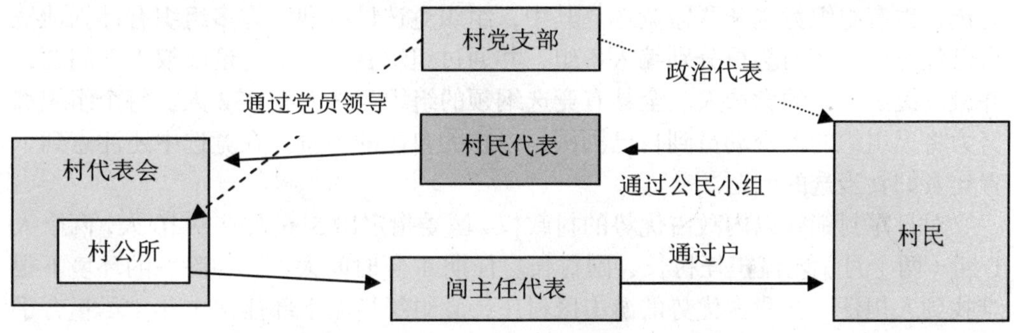

图 5-2　晋察冀边区村选后村级党组织与政权组织系统

资料来源：平山县政府．1942 年的村选与村政机构[B]．石家庄：河北平山县档案馆馆藏档案（卷宗 4-1-7-1）改制．

1942 年在“简政”的原则下，以简单、切实、精干为目标，边区再次举行了村政权选举。该次村选汲取之前的经验，选举环节更加完善，主要有以下几个重要步骤：①选前准备。选前县委和政府召开各区村干部会议，进行村选知识培训，成立村选指导委员会，县委对每区指派一名干部进行指导；确定 4 月 16~22 日为村选宣传周，期间所有选民在民校听取村选意义和要求；各村利用各种文化娱乐形式在农作空闲时间进行宣传，例如，组织剧团表演村选剧，此外，还在村内写标语、刷墙报、出村选报等进行宣传；把小学和民校教员、教育主任及进步知识

① 平山县政府．1942 年的村选与村政机构[B]．石家庄：河北档（卷宗 4-1-7-1）．
② 凌云．村选举在晋察冀边区[J]．上海妇女．1939（12）：9-11．

分子组织为文化小组，进行村选岗位知识教育和给群众上课；干部分组挨户进行公民登记；按居民居住的街道，把全村划成若干闾；以闾为区域按村等确定的人数由公民进行小组的自由组合，推选出组长，每组半月开会一次。②召开村选举准备大会。号召各团体及个人自由竞选，提出竞选纲领或施政方针，也可组织选举联盟。会上，村长报告全年的工作，全体公民对村政权进行检查、批评。③召开村选大会。小组代表发表自己的竞选纲领，公民可自由发言。按照选举纪律选举代表，选举结果当场公布。④村民代表选出后，接着召开新的村代表会，选出新的村长、副村长及各委员会（或委员）的主任，组织新的村公所。在征求小组讨论意见的基础上，新村公所要确定和讨论今后本村的工作方针。村代表会每月开会一次，一切村政大计都在大会上讨论决定。①

通过各种形式的宣传，在乡村营造村选热烈气氛。据统计，平山县在选举期间村选报出了 3 期，共 200 份；其他宣传品翻印 800 份；编村选歌 1 个，印 400 份；各村共组织剧团 48 个，宣传队共 117 个。②同时，竞选形式多样。既有个人竞选，也有组织竞选和联盟竞选。其中，组织竞选最激烈，许多组织有计划地把自己优秀的干部与会员分别编入各组，并通过组织召开会议讨论政权人选问题，并最终提出自己的竞选人。全县有竞选纲领的组织竞选人有 232 人。每个组织都努力将无组织的群众动员到自己周围，以扩大自己的力量。在竞选中还注意到了青年及妇女当选的问题。

对日军封锁线以内敌占优势的村政权，区委指定出 5~6 人或 8~10 人，两个人 1 期（两个月）轮流担任村长、副村长。任期 1 年时间太长，在险恶的环境下很难找到人担任。在我占优势的游击区村庄，党组织指派干部任期 1 年，尽量合乎政权组织的原则。无人区的选举，很多是各村根据具体情况灵活运用选举方式。例如，堡垒附近的村庄，因为居住在外村的非常多，区村干部就其所居住的村庄编组，一村居住的编两组以上的划为 1 个闾，编好后即选举代表，同时告诉当选代表开代表会的地点和日期，在代表会上选举产生村公所；离据点、堡垒相对较远的村庄，尽量集中在某个村庄选举，不过在这种形式的选举中，参加选举的人数少很多，妇女去的更少；正在进行战斗的村庄，在炮火下进行村选，如十二区的村庄。这些村庄前面在打仗，后面开会以战斗姿态完成了村选任务。

1942 年的村选公民参选人数更多，达到了人口总数的 60%以上（见表 5-7）。经村选而建立的新政权，“一般群众都很满意，有的说：‘今年真正实行了民主，咱们能在大会上质问了，真好！事变（七七事变）前一党专政的政权谁能这样？’；

---

① 平山县政府．民国卅一年（1942 年）村选宣传要点[B]．石家庄：河北档（卷宗 4-1-7-3）．
②③平山县政府．民国三十一年度（1942 年）村村选工作总结：1942-5-28[B]．石家庄：河北档（卷宗 4-1-7-2）．

有的说：‘今年把抗战以来的账目都清了，咱们的同志真是给咱们办事！’；还有的说：‘当个村长真不好当啊！现在又快到反攻的时候了，没有两下子可当不下来！’；有的还说：‘今年的村政权真正是统一战线的政权了，富的也有，穷的也有，有木匠，也有名先生呢！’”。[①]

表 5-7 平山县 1942 年村选公民参选统计表

数量 项目		户数	人口数	公民数	参选者	未参选者		
						未参加	无权者	共计
男数			103 447	67 091	63 909	84	3504	3588
女数			82 091	52 638	48 759	62	3410	3472
共计		43 794	185 538	11 729	112 668	146	6914	7060
百分比	对人口				65%		3%强	3%强
	对公民				94%		5%强	5.5%强

说明：数据不包含 13 区统计数据，无权者主要是未成年人和犯罪人员。

资料来源：平山县政府．民国三十一年度（1942 年）村村选工作总结：1942-5-28[B]．石家庄：河北档（卷宗 4-1-7-2）．

1942 年边区的村选，是对村干部的一次检验，群众通过参与选举各环节，尤其是群众对干部的监督，提高了选当新干部的责任心。在选举中进行的村账目检查，解决了各村多年积累的问题，处理了许多村干部，这使干部、群众对政策和法令更加关心，使政权在群众中的威信更加提高。同时，群众亲历民主选举，也加强了对民主的认识。选举中还挑选出了一批新生的青壮年干部，尤其是许多妇女当选，仅平山县就有 327 名妇女当选为村公所干部，有 374 名当选为村代表，这极大地提高了边区妇女的政治地位。在选举中，各村支部发挥了核心作用，大批模范党员当选，显示了党组织在乡村政治中的领导地位，通过选举密切了边区乡村群众与党组织的关系，使党组织真正植根于乡村群众中，从而扩大了党组织在群众中的影响和号召力。

二、“三三制”实施中的党群关系

边区建立之初，农村支部通过对农村旧政权的改造，帮助建立、健全各类群众组织等，从而将农村政权、群众团体、群众武装、群众除奸等置于支部的领导之下。但是，党组织在初期的大发展中，党员成分复杂，许多政治、思想不合格党员成为村干部后，出现了贪污腐化等行为，引起了群众不满。同时，日伪加紧对边区的进攻，大批农村党员干部牺牲。在边区乡村环境恶化之下，“加强统一战

① ② 彭真．在中共中央北方分局组织工作会议上结论（1939 年 11 月）[M]//晋察冀抗日根据地：文献选编（上）．北京：中共党史资料出版社，1989：306.

线工作，充实抗日力量，团结广大群众，打破狭小圈子，扩大接触面，调动各阶级、阶层的抗战积极性”，成为当时党组织斗争的中心任务之一。①

在相持阶段到来后，作为建立最早的敌后抗日根据地，边区首先遭到日伪大规模的围攻。为巩固已建立的乡村政权，1939年党组织领导的村选，即开始建立、健全村级政权机构，重视发展民权，减少村长行政事务，以适应新的战斗环境。②

1940年边区乡村举行普选，这是一次“带着推动全国建立统一战线政权的性质，为全国观感之所系”的彻底实行“三三制”的选举，其重点是区级选举。“三三制”，即在保证共产党员在政权中占领导的前提下，在政权人员分配上，规定共产党员占三分之一，非党的左派进步分子占三分之一，不左不右的中间派占三分之一。③“三三制”的实行是为了预防并纠正党员在政权方面排斥非党干部、排斥中间分子的宗派主义倾向，以赢得各阶级阶层的拥护，快速增进边区的抗战力量。

从1940年区、县选举结果来看，共产党员在数量上仍占优势，“三三制”并未完全实现。从北岳区12县统计结果，在区代表会中共产党员占46.94%，进步分子占41.57%，中间分子占11.49%，阜平县甚至党员占到了90%。“平西各县的县代表中党员平均占68%，区代表中党员占51%”。④冀中区的比例也大致相同。选举中，只是中共工作薄弱的地区党员当选者较少。例如，平北各地“对三三制没有〔足〕够认识，个别县‘找不到进步分子’，村政权中党员占总数的25.3%，进步分子占36.1%，中间分子占38%”。⑤为减少党员比例，许多地区党员以辞职的方法解决。因此，选举使许多中间分子被纳入到政权机关。选举也“使许多逃到敌占区的地主、资产阶级分子，大量返回”。他们有的说：“边区的章程越来越好了”，有的说：“边区上了轨道了”。⑥显然，“三三制”作为民族斗争的武器，打破了日伪反动宣传和顽固分子的挑拨离间，也与国民党“一党专政”形成鲜明对照。

1941年，边区进行村换届选举，更加重视“三三制”的落实。此次选举公民

---

① 中共北岳区三地委组织部．八个月来巩固党的工作检查总结报告（1941年—1943年）[B]．石家庄：河北档（卷宗78-1-22-1）．

② 晋察冀边区行政委员会关于村选的指示信（1939年1月25日）[M]//晋察冀抗日根据地：文献选编（上）．北京：中共党史资料出版社，1989：219-222．

③ 毛泽东．抗日根据地的政权问题（1940年3月6日）[M]//毛泽东选集（第二卷）．北京：人民出版社，1991：741-743．

④ 中共中央北方分局关于平西工作报告（1941年6月19日）[M]//中共北京市委党史研究室．北京地区抗日运动史料汇编（第6辑）．北京燕山出版社，2001：252-253．

⑤ 平北地分委1943年工作检查与总结（1944年4月1日）[M]//中共北京市委党史研究室．北京地区抗日运动史料汇编（第4辑）．北京：中国文史出版社，2000：250．

⑥ 彭真．关于晋察冀边区党的工作和具体政策报告[M]．北京：中共中央党校出版社，1981：47-50．

参选比例超过以往。据冀中区 7 县的统计，参选公民平均达到了 83.9%。其中女公民参选比例达到了 82.9%，青年的比例达 90.7%，从而显示了以往毫无政治地位的妇女、青年的参政积极性。另外，边区工人、贫农在抗战以来，政治、经济地位得到改善后也积极参选。工人参选比例达 93.1%，贫农达到了 85.5%。地主也积极参选，比例为 90.7%，有的地主在准备普选中，极力表示开明，表示要积极抗日；有的为了竞选，甚至一天到 10 余村奔走；有的争取中间分子，或与其合作，显示乡村地主阶级已被纳入到了中共领导的政治轨道。基本群众在占优势的地区“有恃无恐”。在竞争激烈的地区，也出现了违规操作。例如，“调虎离山”（趁地主、土豪劣绅离家之际进行选举）、“满天星”（把顽固集团拆散，不民主划分公民小组）、“劳资合作”（强迫雇主选自己）等现象。从选举结果来看，在当选的村代表会代表中，工人、贫农占 49.2%，中农占 37.9%，地主、富农、商人的比例为 12.9%。与此相类，平北村选后的村委中，贫农占 18%，中农占 50%，富农占 32%。①冀东地区，由于“敌我斗争尖锐，上层不愿参加公开政权工作。加上因流动过大，上层不惯奔波之苦。因之，冀东政权中，县区未能实现三三制，但村政完全是三三制的村政权”。②可见，与乡村当选比例相反，多为文盲的工人、贫农当选比例越往区级、县级越低。例如，冀东各县的区长党员占 75%，知识分子占 60%，富农、中农各占 20%；区助理员 70%是党员，中农较多，约有 50%。③边区各地在选举中尽管党组织一直强调要实现“三三制”，但结果是“百分之百实现三三制的地方极少，甚至可以说没有”。④

再看北岳三地委所属各县，1941 年“政权中的“三三制”执行很差。群众团体中对非党群众的吸收很不够，三个大县政权中科员以上的干部共产党员占了一半以上，有的竟达三分之二还强。在区政权中，行唐县区政权干部总数为 27 人，而党员竟占 22 人。在群众团体中，××县县级是清一色；而××县自称已吸收非党干部参加，但实际上群众团体所吸收的群众，仅仅只是两个非正式党员。各县群众团体区级非党群众都未能达到三分之一”。出现这种状况的原因，地方干部认为：“没有进步分子可以吸收”，有的地方干部认为：“党员质量一般都差，若党员太少就无法掌握政权”。在群众团体领导机构吸收非党群众参加时，

---

① 平北地分委 1943 年工作检查与总结[M]//中共北京市委党史研究室. 北京地区抗日运动史料汇编（第 4 辑）. 北京：中国文史出版社，2000：247.

② 李楚离. 坚持冀东游击战争为创造大块游击根据地而斗争[M]//中共北京市委党史研究室. 北京地区抗日运动史料汇编（第 5 辑）. 北京：中国文史出版社，1992：128-129.

③ 中共中央北方分局冀热边考察团考察报告[M]//晋察冀人民抗日斗争史编委会. 冀热辽报告（二）. 内部资料，1983：131.

④ 彭真. 关于晋察冀边区党的工作和具体政策报告[M]. 北京：中共中央党校出版社，1981：35-46.

有的地方干部认为:“这不可能!中央无此决定”,甚至说:“群众都拥护我们(所以没不要)”。还有的党组织为了自己方便,“把一些不脱离生产的团体委员都配备为自己的同志,他们是越干脆越觉得好!”。[①]与区、县级政权相比,村政权“三三制”的状况要好得多。以北岳区平山县为例,1941 年村选后,从表 5-9 以看出“三三制”在农村政权中大多执行较好,“但也有些地区还有清一色的现象,尤其是有些工作基础弱的地方和我党员对掌握政权认识不够的地方,我们还占不到 1/3,有不少坏分子把持工作岗位胡作非为,把村政权当作压迫人的工具的分子,在反扫荡中脱离工作岗位。这说明在“三三制”的执行上是异常不平衡的”。边区其他地区也有这种状况,据平西昌宛、涞水、蔚县、房涞涿 4 县 8 个典型村调查,村政权中党员占 39.5%,进步分子占 20.2%,中间分子占 26.2%。但部分村政权中,顽固落后分子竟达 29.7%,在县区政权中有的高达 25.4%。[②]针对这种状况,1942 年的村选中,边区党组织在村选中刷掉了许多不合格干部,使一批新的积极抗日分子参加到了村政权中来。同时,为克服不执行“三三制”违反政策排斥党外干部的现象,规定大的支部支委不兼政权职务,以克服包而不办、党政不分的现象;在某些落后地区和党员怕负责任的支部,派坚强的党员到 30 个村政权去工作,克服了把政权交给别人的做法。为保证党组织安全,游击区支委不参加村政权,而是指派秘密党员打入了 16 个伪政权。[③]这有力地加强了抗日村政权机构,破坏了敌伪的社会统治,瓦解了敌伪利用汉奸在乡村的伪组织,团结了广大的乡村群众。

表 5-8　北岳区三地委政权“三三制”比较表

区域 \ 项目			干部总数	成分			附注
				共产党员	进步分子	中间分子	
县政府	平山	前	28	15	3	10	国民党员 10
		后	29	19	4	6	国民党员 6
	灵寿	前	27	12	5	10	富农 1 国民党员 9
		后	25	13	3	9	国民党员 9
	行唐	前	24	11	7	6	国民党员 6
		后	26	18	6	2	地主 1 国民党员 1
	井陉	前	19	11	2	6	富农 2 国民党员 4
		后	13	8	1	4	国民党员 4
	建屏	前	21	9	9	3	国民党员 3
		后	14	11	2	1	国民党员 1

① 中共晋察冀北岳区四分区地委．四分区组织工作的总结与今后努力的方向（1941 年 7 月—1942 年 3 月）：1942-3-30[B]．石家庄：河北档（卷宗 81-1-1-6）．

② 张明远．平西抗战来工作总结—在平西干部会议上的报告[M]//中共北京市委党史研究室．北京地区抗日运动史料汇编（第 6 辑）．北京燕山出版社，2001：255-257．

③ 中共建屏县委宣传部．建屏县第三次议员大会会刊：1942-1[B]．石家庄：河北档（卷宗 2-1-202）．

续表

区域	项目		干部总数	成分			附注
				共产党员	进步分子	中间分子	
县政府	平定	前	24	14	5	5	富农 3 国民党员 2
		后	12	6	3	3	富农 1 国民党员 2
	总计	前	143	72	31	40	富农 6 国民党员 34
		后	119	75	19	25	富农 1 地主 1 国民党员 23
	百分比	前	100	50	23	27	
		后	100	63	17	20	
区公所	平山	前	76	65	15	6	富农 2 国民党员 4
		后	52	32	13	6	国民党员 7
	灵寿	前	38	19	9	7	国民党员 7
		后	23	12	3	8	国民党员 8
	行唐	前	47	36	6	5	富农 2 国民党员 3
		后	27	22	5		
	井陉	前	21	11	4	6	国民党员 6
		后	15	11	4		
	建屏	前	21	11	5	5	国民党员 5
		后	19	11	3	5	国民党员 5
	平定	前	26	15	7	4	国民党员 4
		后	19	9	5	5	富农 3 国民党员 2
	总计	前	229	147	46	36	富农 7 国民党员 29
		后	155	97	33	25	富农 3 国民党员 22
	百分比	前	100	64	20	16	
		后	100	62	21	17	
备考	①“前”指 1941 年北岳区组织会议。“前”中的数字是 1941 年 6 月份的；“后”中的数字是 1942 年 3 月份的。②会议前县政府包括县长、秘书、科长、科员；区公所包括区长、助理员。会议后县政府包括县长、秘书、科长、科员；区公所包括区长、助理员。③此表内的进步分子都是知识分子。						

资料来源：中共晋察冀北岳区四分区地委．四分区组织工作的总结与今后努力的方向（1941 年 7 月—1942 年 3 月）：1942-3-30[B]．石家庄：河北档（卷宗 81-1-1-6）．

表 5-9　平山县 1941 年村选后政权“三三制”比例表

成分＼项目	村长、副村长	各委员会主任	各委员	共计	百分比
共几人	634	1787	3234	5655	100
共产党员	364	569	578	1511	27
进步分子	147	703	1749	2599	46
中间分子	123	515	907	1545	27
附注	中间分子中国民党员 57	中间分子中国民党员 201	中间分子中国民党员 274	中间分子中国民党员 532	

说明：数据是 9 个区，317 个行政村的统计数据；进步分子包括工人、雇农、贫农、中农；

中间分子包括富农、地主、国民党员。

资料来源：中共晋察冀北岳区四分区地委. 四分区组织工作的总结与今后努力的方向（1941年7月—1942年3月）：1942-3-30[B]. 石家庄：河北档（卷宗81-1-1-6）.

1942年后，在边区大量精简干部、压缩机关编制的“简政”和实行新编制过程中，政权和群众团体中的“非党干部都没有调动，工作调动的差不多全是干部党员”，且各地党组织把许多区县级编余干部充实到了村级领导机关中，并要求村级政权及各团体都要实行“三三制”[①]，尤其是在游击区重视民主建政，以扩大抗战力量。平北1943年“建政的最大收获是脱敌斗争胜利。在平北新区出现了77个抗日一面政权，占平北总村数的5.4%。亲日两面转为中间两面的78个村，约占总村数的5.5%。亲日一面变为亲日或中间两面的432个村，占平北总村数的30.5%”。[②]“游击战争开展比北岳区早的平西，政权巩固程度大大落后于北岳区，经组织整顿和政权干部改选，也进一步加强了村级党组织和政权等机关的力量，克服了抄袭北岳区，创造了不少适合平西具体环境的方法”。[③]

到抗战后期，边区部分地区“三三制”执行情况可从表5-10中窥见其大概。以冀晋四分区所属地区为例。四分区干部的政治成分构成显示，分区级干部中党员占近95%；

表5-10 晋察冀边区冀晋四分区干部政治成分统计表

干部面目＼地区	分区	行唐	灵寿	正定	井陉	建屏	平定	平山	各县总数
中共党员	100	438	383	166	152	168	256	518	2081
群众	6	91	33	47	27	23	97	74	398

说明：分区干部包括分区地委科员以上干部及分区抗联、武委会主任；各县统计数据包括区级以上党委、政权、抗联、武委会及区联社、商店干部。原各县统计数据总数为2083、392，笔者重新计算后疑为统计时计算错误，故加以订正。

资料来源：中共冀晋四地委. 四分区干部统计表：1945-5[B]. 石家庄：河北档（卷宗117-1-37-6）.

各县党员比例分别为：83%，92%，78%，85%，88%，73%，88%；各县总数比例中党员达84%。因此可以看出，分区级干部党员比例高于各县的，而统计

---

① 中共晋察冀北岳区四分区地委. 四分区组织工作的总结与今后努力的方向（1941年7月—1942年3月）：1942-3-30[B]. 石家庄：河北档（卷宗81-1-1-6）.

② 平北地分委1943年工作检查与总结[M]//中共北京市委党史研究室. 北京地区抗日运动史料汇编（第4辑）. 北京：中国文史出版社，2000：252.

③ 张明远. 平西抗战来工作总结—在平西干部会议上的报告[M]//中共北京市委党史研究室. 北京地区抗日运动史料汇编（第6辑）. 北京燕山出版社，2001：280-282.

的 7 县中除商店干部外，区级干部党员总数为 1777 名，党外干部 226 名，党员占 89%，其比例低于分区干部党员的比例。因此，从“三三制”实践来看，越往基层，其比例越接近党组织的要求。从基层干部党员的比例看，随着抗战形势的好转，尤其是边区“整风运动”后，各地再次重视干部的阶级成分，许多地主、富农、中农等较高成分或抗战中表现不积极、落后、参加过伪组织等的干部被洗刷，这也导致干部党员成分的上升。在“整风运动”中，乡村干部有时洗刷更多。1945 年初，定唐某村书记、村长、粮秣、农会主任、治安员、武委会主任、财务等干部因成分不好或参加过伪组织全部被洗刷。①

上文所述，选举过程中，党员经常违背党的原则操弄选举，而且群众发动起来后，“就想把封建势力打的永远不能翻身，并且走向过火”，部分群众认为：“地主、富农表面上革命,（实际）目的是为了保护自己与将来复辟，真正说开明的地主、富农，不能说一个也无，可以说是很个别的，除非是革命家庭，或是党组织扶植起来的”，②这样的思想支配下，也导致许多社会成分较高的非党干部落选。

从 1939 年直到抗战胜利的边区各地党组织报告中一再重申，反对党组织对政权、团体工作包办代替。而事实是，在各地报告、总结中常见的是：“职权不分，个人做主，别人批评不愿听，还觉得自己有理”，有的支部制定“春耕生产计划，推动每户都做生产计划，而处理权力以外的事情”。③这从另一个侧面反映出了基层党政不分、以党代政的现象。

各地重党建而轻政权团体建设也是普遍现象。抗战时期在对待群众团体上，党组织主张尊重群众团体在政治上、组织上的独立性，保障群众自由，尽量动员和发挥广大群众的力量，给广大群众以最大程度之自由，反对一切限制、束缚、敌视、摧毁群众组织的行为。然而，在边区各地普遍感到干部缺乏的情况下，各地党组织往往把能力较强的干部充实到党组织系统中，并将政权和团体干部中表现较好的也提拔到党组织系统，从而形成频繁的干部调动。各地干部的“大换班”“推磨子”“拆东墙补西墙”现象，使政权和群众团体干部质量下降。1945 年，仅冀中定南抗联会干部几个月中就配备了 3 次，甚至一个干部 3 个月调动了 4 个地方；相邻的新乐一个干部调动就要连带两三个都动，六区许多干部被调到其他区，后又从其他区反调。④一份北岳区地委文件中批评所属党组织：“在某些区，

① 定唐县各界抗日救国联合会．南增村—树立工作之情况：1945-9[B]．石家庄：河北档（卷宗 520-1-324-5）.

② 中共冀中区九地委．关于定南农民运动的报告：1945-8[B]．石家庄：河北档（卷宗 5-1-28-3）.

③ 中共蔚县县委．关于组宣工作初步检查及对今后的意见：1944-2-2[B]．石家庄：河北档（卷宗 520-1-337-1）.

④．冀中七地委组织部．关于组织工作的检讨及今后组织工作指示：1945-2-13[B]．石家庄：河北档（卷宗 8-1-29-1）.

直到今天仍存在区委直接以政民联席会议推动工作、做出共同决议、统一分配干部，特别是在具体进行工作的方式、方法上；群众团体有的也以政权方式进行工作”，这种倾向经过“整风运动”才得到初步解决。①

综上所述，边区政权和群众团体干部构成，反映着边区抗战形势变化的要求。“三三制”原则的提出和实施，是中共力图将边区主张抗日的各阶级阶层纳入其政权轨道，以巩固乡村抗日统一战线的尝试，其实践中包含的政治意蕴，使中共团结了广大乡村的抗战力量。然而，在具体的实践中，乡村的“三三制”政权构成随着抗战形势及其环境的变化而变化。在环境恶化时，“三三制”往往实行得较好，而环境好转后，乡村党组织往往在选举时一再强调干部的社会成分，从而保证成分较好的党员群体占据优势。从总体上看，“三三制”的实行，村级要好于区级，而区级又往往比县级好。这体现出抗战时期乡村党组织已在很大程度上实现了群众化，尽管乡村党员群体可能良莠不齐，选出的干部也可能是“旧政权势力”，但经历了民主选举的民众，已开始加强对干部党员群体的强有力监督，在选举中往往将那些“坏干部”清理出干部党员队伍，从而使党组织在群众支持下，保持其威信和强大社会动员能力。

第三节　武装动员中的党群关系

> 一切游击战争的根据地，只有在建立了抗日的武装部队、战胜了敌人、发动了民众这三个基本的条件逐渐地具备后，才能真正地建立起来。
>
> ——毛泽东《抗日游击战争的战略问题》

晋察冀边区的创建、巩固，是以边区武装力量的发展壮大为保证的。边区武装力量包括八路军、地方军（地区队、县基干游击队和区基干游击队）、人民武装（不脱离生产的自卫队及民兵）三部分。其中人民自卫队具有全民性质，凡 16 岁至 50 岁之间的民众，都编入自卫队。民兵则由模范自卫队、青年抗日先锋队组成。边区还在民兵中挑选精干人员，以村庄为单位组成游击小组，一般三五人到 10 多人不等，负责本村武装保卫、配合主力部队作战等。②这些民兵力量由村武委会主任领导，且武委会主任、游击小组组长大都由党员担任，从而使乡村武装力量

① 北岳区三地委宣传部. 1942 年 7 月—1943 年 6 月宣传工作总结报告[B]. 石家庄：河北档（卷宗 78-1-26-1）.

② 北京军区战史编写组．晋察冀暨华北军区武装力量发展史[M]．军事科学出版社，1996：137-142.

置于了党组织的领导之下。这些民兵组织作为八路军的兵源，其建立、成长及其参军行动，体现着党组织的乡村动员能力和党群关系的复杂变化。

耳闻目睹日寇奸淫掳掠、杀人等暴行的边区民众，易于发动、组织，这是边区征兵的有利客观条件。然而，在此情形下，领导者不同，也可能有两种不同的结果：可能在正确、积极领导下，提高民族意识，激起抗战情绪，成为民族战士；也可能在汉奸敌寇的威逼利诱、恫吓、欺骗之下，变成失败主义者的“顺民”，供敌人驱使。所以，正确的宣传、鼓动等政治工作，以及优待抗日军人家属政策的落实，就有着决定性的作用。①

边区的开辟与巩固，必须有坚强的武装部队。在平型关战斗胜利后不久，中央要求晋察冀省委“要在一个月内建立武装与群众工作之基础，以便一个月后有充分力量反对日寇的进攻”。②而这一目标只能“是在用全力发动群众，组织群众正在高涨着的反日斗争，一直引导到武装斗争的阶段”③才能实现。为此，根据周恩来、刘少奇的“八路军在各地要努力直接扩大我军，地方党要动员群众去加入八路军”指示精神④，八路军一面同日军战斗，一面在各地开展大规模的征兵运动。为使党员群众积极参军，八路军各部的宣传队和抽调的干部组成工作团和工作组分赴各地进行工作。在没有党组织的地区，工作团直接向群众宣传中共抗日主张和各项政策，帮助建立县、区、村党组织和群众组织，动员群众参军；在党组织基础较好的地区，依靠地方党组织动员群众入伍；在晋东北和冀西部分地区，则与牺盟会联合组织各县动委会，以此发动群众积极参军。到 1938 年初，边区部队发展到了 2 万余人，且军队内部党组织建设也随着整军得到发展，连队都建立了党支部，党员平均比例达到近 30%。同时，也清理了 1360 多名混入军队的“坏分子”，提高了队伍质量。⑤与此同时，边区群众团体迅速壮大，仅农民抗日救国会会员就达到了 50 多万。这些群众团体在党员青年参军中发挥着极为重要的作用。到 1938 年 4 月，边区武装体系基本形成。

抗战初期，八路军在平型关、阳明堡、正太路等地的胜利，以及党的政策的宣传，使八路军取得广大群众的拥护和支持，人们开始丢掉“好男不当兵”的惯习，“群众像潮水一般的涌进来”。平山县在不到一个月时间就组织了近 2 000

① 黄薇．晋察冀区如何动员新兵上前线[J]．全民抗战五日刊，1939（45）：742-744.

② 北京军区战史编写组．晋察冀暨华北军区武装力量发展史[M]．军事科学出版社，1996：14.

③ 舒同．几个月来部队工作的总结与今后的工作方针[M]//晋察冀抗日根据地：文献选编（上）．北京：中共党史资料出版社，1989：146.

④ 周恩来、刘少奇关于动员群众与独立自主地领导群众的指示[M]//晋察冀抗日根据地：文献选编（上）．北京：中共党史资料出版社，1989：52.

⑤ 舒同．几个月来部队工作的总结与今后的工作方针[M]//晋察冀抗日根据地：文献选编（上）．北京：中共党史资料出版社，1989：148.

人的“平山团”。此时，八路军除吸收一些国民党的散兵、保安队等武装外，还争取、改编了许多地方“联庄”[①]、土匪等杂色武装，但更多的是征收农村青壮年。边区建立之初，在八路军地方工作团的积极帮助和指导下，各地党组织迅速建立、发展起来。然而，在巨大的征兵任务中，出现了“只宣传八路军怎样好，以对八路军的水准作入党条件”，把入党当作“入八路军同情会”。还有少数地方党组织直接指挥部队党组织的现象。[②]同时，由于需要在短期内完成征兵任务，许多地方党组织和干部采取“欺骗、利诱、收买、强迫”等形式进行动员，甚至还出现了“扩大个人势力，拉拢勾结，脱离群众的军阀主义、土匪主义，以及农民的保守与报复观念，极端民主化”，使部队普遍存在逃跑现象，有的整排、整班逃跑。[③]

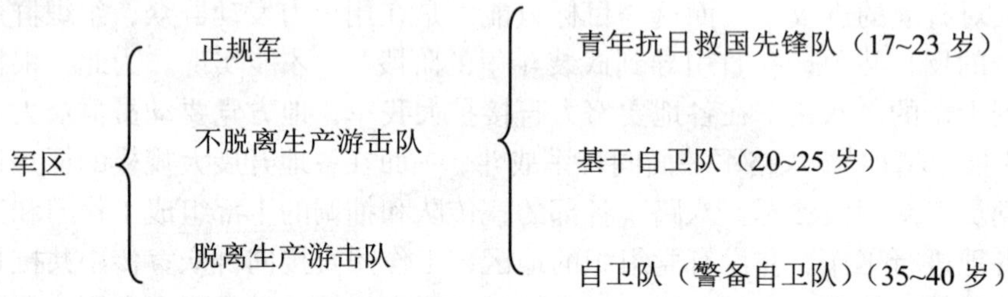

图 5-3　晋察冀边区武装体系

资料来源：彭真. 关于我们的目前施政纲领：1940-8[B]. 石家庄：河北省石家庄市档案馆馆藏档案（卷宗 1-1-20-3）.

相持阶段到来后，由于边区频繁的“反扫荡”斗争，部队减员严重。为弥补部队减员，各地不断征兵，除把地方游击队“一扫光”外，还动员大量青年入伍。由于时间短、任务重，加上日伪的破坏和反动宣传，以及各地提供主力部队的游击队员并没有达到党组织规定的比例（如山地主力与游击队为 2∶1），各地党组织一般很难按时完成上级交给的征兵任务。

北岳区在 1940 年征兵中就发现，许多妇女“拖尾巴”，甚至有的妇女党员也阻止丈夫参军。另外，日伪“命令各村不准参加八路军，有参加的全村负责，烧房子、杀人”，“通过汉奸组织宣传八路军不好，不赚钱，吃得不好”，“同时

① 这是一种农村自卫组织。在地方秩序混乱时，地主或地方士绅等领导，由相当数量的农民组成的防止土匪、散兵抢劫，骚扰的农村武装。在冀中、冀东等地多有分布。

② 林铁. 论边区党的建设问题：1940-7-1[B]. 石家庄：河北省石家庄市档案馆馆藏档案（卷宗 1-1-20-2）.

③ 舒同. 几个月来部队工作的总结与今后的工作方针[M]//晋察冀抗日根据地：文献选编（上）. 北京：中共党史资料出版社，1989：147.

还派人打入我们部队进行破坏，组织逃跑，拖枪叛变，投毒等”，仅“广灵 29 个新战士中就有 6 个考察确实是经过敌人长期训练的。部分群众甚至及个别党员干部，看到国民党的反共摩擦表示悲观失望，也给我们扩军工作以不小的困难，使扩军工作在时间上不能迅速完成”。[①]平西也存在类似困难。平西由于“把巩固平西根据地改善地方与部队的关系放在强大主力方面”，主力军与地方游击队比例相差悬殊（见表 5-11），“因此形成平西（主力兵员）供不应求矛盾严重的问题”，在 1940 年春季“反扫荡”后，主力急需补充，而在征兵中“造成当地恐慌与逃亡现象”。[②]

表 5-11　平西各个时期主力部队与地方游击队的比例

时间	1939 年		1940 年		1941 年		1942 年	
武装	主力	游击队	主力	游击队	主力	游击队	主力	游击队
百分比	96.67%	3.33%	83.62%	26.82%	86.28%	13.72%	84.3%	15.7%

资料来源：张明远．平西抗战来工作总结——在平西干部会议上的报告[M]//中共北京市委党史研究室．北京地区抗日运动史料汇编（第 6 辑）．北京燕山出版社，2001：272.

为完成征兵任务，边区各地由党政军民建立了由专区到村的新兵动员组织。北岳“一分区某些县份在战时政民行动指挥部下设新兵动员股；四分区则设立战争武装动员委员会。为了便利领导与帮助下级党组织工作，一般的专区都组织工作队到各县帮助工作，县再到区，区到村，逐级督促、帮助”。征兵过程中，各地还加大宣传、鼓动力度。四分区征兵开始，就召集各宣传部门联席会议，详细布置，制定统一宣传大纲；一分区编制了统一的标语与口号，发到各村普遍张贴、宣传。各县利用冬学、各级学校组成的宣传队、剧团等到集市、大道上进行以扩军为中心的演出。并加大优待抗属力度，“自动送礼，请抗属吃饭，过年货对抗属减价，召开抗属联欢会、娱乐晚会，在会上设光荣席、戴光荣花、贴光荣对联等”。征兵过程中，采取集体动员，进行报名挑战。还采取个别动员方式。村补军小组从各组织系统、中学找对象，根据对象的个性、家庭对其参加部队的态度，以及入伍后他的家庭困难的解决来动员入伍。雁北还把新战士训练一个时期后，再派出去做动员工作，收效很大。一般地方把抗属组织起来，通过他们的示范去扩军。尤其是说服、教育党员带头。灵寿抗先队长李学鳌带头使 25 个青年入伍；完县支部 100 个党员带领 35 个抗先队员入伍；阜平 × 支部党员率领 19 个群众入伍；四分区支部干部 300 人，占新战士的 12.5%。为激发人们参军情绪，新战士入伍时举行热烈的欢送和欢迎会；还用当地牺牲战士的家属动员，激起群众对敌复仇的

① 晋察冀中央局．北岳区 1940 年冬季武装动员工作总结：1942-4-10[B]．石家庄：河北档（卷宗 278-1-87-3）．

② 张明远．平西抗战来工作总结——在平西干部会议上的报告[M]//中共北京市委党史研究室．北京地区抗日运动史料汇编（第 6 辑）．北京燕山出版社，2001：272-273．

情绪，唐县×村组织 7 个党员的复仇班集体入伍。还抓住游击区抓壮丁在青年中的恐慌心理，动员游击区青年入伍。完县某村即用此方法动员了 75 个青年入伍，×村动员了 23 个青年入伍。

由于环境不同，各地党组织的动员能力有高低，使征兵工作存在地区间的不平衡。在 1940 年北岳区征兵中，同在四分区的灵寿和平定两县人口均在 12 万左右，灵寿动员了 609 名新兵，占人口的 5‰；而平定只有 95 个，不到人口的 1‰。若加上此前动员数量，灵寿县差不多占人口的 10‰，而平定只有 2‰。再如，平山和徐水人口都在 22 万左右，但平山 1939 年动员新兵 821 人，1940 年又动员了 1037 人；而徐水 1939 年动员了 280 名，1940 年只动员了 292 名。这些不平衡的出现，边区党组织认为，原因之一是地方党员入伍的积极性造成的。如四分区平山新兵中党员达 20%，而二分区党员只占新兵的 2%。①平西"分配与动员也很不平衡，在一些主要村子青壮年有的几乎全部或大部出来了，有的出来的很少"。②

在严酷的战争环境下，地方党组织征兵工作缺乏计划性，一年有时动员入伍不下七八次（不包括零星的动员），致使许多青年惧怕当兵，各地报名人数在不断减少。各地党组织为完成组织交给的任务，采取许多不正常的手段，导致新兵质量等存在问题。例如，曲阳×区在民兵中利用"选举"完成征兵任务；完县把青抗先集合起来强迫他们集体入伍；唐县不让青抗先队员吃饭，成了"饿军"。一分区，在青抗先集合时，谁迟到就让谁参军；在站岗放哨时故意去查岗，如果不问"谁？"，也罚他参军。这样，许多地区以参军作为"赎罪"。在建屏县，还把偷东西的抓住让其参军；定襄把给敌人做矿工的送去当兵。二分区甚至把监狱中的犯人送去当兵。更有许多地区把不带路条的抓去当兵。据北岳区一、二、四分区调查团对新兵的调查结果显示：用钱雇来的有 168 名，用粮食雇佣的有 81 人，用地雇佣的有 61 人。仅四分区强迫参军的有 36 人，"赎罪"的有 32 人，组织压力下参军的有 94 人，收买、欺骗而参军的有 40 人，动员未成年参军的有 36 人。上述人员占到了新兵的有 10%。二分区的调查结果显示，情况更严重。强迫参军的 137 人，收买来的有 67 人，欺骗来的有 12 人，犯人、伪军及替日伪干活的矿工有 98 人，占新参军人数的 40%。三分区为逃避参军而自残的现象也在增加。五台某村一青年不愿参军自缢而死；某村一青年自缢抢救及时未死。盂县九区某村一青年不愿参军，自己砍掉手指 3 个；某村青年投崖摔伤甚重；某村因怕当兵有 38

① 晋察冀中央局．北岳区 1940 年冬季武装动员工作总结：1942-4-10[B]．石家庄：河北档（卷宗 278-1-87-3）．

② 张明远．平西抗战来工作总结——在平西干部会议上的报告[M]//中共北京市委党史研究室．北京地区抗日运动史料汇编（第 6 辑）．北京燕山出版社，2001：273．

人逃跑。平山也曾发生砍掉手指的现象。[①]平西在 1940 年扩军中，“涞涿强迫、雇佣方式来的兵大批逃亡，甚至全家逃走”。[②]

与参军不同，地方民兵为“保卫家乡”“保卫自家坟墓、房舍”等，更乐于在家庭附近参加抗战。在战斗中，他们在党员的带领下积极“担任通讯、向导、侦查、警戒、封锁消息、担架运输、坚壁清野，甚至直接参战”。1939 年，北岳区 18 县青抗先配合部队作战 598 次，参加者 30 533 人。来源、易县、完县、唐县等 8 县仅在 1939 年冬季反“扫荡”中，参战者即达 30 万人。[③]平西地方武装在“1940 秋季反‘扫荡’以前较好，尤其昌宛的模范队、青抗先曾起了很大作用，以后由于扩军大部动员出来，曾表现消沉与停滞状态”。[④]

到 1939 年底，边区八路军已发展到 9.4 万多人。如上文所述，由于新兵入伍动机不纯，造成部队战斗力不强，兵员素质较低。所以，为培养大量的军事、政治干部，提高兵员素质，各地进行了大规模“整军”，[⑤]地方各级党组织调整了武装领导机构，将各级武委会改为武装部，接受军区统一领导，并加大了地方武装干部的培训力度，使民兵武装等逐步规范化。1941 年后，边区各地先后开始“精兵简政”，推行义务兵役制中，各级党组织在落实新兵役工作中，检查干部和党员的工作作风及表现，随之，改造了支部，进一步巩固了乡村党组织。平西 1942 年进行了补军工作，仅涞水、昌宛房、蔚县、房涞涿 4 县就有 360 人入伍。为完成补军任务，许多县“在党内给党员进行了‘党员军事化’的实际教育”，鼓励村干部和党员入伍。各组织发出不同的号召，农会提出：“送儿子打东洋，保证抗属的生活”；青救“青年打先锋，入伍作模范”；妇救“欢〔劝〕夫送郎上战场，不拉尾巴”；武装部“给抗属挑水打柴，代耕秋收是我们的责任”“民兵完成入伍的先锋”等。经过轰轰烈烈的补军，“除房涞涿超过以外，其他县都剩了一个小尾巴”，上级下达的 420 名补军指标没有完成，各地仍有“群众不愿离家乡，发生抹脖子剁手指躲藏到别的地区的现象”。在征兵中，为完成任务各县采取五花八门的方式：①有收买利诱雇佣的。“涞水五区 × 村长（匿名化处理）以二石玉米、200 块钱代替其子入伍，又有的给几亩地找人代替去”；“房涞涿一区 × × 等村（匿名化处理）均发动四〔百〕元之多给入伍之新战士；昌

① 晋察冀中央局．北岳区 1940 年冬季武装动员工作总结[B]．石家庄：河北档（卷宗 278-1-87-3）．

② 张明远．平西抗战来工作总结——在平西干部会议上的报告[M]//中共北京市委党史研究室．北京地区抗日运动史料汇编（第 6 辑）．北京燕山出版社，2001：272．

③ 齐加．建设人民武装在晋察冀边区．1940 年 7 月 1 日，河北省石家庄市档案馆馆藏档案，卷宗号：1-1-20-1．

④ 张明远．平西抗战来工作总结——在平西干部会议上的报告[M]//中共北京市委党史研究室．北京地区抗日运动史料汇编（第 6 辑）．北京燕山出版社，2001：276．

⑤ 北京军区战史编写组．晋察冀暨华北军区武装力量发展史[M]．军事科学出版社，1996：103．

宛房四区××等村，蔚县三区慰劳四、五百元，几斗粮食亦有数者”。“在×县三区××村允许给入伍者减少负担分数，事后未给减让，家属为此上吊，经营救未死”。②碰时气撞运气，抓大头弄阴谋。“蔚县一、二区发生抓绳儿拿大头的方式，还有的村子实行选举的办法，××村被选者逃跑了又被拉回，他即碰得头破血流”；“房涞涿九区××村以强迫、吊人威胁其参加。涞水二区××村借口对象到区开商业通行证时即给区写信叫他带去，到区里即行扣住送县不让回去。大河南借召集到区开会的名义骗至区公所，即称是参加入伍者”。③抓捕、捆绑与欺骗。“昌宛房四区××中队部指导员抓送到区，还有的许多抓到大烟犯不送县处罚，迫使其入伍即莫无罪了。××村张某因无路条，××村姜某因偷盗，××村××因强奸均被威胁，强迫参加了子弟兵”。[①]围绕补军工作，考验着党政群等组织的动员能力。针对补军中的不良偏向，平西党组织要求“要深入各组织系统动员，经过各种会议形式传达到每个群众身上，〔并〕配合优抗节及新旧年文化娱乐工作的开展，造成热潮”，还“抽调各部门强有力的干部组织‘突击检查工作组’分赴各地检查督导，有重点的分配干部深入到区村去帮助工作，对发生的问题及时发现与纠正”，这对纠正补军工作问题，推动补军工作起了很大作用。

表 5-12　北岳区三地委 1943 年 7 月新兵入伍统计表

县别	总人数	党员	群众	其他	青年	壮年
阜平	410	113	297		224	186
新望	125	20	105		75	68
唐县	528	120	386	22	333	195
定唐	11	4	7		5	6
曲阳	248	104	137	7	131	117
完县	423	111	312		227	196
总计	1745	472	1244	29	995	768

资料来源：北岳区三地委．八个月来巩固党的工作检查总结报告：1943-7[B]．石家庄：河北档（卷宗 78-1-22-1）.

在借鉴以往工作的教训基础上，1943 年 7 月仅北岳三地委所属各县就动员各县青壮年参军达 1745 人（见表 5-12）。征兵中大批党员应征入伍，保证了满员和质量。完县还出现了 24 个妇女党员“送郎上战场”的现象。为提高民兵战斗素质，抗大二分校专门设立民兵训练队，对民兵大队长进行训练。各地委也开设训练班，对中队长等干部进行集中培训。1941 年，一分区在四个月内即训练班组以上武装

① 平西地委．补军工作总结[M]//中共北京市委党史研究室．北京地区抗日运动史料汇编（第 6 辑）．北京燕山出版社，2001：346-355．

干部 92 人。[①]

1943 年，随着边区部分地区抗日形势好转，根据群众政治觉悟、在自愿原则下组成的以战斗为主要任务的、不脱离生产的、以自卫队为基础的民兵武装组织（主要是青抗先、基干自卫队、村游击小组），在各军分区帮助下利用冬季农闲季节进行了新一轮大规模“整训”和冬训。一方面在民兵内建立党小组，一方面加强了在支部领导下的军事、政治教育，并注意解决民兵的生活困难，明确宣布民兵“不升级”，以解除群众怕部队“吞并”的心理，[②]从而使民兵队伍进一步壮大。平北地区，1943 年 5 月民兵有 154 000 人，到 1944 年“发展超过原数一倍以上”。[③]冀东仅承兴密 3 个区就有民兵 13 834 人。[④]为加强对民兵组织领导，1944 年 10 月 17 日到 31 日，冀中九地委抽调所属村支委、抗联干部、村政权女干部及村民兵队长等 1900 余人进行政治、思想、军事等的集中训练。学习期间发现了村级各类干部许多问题，并针对问题性质进行了有针对性的处理，有 75 人被撤职，从而提高了党组织及民兵队伍在乡村的动员和影响力，保证了民兵组织的发展。[⑤]

1945 年，边区的军民发动春季攻势后，边区发展到 124 个县市，并在各县都建立了不脱产的民兵武装。冀晋区 3 个分区到 1945 年大反攻时，民兵组织在乡村人口中已占有很大比重（见表 5-13）。一分区浑源、繁峙、应县、广灵、大同 5 地平均占人口数的 6.06%；

二分区 6 县占 3.63%；三分区占 4.4%。且大部分县份的民兵组织中，党员发挥着核心作用。环境险恶的平北地区，“民兵迅速发展到 11 891 人，游击队员 822 人，党亦得到了相当的发展与巩固，并决定继续大量发展民兵，每县支队和游击队达到 500 人”。[⑥]1945 年，在抗战即将胜利时，按照中共中央的部署，边区立即进行了大规模扩军，以迅速收复失地。在扩军运动中，除地方武装升级为野战兵团外，各地还汲取以往的教训，迅速完成了征收新兵的任务，虽然这些新兵未来得及整顿、训练，但还是浩浩荡荡开赴战场，在战争中接受锻炼。

---

① 中共北岳区一地委. 巩固党的工作总结报告：1941-5[B]. 石家庄：河北档（卷宗 72-1-12-4).

② 中共晋察冀分局冀中十地委. 关于发动民兵工作的再指示：1944-8-6[B]. 石家庄：河北档（卷宗 17-1-24-2).

③ 平北地分委 1943 年工作检查与总结[M]//中共北京市委党史研究室. 北京地区抗日运动史料汇编（第 4 辑). 北京：中国文史出版社，2000：287.

④ 第一专属武装科对于人民武装工作总结[M]//中共北京市委党史研究室. 北京地区抗日运动史料汇编（第 5 辑). 北京：中国文史出版社，1992：244.

⑤ 中共晋察冀分局冀中九地委. 冬训示范总结：1945-1-18[B]. 石家庄：河北档（卷宗 14-1-6-1).

⑥ 1944 年工作估计与 1945 年的任务——冀察十二地委扩大干部会文献[M]//中共北京市委党史研究室. 北京地区抗日运动史料汇编（第 4 辑). 北京：中国文史出版社，2000：355.

表 5-13　晋察冀边区冀晋区民兵统计表

分区	县别	总数	党员	群众	其他	占人口比例
一分区	浑源	9158	1327	6600	231	5.75%
	繁峙	8234	1739	6373	122	6.56%
	应县	7049	1543	5197	309	5.63%
	广灵	9779	3242	6537		10.3%
	大同	2642	519	2123		2.06%
二分区	盂县	4668				3.07%
	五台	5761				2.77%
	定襄	5013				4.23%
	曲阳	543				1.06%
	平定	11 586				7.3%
	寿阳	2142				1.91%
三分区	完县	7833	2888	4408	537	6.21%
	望都	5259	1783	3272	189	3.78%
	唐县	11 718	4472	6709	536	5.81%
	曲阳	8652	4062	3859	731	3.85%
	阜平	10 296	4680	5395	221	10.81%
	行唐	11 688	3979	6989	720	5.8%
	灵寿	7233	2977	3567	689	5.66%
	平山	7674	3405	4269		5.14%
	建屏	7637	2835	4573	229	7.79%
	正定	1363	200	1066	97	1.24%
	井陉	1102	708	303	91	1%
	获鹿	1579	457	1122		1.4%
	定北	4987	1431	3518	38	2.86%

资料来源：冀晋区党委．党的组织统计[B]．石家庄：河北档（卷宗 108-1-84-9）．

阜平县在 1945 年 8 月 13 日接到上级征收 450 名新兵任务，仅用 10 多天时间，到 25 日全部完成。为完成任务，县委召开会议，决定每区派一名干部去传达布置，并参加区委会讨论，检查本区过去扩军的经验、教训，找出这次扩军的有利条件和困难。随后召集全区村支书、抗联主任、武委会主任干部会议，要求党员带头，党员参军要达到新兵的 50%，反对强迫命令、欺骗等方式。会后，各村支部召开党员大会进行传达。到 16、17 日，全县掀起扩军热潮。为动员党员群众积极参军，各村采取许多措施：第一、配合当前形势变化和胜利信息在党员、群众中进行深入宣传。第二、加强一元化领导，县组织扩军委员会，区村干部参加，统一领导，按系统推动。第三、区干部根绝各区具体情形，划成 3~5 组，为了随时交流经验、介绍方法，各区设专人掌握，各组每天向区报告，随动员随送区。第四、扩军干部互相竞赛，有的冒雨到所分配的村，有的连夜到达，帮助村干部并亲自找对象动员，村干部也克服了过去依赖区干部的现象，开会后即讨论并把对象明确出来。

第五、动员干部带头超过以往。党政民干部几天就有 148 名报名参军。九区上庄村副村长在干部会上说："我保证当抗属！"，会后即动员儿子带着 3 个人报名，该村报名的 6 人中，只有 1 个群众。第六、各区征兵很普遍且平衡。干部克服了以往对基础不好的村动员放松的缺点，集中力量突击落后地区。五区唐儿沟、一区太口，几年来没有人参军，这次动员了 5 名。在党员带动下，扩军任务超额完成，扩军开始 5 天内，就有 648 人报名参军。

为迅速动员青年参军，阜平县各地采取了许多新方式、方法。利用各种会议口头宣传，辅以个别动员；在党内进行动员，号召党员干部参军；选好对象后，召开群众会让党员干部先报名，以影响、带动群众，有的党员与群众互相挑战；有的村开会动员发现对象，再进行个别动员；有的利用夏天训练班寻找对象；扩军与优抗密切结合，先解决抗属困难，再进行动员等。此次扩军显示，干部党员带头，有利于广泛发动群众；在短时间内进行动员，不但要动员本人，还要动员其家庭才有结果；优抗工作做得好，扩军就很容易；参军挑战是启发参军情绪的好方法，同时个别动员和有组织的报名成效更大。①

尽管有些干部党员和群众仍对参军忧虑，如不愿动员自己的家人参军，或群众与干部对着干而装病、偷跑，还有的受人挑拨而退缩。但是，"由于边区平日在战斗环境中不断训练民众，同时，那些在新兵上前线前的宣传、鼓动工作，和事后协助抗日军人家属解决生活问题的办法等"带来的或隐或显的利益，"引起了邻居及亲戚、朋友的羡慕。于是，壮丁们风起云涌地参加兵役，而许多妇女们也纷纷鼓励自己的丈夫或儿子、兄弟上前线。他们都认为当兵杀敌是一件最光荣的事"。②在此种氛围之下，大部分青壮年开始积极参军，从而保证了扩军工作的顺利完成，边区在扩军运动中也取得了丰富的经验。

第四节　乡村宗教统一战线的建立与巩固

> 边区各民族应相互尊重生活、风俗及宗教习惯，在平等基础上亲密团结抗战。
>
> ——1940 年 8 月《晋察冀边区目前施政纲领》

宗教统一战线工作，是巩固反法西斯统一战线及抗日统一战线工作的一部分。对一切同意抗日或不反对抗日的宗教人士的争取与团结有利于边区的抗战。

晋察冀地区宗教种类颇多，佛教、道教、回教、天主教、耶稣教及多种会门

① 中共阜平县委．新兵动员工作总结：1945-8[B]．石家庄：河北档（卷宗 520-1-314-4）．

② 黄薇．晋察冀区如何动员新兵上前线[J]．全民抗战五日刊，1939（45）：742-744．

等杂处，且处于不断的变化中。这些宗教生态系统的变化从宏观层面看，反映着宗教与社会环境关系的变化；从中观层面看，体现在宗教内部信徒之间及信徒与社会环境之间关系的变化；微观层面上，体现在个人心中各种宗教信仰元素之间和各宗教元素与其所处个体思想环境的关系及其变迁。①为便于了解抗战时期边区中共党组织宗教政策及其实施成效，笔者仅就手中有限的资料，对红枪会、佛教会和天主教组织的战时改造进行简要剖析。

抗战前，各地党组织就对红枪会或各种会门，采取了“改造或必要时派人去建立关系，有时动员同志及赤色会员打入进去夺取领导”等政策、策略。②抗爆发后，党组织在以往工作经验的基础上，在尊重宗教信仰自由的基础上，确定了对红枪会等民间结社组织，“设法派积极抗日的群众打进去，发展它的民主性，提出好的分子做领袖，扩大它的群众基础，建立党的组织”，并“用他们和日本之间的矛盾事实来教育他们，争取他们走向抗日”，对于与日本勾结的会门等结社组织及宗教则采取坚决打击、取缔的方针。③

一、打击伪红枪会组织

红枪会由元末农民起义创立的白莲教蜕变而来。在此后 600 多年历史中，“其潜在势力，无论在何种政治高压之下，均能潜滋暗长，孕育生机。在时局俶乱，社会矛盾、政治矛盾加深时，其活跃姿态，便为武装的、直接的行动；在社会、政治之客观条件不容许其活跃时，便销声匿迹，变至极神秘、秘密的宗教社团”。红枪会是华北底层民众中的八卦教、五戒道、天地会、老君会、还香道、穷人会、一心教等的总称。④因其信徒多用红缨枪，所以叫作红枪会。红枪会多采用金钟罩、吃符避枪炮、神前跪默等传教方式招徕信徒，多以一个村庄或几个村庄为单位，每单位少至二三十人，多至四五百人不等。每一单位的核心叫“会堂”，俗称“堂子”。“会堂”领导人为“堂长”，有无上权威，对违规信徒轻则杖责、罚款，重则处死。“堂长”之下设“账房”“师爷”；还聘有“老师”（教头），他们多精通符咒，有的略习拳棒。“堂长”多为各村地主乡绅，信徒多为农民，尤其是雇农，也有少量农村小手工业者。该会主要是反抗统治者的横征暴敛，击退土匪、乱兵保护家

① 陈晓毅．中国式宗教生态——青岩宗教多样性个案研究[M]．社会科学文献出版社，2008：19-23．

② 河北省委．河北省委两个月军事工作计划：1932-4-15[B]．石家庄：河北石家庄市档案馆馆藏档案（卷宗 1-1-7-5）．

③ 黄敬．地方党五个月工作总结与今后工作方针[M]//晋察冀抗日根据地：文献选编（上）．北京：中共党史资料出版社，1989：144．

④ 赵宗福．红枪会之领导与运用[J]．民意周刊．1938（31）：3．

乡。[①]红枪会这种组织的生成主要原因是“由于人口过密，时有水旱、疫病、内乱等灾难，生活极其困难的缘故。在生存危机之下，农民单独的个人效用甚少，难以维持正常生活。‘分则力弱，合则力强’，红枪会这种联合的倾向实在是一种绝对的必要”。然而，在会中起决定作用的是少数横暴、有野心的领袖，大半的分子是被动的、消极的。[②]

民国初年，由于时局混乱，为抵御土匪、乱兵的抢劫，华北各地红枪会活跃起来，[③]“延庆张县长据本月敬日报告，县属二、五两区人民被匪不能安居，已发生红枪会”。[④]它们不但打土匪，有时连给他们带来威胁的军队也打。“据报十二日下午一时，滕县站有红枪会两千余名与驻滕县军队冲突，激战三小时，当场击毙多名，所有电报、电话、路签、客货票据、公私款项、衣物及门窗均被抢毁，并在站南拆去钢轨一节，交通暂断，列车均停临城”。[⑤]

抗战爆发后，华北各地红枪会迅速发展到华北 300 多个县，并在保卫家乡的口号下，开始抗日。然而，有部分红枪会在日伪的威逼、利诱之下，与日伪勾结成为汉奸武装，成为中共领导抗日军民打击的对象。

1941 年，盂县红枪会在日伪的支持下，利用中共干部党员工作弱点和群众惧怕、恐惧心理，大力发展其组织，“在不到半年时间，一、二、三区 40 余村都或多或少的有了它们的组织，会员达 3000 人”。1941 年秋，日伪命令盂县红枪会“暴动”，由于力量较小，没有行动。后在日军的催促下，为配合日军的“第四次治安强化运动”，盂县红枪会公开反对八路军和抗日政权。“1942 年 4 月 8 日，井沟、紫牛庄等村红枪会聚集数百人，追捕我工作人员，捕捉部队侦查员，捣毁我村政权。其他村庄也发生类似事件”。“5 月 21 日，我军及地方工作团迅速将暴动村的红枪会击溃，红枪会首杜本善、秦万选、李先元等人被当场击毙。到六月初，其他会首李树斌等 9 名被捕正法”。[⑥]但在此后的军民反“蚕食”斗争中，日伪又收罗旧日漏网之红枪会教头，盂县红枪会又死灰复燃。11 月 6 日，将盂县红枪会改名为“山西盂县未来和平宗教分会”。12 月 9 日召集红枪会数百人（其中有几个主要头子），开办训练班，红枪会遂又开始活动，并成为日寇向我根据地蚕食进攻的直接助手。为掩盖其汉奸的实质，红枪会提出一些隐秘口号进行欺骗宣传，如：“一不反对日本，二不反对八路军，争取未来和平”，“说‘万道归一’，参加一贯道（盂县红枪会常以‘一贯道’面目出现），死后升天，不在地狱受罪；不怕日

① 乐厂．红枪会[J]．茶话．1947（9）：44-47．

② [美]N．D．韩威尔．中国的红枪会和抗战[J]．改进．1（11）：465．

③ 文灰．红枪会[J]．逸经．1937（25）：77．

④ 察哈尔省政府代电第 1002 号[N]．察哈尔省政府公报．1936（1005）：59．

⑤ 代电南京总司令蒋十八年（1929 年）三月十三日．津浦铁路公报·电．1929（24）：1．

⑥ 曾才．盂县红枪会叛乱的经过和真象[J]．晋察冀日报（抗敌报），1942（4）．

本，买东西方便，咱们也不反对国家大事，只是求神拜佛”。又如：“每天烧香拜佛，死后冬天不冻死，变天不具气，朝拜父母也能归天”等。一方面利用群众的迷信落后心理，一方面以“灰色”面目出现，以扩大红枪会力量。还告诫其会徒：“出去如果有人问，就说烧香磕头，没有别的意思”。说他们的道是孔孟周游列国时传的道，每月初一、十五供香仙桃水果。称八路军是“混世魔王”，但其一切欺骗宣传的中心思想则是“联日反共”。

盂县红枪会为发展教徒采取了多种方法。利用妇女、做买卖的或利用社会关系及旧的红枪会员；鉴于以前红枪会汉奸面目被揭露，就以“一贯道”或“九宫道”的面目出现，并到处宣传这次红枪会与以往的不同；以小恩小惠、迷信利诱，如抚恤 1942 年受伤或死亡的红枪会家属等；提出“参加红枪会不怕日本，买东西方便”，“（日军）绝对保护你们的生命”等口号；使用威胁办法，如“谁不参加，谁就是八路军（或通匪），敌人来了非烧杀不可”，并给每家发一个门牌，说可以不烧房子。①

在日军帮助下，红枪会还建立了更严密的组织系统。总领导机关设在天津、北平，最高头目为点剑师。②总机关设总教、副总教；总机关下设分会，分会设掌柜；分会下即为村坛，设坛主；村坛又分文、武两种；文坛专事烧香、念佛、坐功，武坛则加上练武，配合日伪军事行动。在总机关领导下，盂县有些地方是公开立坛（如盂县城内、甘河村等地），有些地方则秘密设坛（如河口店子村）。盂县城的“盂县未来和平宗教分会”驻地是许多总教头的聚集场所。甘河村为盂县红枪会最主要的一个坛，共聚合教头 30 余人，其中多为 1942 年被打垮后不敢回家而逃往该处的红枪会头目。

盂县红枪会复燃后，经常配合日军在乡村拉牲口、抢公粮、抓抗日干部、进攻抗日部队。1942 年 12 月 14 日，红枪会配合敌伪 40 余人到七区后盂沟抢走耕牛 4 头，驴 2 头，羊 20 余只；12 月 16 日，红枪会 60 余人配合敌人 300 余人到六区进攻我某团队，并抢走该村耕牛农具极多。为防我军袭击。他们在香河附近建立 6 个联络哨，发现我军民活动时即锣鼓齐鸣，其教头即乘机逃跑。

面对红枪会日益猖獗的活动，党组织决定打击镇压伪教头，监视受过打击或自首过的分子；并以武装打击相配合，从政治上揭破敌寇的阴谋和红枪会的实质，严格限制其组织之发展，以在政治上、组织上、武装上彻底瓦解这一反动组织。第一，作为政治攻势的重要内容之一，普遍深入地开展反红枪会的宣传工作，揭破日伪利用红枪会的阴谋，说明红枪会就是汉奸组织，使广大群众认识敌人利用

---

① 北岳区党委．盂县第二次反红枪会斗争的经验．工作通讯：1943[B]．石家庄：河北档（卷宗 69-1-38-1）．

② 据说全国点剑师有 360 人。

红枪会的实质。第二，动员党的支部起核心与堡垒作用，保证消灭自己村中红枪会的组织与活动，监视漏网教头与曾经自首过分子的活动，加强情报工作。第三，打击首要，争取胁从。事先做详细的调查工作，对罪大恶极、为群众所痛恨的教头，坚决镇压和逮捕（如提出活捉李铁柱、打死谢嘉岱等口号，两人系日伪培训的特务）。注意争取胁从，号召一般会众悔过自首。对过去表示坚决悔过，向抗日政府自首的分子给以教育，使其不生恐慌。

大年三十晚上，以武装摧毁盂县红枪会总部和分部，逮捕首要教头 13 名。“其中我之工作基础亦较薄弱的，则预先打入，貌作忠实，以取得其信任；在其中发现，每逢初一、十五该教头即不出去，遂于正月十五日傍晚实行逮捕。还选择了 16 个最坚强的民兵，由两个区干部带领，分为三组：一组警戒盂城，一组把守汽路，另一组作义勇队冲入院内，其中一人先假装报道的，呼唤老师傅的名字，说报道的来了，结果赚开老头的门，义勇队乘机拥进，便将两个教头捆起来。为防止他们潜逃，预先侦查如可能逃走的门子，全部加上锁。捕住教头后，即将该堂全部摧毁，把缴获的被子奖给民兵站岗用，伪钞则奖给义勇队每人十元”。在逮捕红枪会头目后，党组织立即进行宣传，揭露特务教头的罪恶事实和抓捕原因，对其罪大恶极为群众所痛恨的判处死刑，并向会众说明抗日政府的态度，对胁从分子则允许保释。有的会众感激之余，愿为我效力，如闫某被释放后，争取该村较坏的教头闫某某向抗日政府悔过。在他们的影响下，全村群众向政府表示：愿以全村的生命财产作担保，以后再不出红枪会的乱子了。群众也认识到红枪会是敌人的特务组织，该县六七区的群众普遍唾骂红枪会说：“我们跟红枪会背了大兴”。当我们逮捕了大教头韩某时，老百姓涌来看热闹，纷纷议论，说给他们除了大患。为了证明自己真心悔过，柴牛庄的老百姓主动开大会，向区政府提出保证：村以后没红枪会，并把过去所坚壁的宝剑完全交出来。对红枪会的活动及教头的罪恶，六七区的群众一提起莫不切齿痛恨，有的说：“红枪会的乱子是他的一块心病，现在总算是除去了”。①

地方党组织在总结经验时指出：“此次反红枪会斗争胜利之原因，就是我们斗争步调一致，行动统一，各方面的密切配合，与组织工作之比较细密。对红枪会头子的逮捕，事先都做了详细的调查工作，从而一网打尽。在击破红枪会各坛后，各村治安员继续加强工作，使每村不再出现该类组织，最终使红枪会组织销声匿迹。这些成功的经验是值得各地党组织研究与参考的”。②

此后，边区各地加强了对红枪会的争取工作，以团结红枪会员一同抗日。如

---

① 北岳区党委．盂县第二次反红枪会斗争的经验．工作通讯：1943[B]．石家庄：河北档（卷宗 69-1-38-1）．

② 同①。

日伪档案记载，热河省内红枪会会员约8000人，在日伪的屠杀下“酿成团体气氛，而且证实共军插手，造成骚动事象”，“在喀喇沁中旗头道营子村，将有千名会员揭竿闹事，为此把刀枪旗帜藏在地下室”；“在喀喇沁右旗承德县新仗子村红枪会员16人，为了与共军13团长包森联系……纠合约2000名会员，企图在满洲国滋事”；“在喀喇沁中旗热水红枪会老师纪太伍，投靠共军，将步枪300支和自动短枪弄到手，大力纠集会员”。[①]这些红枪会员在中共党组织的领导下，给日寇造成了巨大打击。

二、争取天主教会

“天主教在元代即传入我国，明末清初，利玛窦、汤若望等传教士，更以西洋科学输入我国，对我国学术贡献甚伟。”[②]在清道光年间，天主教开始传入晋察绥等地区。1900年“八国联军”占领北京后，教会侵略势力扩大。1920年，华北大水灾期间获得猛烈发展，及至1925年前后，天主教的势力即相当普遍地蔓延于各较大的城镇及乡村。尽管传教士口头上宣称“天主教是没有祖国的”，但实际上他们的活动多服务于各国对华的侵略政策，多次挑起教案，制造侵华借口，成为帝国主义侵华的前哨。

抗战前，据北平天主教代表报告：“谓最近十年中，在中国之天主教徒之数目，计550 111人，其中教徒之儿童人数，犹未计算在内。目前，全中国之天主教徒，计有2 624 116人；外籍天主教之来华者2346人；华籍主教1614人；教徒之增加率为16%。全中国之天主教堂学生数为2088人，又小学生3419人，中学813人，有243人系研究哲学道学，为宗教及社会之用，有41人留学罗马，又9人则留学他国”。[③]“九一八事变”后，日军在华北不断加剧侵略，教会组织、教产等不断遭到破坏，在部分荷、英、美等国传教士指导下，察哈尔许多天主教徒，“有强固之团结力，且本其殉教之精神，拥有自卫之武器，不许外敌侵入”。[④]在绥远抗战时，主持的天主教会开始帮助中国军民抗战。华北天主教徒在于斌主教倡导下，积极捐献财物、救治伤员，有许多教徒直接参战杀敌，其他地区教会组织也给予大力支援。[⑤]

“卢沟桥事变”后，日寇占领华北各大城市、重镇，天主教活动敛迹，特别是在大部分乡村停止活动，一般教徒对敌的仇恨与反抗，代替了他们对天主教的

① 西南部国境地区中共军队状况[B]．长春：吉林省档案馆伪满档案（档案1-3-127）．

② 杨慕时．天主教概说[J]．民教导报．1945（6）：18．

③ 天主教在华发展状况[J]．中国经济月刊．1934，2（5）：20．

④ [日]下永宪次．天主教在察哈尔东部之状况及其影响[J]．蛰公，译．新蒙古月刊，1935，4（5）：42-46．

⑤ 杨慕时．天主教援绥运动简报[J]．文藻月刊，1937（1）：40-43．

崇信和祈祷。但也有不少落后的教徒和群众，由于战争给他们带来的愁苦，就更加迷惘地寻求救世主，希望能给他们一条出路。面对势力较大的天主教会，日军打击、瓦解英美系的教会，扶植意（大利）系的天主教会，并继续利用天主教麻痹中国人民，同时，还在天主教会内部建立特务组织。这导致天主教内部发生变化。同时，这种变化又随着整个华北政治、军事形势的发展变化而变化。

日军侵入晋察冀地区后，英美籍的天主教神父、牧师等，有的被逮捕监视，有的被驱逐，教堂被封闭。冀中献县张庄、云台等地的天主教会，在1941年被日军捣毁，“捕去神父、学生、修女等数百人，掠夺了所有这些教堂的财产，并对捕去的神父施以毒打；修女施以强奸；并迫令她们嫁给汉奸”。[①]而意系教会在敌控制区内大量发展，这些新发展的教会组织与日伪互相利用，互相勾结。如五台东冶天主教较战前发展增3倍，河上咀、红沟天主教，包括该村群众90%以上。

在晋察冀边区的天主教会内，英美人士受日伪摧残、迫害，所以对中共抗日组织一般态度较好，同情抗日；而意籍则多反动。意系天主教内外国神父较坏，而中国神父则态度较好，都赞同中共“双十纲领”中信教自由的主张。一般传教先生（乡村知识分子）及教徒，则“仇敌近我”。

到1942年，边区天主教会在乡村有了很大发展。根据北岳区定北、浑源、灵邱、灵寿、阜平、曲阳、平山、完县、唐县9个县的统计，乡村参加宗教者平均占总人口的4.52%，其中男占2.766%，女占1.754%。而几个主要宗教人口的总和为57 596名，其中天主教占33.24%，道教占36.44%，佛教占9.13%，耶稣教占5.93%，回教占2.04%，其他会门占13.27%。[②]

为团结一切同意抗日或不反对抗日的宗教人士，建立乡村宗教统一战线，党组织对英美籍天主教人士予以保护，以吸引他们到根据地内部或使其帮助边区抗日，有的则允许其绕道回国，扩大政治影响。各地党组织还坚持“尊重其人格、道德、财产及宗教习惯，对继续进行宗教活动的不加干涉，但应灌输以抗日内容”。党组织对反对抗日的意系天主教“采取打击、孤立与分化、封锁的政策，打击其首要，争取其群众，对其中有反日情绪的中国神父，则积极拉拢，扩大交朋友工作”，并严防敌探奸细假借宗教名义的隐蔽活动，对宗教汉奸“依法惩其奸宄”。另外，在敌占区及游击区，还灵活地运用宗教的“慈善面目”与“合法掩护”，进行有力于抗日的活动，或借以长期牵制其力量。

抗战期间，由于各地党组织采取了具体灵活的宗教策略，尤其当日寇疯狂压迫、屠杀英美传教士及其信徒之时，联合抗日反法西斯宗教家及其信徒，采取了开

① 从敌寇的铁蹄下把宗教解救出来[N]．晋察冀日报（抗敌报），1942-9-24（1）.

② 北岳区党委．二分区关于天主教工作的几点经验．工作通讯：1942-28[B]．石家庄：河北档（卷宗 69-1-38-1）.

明的宗教政策，从而赢得了大多数天主教的支持和拥护。在加强宗教反法西斯统一战线工作中，在中共的领导下，晋察冀边区乡村形成了较稳固的宗教统一战线。①

三、团结佛教会

晋察冀边区乡村佛教信徒甚多。尤其是五台山为中国佛教三大圣地之一，历史甚久。抗战开始时，五台地区大寺院共有20余处，各寺院与北平、天津、上海、汉口等地均有联络，在乡民中影响很大。

佛教原无青、黄之分。清初，为了统治蒙藏少数民族，开始从佛教内划分出喇嘛教。青庙（和尚庙）、黄庙（喇嘛庙）为代表的佛教组织逐渐分为两教。五台山之佛教、喇嘛教亦有达赖喇嘛（后藏）、班禅喇嘛（前藏）与蒙古活佛（章嘉活佛，现住重庆）三大派别。这些和尚、喇嘛历代享有封赐、品爵及某些特权。如清王朝封五台山大喇嘛为“番汉旗”，官居一品，有生杀予夺之权。民国初，政府免其田赋，进行优待。这些特权使五台喇嘛僧侣养尊处优，成为封建贵族地主阶级，其上层还经常勾结各派军阀参与政事。他们利用广占的田产，采用“黑地租”“租子斗”“杂租”等对农民实行超经济的封建剥削，经常利用特权不付“饭费店钱”，仅五台菩萨顶，每年收田赋银五百两，政府还以“地方款”每年津贴 4000 元。虽然政府规定“禁民卖黄”（兼并农民土地），但他们往往置之不理，政府也无可奈何。由于残酷的剥削，五台农民对僧侣仇恨很深。在和尚、喇嘛内部，也存在着“青黄之争”，大寺与小寺，师傅、长老与土地、僧侣之间存在复杂的矛盾。

抗战开始后，各寺院的蒙古、藏人返回原籍，少数青年僧侣参加抗日部队及地方工作；新来受戒、剃度者逐渐绝迹。黄庙由 1 200 人减少为900人；青庙由1000余人减少至500余人，但内部等级（阶级与阶层）之分，清规佛法之繁，蒙、藏、汉各族之别，各种繁杂状况并未消减。②

敌寇于抗战前利用伪满宗教关系，即在台山建立特务线索。在日寇到五台地区后，对五台山佛教极为重视，千方百计使其就范，特别是将掳去的大喇嘛及少数年青僧侣加以训练，企图破坏与监视该地抗日活动。同时，一方面以日寇培养的宗教汉奸为主成立伪佛学院，以“提倡佛教，普济众僧”之欺骗口号，挑拨分化中国的民族团结，并在佛教内部发展秘密教等，以混乱其原有组织；另一方面则严格统治（特别是对其下层），如户口登记、领取在教证明书、采用通行证等。1941年6月，华北住屯军司令多田、崞县敌酋长野、太原特务特务机关长楦山、

① 中共北岳区党委．二分区关于天主教工作的几点经验．工作通讯：1942-28[B]．石家庄：河北档（卷宗 69-1-38-1）．

② 中共北岳区党委．五台山和尚喇嘛问题的材料．工作通讯：1942-29[B]．石家庄：河北档（卷宗 69-1-38-1）．

北平及山西新民会代表、伪中央政府要员，同时拜访五台圣地，赠以《日本大正新西藏经》一部，发洋面，上布施，并烧香念佛，并以“中华圣地教基地”名义，诋毁中共和八路军“毁灭宗教”。在日本特务机关控制之下，日军扣除各寺院布施，不断勒索捐税。1940 年，日军火烧台鹿寺，使寺院损失 2 亿元；1941 年 10 月，对石咀一带各庙宇摊款 8 000 余元，台山附近庙宇仅 1941 年被迫出款 40 000 余元；日军建立的两佛学院索款 15 000 元，还扣留德王捐款近万元。日军还在各寺庙掠夺财宝，伐毁林木。1941 年，日伪在龙华、易县、徐水、定唐等地组织伪“佛教会”，这些佛教会假借各种名义敲诈勒索，导致会员“都觉得上了当”，纷纷脱离佛教会。1942 年 5 月，仅龙华县五区就有 1 500 多人脱离伪“佛教会”。①因之，各地和尚、喇嘛逐渐觉悟，对日伪仇恨加深。

抗战时期，在其大汉族主义的宗教方针下，国民党对五台山佛教组织采取收买与利用的政策。国民政府经过蒙藏委员会，拉拢班禅、章嘉等上层分子，将之列为国府委员。盂县国民党联络员于璞，1941 年到边区时曾给五台山寺院赈款 2 万元进行拉拢，并经常联络。

由于日伪和国民政府政策的影响，抗战初期五台等地的和尚、喇嘛对中共皆抱持阶级的成见。他们对边区负担不平衡现象表示不满；由于多数农民基于阶级的仇恨，乘机报复，不交租息，以及个别中共干部不尊重他们的人权、财权，导致和尚、喇嘛曾对中共领导的军民畏惧不满。

为团结广大佛教界僧侣共同抗日，党组织做了大量对和尚喇嘛的宗教统一战线工作。但由于我党正确的统一战线方针与政策，吸收他们参加边区行政委员会，优待少数民族，动员农民交租还债，保障他们的人权、地权、财权，尤其在双十纲领与统累税实行之后，这些和尚喇嘛对我印象好转，对日寇敌忾之心愈益增涨。②

“僧侣出家，不出国”，为团结广大僧侣抗战，各地党组织做了大量卓有成效的工作。首先，保障僧侣的信教自由，对于历史悠久、为社会公认的佛教团体予以法律的保障；揭穿日寇“提倡佛教，普济众僧”，实际上是“分化佛教，劫掠众僧”，以及“共产党毁灭宗教”的阴谋，歪曲现实的欺骗宣传；对敌寇利用佛教面貌掩护下的非法秘密结社或封建迷信组织，积极地分化、争取、瓦解及打击其首要分子，绝不使佛家所谓“积德行善，清静无为”变成破坏抗战及被特务奸细利用的工具。其次，针对青、黄庙内部成分既有地主阶级及其他各个不同阶层（如徒弟、雇工），含有少数民族、封建迷信的宗教的特点，在尊重信教自由的前提下，要求青、黄庙对农民实行“减租”“减息”，废除各种超经济的非法剥削，但保障

---

① 柳堤．龙华五区千五百人脱离伪“佛教会”[N]．晋察冀日报（抗敌报）．1942-9-24（1）．
② 中共北岳区党委．五台山和尚喇嘛问题的材料．工作通讯：1942-29[B]．石家庄：河北档（卷宗 69-1-38-1）．

在“减租”“减息”后，农民“交租”“交息”；贯彻边区各种政策法令，注意推行优待少数民族的各种政策；坚决反对敌寇摧残宗教的野蛮行为，但也不赞成国民党的大汉族主义联络收买的办法，在对敌展开尖锐的斗争和友党的政治竞争（不是政治诋毁）的同时，避免因统一战线内部的竞赛斗争，而给敌寇以可乘之间隙；还要求共产党员保持党在思想上坚决排斥宗教思想的独立性。第三，工作中利用和尚喇嘛对敌矛盾及其内部矛盾，展开对敌不合作运动及扩大党组织交朋友工作。一方面帮助佛教会调节其内部矛盾，以团结对敌；另一方面又利用其内部矛盾，启发其中落后分子、孤立反共分子，坚决打击敌奸特务分子。第四，对于僧侣们化布施、办斋事、超度还魂等宗教活动不加以限制。[①]

① 中共北岳区党委. 五台山和尚喇嘛问题的材料. 工作通讯：1942-29[B]. 石家庄：河北档（卷宗 69-1-38-1）.

结　　论

本书在吸纳既有研究成果的基础上，对抗战时期植根于晋察冀边区乡村的中共党组织的规模、党员构成、干部群体、党纪执行、党群关系等进行了较系统的考察，揭示出了动员乡村群众参加革命的曲折、复杂进程。

一

抗战初期，经过大量发展党员的晋察冀党组织，其中有不少质量较低的党员，其社会成分复杂、入党动机不纯、政治信仰缺失或混乱，表现在工作中是贪污、腐化，甚至动摇、叛变。在严酷战争环境下，晋察冀党组织陷入了力图立足乡村发展党组织、动员和组织乡村抗战与坚持先进的革命理想间改造、适应，并保持相对平衡的困境。

从党员质量和数量矛盾统一体来看，边区在日军占据了主要交通线和大城市的情况下，中共党组织只能在乡村发展，这就决定了党组织不得不面对阶级、阶层众多的乡村社会。在乡村占据人口大多数的农民自然成为发展对象，而这些极端贫困又无什么文化的“乡野匹夫”往往对中共远大的革命理想不知所以，他们更看重的是眼前物质利益的满足及生计的解决。于是，在大量发展乡村“工人”（多是乡村手工业者或雇农，并非真正意义上的工人）又缺乏对象时，大量的、非真正的无产阶级分子涌入党内。这一方面使中共获得了广泛乡村力量基础和支撑；另一方面使得党组织党员的社会成分复杂，沦为群众的“尾巴”，模糊了党员和群众的界限，使党组织的先进代表性受到质疑。

从发展党员的机制来看，严格执行入党条件是保持党组织纯洁，保持党的凝聚力、战斗力的重要保证。而晋察冀边区在战时环境下，往往亟须发展党员，以使之担负繁重的地方工作任务，在面对乡村农民在各方面不能满足入党条件，而又别无选择的情况下，一方面各地基层党组织常常抱怨无对象可发展，另一方面又需要大量发展党员来工作。在此窘境之下，地方组织也只能降低入党条件、简化入党程序，采取多种非正常手段和方式来发展，其结果是党员质量往往难以保证。在斗争中党员不合格、不称职、工作能力弱等显示出来，而为了保持党组织的先进性和战斗力，提高党员对党组织的认识，提高党员干部的独立工作能力，增强党员的政治觉悟、思想认识，就增加了党组织教育、培训党员干部的任务。

从干部群体来看，无论是其数量和能力上，始终是边区各地党组织颇感头疼的大问题。战时环境下，干部决定一切，干部是贯彻党的路线、方针、政策等的主导者，是发动、组织、领导群众抗日的带头人。尽管各级党组织不断在斗争中，在打破“关门主义”的口号下，大量提拔积极分子，尤其是让贫雇农成分的党员担任各种职务，然而在党员素质普遍偏低、干部大量减员的现实情况下，许多地区党组织仍感到“没有可以提拔的对象”，不得不面临干部荒，这也使各地干部缺额贯穿了抗战始终。在仅有的干部中也存在干部不堪重负的现象，伤病、牺牲、自首、动摇、叛变是各地党组织面对的共同问题。为培养干部，边区党组织举办了各类培训班、训练班，也建立了许多诸如抗日军政大学之类的教育机构，一方面满足了干部亟需的现状，另一方面也加大了干部的培养、提高力度。而与党的干部相对，政权、群众团体干部较充裕，这是由于他们不适合担任党组织领导任务，而转到这些政权和团体中，或在“三三制”原则下大量吸纳非党干部的结果。另外，在严酷的斗争中，为强化干部掩护、避免干部牺牲和便于开展工作，克服外来干部“水土不服”的问题，各地在努力实现干部“地方化”。如冀察十二地委在 1944 年各县抗日形势好转的情况下，外来干部仍占相当比例，在赤城、龙关、延庆、赤源、崇礼、宣怀、怀顺、昌平 8 县的县级干部中，外来干部占 93%；区级外来干部占 20%。[①]越是高级干部，外来干部的比重越大；反之，越是低级干部，本地化程度越高。这可能与职位越高对干部素质要求越高，而越往基层干部素质，如文化水平等的要求越低有关。在以农民为主体的党员干部群体中，能够担任高级干部的人选是很少的，尤其是乡村支部中，存在大量文盲、半文盲干部，这也是各地把小学教师当作支部宣传委员提拔对象的重要原因。当然，工作中，这些“无根基”的外来干部与本地干部，有时亦会产生很多分歧，而影响到工作的开展。

从党的组织纪律执行来看，党员遵守党纪是一个革命政党对党员的基本要求，对违纪党员执行纪律，进行处罚，是巩固党组织、加强组织管理和控制的需要。从抗战时期边区党组织纪律执行来看，面对大量不合格党员干部，其涉及人员之多、执行的严厉程度是惊人的，大量的“特务奸细、阶级异己、落后分子、腐化分子”，以及“动摇、自首、变节分子”等给党组织造成危害的人员被洗刷出党，部分地纯洁了队伍。然而，在要求打破“关门主义”、大量发展党员的情况下，各地往往降低入党门槛。这使党组织在保证拥有广泛群众基础的同时，很难保证党员的质量。即使在整理党组织和要求党员坦白和接受教育中大量洗刷党员，也不能从根本上解决问题。

近代以来，晋察冀地区天灾人祸频发，农民所受的严重压迫和空前的生计艰难，并不必然产生阶级和革命意识。抗战时期，涌入中共党组织的农民，其入党动机真正“为实现共产主义”者极少，而更多的是由于日军的残害和威胁，“打跑

① 冀察十二地委组织部．1944 年党的各种统计数字[B]．石家庄：河北档（卷宗 515-1-2-5）．

日本过好日子”这种或短或长的利益目标和情绪的驱动。在抗战的特殊环境下，利用“农民民族主义”，在“抗日高于一切”口号之下，中共成功地将自己塑造成抗日的舵手，将晋察冀农民淳朴的自卫意识和行动转换为对中共党组织的信赖和强力支持。比如：中共通过在乡村的“合理负担”、“减租减息”、组织生产等削弱乡村上层阶层的权利，均化收入与财产的“静悄悄的革命”，以及容纳各阶层参与的村选等经济政治改革，“同时赢得了穷人和爱国地方精英的支持”。尤其是中共在不断与素质低下、目光短浅、关注蝇头小利、缺乏远大理想的农民打交道的过程中，将“列宁主义关于党的先锋队作用的理论翻转过来了：党向群众学习并主要是依据民众的价值观来制定其经济和文化（当然包括政治等）纲领”，才取得了成功。[①]本文描述的农民党员复杂的入党动机和工作中的许多拙劣表现，在很大程度上是在党组织扩大规模、增强实力、获取群众基础中所采取的对农民妥协、降低入党条件的权宜之计所带来的必然后果。而随后为加强组织控制，中共采取的“发展中巩固”或“巩固中发展”的策略，及其对不合格党员干部的洗刷、惩处等，正显示出了一个革命政党的新陈代谢。与动摇、自首、变节的党员干部相比，那些坚持气节、英勇牺牲、乐于奉献的党员干部，在群众中和党内产生的影响和形象，自然具有更大的教育作用和影响力。

二

一般来说，农民采取行动的动机，“似乎并不只是单纯地为保卫或恢复道义共同体和生存权利，或者为了谋取最大的政治利益，又或是单纯地为了反抗阶级剥削”。要了解他们在革命中扮演的角色，必须考虑他们所在村庄的内部结构和外来政权的性质，尤其是一个多阶级、处在变动中的联合体的形成过程。[②]国共两党都是中国革命分子向苏俄党学习后建立的革命政党。国民党与中共相比，无论其组织规模和掌握的资源远强于中共。而何以国民党最终失败呢？近年来，王奇生和高桥伸夫等学者的研究揭示出国共两党在向基层社会渗透时提到，“共产党选拔干部注重对党的意识形态的忠诚和信仰”，“通过严格的意识形态的塑造而转化为乡村社会的管理者和基层干部”；“而国民党却着力将原有的基层社会权势合法化、官僚化”。[③]本书的许多事实还显示出，在国民党军队和县、区级官僚系统随着日军的进攻退出边区后，中共揭橥国民党的“三民主义”旗帜，并赋予中共意识形

① [美]马克·塞尔登．革命中的中国：延安道路[M]．魏晓明，冯崇义，译．社会科学文献出版社，2002：292-307．

② [美]黄宗智．华北的小农经济与社会变迁[M]．北京：中华书局，2000：316．

③ 王奇生．革命与反革命——社会文化视野下的民国政治[M]．北京：社会科学文献出版社，2010：427．

态的意蕴，在坚持阶级斗争的同时，更加注重民族斗争，其英勇的抗日表现和诚恳地与乡村上层合作的态度，成功地将民族主义和抗日统一战线的大旗掌握在自己手里，成了抗日和主导社会舆论的引领者。而留在边区具有合法性的国民党基层官僚、军队的抗战拙劣表现，及其对群众的盘剥，迅速使群众与其离心离德，转而投向了关注其利益，并在开放政权中获取保护既得利益权力的中共。这并不是说，抗战时期中共在乡村免除了农民一切负担。而是相反，农民负担极重。关键在于，中共在合理负担、“减租减息”、统一累进税的情况下，“不患贫，而患不均”，实现了“有钱出钱，有力出力”的负担合理分配。

从党组织的基层运作来看，国民党通过给乡村的区长及保甲长披上党的外衣，实现对基层社会的控制和过度汲取各种资源，导致官民间的尖锐对立。而中共通过乡村的支部及其派出的优秀党员组织、控制政权，实现对政权的间接控制。这一方面通过支部和“三三制”民主选举的政权内部的各种会议、会谈等形式，使党员、群众自己参与做出决策、决定、决议，使之产生实现动力；另一方面，在战时不断变动的形势下，即使公开的政权、组织被摧毁，那些秘密的平行支部、党员干部仍能支持斗争，恢复遭到破坏的组织、政权。尽管支部和政权中存在各种各样的问题，有时个别党员干部激起民愤，然而通过支部改选和政权改选，仍能使这些不满纳入内部的可控范围内。依此而论，遍布边区各个村庄的上万个支部、村政权，使中共真正深入到了乡村社会，从而使中共党组织获得了庞大的社会基础。这与“国民政府一切政令一到县级或区级即往往‘寿终正寝’变成废纸”，[①]形成了鲜明对照。

群众的宣传、动员对于革命政党至关重要。其实，在群众宣传、动员起来后，高涨的热情很难持久，而组织就更为重要了。抗战时期，边区各地以党先行，在各个村庄中共已武装为保护，派遣大量工作人员宣传和发动群众，从中发展积极分子入党并建立支部和各类群众团体，将发动起来的群众纳入组织轨道，通过各类组织持续不断地宣传、教育、培训等，将党的任务化解为群众日常的生活的一部分，从而保持群众持久的革命和抗战热情。此时，组织群众改选村政权、组织大生产、征收新兵、组织代耕和合作社等，从政治、经济到军事，建立了政权、生产、军事“三位一体”的乡村动员模式。同时，为了肃清此模式下可能隐含的弊端，还通过群众监督、参与，不断改进工作方式；通过党内整风、整干，克服党组织内的各种倾向，在不断地发现问题，并及时解决问题过程中，摸索前进。正是由于边区党组织的不断改造和党员干部的新陈代谢，在艰苦的斗争中党组织与群众结成了血浓于水的牢固关系，相应的党组织

---

① 彭真．关于晋察冀边区党的工作和具体政策报告[M]．北京：中共中央党校出版社，1981：25.

的合法性和乡村动员能力不断提高，最终使党组织在边区立稳脚跟，逐步使边区成为各个抗日根据地学习的模范，且边区在政治、经济、军事、文化教育等方面的成功实践，成功塑造出了新中国的雏形。

三

晋察冀边区作为敌后模范的抗日根据地及统一战线的模范区，对坚持华北抗战具有重大战略作用，其经验成为全党全国在抗战中最有价值的指南。[①]边区创建者聂荣臻在谈到创建感受、体会时，概括出“不尽完善”的十条经验，现摘录如下：

第一，要胜利地进行游击战，必须有比较巩固的革命根据地作为依托。边区“就是我们胜利地进行游击战争的战斗堡垒”。

第二，建立巩固的根据地，必须有广大的人民群众作为依靠，关键是发动群众。晋察冀抗日根据地之所以能屹立于敌后，从根本上来说，就是发动群众的成功。

第三，要想把千百万群众发动起来，党的政策又是决定的因素。群众能发动起来有客观和主观两方面的因素。客观因素是在日本的血腥侵略面前，群众不甘做亡国奴；主观因素是在创建过程中，执行了一整套正确的方针、政策和策略，有总的政策，有具体政策。这些政策的实行改变了群众以往的涣散状态，普遍地以各种形式组织起来，形成了浩浩荡荡的抗日大军。

第四，必须不断发展和壮大人民军队的力量，坚持以主力部队、地方游击队和人民武装互相配合，实行人民战争的战略方针。

第五，必须加强与巩固同人民有密切联系的、保证基本群众占优势的抗日政权。“政权建设是关系根据地能否生存的根本大计”，“至于贯彻各种政策法令，掌握财政经济，进行文化教育工作，动员群众参军参战，都必须有一个职能健全的政府机构，而不能只由军队出面”。“根据地还要为未来新中国的建设积累经验，更必须锻炼人民掌握政权的能力”。根据地政权是在共产党领导下，团结各党、各派、各界、各救亡团体，保证基本群众占优势的民主政权结构，特别是广泛的村政权，是在改造旧政权的基础上，打破了历代由少数地主、土豪劣绅垄断政权的局面，既照顾到广泛的代表，又使乡村劳苦大众，第一次得到管理国家大事、当家做主的权利。

第六，根据地既要巩固，又要不断扩大，两者兼顾，波浪式地发展。“建立根据地，巩固根据地，依靠根据地，扩大根据地，既反对右倾保守主义，又要反对；‘左倾’冒险主义”。

第七，根据地的斗争是以军事斗争为中心的全面斗争，因此，根据地的建设

① 中共扩大的六届六中全会主席团致晋察冀边区电（1938-10-5）[N]//晋察冀日报史研究会. 晋察冀日报社论选（1937－1945）. 石家庄：河北人民出版社，1997：1-2.

也必须包括军事、政治、经济、文化等各个方面，同时具有为日后建立新民主主义国家提供雏形的深远意义。

第八，经济政策和除奸政策是两个极为重要的问题，万万不可发生偏差。

第九，开展独立自主的游击战，不放松有利条件下的运动战，根据敌人的弱点和当时当地的具体情况，实行一整套机动灵活的战略战术。针对敌人“点、线、面”的几何学运动，坚持基本的游击战，同时不放松有利条件下的运动战。

第十，不断加强党的建设，与人民群众保持密切联系，使党组织成为人民抗日斗争的坚强领导核心。晋察冀抗日根据地的建立、发展和胜利，归根结底是党的领导、党的路线和政策的胜利。晋察冀根据地坚持和实现了党的一元化领导，领导机构包括了党政军主要负责的党员干部，把根据地各个战线的斗争统一组织起来，协调起来，结成了一个坚强的整体。各级党组织建立后进行了巩固工作，进一步纯洁和巩固了党组织。党的干部多是在县以下的基层培养和提拔起来的，自然受到根据地人民群众的信任和拥护。敌占区党的工作和根据地工作密切配合，都发挥了巨大作用。①

上述十条经验，基本上是从政权建设、经济政策、文化教育、发动群众、党的建设等方面，围绕军事斗争的概括，这也是主要军事领导人对其主要军事斗争的精要概括。本文在此基础上，通过对边区乡村党组织形态的考察，充分显示出党组织以乡村农民，尤其是贫雇农和中农为基础，在“宽进严出”之下，实现了较广泛的群众化。尽管来自乡村的这些农民党员存在各种问题，但是党组织适时抓住中心工作需要，对不利于工作推进的党员干部在汲取大革命时期进行无情洗刷的教训基础上，执行党的纪律，进行淘汰和清理，这在一定程度上纯洁了队伍；同时，对党员干部执行纪律的过程也增强了党员干部的党性，从而使农民党员干部自觉地体悟到自己的党员身份和应尽的义务。中共在乡村党组织建设中的经验可以归纳为如下几个方面：

第一，因时应势发展、巩固党组织。在边区创立、巩固和发展中，根据形势和党的中心任务不断调整党的组织路线，使乡村党组织能够肩负起其民族革命的重任。边区乡村党组织的重建、发展、巩固和进一步发展，适应了抗战需要和战时环境的变化，保证了根据地各项建设的开展。

第二，重视党员、干部队伍建设。党组织的建设，关键在党员、干部管理。抗日战争时期是边区乡村党组织大发展的时期，在面对党员、干部的质量远远跟不上数量的状况，边区党组织开展了整顿和巩固党的工作，实行党员重新登记和干部考核，把投机分子、太落后分子洗刷出党；通过多种形式的党内教育，提高党员的政治觉悟、理论文化水平及工作技能，使边区成了巩固党的模范。

---

① 聂荣臻回忆录[M]．北京：解放军出版社，1986：572－587．

第三，高度重视党风建设。边区党员干部的主体是农民，因此，小农意识等不断反映到党组织内，家长制的命令主义、贪污腐化等现象严重影响着党组织效能的发挥。为此，边区党组织开展的反倾向斗争、党内外结合的整风、审干，以及“集体领导与严格分工”；“培养各级领导机关独立工作能力”；“工作要有计划性，严格执行工作检查制度”；“严密和巩固党的组织”；密切“秘密工作与公开工作的联系”[①]等工作机制，保证了党组织的战斗力，从而显示了党组织极高的自我控制和管理能力。其中的一系列工作方法，成为新中国成立后历次整党的蓝本。

第四，高度重视乡村党组织建设，尤其是乡村支部建设。乡村党组织，尤其是党的乡村支部是党深入群众、动员群众，以及党的路线、方针和政策得以贯彻和落实的基础。为保证边区乡村党支部的正常运行，边区党组织大力推行民主，改选支委，以健全支部；不断加强支部教育，通过支委培训班、党员培训班、党员干部座谈会，以及冬学、读报等形式，提高干部党员的政治、组织、思想、工作水平；以模范支部、先进党员干部带动落后支部和党员，推动工作全面开展。这些举措取得了巨大实效。

此外，党群关系的好坏，关乎党组织的生死存亡。边区党组织为增强党群关系，在乡村动员，政权改造，发展生产，社会救助，以及处理涉及民族、宗教等问题中的实践中，更加丰富和发展了党的群众路线和工作方法，从而使党组织渗透到了乡村社会的每一个领域和角落，极大地发挥了党组织在乡村社会的影响力和对乡村社会的整合能力。在边区工作实践中，中共党组织创造了一系列群众运动的工作方式和方法，并与边区乡村农民逐步形成了生死与共、休戚相关的紧密关系。为避免党政、党群关系混乱，适应严酷的战时环境，在中共中央的领导下，边区党组织还建立了一元化领导体系。这种高度集中的政治体系，对集中一切力量对日进行“总力战”起到了重要作用。然而，由于广大干部党员亲历、目睹这种政治模式取得的成效，在此后国家政治发展中，随着边区大批干部党员“北上”、“南下”，在工作中他们信手拈来娴熟地运用，将这种政治模式推向了全国，从而深刻影响到了新中国成立后的政治走向。

作为民主政治和统一战线建立、发展的实验场，边区党组织在实践中也取得了中外瞩目的成就。党组织领导下的政权组织运行模式，尤其是民主选举各种代表会、参议会的实践，团结了绝大多数的抗日群众，使目不识丁的大多数农民在田间地头谈论民主、谈论党赋予的权利和义务，他们流利地喊出党提出

[①] 黄敬．地方党五个月工作总结与今后的工作方针[M]//晋察冀抗日根据地．史料丛书编审委员会，中央档案馆．晋察冀抗日根据地·文献选编（上）．北京：中共党史资料出版社，1988：135-139．

的各种通俗的口号，使党的意识形态深入农民头脑，从而影响并改变着农民的言行，这也为农民革命由“自在”到“自觉”意识的苏醒打开了闸门。特别是边区乡村党组织在统一战线政策的实施中，无论是“三三制”，还是“减租减息”、实施统一累进税等，使乡村上层意识到在政治、经济上让步，可以换取自身局部利益的保障，这为此后大规模的社会改造减少了阻力，也为乡村改造准备了必要条件。

附　　录

附　　录

参 考 文 献

一、地方革命历史档案

[1] 河北省档案馆馆藏档案，全宗号：1-1；33-1；69-1；72-1；78-1；81-1；108-1；117-1；123-1；124-1；237-1；515-1；520-1；580-1.

[2] 石家庄市档案馆馆藏档案，全宗号：1-1.

[3] 平山县档案馆馆藏档案，全宗号：1-1.

[4] 保定市档案馆馆藏档案，全宗号：1-1.

[5] 阜平县档案馆馆藏档案，全宗号：1-1.

二、资料汇编

[1] 保定市档案馆编．保定市大事记[M]．内部资料，1987.

[2] 本书选编组．第二次国内革命战争时期土地革命文献选编：一九二七年至一九三七年[M]．北京：中共中央党校出版社，1987.

[3] 《中共中央北方局》资料丛书编审委员会．中共中央北方局[M]．北京：中共党史出版社，2002.

[4] 丁世良，赵放，张军．中国地方志民俗资料汇编（华北卷）[M]．北京：书目文献出版社，1989.

[5] 中共中央组织部，党史研究室，中央档案馆．中国共产党组织史资料·文献选编[M]．北京：中共党史出版社，2000.

[6] 河北省人民政府民族事务委员会．民族工作资料汇集[M]．内部铅印，1952.

[7] 河北省社会科学院历史研究所．晋察冀抗日根据地史料专辑[M]．石家庄：河北学刊杂志社，1985.

[8] 河北省社会科学院历史研究所，河北省档案馆编．晋察冀抗日根据地史料选编[M]．石家庄：河北人民出版社，1983.

[9] 山西省档案馆编．太行党史资料汇编（第 5 卷）[M]．太原：山西人民出版社，2000.

[10] 中共中央组织部，中共中央党史研究室，等．中国共产党组织史资料（第三卷）[M]．北京：中共党史出版社，2000.

[11] 晋察冀边区财政经济史编辑组．抗日战争时期晋察冀边区财政经济史资料选编[M]．天津：南开大学出版社，1984.

[12] 晋察冀抗日斗争史编辑部．晋察冀人民抗日斗争史参考资料[M]．内部资料，1983．

[13] 中共中央书记处编．六大以来—党内秘密文件（上册）[M]．北京：人民出版社，1981．

[14] 中国人民解放军历史资料丛书编审委员会编．八路军·文献[M]．北京：解放军出版社，1994．

[15] 王键英．中国共产党组织史资料汇[M]．北京：红旗出版社，1983．

[16] 中共保定地区委组织部，保定地区档案馆，等．中国共产党河北省保定地区组织史资料[M]．内部油印，1987．

[17] 王键英．中国共产党组织史大事纪实[M]．广州：广东人民出版社，2003．

[18] 中共河北省委党史研究室，冀中人民抗日斗争史资料研究会．冀中抗日政权工作七项五年总结[M]．北京：中共党史出版社，1994．

[19] 张宏儒．二十世纪世界各国大事全书[M]．北京：北京出版社，1993．

[20] 中共社会科学院法学研究所．中国新民主主义革命时期根据地法制文献选编（1—4 卷）[M]．北京：中共社会科学出版社，1981．

[21] 中共中央统战部中央档案馆．中共中央抗日民族统一战线文件选编（上、下）[M]．北京：档案出版社，1984．

[22] 中央档案馆．日本帝国主义侵华档案资料选编（第 10—15 册）[M]．北京：中华书局，1990．

[23] 中央档案馆．中共中央文件选集（11—12 册）[M]．北京：中共中央党校出版社，1991．

[24] 山西省政协文史资料研究委员会．阎锡山统治山西史实[M]．太原：山西人民出版社，1981．

[25] 中央档案馆．中共党史报告选编[M]．北京：中共党史出版社，1982．

三、年谱、传记、文集

[26] 董必武．董必武选集[M]．北京：人民出版社，1985．

[27] 董必武文集编辑室．董必武政治法律文集[M]．北京：法律出版社，1986．

[28] 金冲及．刘少奇传[M]．北京：中央文献出版社，1998．

[29] 中共中央毛泽东选集出版委员会．毛泽东选集（1—4 卷）[M]．北京：人民出版社，1991．

[30] 刘少奇．刘少奇选集[M]．北京：人民出版社，1981．

[31] 中共中央马克思恩格斯列宁斯大林编译局．列宁全集（第 30 卷）[M]．北京：人民出版社，1987．

[32] 中共中央文献研究室．毛泽东文集[M]．北京：人民出版社，1991．

[33] 中共中央文献研究室．邓小平文选（第一卷）[M]．北京：人民出版社，1994．

[34] 聂荣臻传编写组．聂荣臻传[M]．北京：当代中国出版社，1994．

[35] 彭真传编写组．彭真年谱（1902－1997）[M]．北京：中央文献出版社，2002．

[36] 中共中央文献编辑委员会．彭真文选（1941－1991）[M]．北京：人民出版社，1991．

[37] 中共中央马恩列斯著作编译局．马克思恩格斯选集[M]．北京：人民出版社，1972．

[38] 中共中央文献研究室．刘少奇年谱（1898－1969）(上、下卷) [M]．北京：中央文献出版社，1996．

四、回忆录、口述史料

[39] 薄一波．若干重大决策与事件的回顾[M]．北京：中共中央党校出版社，1991．

[40] 龚育之．龚育之论中共党史[M]．长沙：湖南人民出版社，1998．

[41] 李海文．中共重大历史事件亲历记：1921－1949[M]．北京：人民出版社，2010．

[42] 吕正操．冀中回忆录[M]．北京：解放军出版社，1984．

[43] 聂荣臻．聂荣臻回忆录[M]．北京：解放军出版社，2007．

[44] 彭真．关于晋察冀边区党的工作和具体政策报告[M]．北京：中共中央党校出版社，1981．

[45] 齐武编．一个革命根据地的成长[M]．北京：人民出版社，1957．

[46] 《晋察冀抗日根据地》编审委员会，中央档案馆．晋察冀抗日根据地：回忆录选编[M]．北京：中共党史出版社，1988．

[47] 杨成武．杨成武回忆录[M]．北京：中国人民解放军出版社，2005．

[48] 政协河北省文史资料委员会．河北文史资料[M]．石家庄：河北人民出版社，1980－1990．

[49] 周而复．晋察冀行[M]．银川：阳光出版社，1946．

五、著作及编著作品

(一) 国内作品

[50] 胡绳．中国共产党的七十年[M]．中共党史出版社，1991．

[51] 何干之．中国现代革命史（上、下）[M]．北京：高等教育出版社，1957年、1958．
[52] 胡华．中国新民主主义革命史（初稿）[M]．北京：人民出版社，1950．
[53] 中国人民解放军河北军区政治部．冀中抗日战争简史[M]．石家庄：河北人民出版社，1958．
[54] 北京军区战史编写．晋察冀暨华北军区武装力量发展史[M]．北京：军事科学出版社，1996．
[55] 北京军区晋察冀战史编写组．晋察冀军区抗日战争史[M]．北京：军事科学出版社，1986．
[56] 晋察冀人民抗日斗争史编辑部．晋察冀介绍[M]．（内部资料），1982．
[57] 山西大学中国社会史研究中心．中国社会史研究的理论与方法[M]．北京：北京大学出版社，2011．
[58] 李公朴．华北敌后—晋察冀[M]．北京：三联书店，1979．
[59] 冉淮舟，刘绳．奇特的战场—晋察冀抗战史话[M]．天津：天津人民出版社，1990．
[60] 陈述．中华人民共和国史[M]．北京：人民出版社，2009．
[61] 乔志强．中国近代社会史[M]．北京：人民出版社，1992．
[62] 中共阜平县委组织史资料征编办公室．中国共产党河北省阜平县组织史资料·上报本[M]．内部资料，1986．
[63] 中共中央党史研究室．中国共产党简史[M]．北京：中共党史出版社，2001．
[64] 费孝通，等．中华民族多元一体格局[M]．北京：中央民族学院出版社，1989．
[65] 谢忠厚，肖银成．晋察冀抗日根据地史[M]．北京：改革出版社，1992．
[66] 冯崇义，古德曼．华北抗日根据地与社会生态[M]．北京：当代出版社，1998．
[67] 何定．与华北共存亡[M]．广州：广东教育出版社，1997．
[68] 胡大泽．美国的中国近现代史研究[M]．北京：中国社会科学出版社，2004．
[69] 井陉县．井陉县志（第八编）．铅印本，民国23年．
[70] 黄修荣，陈建辉．苍茫大地主沉浮：中共中央在西柏坡[M]．北京：人民出版社，2003．
[71] 冀朝鼎．中国历史上的基本经济区与水利事业的发展[M]．北京：中国社会科学出版社，1981．

[72] 人民出版社编. 抗日战争时期解放区概况[M]. 北京：人民出版社，1953.
[73] 江沛，王先明. 近代华北区域社会史研究[M]. 天津：天津古籍出版社，2005.
[74] 藁城县委办公室. 藁城县抗日战争时期和解放战争时期历史沿革概述（初稿）[M]. 油印本，1958.
[75] 晋察冀中央局研究室. 解放区工运与工业建设[M]. 内部资料，1946.
[76] 靳德行. 中华人民共和国史[M]. 郑州：河南大学出版社，2005.
[77] 河北省老区建设促进会. 晋察冀抗日根据地[M]. 征求意见稿，1993.
[78] 李公朴. 华北敌后——晋察冀[M]. 北京：三联书店，1979.
[79] 李世瑜. 现代华北秘密宗教[M]. 上海：上海文艺出版社，1990.
[80] 赵生晖. 中国共产党组织史纲要[M]. 合肥：安徽人民出版社，1987.
[81] 李孝聪. 中国区域历史地理[M]. 北京：北京大学出版社，2004.
[82] 河北省正定县委组织部，办公室. 正定县 1924 年至 1949 年历史沿革概述（初稿）[M]. 油印本，1958.
[83] 廖盖隆. 新中国是怎样诞生的[M]. 上海：海燕书店，1952.
[84] 黄大熹. 中国共产党组织结构发展路径的历史考察[M]. 天津：天津人民出版社，2004.
[85] 张侠. 晋察冀概况[M]. 内部资料，1982.
[86] 刘敬忠. 华北日伪政权研究[M]. 北京：人民出版社，2007.
[87] 陆大道. 中国区域发展的理论与实践[M]. 北京：科学出版社，2003.
[88] 陆平. 晋察冀边区青年运动在巩固组织工作中的主要经验教训[M]. 太行文化教育出版社，1940.
[89] 罗荣渠. 现代化新论—世界与中国的现代化进程[M]. 北京：北京大学出版社，1993.
[90] 晋察冀日报史研究会. 晋察冀日报社论选（1937-1945）[M]. 石家庄：河北人民出版社，1997.
[91] 南开大学历史系. 中国抗日根据地史国际学术讨论会论文集[M]. 北京：档案出版社，1985.
[92] 齐鹏飞. 中华人民共和国史[M]. 北京：中国人民大学出版社，2009.
[93] 乔志强，行龙. 近代华北农村社会变迁[M]. 北京：人民出版社，1998.
[94] 日本防卫厅战史室. 华北治安战[M]. 天津市政协编译组，译. 天津：天津人民出版社，1982.
[95] 李秉奎. 太行抗日根据地中共农村党组织研究[M]. 北京：中共党史出版社，2011.

[96] 李里峰．革命政党与乡村社会——抗战时期中国共产党的组织形态研究[M]．南京：江苏人民出版社，2011．
[97] 孙雄．圣俗之间：宗教与社会发展互动关系研究[M]．哈尔滨：黑龙江人民出版社，2006．
[98] 李寿葆，施如璋．斯特朗在中国[M]．北京：三联书店，1985．
[99] 王建革．传统社会末期华北的生态与社会[M]．北京：三联书店，2009．
[100] 王铭铭．社会人类学与中国研究[M]．北京：三联书店，1997．
[101] 田子渝，曾成贵．八十年来中共党史研究[M]．武汉：湖北人民出版社，2001．
[102] 王庭岳．崛起的前奏：中共抗战时期对外交往纪实[M]．北京：世界知识出版社，1995．
[103] 王奇生．党员、党权与党争——1924－1949 年中国国民党的组织形态[M]．上海：上海书店出版社，2009．
[104] 王奇生．革命与反革命–社会文化视野下的民国政治[M]．北京：社会科学文献出版社，2010．
[105] 魏宏运．晋察冀抗日根据地财政经济史稿[M]．北京：档案出版社，1990．
[106] 谢忠厚，居之芬，李铁虎．晋察冀抗日民主政权简史[M]．石家庄：河北人民出版社，1985．
[107] 章学诚．校雠通义（卷一）[M]．王重民，通解．上海：上海古籍出版社，1987．
[108] 赵鼎新．社会与政治运动讲义[M]．北京：社会科学文献出版社，2012．
[109] 行龙．从社会史到区域社会史[M]．北京：人民出版社，2008．
[110] 徐永志．中国近现代政治社会史论[M]．北京：中央民族大学出版社，2009．
[111] 燕继荣．发展政治学：政治发展研究的概念与理论[M]．北京：北京大学出版社，2006．
[112] 杨奎松．“中间地带”的革命：国际大背景下看中共成功之道[M]．太原：山西人民出版社，2010．
[113] 杨美慧．礼物、关系学与国家：中国人际关系与主体性建构[M]．南京：江苏人民出版社，2009．
[114] 杨念群，黄兴涛，毛丹．新史学：多学科对话的图景[M]．北京：中国人民大学出版社，2003．
[115] 胡乔木．中国共产党的三十年[M]．北京：人民出版社，1951．
[116] 叶国文．土地政策的政治逻辑：农民、政权与中国现代化[M]．天津：

天津人民出版社，2008.
[117] 中共阜平县委组织史征编办公室．中国共产党河北省阜平县组织史资料（上报本）[M]．油印本，1986.
[118] 张思．近代华北村落共同体的变迁：农耕结合习惯的历史人类学考察[M]．北京：商务印书馆，2005.
[119] 张五常．佃农理论－应用于亚洲的农业和台湾的土地改革[M]．易宪容，译．北京：中信出版社，2010.
[120] 中共藁城县委办公室．中共藁城党斗争简史[M]．油印本，1951.
[121] 郑起东．转型期的华北农村社会[M]．上海：上海书店出版社，2004.
[122] 中共藁城县委办公室．中共藁城党斗争简史（初稿）[M]．油印本，1951.
[123] 中共建屏县委办公室．建屏县党史材料[M]．油印本，1951.
[124] 中共元氏县委办公室．1926 年至 1949 年元氏县党的历史沿革概述（初稿）[M]．油印稿，1958.
[125] 中共河北省委党史研究室．北岳抗日根据地（上）[M]．北京：中共党史出版社，1998.
[126] 中共张家口地委党史办公室．张家口地区党史资料选编（第二集）[M]．油印本，1951.
[127] 中央档案馆．共和国雏形——华北人民政府（第 1 版）[M]．北京：西苑出版社，2000.
[128] 中共正定县委办公室．正定县党的斗争简史[M]．油印本，1958.
[129] 周振鹤．中国历史文化区域研究[M]．上海：复旦大学出版社，1997.
[130] 中国人民解放军政治学院党史教研室．中共党史参考资料（第五册）[M]．北京：人民出版社，1979.
[131] 周积明，宋德金．中国社会史论（下卷）[M]．武汉：湖北教育出版社，2001.

（二）外文及译著

[132] [美]安娜·路易斯·斯特朗．人类的五分之一//斯特朗文集（3）.傅丰豪，译．北京：新华出版社，1988.
[133] [美] 帕森斯．社会行动的结构[M]．张德明，夏翼南，译．北京：译林出版社，2003.
[134] [美] 杜赞奇．文化、权利与国家[M]．王福明译．南京：江苏人民出版社，2010.
[135] [美] 韩丁．翻身——中国一个村庄的革命纪事[M]．韩倞，译．北京：北京出版社，1980.

[136] Lyman P. Van Slyke. "Foreword" [M] // Yung-fa Chen. Making Revolution:The Communist Movement in Eastern and Central China, 1937－1945. Berkeley and Los Angeles: University of California Press, 1986.

[137] Yung-fa Chen. Making Revolution:The Communist Movement in Eastern and Central China, 1937－1945. Berkeley and Los Angeles: University of California Press, 1986.

[138] [英] 詹姆斯·贝特兰. 华北前线[M]. 林淡秋，译. 北京：新华出版社，1986.

[139] [英] 班威廉·克尔兰. 新西行漫记[M]. 裴然，何文介，吴楚译. 北京：新华出版社，1988.

[140] [瑞典] 达格芬·嘉图. 走向革命——华北的战争、社会变革和中国共产党 1937－1945[M]. 杨建立，朱永红，译. 北京：中共党史资料出版社，1987.

[141] [美] 史沫特莱. 史沫特莱文集（第四集）[M]. 陈文炳，苗素群，译. 北京：新华出版社，1985.

[142] [美] 史沫特莱. 史沫特莱文集（1）[M]. 袁文，买树榛，袁岳云，译. 北京：新华出版社，1985.

[143] [美] 马克·赛尔登. 革命中的中国：延安道路[M]. 魏晓明，冯崇义，译. 北京：社会科学文献出版社，2002.

[144] [美] 塞缪尔·P. 亨廷顿. 变化社会中的政治秩序[M]. 王冠华，刘为，等，译. 上海：上海人民出版社，2008.

[145] [美] 柯文. 在中国发现历史——中国中心观在美国的兴起[M]. 林同奇，译. 北京：中华书局，1989.

[146] [美] 黄宗智. 中国革命中的农村阶级斗争——从土改到文革时期的表达性现实与客观性现实[M]// 中国乡村研究（第二辑）. 北京：商务印书馆，2003.

[147] [美] 黄宗智. 华北的小农经济与社会变迁[M]. 北京：中华书局，2000.

[148] [美] 哈里森·福尔曼. 北行漫记[M]. 陶岱，译. 北京：新华出版社，1988.

[149] [美] 弗里曼，毕克伟，赛尔登. 中国乡村，社会主义国家[M]. 陶鹤山，译. 北京：社会科学文献出版社，2002.

[150] [美] 费正清费，费维恺. 剑桥中华民国史（下卷）[M]. 刘敬坤，译. 北京：社会科学出版社，1993.

[151] [美] 柯文. 历史三调：作为事件、经历和神话的义和团[M]. 杜继东，

译．南京：江苏人民出版社，2000．
[152] [美] 杜赞奇．文化、权力与国家：1900－1942 年的华北农村[M]．王福明，译．南京：江苏人民出版社，2003．
[153] [美] 埃文斯·福代斯·卡尔逊．中国的双星[M]．祁国明，汪杉译．北京：新华出版社，1987．
[154] [美] 埃德加·斯诺．斯诺文集（3）[M]．北京：新华出版社，1984．
[155] [法] 托克维尔．旧制度与大革命·附录[M]．张芝联，译．北京：商务印书馆，1981．
[156] [法] 古斯塔夫·勒庞．革命心理学[M]．佟德志，刘训练，译．长春：吉林人民出版社，2004．
[157] [美] 米格代尔．农民、政治与革命：第三世界政治与社会变革的压力[M]．李玉琪，袁宁，译．北京：中央编译出版社，1996．
[158] [德] 王安娜．中国——我的第二故乡[M]．李良健，李希贤，译．北京：三联书店，1980．
[159] [德] 哈特穆特·凯博．历史比较研究导论[M]．赵中进，译．北京：北京大学出版社，2009．
[160] [美] 裴宜理．华北的叛乱者与革命者[M]．池子华，刘平，译．北京：商务印书馆，2007．
[161] [美] 西达·斯考切波．国家与社会革命——对法国、俄国和中国的比较分析[M]．何俊志，译．上海：上海人民出版社，2011．
[162] [美] 易劳逸．毁灭的种子：战争与革命中的国民党中国[M]．王建朗，王贤知，译．南京：江苏人民出版社，2009．
[163] [美] 詹姆斯·C·斯科特．农民的道义经济学：东南亚的反叛与生存[M]．程立显，刘建，译．北京：译林出版社，2001．
[164] [日] 高桥伸夫．党と农民：中国农民革命の再检讨[M]．东京：研文出版，2006．
[165] [英] 安东尼·史密斯．民族主义理论，意识形态，历史[M]．叶江，译．上海：上海人民出版社，2006．
[166] [英] 詹姆斯·贝特兰．华北前线[M]．北京：新华出版社，1986．
[167] [美] 罗纳德·H．奇尔科特．比较政治学理论：新范式的探索[M]．北京：社会科学文献出版社，1998．

六、学术论文

[170] [美] 霍尔多·汉森．晋察冀边区政府情况[J]．民族生命，1938（5）：

7-8.
[171] 龚育之．关于抗日战争史的研究[J]．中共党史研究，1995（6）：7-11.
[172] 郭于华．“弱者的武器”与“隐藏的文本”：研究农民反抗的底层视角[J]．读书，2002（7）：11-18.
[173] 何德明．华北地理一瞥[J]．浙江青年，1937（5）：43-44.
[174] 何德明．华北地理一瞥[J]．浙江青年，1937（5）：43-44.
[175] 侯且岸．鲜明的史观，犀利的笔锋[J]．中共党史研究，1995（3）：16.
[176] 李景汉．中国农村土地与农业经营问题[J]．东方杂志，1936（33）：1-148.
[177] 梁丽辉．抗战时期晋察冀边区村政权的演变[J]．延安大学学报（社会科学版），2009（6）：48-51.
[178] 刘洪升．试论抗战时期河北省国民党地方组织[J]．党史博彩（理论）．2008（11）：9-10，17.
[179] 马溶之．中国黄土之生成[J]．地质评论，1944（1-6）：207-224.。
[180] 毛泽东．如何研究中共党史[J]．党史研究，1980（ 1 ）：1-7.
[181] 石屋．完县以整风的精神布置县选[N]．晋察冀日报，1943（4）.
[182] 陶葆楷．凿井[J]．清华周刊，1933（10）：1012-1013.
[183] 王奇生．党员、党组织与乡村社会：广东的中共地下党（1927-1932年）[J]．近代史研究，2002（5）：3.
[184] 王炜剪．县选风光[N]．晋察冀日报，1943（4）.
[185] 相衡方．所谓华北之历史地理观[J]．公余，1937（2）：21.
[186] 杨风城．关于中共党史研究的规范与方法[J]．中国人民大学学报，2001（3）：20-23.
[187] 杨尚昆．华北党建设的几个问题[J]．共产党人月刊，1939（5）：38.
[188] 张洪祥．晋察冀杭日根据地行政区域沿革[J]．党史研究，1983（3）：76.
[189] 张新法．中共华北地方组织在创建抗日根据地中的地位与作用初探[J]．抗日战争研究，2001（3）：1-14.
[190] 赵朴．中国共产党组织史资料（三）[J]．党史研究，1982（1）：52-55.
[191] 赵朴．中国共产党组织史资料（四）[J]．党史研究，1982（3）：35-40.
[192] 赵朴．中国共产党组织史资料（一）[J]．党史研究，1981（2）：65-71.
[193] 朱江，李玉玲．晋察冀抗日根据地党政组织建设特点及启示[J]．唐山学院学报，2006（1）：7-8.
[194] 聂荣臻．模范抗日根据地的晋察冀边区[J]．八路军军政杂志，1939（2）：5.

[195] 北岳区的二期整风[N]. 晋察冀日报，1943（3）.
[196] 北岳区五团体代表大会开幕[N]. 晋察冀日报，1942（1）.
[197] 北岳区县选胜利完成[N]. 晋察冀日报，1943（1）.
[198] 边区妇女开大会妇女干部坦白反省深入整风[N]. 晋察冀日报，1944（1）.
[199] 代县县区村普遍检查三风[N]. 晋察冀日报，1942（1）.
[200] 河北省各县凿井暂行办法[J]. 河北省政府公报，1930（745）：24-25.
[201] 纪念马克思深入开展整风运动（社论）[N]. 晋察冀日报，1944（1）.
[202] 晋省新订凿井办法[J]. 中外经济周刊，1924（83）：45-46.
[203] 抗联召开委员会检讨下乡考察所得经验决进一步改善领导作风[N]. 晋察冀日报，1943（1）.
[204] 灵寿某山村掀起了学习热潮[N]. 晋察冀日报，1943（1）.
[205] 平北的整风[N]. 晋察冀日报，1943（3）.
[206] 平山县分期训练村干部[N]. 晋察冀日报，1942（1）.
[207] 时事述评[J]. 尚志周刊，1932（24）：36-37.
[208] 太行偏城破获通敌国特巨案坦白座谈供出惊人罪恶[N]. 晋察冀日报，1944（4）.
[209] 中共中央北方局宣传部关于研究讨论廿二种文件[N]. 晋察冀日报，1942（2）.
[210] 中共中央党史资料征集委员会十二月工作会议纪要[J]. 党史资料通讯，1981（1）：1-7.
[211] 黄大熹. 中国共产党组织结构发展路径的历史考察[D]. 长沙：湖南师范大学，2003.
[212] 刘少奇. 答薛暮桥同志[M]//中共中央党史资料征集委员会，中共中央党史研究室. 中共党史资料（第四辑），北京：中共党史文献资料出版社，1982：1-2.
[213] 毛泽东. 如何研究中共党史[J]. 党史研究，1980（1）：1-7.
[214] 聂荣臻. 抗日模范根据地晋察冀边区[J]. 八路军军政杂志社，1939（12）.
[215] 肖军. 美国中美关系史研究模式评析[J]. 国外中共党史研究动态，1996（1）：18-23.
[216] 薛暮桥. 关于中国农村经济研究会及内战时期白区工作问题[M]//中共中央党史资料征集委员会，中共中央党史研究室. 中共党史研究（第四辑）. 北京：中共党史文献资料出版社，1982：10.
[217] 张静如. 以社会史为基础深化党史研究[J]. 历史研究，1991（1）：89-92.
[218] 郑东起. 华北县政改革与土劣回潮[J]. 河北大学学报，2003（4）：31-36.

[219] 邓海容．华北的黄土[J]．方志月刊，1935（3）：21-27．
[220] 刘树芳．革命区系研究：中共革命史研究的新路径[J]．信阳师范学院学报（哲学社会科学版），2012（4）：130-136．
[221] 刘锡五．巩固党的任务在华北[J]．党的生活，1939（1）：1．

后　记

本书是在我的博士论文基础上修改完成的。本书得以出版，心里满满的是感谢。

笔者于 2005 年 7 月考入河北师范大学历史文化学院，师从范红军教授攻读硕士学位。后在华东师范大学教育科学院聂幼犁教授的鼓励下，于 2010 年 9 月考入中央民族大学历史文化学院，师从徐永志教授攻读博士学位。三位先生将我引入学术门径，开阔了我的理论视野，培养了我的创新意识，让我初步领略到了学术的挑战和无穷魅力。

在中央民族大学求学期间，徐师不仅在学业上对我悉心指导，也在生活和精神上给予我极大的关怀和鼓励。我不会忘记，在读博期间撰写我的第一篇学术论文时徐师给予的字斟句酌，徐师的严谨治学和勤勉是我学习的楷模。

在本书撰写过程中，还曾得到中央民族大学民族学和社会学学院关凯教授、历史文化学院彭武麟教授，以及中国人民大学清史研究所朱浒副教授、北京大学历史学系罗志田教授的指点和帮助。在查阅档案期间，河北省档案局马书记及马科长、平山县档案局李局长、石家庄市档案局梁局长等多位档案管理人员给予我无私的帮助，尤其是河北省委宣传部葛成锁兄关键时刻给予了极大的帮助，在此谨表谢意！

多年来，我的妻儿始终给予我理解和支持，使我能安心治学和工作。我在石市和北京的同学和朋友们：武善忠、张亚强、丁剑波、王向然、刘东旭、裴恒涛、王宇、李慧强、张振兴、苏鹏宇、阚凯、刘锦等也曾提供了多种帮助，在此一并致谢！

尽管本书在写作过程中花费了很多精力，经历了写作时的痛苦煎熬，在即将完成之际，吾仍感不到些许的轻松。现回想起来，若非为生计兼职而耗费了许多光阴，吾或许有更多收获。

在本书出版之际，对贵州省高校人文社会科学研究基地贵州教育发展研究中心的资助和在贵阳结识的朋友们的鼓励致以真挚的感谢！在此更应感谢中国言实出版社的编辑，正是你们的高度责任感和耐心细致的修改，本书的出版才得以顺利与圆满。

“力学如力耕，勤惰尔自知。但使书种多，会有岁稔时。”本书的研究，这只是我学术生涯的起点。在未来的学术道路上，可能充满坎坷，然而吾将奋力前行！

刘树芳

2021 年 1 月于贵阳